NEUE HORIZONTE

NEUE
HORIZONTE

A First Course in German Language and Culture

David B. Dollenmayer

Thomas Hansen

Renate Hiller

MASSACHUSETTS INSTITUTE OF TECHNOLOGY

WELLESLEY COLLEGE

D.C. HEATH AND COMPANY

Lexington, Massachusetts   Toronto

The authors wish to thank the following individuals and publishers for permission to use copyrighted material:

Suhrkamp Verlag for Bertolt Brecht, "Mein junger Sohn fragt mich," from Bertolt Brecht, *Gesammelte Werke*, Vol 9 (Gedichte 2), Suhrkamp Verlag, Frankfurt am Main, 1967; and for Uwe Johnson, "Ach! Sie sind ein Deutscher?" from *Contemporary German Writers and Poets. A Suhrkamp Almanac*, Suhrkamp/Insel, Boston, 1981.

Verlag Kiepenheuer & Witsch for Wolf Biermann, "Es senkt das deutsche Dunkel," from Wolf Biermann, *Mit Marx- und Engelszungen. Gedichte, Balladen, Lieder*, Klaus Wagenbach, Berlin, 1968.

Verlag Klaus Wagenbach for Anna Seghers, "Zwei Denkmäler," from *Lesebuch der Sechziger Jahre*, Wagenbach Verlag, Berlin, 1978.

Hermann Luchterhand Verlag for Ernst Jandl, "ottos mops," from Ernst Jandl, *Der künstliche Baum*, Luchterhand Verlag, Darmstadt und Neuwied, 1970; and for Max von der Grün, "Türke," from *Leben im gelobten Land*, Luchterhand Verlag, Darmstadt und Neuwied, 1975.

Professor Eugen Gomringer for his poem "nachwort," from Eugen Gomringer, *worte sind schatten: die konstellationen 1951–1968*, Rowohlt Verlag, Reinbek bei Hamburg, 1969.

Rotbuch Verlag for Aras Orën, "Emines Los," from Aras Orën, *Die Fremde ist auch ein Haus. Berlin-Poem*, translated by Gisela Kraft, Rotbuch Verlag, Berlin, 1980.

Additional credits appear on page 530.

Preface

Neue Horizonte is a complete first-year German program for colleges and universities. It presents the basic grammar of German in the context of the four skills of speaking, listening, reading, and writing, and introduces the culture of contemporary West and East Germany, Austria, and Switzerland as an integral part of the learning process.

Our goal is the achievement of linguistic proficiency as a preparation for further study of German language and culture. We place special emphasis on communicative competency. We also hope to excite students' curiosity, to help them view their own culture more critically, and to broaden their intellectual horizons in the spirit of Wittgenstein's maxim, "Die Grenzen meiner Sprache sind die Grenzen meiner Welt." (The borders of my language are the borders of my world.)

Neue Horizonte has a flexible structure, consisting of an introductory chapter on pronunciation, eighteen major chapters, a grammar summary and self-correcting review after each third of the book, and a final reading passage. The summary and review sections and the final reading may be considered optional, since they introduce no new grammar or vocabulary. The introductory chapter includes a page of useful classroom expressions arranged in dialogue form that allow the student to speak German on the very first day of class. Each major chapter contains the following features:

1/ *Dialoge* and *Neue Kombinationen* (Dialogues and New Combinations). The dialogues introduce new grammatical structures and vocabulary through idiomatic German conversations in everyday situations. There are two or three dialogues per chapter, all short enough to be memorized if the teacher desires. Translations are printed on the following page. The *Neue Kombinationen* ring changes on sentences from the dialogues by means of replacement exercises. They are meant to be done with books closed and give students an inductive sense of some of the new grammar before they study it.

2/ *Übung zur Aussprache* (Pronunciation Practice). In the first ten chapters, this section reviews phonetic problems already presented in the introductory chapter, but which pose special difficulties for English speakers. In the final eight chapters, the *Übung zur Aussprache* presents a German poem or song text to be read aloud in class. These are primarily contemporary poems with some connection to the cultural topic presented in the reading.

3/ *Grammatik* and *Üben wir!* (Grammar and Let's Practice!). Grammar explanations are clear and brief, but complete. Important topics such as the passive voice, the double-infinitive construction in the perfect tense of modal verbs, and the endings of unpreceded adjectives receive full coverage for active use by the student. No previous familiarity with grammatical terminology is presupposed, and no new vocabulary is introduced in this section. After each step in a grammar explanation, the *Üben wir!* section presents reinforcement drills. These have been contextualized wherever possible to increase their interest. Ninety percent of the drills in *Üben wir!* can be done with books closed. Many require student interaction, since it is our conviction that language is best learned through interpersonal communication.

4/ *Wortschatz* (Vocabulary). The first vocabulary section in each chapter follows the dialogues, the second immediately precedes the reading selection. Words are arranged alphabetically by parts of speech. Each *Wortschatz* also begins with a list of easily recognized cognates without English equivalents, called *Leicht zu merken* (Easy to Remember) and ends with a list of antonyms for newly introduced adjectives and adverbs (*Gegensätze*—Opposites). All vocabulary in the *Wortschatz* sections is to be learned for active use, giving the student a total active lexicon of about 1800 words and phrases by the end of the course.

5/ *Readings.* The readings are the core of the presentation of culture in *Neue Horizonte.* The readings of chapters one through nine provide basic information on daily life in Germany. Topics include such things as the family, German secondary schools, eating habits and diet, and university and urban life. The readings of chapters ten through eighteen address more specific issues in twentieth-century German culture and history, e.g., divided Germany, foreign workers, women's issues, the Weimar era, and the legacy of World War II. The readings in chapters thirteen, fifteen, and sixteen are devoted to the German Democratic Republic, Austria, and Switzerland respectively. The readings in chapters fourteen and seventeen and the final reading at the end of the book are authentic, unedited nonfiction texts by the contemporary writers Anna Seghers, Max von der Grün, and Uwe Johnson.

6/ *Vom Lesen zum Sprechen* (From Reading to Speaking). This section leads students from the receptive skill of reading back to the communicative skill of speaking. After a brief presentation of some additional vocabulary relevant to a specific cultural topic or conversational situation, students are offered a variety of activities—interviews, role-playing, guided dialogues—that stress student-student communication.

7/ *Mündliche Übungen* and *Schriftliche Übungen* (Oral and Written Exercises). These exercises close each chapter by integrating and combining the grammatical and cultural material that has been covered. Oral exercises emphasize student interaction, while written exercises encourage increasing freedom in self-expression. The final written exercise, *Wie sagt man das auf deutsch?* (How do you say that in German?), stresses accuracy in translation from English to German.

8/ *Almanach* (Almanac). The final section of each chapter provides either more detailed information on the cultural topic of the chapter (in English), or presents an authentic "document" related to the theme of the chapter, e.g., a menu in chapter eight, where food is the topic.

9/ *Photo Essays.* The Photo Essays on German cities, holidays and festivals, and art provide students with an outstanding visual impression and a deeper understanding of these aspects of German life and culture.

Finally, we have made a consistent effort in *Neue Horizonte* to eliminate stereotyped sexual roles in the conversations, readings, and exercises. This effort is itself a reflection of the realities of contemporary life in German-speaking countries.

David B. Dollenmayer
Thomas Hansen
Renate Hiller

Supplementary Materials

Instructor's Guide

The Instructor's Guide contains a description of the program, suggestions on teaching techniques, sample lesson plans, and lesson-by-lesson guidelines.

Student's Workbook/Lab Manual

The Student's Workbook/Lab Manual consists of two sections. The Workbook section contains a wide variety of exercises and activities that provide additional writing practice and reinforce material covered in the textbook. The Lab Manual section contains material to be done in conjunction with the audio program: dialogues for student repetition, listening-comprehension exercises, pronunciation exercises, structure drills, and dictations.

Audio Program

A complete audio program accompanies *Neue Horizonte*. The program consists of nine dual-track cassettes that play for approximately nine hours, providing considerable practice in hearing and speaking German as well as in listening-comprehension and writing.

Acknowledgements

The authors wish to express special thanks to Dr. David Stillman, Harvard University Extension, who helped develop this text and was a constant source of advice and suggestions. We would like to express our appreciation to Professors Robert Elkins of West Virginia State University, Henry Geitz of the University of Wisconsin-Madison, and Gerhard H. Weiss of the University of Minnesota for their valuable reviews. Special thanks are also due to the members of the editorial staff of D.C. Heath and Company who participated in this project, for their many valuable suggestions and dedicated effort which have considerably enhanced the quality of the manuscript.

In addition, the authors also wish to thank the following individuals for their advice and help.

Prof. Maja Goth (Wellesley College)
Mr. Matthew Hansen (Hartford, Conn.)
Prof. John Hoberman (University of Texas, Austin)
Dr. Wighart von Koenigswald and the Hessisches Landesmuseum
    (Darmstadt, Federal Republic of Germany)
Prof. Gregg Kvistad (Wellesley College)
Mr. Robert K. Mueller (Lexington, Mass.)
Prof. Margaret Ward (Wellesley College)
Prof. Christina Zehl-Romero (Tufts University)

Contents

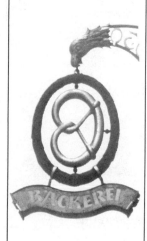

ADDITIONAL MATERIALS

Instructor's Guide
Workbook/Lab Manual
Tapes
Cassettes

Acquisition Editor: *Mario Hurtado*
Project Editor: *Holt Johnson*
Design Coordinator: *Mark Fowler*
Book and Cover Design: *Judy Poe*
Drawings and Maps: *Giles Laroche*

Introduction

The sounds of German
Spelling and punctuation
Classroom expressions

The Sounds of German

The following descriptions are meant as an introduction to the sounds of German. The English equivalents given here can only be approximate. You should practice German phonetics by listening carefully to and then imitating your teacher and the tapes.

Vowels

German vowels, unlike English vowels, are "pure," that is, they do not glide off into another sound at the end. The English **o** in "flow," for instance, glides off to **u.** The **a** in "bait" glides off to **ee.** Compare:

English	German
flow	Floh
bait	Beet

German has both long and short vowels. Short vowels are tenser and of much shorter duration than long vowels.

German spelling is a much better indication of pronunciation than is English spelling. German vowels are long when they are:

1. followed by an unpronounced **h: Sohn, lehnen**
2. doubled: **Beet, Saat**
3. followed by a single consonant (in most cases): **Wesen, Blume**

German vowels are generally short if they are followed by double or multiple consonants: **bitte, offen, links.**

a
Long **a** sounds like English **a** in **Ma** and **Pa.**
Short **a** sounds the same, but is tenser and shorter. Notice that the following pairs of words are identical except for the length of the vowels.

long **a**	short **a**
Wahn	wann
Bahn	Bann
Kahn	kann
Schafe	schaffe

e
Long **e** sounds like English **ay** in **hay,** but without gliding off to **ee.**
Short **e** sounds like English **e** in **let.**

long **e**	short **e**
den	denn
wen	wenn
Beet	Bett
stehlen	stellen

i

Long **i** (usually spelled **ie**) sounds like English **ee** in **free**.
Short **i** sounds like English **i** in **fit**, but is shorter and tenser.

long **i**	short **i**
bieten	bitten
Miete	Mitte
ihn	in
Bienen	binnen

o

Long **o** sounds like English **o** in **so**, but without gliding off to **u**.
Short **o** sounds like English **au** in **caught**, but is tenser and shorter. Short **o** is a difficult sound for English speakers and will need lots of practice.

long **o**	short **o**
wohne	Wonne
Ofen	offen
Sohle	solle
Ton	Tonne
Sohn	Sonne

Be sure to distinguish among long **a**, short **a**, and short **o**.

long **a**	short **a**	short **o**
Bahn	Bann	Bonn
kam	Kamm	komm
fahl	Fall	voll
Haken	hacken	hocken
Gas	Gassen	gossen

u

Long **u** sounds like English **oo** in **soon**, but the lips are more rounded and there is no off-glide.
Short **u** sounds like English **u** in **put**.

long **u**	short **u**
Mus	muß
Ruhm	Rum
Buhle	Bulle
Huhn	Hunne

Vowels with Umlaut: ä, ö, ü

German spelling adds a diacritical mark called an umlaut to three vowels: ä, ö, and ü. In the speech of most Germans, ä is the equivalent of **e**, both long and short, but ö and ü represent different sounds from **o** and **u**.

ö

The sound represented by ö has no English equivalent. To make long ö, round your lips to say German long **o**, freeze them in that position, and say German long **e** instead. Short ö is pronounced in the same way, except that it is shorter and tenser.

long **o**	long **ö**
Ton	Töne
Sohn	Söhne
Lohn	Löhne
Floh	Flöhe
Bogen	Bögen

short **o**	short **ö**
Gott	Götter
konnte	könnte
Topf	Töpfe
Bock	Böcke
Dorf	Dörfer

ü

The sound represented by ü (also spelled **y**) has no English equivalent. To make long ü, round your lips to say German long **u,** freeze them in that position, and say German long **i** instead. Short ü is pronounced in the same way, except that it is shorter and tenser.

long **u**	long **ü**
gut	Güte
Mut	Mythos
Fuß	Füße
Zug	Züge
Schub	Schübe

short **u**	short **ü**
Mutter	Mütter
Kunst	Künste
Bund	Bünde
Kuß	Küsse
Busch	Büsche

Unstressed -e and -er

It is important to distinguish between two unstressed vowel sounds occurring at the end of words and syllables.

Unstressed **-e** sounds like English **a** in **sofa** (the so-called "schwa"). Unstressed **-er** is a vowel sound which resembles the **u** in English **but.** The difference between **träge** and **Träger,** for instance, is that in the latter, the tongue is quickly retracted at the end of the word.

unstressed **-e**	unstressed **-er**
träge	Träger
Liebe	lieber
lese	Leser
bitte	bitter
Wunde	Wunder

Diphthongs

Diphthongs are combinations of two vowel sounds. There are three of them in German: The diphthong **au** sounds like English **ow** in **cow: Haus.** The diphthong **ei** (also spelled **ai**) sounds like English **ei** in **height: leid.** The diphthong **eu** (also spelled **äu**) sounds like English **oi** in **oily: Leute, läuten.**

au	ei (ai)	eu (äu)
Laus	leise	Läuse
aus	Eis	äußern
Frau	frei	Freude
laut	leiten	läuten
baut	beide	Beute

▶ The sound spelled **ie** is not a diphthong, but simply a long **i.**

Consonants

ch

After the "back" vowels **a, o, u,** and **au,** the sound represented by **ch** sounds like Scots **ch** in **Loch Ness.**

Bach	Tuch
Loch	auch

After other vowels and consonants, **ch** sounds like English **h** in **Hugh** or **huge,** if you draw out this sound before saying the **u.**

echt	Löcher
Bäche	Furcht
ich	Teich

Contrast back **ch** and front **ch:**

back **ch**	front **ch**
Bach	Bäche
Loch	Löcher
Buch	Bücher
Brauch	Bräuche

-ig

When **-ig** ends a word, it is pronounced as if it were spelled **-ich.** When it is followed by an ending, it is pronounced **-ig-.**

-ich	-ig-
König	Könige
Pfennig	Pfennige
fertig	fertige
artig	artige

chs

The combination **chs** is pronounced **ks.**

sechs	Fuchs
Wachs	wuchs

l

German l is pronounced with the tip of the tongue against the upper gum ridge and with the tongue flat from front to back, not dipped in the middle and raised at the back, like an American **l**. The American **l** in initial position is closer to the German **l** than is the American **l** when it comes in the middle or at the end of a word. Listen carefully to your teacher and the tapes.

English	German
leaf	lief
light	Leid
late	lädt
built	Bild
plots	Platz
feel	fiel
hell	hell
pole	Pol

r

German never uses the American **r,** in which the tip of the tongue curves backward. Some Germans tongue-trill their **r,** but most use the uvular **r** (the back of the tongue is raised toward the uvula, the small flap of tissue hanging down at the back of your mouth) and it is the one you should learn. Uvular **r** is similar to the back **ch,** except that the **r** is voiced (the vocal cords vibrate). Pronounce the following sequence of words. With **waren,** keep your vocal cords vibrating: **wach, wachen, waren.**

Beere	Frau	Rede
ihre	frei	rot
Ohren	Trauer	richtig
lehren	grün	Raum

When **r** is not followed by a vowel, it usually becomes a vowel sound like English **u** in **but.**

consonantal **r**	vocalic **r**
Tore	Tor
führe	für
studiere	studiert
bittere	bitter
höre	hört

b, d, g

The letters **b**, **d**, and **g** are pronounced as in English. The German **g** is always "hard" as in English **go: gehen.**

Bube	Bude	Tage
leben	leiden	legen

When **b, d,** and **g** come at the end of a word or syllable, or before **s** or **t**, they become "unvoiced," that is, the vocal cords do not vibrate and **b** thus sounds like **p, d** sounds like **t,** and **g** like **k.**

voiced (b, d, g)	unvoiced (p, t, k)
Diebe	Dieb
leben	lebt
schieben	schiebst
Lieder	Lied
Fäden	fad
Kriege	Krieg
legen	legt
liegen	liegst

j

The letter **j** is pronounced like English **y.**

ja	jagen
jung	je

qu

The letters **qu** stand for the consonant combination **kv.**

quick	Qualität
quer	Quatsch
Quark	

s

Before vowels, **s** is voiced like English **z** in **zeal.** In all other positions, **s** is unvoiced like English **s** in **seal.**

voiced s	unvoiced s
so	es
lesen	ist
Gänse	Thomas

ss, ß

The letters **ss** and **ß** (the latter called "ess-tsett" in German and "digraph s" in English) stand for unvoiced **s** (as in English **seal**).

essen	ißt
müssen	muß
messen	Maß

v

The letter **v** usually stands for the same sound as **f.** In words of foreign origin, however, it is pronounced like English **v** (i.e., voiced).

v = f	voiced v
Vetter	Vera
vier	Vase
voll	Universität

w
The letter **w** stands for the sound spelled **v** in English.

wir	Wetter
Wasser	Wagen

y
The letter **y** occurs only in words of foreign origin and is most commonly pronounced like **ü**.

Physik
Gymnasium
Symphonie

z, tz
Both **z** and **tz** are pronounced like **ts** in English **its**. This sound can come at the beginning of a word in German, not just in the middle and at the end as in English.

Zoo
zehn
sitzen
Zug
Satz

Consonant Clusters: **gn, kn, pf, ps**

Be careful to pronounce both elements of the following consonant clusters, especially when they occur at the beginning of a word or syllable.

gn	kn	pf	ps
Gnade	Knie	Apfel	Psalm
Vergnügen	Knabe	Pfanne	Psychologie
Gnom	Knall	Pferd	Psychiater

ng
In German, the letters **ng** always stand for the sound in English **singer**, never for the sound in English **finger.**

Sänger	Achtung
Finger	Hunger
Ring	

sch, st-, sp-
The German sound spelled **sch** is like the English sound spelled **sh,** but with more pronounced lip-rounding:

Schiff	Schule
Asche	schön
rasch	

The combinations **st-** and **sp-** at the beginning of a word or syllable are pronounced "scht-" or "schp-."

spielen   spüren

Stein   versprechen

aufstehen

-tion

This combination is always pronounced "-tsión," with the primary word stress on the last syllable.

Nation

Zivilisation

Tradition

Glottal stop

The glottal stop is used more frequently in German than in English. It is the brief closing of the vocal cords one hears between the words of the phrase "Utica Avenue." It is the way we distinguish between "a nice man" and "an ice man." In German, it occurs before all words and syllables beginning with a vowel.

er ist es   ich arbeite oft

eine alte Adresse   in einer Oper

Deutsches Alphabet, um (around) 1400

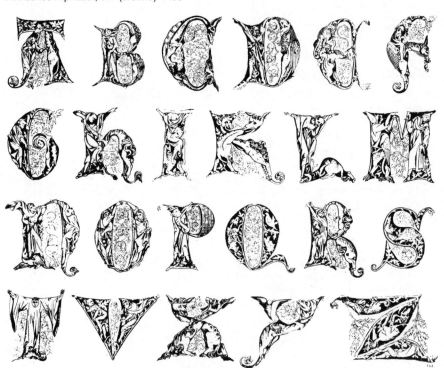

Spelling and Punctuation

The Alphabet (das Alphabet)

Since the name of almost every letter in German contains the sound ordinarily represented by that letter, it will be useful to memorize the German alphabet.

a	ah	**j**	jot	**s**	ess
b	beh	**k**	kah	**t**	teh
c	tseh	**l**	ell	**u**	uh
d	deh	**m**	emm	**v**	fau
e	eh	**n**	enn	**w**	weh
f	eff	**o**	oh	**x**	iks
g	geh	**p**	peh	**y**	üppsilon
h	hah	**q**	kuh	**z**	tsett
i	ih	**r**	err	**ß**	ess-tsett

Capitalization

1. All nouns are capitalized, wherever they occur in the sentence.
2. Adjectives denoting nationality are not capitalized: **deutsch, amerikanisch, kanadisch** (German, American, Canadian).

Punctuation

German punctuation is quite similar to English. The most important difference is that all subordinate clauses (see p. 202) must be set off by commas.

Syllabication

Note the following divisions at the end of a line in German:

1. A single consonant goes with the following syllable: **sa-gen**—to say.
2. The last of two or more consonants is carried over to the following syllable: **Ar-beit**—work, **brann-ten**—burned.
3. The letter combinations **ch, sch,** and initial **st** and **sp** are never separated: **Dä-cher**—roofs, **Bü-sche**—bushes, **ge-spielt**—played.
4. **ck** (as in **Deckel**—lid) is separated into **k-k: Dek-kel.**
5. Compound words are divided between their component parts: **Klassen-zimmer**—classroom.

Classroom Expressions

1. der **Professor**
   (der **Lehrer**)
2. die **Professorin**
   (die **Lehrerin**)
3. der **Student**
   (der **Schüler**)
4. die **Studentin**
   (die **Schülerin**)

5. die **Tafel**
6. das **Buch**
7. der **Tisch**
8. die **Uhr**
9. die **Wand**
10. das **Fenster**
11. der **Stuhl**
12. die **Tür**

At the university level

der **Professor**
die **Professorin**
der **Student**
die **Studentin**

At the secondary school level

der **Lehrer**
die **Lehrerin**
der **Schüler**
die **Schülerin**

Guten Morgen!	Good morning! (before 10:00 a.m.)
Guten Tag!	Hello! (after 10:00 a.m.)
Wie heißen Sie?	What's your name?
Ich heiße Thomas Hartmann.	My name is Thomas Hartmann.
Ich bin Frau Keller.	I am Mrs. Keller.
Ich bin Professor Hauser.	I am Professor Hauser.
Wie heißt sie?	What's her name?
Sie heißt Monika Richter.	Her name is Monika Richter.
Wie heißt er?	What's his name?
Er heißt Thomas Hartmann.	His name is Thomas Hartmann.

Wie geht es Ihnen heute?	How are you today?
Gut, danke. Und Ihnen?	Fine thanks, and you?
Wie sagt man „the book" auf deutsch?	How do you say "the book" in German?
Man sagt „das Buch".	You say **"das Buch."**
Was ist das?	What is that?
Das ist das Buch.	That's the book.
Wie schreibt man das?	How do you spell that?
„Buch" schreibt man B-u-c-h.	You spell **"Buch"** B-u-c-h.
Das ist richtig.	That's correct.
Das ist falsch.	That's incorrect.
Welcher Tag ist heute?	What day is today?
Heute ist Montag.	Today is Monday.
Morgen ist Dienstag.	Tomorrow is Tuesday.
Mittwoch	Wednesday
Donnerstag	Thursday
Freitag	Friday
Samstag (or: **Sonnabend**)	Saturday
Sonntag	Sunday
Auf Wiedersehen!	Good-bye!

Pronunciation Practice

Here are some German loan-words in English. Pronounce them in German and see if you know what they mean.

Angst	Kindergarten	Strudel
Ersatz	Kitsch	Wanderlust
Gestalt	Rucksack	Weltanschauung
Gesundheit	Sauerkraut	Zeitgeist
Hinterland	Spiel	Zwieback

Almanach

Where is German spoken?

Today the word Germany is largely a conversational convenience that no longer defines a single political entity. Germany as an individual state has not existed since 1945 and the Germans, politically divided as they were in the earliest times, now populate two countries. When speaking of Germany, one carefully distinguishes between West Germany (the Federal Republic of Germany—*Die Bundesrepublik Deutschland*), and East Germany (the German Democratic Republic—*Die Deutsche Demokratische Republik*). Almost 80 million German-speakers live in these two countries. Yet German is also the language of Austria, part of Switzerland, and Liechtenstein. Scattered linguistic enclaves of German speakers in the U.S.A. (notably in Pennsylvania), Canada, Brazil, South Africa, Australia and the South Tirol (now in Italy) bring the number of German-speakers up around 119 million. Here are some comparative statistics on the world's major languages:

Chinese	897 Million
English	397 Million
Russian	274 Million
Spanish	258 Million
Arabic	155 Million
Portuguese	151 Million
German	119 Million
Japanese	119 Million
French	107 Million
Italian	62 Million

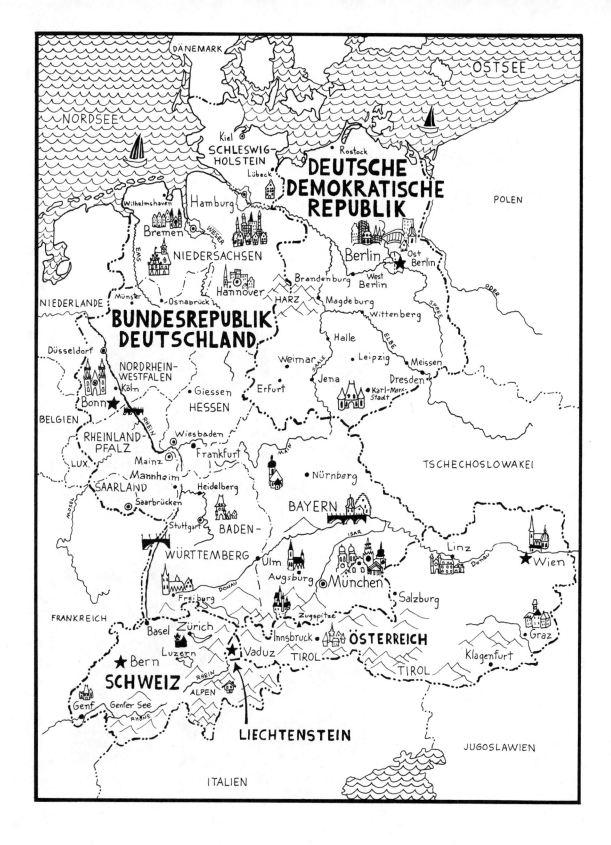

1

Wie geht es Ihnen?

In der Mensa[1]

KARIN: Grüß dich, Michael! Wie ist die Suppe heute?

MICHAEL: Tag, Karin! Sie ist ganz gut. . . . Übrigens, arbeitest du viel im Moment?

KARIN: Nein, nicht sehr viel. Warum, was machst du heute abend?

MICHAEL: Heute abend gehe ich zu Horst. Du auch?

KARIN: Ja, natürlich.

MICHAEL: Also tschüß, bis dann.

Im Büro[1]

HERR LEHMANN: Guten Morgen, Frau Hauser!

FRAU HAUSER: Morgen, Herr Lehmann. Entschuldigung, aber ich bin in Eile. Ich fliege um elf nach Wien.

HERR LEHMANN: Wann kommen Sie wieder zurück?

FRAU HAUSER: Am Mittwoch bin ich wieder zurück. Auf Wiedersehen!

HERR LEHMANN: Auf Wiedersehen! Gute Reise!

Auf der Straße[1]

FRAU BACHMANN: Guten Tag, Frau Kuhn! Wie geht's?

FRAU KUHN: Tag, Frau Bachmann! Sehr gut, danke, und Ihnen?

FRAU BACHMANN: Danke, auch gut. Was machen die Kinder?

FRAU KUHN: Sie spielen draußen, das Wetter ist heute so schön.

FRAU BACHMANN: Ja, endlich scheint die Sonne. Aber vielleicht regnet es morgen wieder.

FRAU KUHN: Typisch für September.

[1] The form of the definite article in these prepositional phrases indicates that the following noun is in the dative case. See p. 106.

In the University Cafeteria

KARIN: Hi, Michael! How's the soup today?

MICHAEL: Hi, Karin! Oh, pretty good. . . . By the way, are you studying a lot at the moment?

KARIN: No, not very much. Why? What are you doing this evening?

MICHAEL: I'm going to Horst's tonight. You too?

KARIN: Yes, of course.

MICHAEL: Okay. So long, until then.

In the Office

MR. LEHMANN: Good morning, Mrs. Hauser.

MRS. HAUSER: Morning, Mr. Lehmann. Forgive me, but I'm in a hurry. I'm flying to Vienna at eleven.

MR. LEHMANN: When are you coming back?

MRS. HAUSER: I'll be back on Wednesday. Good-bye!

MR. LEHMANN: Good-bye, have a good trip.

On the Street

MRS. BACHMANN: Hello Mrs. Kuhn. How are you?

MRS. KUHN: Hi, Mrs. Bachmann. Very well, thanks, and you?

MRS. BACHMANN: Thanks, I'm fine too. What are your children up to?

MRS. KUHN: They're playing outside, the weather is so nice today.

MRS. BACHMANN: Yes, the sun is finally shining. But maybe it will rain again tomorrow.

MRS. KUHN: Typical for September.

Wortschatz
vocabulary

Leicht zu merken
easy to remember

natürlich natural(ly)
typisch typical(ly)
(der)[1] September September

Verben
verbs

arbeiten to work
fliegen to fly
gehen to go; walk
grüßen to greet; say hello
kommen . . . (zurück) to come (back)
machen to make; do
regnen to rain
scheinen to shine; seem
sein to be
spielen to play

Substantive
nouns

das **Büro, -s**[2] office
die **Frau, -en** woman
  Frau Kuhn Mrs. Kuhn
der **Herr, -en** gentleman
  Herr Lehmann Mr. Lehmann
das **Kind, -er** child
die **Mensa, -** university cafeteria
der **Morgen, -** morning
die **Sonne** sun
die **Straße, -n** street
die **Suppe, -n** soup
der **Tag, -e** day
das **Wetter** weather
(das) **Wien** Vienna

Andere Vokabeln
other words

aber but
also well . . . , okay then . . .
auch also, too
auf on
bis until; by
  bis dann until then; by then
danke thanks

heute abend this evening, tonight
in in
ja yes
nach to (with cities and countries)
nein no
nicht not
schön beautiful; nice
sehr very
übrigens by the way
um at (with times)
und and
viel much, a lot
vielleicht maybe, perhaps
wann when
warum why
was what
wer who
wie how; like, as
wieder again
wo where
zu to (with people); too (as in "too much")
zurück back

Nützliche Ausdrücke
useful expressions

Tag! Hi! (short for **"Guten Tag"**)
Morgen! Morning! (short for **"Guten Morgen"**)
Grüß dich! Hi! (in Southern Germany and Austria, among people who address each other with **du**)
Grüß Gott! Hello! (in Southern Germany and Austria)
Wie geht's? How are you? (short for „**Wie geht es Ihnen?**")
Tschüß! So long! (informal, among friends)
Entschuldigung! Pardon me! Excuse me!
Gute Reise! (Have a) good trip!
in Eile in a hurry

dann then	**im Moment** at the moment
draußen outside	**am Mittwoch** on Wednesday
elf eleven	**Donnerstag** Thursday
endlich finally	**Freitag** Friday
für for	**usw. (= und**
gut good; well	**so weiter)** etc.
ganz gut pretty good	

Gegensätze[3] opposites

gut ≠ schlecht	good; well ≠ bad; badly
schön ≠ häßlich	beautiful ≠ ugly

[1] See p. 24 for explanation of definite article.
[2] The endings after a hyphen are plural endings. See p. 25 for explanation.
[3] Frequently-used antonyms will be presented in this special section at the end of the *Wortschatz*.

In der Mensa, Heidelberg

Neue Kombinationen
new combinations

A. Substitute the elements provided for those in italics.

> EXAMPLE: *Mittwoch* bin ich wieder zurück. (morgen)
> Morgen bin ich wieder zurück.

1. Ich fliege *um elf* nach Wien.
   (morgen, heute abend, am Dienstag, am Mittwoch, am Montag)
2. *Kommst* du auch?
   (arbeitest, fliegst, gehst)
3. *Endlich* scheint die Sonne wieder.
   (natürlich, vielleicht, morgen, übrigens, am Freitag)

B. Respond to the following greetings and farewells:

1. Guten Morgen!
2. Wie geht es Ihnen?
3. Guten Tag!
4. Auf Wiedersehen!
5. Grüß dich!
6. Tschüß, bis dann!

Übung zur Aussprache
pronunciation practice

The sound represented by the diphthong **ei (ai)** is pronounced like English "eye," but more tensely. Remember the name **Eisenhower**. The sound represented by **ie** is simply a long "ee" sound. See Introduction, p. 6.

ei	ie	ei	ie
seid	sieht	meine	Miene
weiter	wieder	leihen	liehen
Wein	Wien	Beine	Biene
Leid	Lied	deine	diene

Read these sentences aloud, watching out for the difference between **ei** and **ie**:

1. Vielleicht arbeiten sie heute wieder.
2. Sind Sie in Eile?
   Ja, auf Wiedersehen!
   Auf Wiedersehen! Gute Reise!
3. Am Freitag fliegen wir nach Wien.

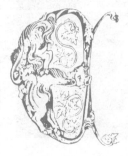

Grammatik
grammar

1/ Personal Pronouns

Personal pronouns as the subject of a sentence:

	Singular		*Plural*	
1st person	**ich**	I	**wir**	we
2nd person	**du**	you (familiar)	**ihr**	you (familiar)
	Sie	you (formal)	**Sie**	you (formal)
3rd person	**er**	he		
	es	it	**sie**	they
	sie	she		

- German has three words for the personal pronoun "you": **du, ihr,** and **Sie.**
- The familiar pronouns **du** (singular) and **ihr** (plural) are used when addressing children, family members, close friends, and the Deity. Members of certain groups (students, blue-collar workers, soldiers, athletes) converse among themselves almost exclusively with **du** and **ihr.**
- **Sie** is used when addressing adults who are not close friends. **Sie** meaning "you" (but not **sie** meaning "they") is both singular and plural and is always capitalized.
- The pronoun **ich** is capitalized only when it is the first word in a sentence.

2/ The Verb: Infinitive and Present Tense

A. The Infinitive

German verbs are found in a dictionary in the *infinitive* form. In English, the infinitive is usually preceded by *to: to go, to say.*

In German, the infinitive is expressed by the ending **-en or -n** attached to the stem of the verb: geh**en** (*to go*), arbeit**en** (*to work*), sei**n** (*to be*).

B. Present Tense

When the verb is used with a subject, it must indicate *tense* (present, past, or future), *person* (first, second, or third), and *number* (singular or plural). Some of this information is conveyed by endings added to the verb stem, a process known as verb inflection.

In English, the only inflectional ending of the present tense occurs in the third person singular, as an *-s:* she sing*s*, work*s*, put*s*, or an *-es:* he miss*es*, fix*es*, push*es*. In German, *each* person has an ending.

In order to form the present tense of a German verb, find the stem by eliminating the infinitive ending **-en** or **-n**:

komm- ~~en~~

and add the personal endings:

	stem + ending			*Singular* present tense		
ich	komm-	e	ich	komme		I come
du	komm-	st	du	kommst		you come
(Sie	komm-	en)[1]	(Sie	kommen)[1]		
er, es, sie	komm-	t	er, es, sie	kommt		he, it, she comes

	stem + ending			*Plural* present tense		
wir	komm-	en	wir	kommen		we come
ihr	komm-	t	ihr	kommt		you come
(Sie	komm-	en)[1]	(Sie	kommen)[1]		
sie	komm-	en	sie	kommen		they come

ÜBEN WIR!
LET'S PRACTICE

a. Tell who is coming tomorrow.

> EXAMPLE: ich
> Ich komme morgen.

1. er	5. sie (she)
2. Sie, Frau Bachmann	6. du, Michael
3. wir	7. ich
4. sie (they)	8. ihr

b. Tell who is doing that.

> EXAMPLE: ich
> Ich mache das.

1. sie (she)	5. Sie, Herr Hauser
2. ihr	6. wir
3. er	7. sie (they)
4. du, Stefan	8. ich

C. Regular Variations in Personal Endings

Verbs with stems ending in **-d, -t,** or a consonant cluster such as **-gn** insert an **-e-** before the **du, er,** and **ihr** endings to make them pronounceable:

---

[1] The third person plural **sie kommen** (they come) is also the polite form of address: **Sie kommen** (*you come*—singular and plural). These forms are always identical except for capitalization. From now on, the **Sie**-form will be given with the third person plural in verb paradigms: **sie, Sie kommen.**

22 / Neue Horizonte

arbeiten; stem: arbeit-			
ich	arbeite	wir	arbeiten
du	arbeitest	ihr	arbeitet
er, es, sie	arbeitet	sie, Sie	arbeiten

regnen; stem: **regn-**
es regnet

ÜBEN WIR!

Tell who is working a lot.

> EXAMPLE: wir
> Wir arbeiten viel.

1. ich
2. Herr Lehmann
3. sie (they)
4. du

5. ihr
6. Frau Kuhn
7. wir
8. Michael

D. English and German Present Tense Compared

German present tense is equivalent to three English forms:

$$\text{sie geht} \begin{cases} \text{she goes} \\ \text{she is going} \\ \text{she does go} \end{cases}$$

E. Present Tense with Future Meaning

In German the present tense often expresses future meaning, especially when another element in the sentence makes the future meaning clear:

Ich fliege um elf nach Wien.	*I'm flying to Vienna at eleven.*
Heute abend gehe ich zu Horst.	*I'm going to Horst's tonight.*
Mittwoch bin ich wieder zurück.	*I'll be back Wednesday.*

Note that English often uses the present progressive (I'm flying, I'm going) for the same purpose.

ÜBEN WIR!

Contradict these statements, substituting **morgen** for **heute.**

> EXAMPLE: Wir gehen heute zu Horst.
> Nein, wir gehen morgen zu Horst.

1. Herr Lehmann kommt heute zurück.
2. Stefan fliegt heute nach Wien.
3. Sie arbeiten heute.
4. Frau Bachmann macht das heute.
5. Wir gehen heute zu Frau Kuhn.
6. Horst arbeitet heute in der Mensa.

3/ The Verb **sein** (to be)

The verb **sein** is irregular and its forms must be memorized:

ich	**bin**	I am	wir	**sind**	we are
du	**bist**	you are	ihr	**seid**	you are
er, es, sie	**ist**	he, it, she is	sie, Sie	**sind**	they, you are

ÜBEN WIR!

Substitute the new subjects given.

> EXAMPLE: *Er* ist in Eile. (ich)
> Ich bin in Eile.

1. *Wir* sind in Eile.
   (du, ich, Frau Kuhn und Frau Bachmann, ihr, Sie, er)
2. Am Mittwoch bin *ich* wieder zurück.
   (Herr Hauser, du, Sie, ihr, wir, Frau Kuhn, Stefan und Michael)

4/ The Noun: Gender

Unlike English, each German noun has a *gender*, that is, it is masculine, neuter, or feminine. English has *natural gender*, that is, in English one refers to a man as "he," a woman as "she," and a chair as "it." German nouns have *grammatical gender* which does not necessarily correspond to natural gender.

The article indicates the gender of the German noun. When learning a noun, also memorize its definite article (**der, das,** or **die**). For example, learn **der Stuhl** and not simply **Stuhl.**

masculine:	**der** Mann (the man)	**der** Stuhl (the chair)
neuter:	**das** Kind (the child)	**das** Buch (the book)
feminine:	**die** Frau (the woman)	**die** Tafel (the blackboard)

▶ The pronoun agrees in gender with the noun it replaces. **Er, es,** and **sie** can all mean "it."

Wo ist **der** Stuhl?	**Er** ist hier.	*It's here.*
Wo ist **das** Buch?	**Es** ist hier.	*It's here.*
Wo ist **die** Tafel?	**Sie** ist hier.	*It's here.*

■ Gender distinctions disappear in the plural. The definite article **die** is used with all nouns:

die Stühle[1]	*the chairs*
die Bücher	*the books*
die Tafeln	*the blackboards*

Remember that the plural pronoun is **sie** for all nouns:

Wo sind **die** Bücher?	**Sie** sind hier.	*They are here.*

---

[1] For plural endings, see opposite page.

ÜBEN WIR!

Answer with the appropriate pronoun.

> EXAMPLE: Ist das die Tafel?   Is that the blackboard?
> Ja, das ist **sie.**   Yes, that's it.

1. Ist das der Stuhl?
2. Ist das die Suppe?
3. Ist das das Kind?
4. Ist das Michael?

5. Ist das Frau Kuhn?
6. Ist das das Buch?
7. Ist das die Mensa?
8. Ist das die Straße?

5/ Noun Plurals

The most common plural ending for English nouns is **-s** or **-es**: *chair, chairs; dish, dishes.* A handful of nouns have irregular plurals: *man, men; mouse, mice; child, children; sheep, sheep.*

German has a much greater variety of plural forms. There is no one basic rule, nor is any one form the most common. The following table gives examples of all the plural forms:

	Singular	Plural
1. no change	der Lehrer	die Lehrer
2. umlaut added to stem vowel	die Mutter	die Mütter
3. -e	der Tisch	die Tische
4. umlaut + -e	der Stuhl	die Stühle
5. -er	das Kind	die Kinder
6. umlaut + -er	das Buch	die Bücher
7. -en	die Frau	die Frauen
8. -n	die Straße	die Straßen
9. -s	das Büro	die Büros

It is customary in dictionaries and vocabulary lists to indicate the plural by an abbreviation. An umlaut above the hyphen indicates that the stem (stressed) vowel is umlauted in the plural:

dictionary entry	you must learn
der **Lehrer,** -	der **Lehrer,** die **Lehrer**
die **Mutter,** ⸚	die **Mutter,** die **Mütter**
der **Tag,** -e	der **Tag,** die **Tage**
der **Stuhl,** ⸚e	der **Stuhl,** die **Stühle**
usw.	etc.

a. Look at the following vocabulary and say aloud both the singular and plural forms with their articles:

1. das **Kind, -er**
2. das **Büro, -s**
3. der **Tisch, -e**
4. die **Mutter, ⸚**

5. die **Tafel, -n**
6. die **Straße, -n**
7. der **Stuhl, ⸚e**
8. die **Frau, -en**

b. Now substitute plural for singular and change the verb accordingly.

> EXAMPLE: **Der Herr kommt** um elf.
> **Die Herren kommen** um elf.

1. Das Büro ist sehr schön.
2. Die Frau fliegt nach Wien.
3. Das Kind kommt zu Horst.
4. Die Straße ist sehr schön.
5. Das Buch ist gut.
6. Der Lehrer arbeitet morgen im Büro.

6/ Nominative Case

German nouns can occur in four different cases. These cases are indicated by changes in the form of the article preceding the noun, and sometimes in the form of the noun itself. Cases signal different relationships between the noun and the verb of the sentence, or between two nouns. For example, they show whether the noun is the subject (*The student* eats soup.) or object (The student eats *soup.*) of the verb, or they may show possession (*the student's* soup). In this chapter, you will learn the formation and use of the *nominative* case.

A. Formation

The article signals the case of the noun. You have already learned the definite article in the nominative:

Masculine	*Neuter*	*Feminine*	*Plural*	
der Mann	**das** Kind	**die** Frau	**die**	Männer
				Kinder
				Frauen

Here is the indefinite article (English: a, an) in the nominative:

Masculine	*Neuter*	*Feminine*
ein Mann	**ein** Kind	**eine** Frau

■ Note that masculine and neuter singular are identical in the nominative: **ein** Mann, **ein** Kind.

B. Use

    1. The subject of the sentence is always in the nominative case:

Endlich kommt **die Suppe.**	*The soup is finally coming.*
Frau Kuhn ist in Eile.	*Mrs. Kuhn is in a hurry.*
Morgen fliegt **er** zurück.	*He's flying back tomorrow.*

    2. A predicate nominative is a noun following the subject and the verb **sein.**[1]

Das ist **Frau Schmidt.**	*That's Mrs. Schmidt.*
Paul ist **ein Kind.**	*Paul is a child.*

ÜBEN WIR!

Substitute new subjects or predicate nominatives with the proper article:

1. Wie ist *die Suppe* heute? (Wetter, Mensa)
2. Wann kommen *die Herren* zurück? (Frauen, Kinder, Studenten, Lehrer)
3. Das ist *die Mensa.* (Büro, Fenster, Tisch, Sonne, Herr, Stuhl, Tafel)

7/ The Sentence: German Word Order

A. Statements: Verb-Second Word Order

In German statements, the verb is always the second element:

1	2	3	4
Wir	**gehen**	heute abend	zu Horst.

We're going to Horst's tonight.

This is an ironclad rule. If an element other than the subject begins the sentence, the verb remains in second position and the subject then follows the verb. Note the difference from English.

3	2	1	4
Heute abend	**gehen**	wir	zu Horst.

Tonight we're going to Horst's.

■ A time phrase (**heute abend**) or a prepositional phrase (**zu Horst**) may consist of two or more words, but counts as *one* grammatical element.

---

[1] A few other verbs (**bleiben,** *to remain;* **heißen,** *to be called;* **werden,** *to become*) also take the predicate nominative. You will learn them later.

ÜBEN WIR!

Restate the sentences, beginning with the word or phrase in italics.

> EXAMPLE: Ich arbeite *übrigens* viel.
> *Übrigens* arbeite ich viel.

1. Die Lehrerin geht *morgen* zu Frau Bachmann.
2. Die Sonne scheint *endlich* wieder!
3. Es ist *schön* heute.
4. Wir fliegen *um elf* nach Wien.
5. Das ist *vielleicht* die Straße.
6. Ich arbeite viel *im Moment*.
7. Die Suppe ist *heute* ganz gut.
8. Es regnet *natürlich* viel.

B. Questions

There are two main types of questions in German: yes/no questions and informational questions.

1. Yes/no questions are answered by **ja** or **nein,** and the verb is always the first element:

Ist	Andrea hier?	*Is Andrea here?*
Arbeitet	sie in Berlin?	*Does she work in Berlin?*
Kommst	du wieder zurück?	*Are you coming back again?*

2. Questions asking for information start with a question word (what, how, when, etc.) and have the same verb-second word order as statements:

1	2		
Was	macht	er?	*What is he doing?*
Wie	geht	es Ihnen?	*How are you?*
Wann	kommen	Sie wieder zurück?	*When are you coming back again?*

Here are the most commonly used question words:

wann	when	**wer**	who
warum	why	**wie**	how
was	what	**wo**	where

▶ Do not confuse **wer** (who) and **wo** (where)!

ÜBEN WIR!

a. Change these statements to yes/no questions.

> EXAMPLE: Stefan arbeitet in Stuttgart.
> Arbeitet Stefan in Stuttgart?

1. Das ist typisch für September.
2. Ihr geht wieder zu Karin.

3. Es regnet.
4. Herr Hauser fliegt nach Berlin.
5. Frau Kuhn kommt auch.
6. Im Moment arbeitest du viel.
7. Er ist sehr in Eile.
8. Der Herr kommt am Mittwoch zurück.

b. Ask the questions for which the following statements are answers.

> EXAMPLE: Das ist der Professor.
> Wer ist das?

1. Er fliegt um elf.
2. Sehr gut, danke, und Ihnen?
3. Sie sind im Büro.
4. Das ist Frau Bachmann.
5. Das ist die Mensa.
6. Die Suppe ist gut, danke.

8/ Expanding Your Vocabulary: Months of the Year

The months of the year are all masculine in German:

(der) Januar	im Januar	*in January*
Februar	im Februar	*in February*
März	usw.	*etc.*
April		
Mai		
Juni		
Juli		
August		
September		
Oktober		
November		
Dezember		

ÜBEN WIR!

Tell in what months these things are going to happen.

> EXAMPLE: Wann fliegt sie nach Wien?
> Im Januar.

1. Wann fliegen wir nach Deutschland?
2. Wann arbeiten Sie in Wien?
3. Wann regnet es viel?
4. Wann kommt Herr Hauser zurück?
5. Wann scheint die Sonne viel?
6. Wann spielen die Kinder draußen?

Wortschatz zum Lesestück
vocabulary for the reading

Leicht zu merken

formell
die **Solidarität**
der **Student, -en**
der **Tourist, -en**

Verben

bedeuten to mean
denken to think
fragen to ask
sagen to say; tell
studieren to attend a
  university
wohnen to live, dwell

Substantive

der **Amerikaner, -** American
  (*m.*)[1]
die **Amerikanerin, -nen**
  American (*f.*)
der/die **Deutsche, -n**
  German (*m. or f.*)
(das) **Deutschland** Germany
die **Gruppe, -n** group
das **Haus, ¨er** house
die **Jugend** (*sing.*) young
  people; youth
die **Klasse, -n** class; grade

der **Schüler, -** secondary
  school pupil (*m.*)
die **Schülerin, -nen** secondary
  school pupil (*f.*)

Andere Vokabeln

eins one
freundlich friendly
hier here
immer always
man one (*impersonal
  pronoun*)
oder or
oft often
so so; like this
sogar even, in fact
viele many
wahrscheinlich probably
zehn ten
ziemlich fairly, quite

Nützliche Ausdrücke

zum Beispiel for example
auf deutsch in German
Wie geht es dir? How are
  you? (to someone whom
  you address as **du**)
das stimmt that's right

Gegensätze

immer ≠ nie	always ≠ never
oft ≠ selten	often ≠ seldom

[1] See the list of abbreviations on p. 504.

Wie sagt man „you" auf deutsch?

Touristen in Deutschland sagen oft, die Deutschen sind sehr freundlich, und das stimmt. Aber die Deutschen sind auch ziemlich formell; so denken wahrscheinlich viele Amerikaner.

Frau Bachmann und Frau Kuhn sind zum Beispiel Nachbarinnen.° Sie wohnen im selben° Haus und sind sogar befreundet,° aber Frau Bachmann fragt nicht: „Wie geht es dir, Gisela?" Nein, sie sagt: „Wie geht es Ihnen, Frau Kuhn?"

Die Lehrer duzen° die Schüler von Klasse eins bis Klasse zehn. Aber ab° Klasse elf sagen sie „Sie". Die Schüler siezen° die Lehrer natürlich immer.

Heute ist das „Du" auch ein Ausdruck der° Solidarität. Für die Jugend und die Studenten bedeutet es: wir sind eine Gruppe. Karin und Michael, zum Beispiel, studieren.[1] Sie sagen von Anfang an° „Du" zueinander.°

neighbors   in the same
on friendly terms

address with **du**
from . . . on   address with **Sie**

expression of

from the beginning   to each other

[1] Note that **studieren** means to attend college or university and is not used to describe the student's daily activity of studying. Thus, "I'm studying tonight" is translated as "Ich **arbeite** heute abend."

Fragen zum Lesestück

questions on the reading

1. Wie sind die Deutschen?
2. Wer denkt das wahrscheinlich?
3. Was sind Frau Bachmann und Frau Kuhn?
4. Was fragt Frau Bachmann?
5. Sagen Lehrer und Schüler „Du"?
6. Was sind Karin und Michael?
7. Was bedeutet das „Du" für die Jugend?
8. Sagen Karin und Michael „Sie"?

Vom Lesen zum Sprechen

from reading to speaking

„Sie" oder „Du"?

A. Conduct the following dialogues in German:

MRS. MÜLLER: Where do you live?
MRS. BRAUN: In Berlin. And you?

KARIN: Are you studying this evening?
MICHAEL: No. Why do you ask?

MOTHER: What are you doing today, children?
CHILD: We're playing outside.

B. Now ask your classmates where they live. Use the **du**-form.

„SIE" oder „DU"?

Mündliche Übungen
Oral Exercises

A. Persönliche Fragen

1. Wie geht es Ihnen?
2. Geht es Ihnen immer gut?
3. Scheint die Sonne heute oder regnet es?
4. Regnet es morgen vielleicht?
5. Sind Sie oft in Eile?
6. Fliegen Sie oft nach Deutschland?
7. Welcher Tag ist heute?
8. Haben wir auch eine Mensa hier?
9. Ist die Suppe immer gut?
10. Arbeiten Sie viel im Moment?
11. Was machen Sie heute abend?

B. Answer the questions, beginning with the word you will hear.

EXAMPLE: Machst du das heute? (natürlich)
Natürlich mache ich das heute.

1. Wann fliegst du nach Berlin? (am Montag)
2. Wann kommst du wieder zurück? (am Donnerstag)
3. Wann geht ihr zu Marion? (später)
4. Studiert sie in Berlin? (natürlich)
5. Ist das Herr Hauser? (wahrscheinlich)
6. Kommt er morgen? (nein, am Freitag)
7. Wann regnet es wieder? (heute abend)
8. Müssen Sie arbeiten? (ja, im Moment)

C. Replace the definite article with the indefinite article in these sentences.

EXAMPLE: Der Tourist sagt das oft.
Ein Tourist sagt das oft.

1. Die Gruppe arbeitet heute.
2. Das Buch ist hier.
3. Der Schüler fragt immer warum.
4. Die Deutsche wohnt hier.
5. Hier ist die Straße.
6. Wo ist das Kind?
7. Ist das das Haus?

D. Replace the subject with a pronoun as you answer.

EXAMPLE: Ist der Lehrer freundlich?
Ja, er ist freundlich.

1. Ist das Buch gut?
2. Ist Frau Schmidt sehr freundlich?

3. Ist das Wetter typisch für September?

4. Scheint die Sonne endlich?

5. Sind Karin und Michael in der Mensa?

6. Ist die Suppe gut?

7. Ist der Tag schön?

E. Your teacher asks you what you are doing. Respond using the cue given in English.

EXAMPLE: Was machst du? (flying to Vienna)
Ich fliege nach Wien.

1. Was macht ihr? (going to Stefan's)

2. Was machst du, Richard? (working a lot at the moment)

3. Was machen Sie, Frau Gruber? (finally studying)

4. Was machst du jetzt, Regina? (playing outside)

5. Was macht ihr, Rolf und Helene? (flying to Hamburg)

6. Was machen Sie, Frau Bachmann? (greeting Mrs. Kuhn)

Schriftliche Übungen
Written Exercises

F. Write sentences using the verb **sein** and the cues below:

EXAMPLE: wir / Amerikaner
Wir sind Amerikaner.

1. Richard / freundlich
2. du / ziemlich formell
3. Michael und Karin / Touristen
4. ihr / Studenten
5. wir / Amerikaner
6. du / schön
7. ich / oft in Eile
8. der August / schön

G. Answer the following questions. Answer the yes/no questions positively.

1. Was machst du heute abend?

2. Bist du in Eile?

3. Fliegt er nach New York?

4. Wer wohnt hier?

5. Regnet es wieder?

6. Was machen wir im Moment?

7. Arbeitest du vielleicht morgen?

8. Ist das typisch?

H. Write a dialogue using the following cues:

ULLI: grüß / Horst! du / arbeiten / morgen?

HORST: nein warum / du / fragen?

ULLI: morgen / wir / gehen / zu Hans du / kommen / auch?

HORST: natürlich / ich / komme

I. Write the following conversation in German:

> Good morning, Mrs. Huber.
> Good morning. How are you?
> Fine thanks, and you?
> Fairly good. At the moment I'm working a lot.

J. Wie sagt man das auf deutsch?

1. When are you coming back, Jürgen and Katrin?
2. We are coming back tomorrow.

3. Excuse me, are you in a hurry?
4. Yes, I'm going to Helene's.

5. She says the Germans are friendly.
6. Yes, that's right.

7. How are you, Herr Beck?
8. Fine thanks, and you?

9. The sun is shining again.
10. Good! We'll work outside.

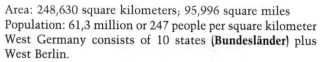

Almanach

Profile of West Germany
(The Federal Republic of Germany)

Area: 248,630 square kilometers; 95,996 square miles
Population: 61,3 million or 247 people per square kilometer
West Germany consists of 10 states (**Bundesländer**) plus West Berlin.
Currency: German mark = **Deutsche Mark**
        1 DM = 100 Pfennig

Major cities: Bonn, capital (pop. 284,000);
              West Berlin (pop. almost 2 million);
              Hamburg, München (Munich),
              Köln (Cologne), Essen, Düsseldorf, Frankfurt

After the United States and Japan, West Germany ranks third as an industrial power in the western world. It depends to a large extent on the export of its industrial products and the import of natural resources. Its total foreign trade is surpassed only by the US. The per capita income of $10,500 (1980) is among the highest in the world, and its birth rate of less than 10 per 1,000 of population is the lowest in the world.

It is a member of the European Common Market and of NATO. Since 1972 it has also been a member of the UN.

Bonn

Comparative Size: West Germany and U.S.A.

2

Familie und Freunde

Contraction of *du*-form: *heißen*
Verbs with stem vowel change: *e* to *i(e)*
The verb *wissen*
The verb *haben*
The accusative case
The possessive adjective
Zu Hause and *nach Hause*
Flavoring particles: *denn* and *aber*
Cardinal numbers 0–20
Reading: *Die Familie heute*

Auf einer Party

ANNETTE: Weißt du, wie der Junge heißt?
KATRIN: Wen meinst du denn?
ANNETTE: Er spricht gerade mit Stefan. Ich sehe, er kennt dich.
KATRIN: Und ich kenne ihn—sogar sehr gut! Das ist mein Bruder Max.
ANNETTE: Ach, du hast auch einen Bruder! Ich kenne nur deine Schwester.

Zu Hause

VATER: Tobias, ich suche meine Zeitung. Weißt du, wo sie ist?
SOHN: Wieso *deine* Zeitung? Ist sie nicht für uns alle da? Ich lese sie im Moment.
VATER: Gut, *unsere* Zeitung. Was liest du denn?
SOHN: Ich lese einen Artikel über unsere Schule.

Georg sucht ein Zimmer

GEORG: Sag mal, wen kennst du in München?
STEFAN: Viele Leute. Ich bin in München zu Hause. Warum fragst du?
GEORG: Ich studiere nächstes Semester in München und brauche ein Zimmer.
STEFAN: Vielleicht haben meine Eltern ein Zimmer. Unser Haus ist ziemlich groß. Ich frage sie für dich.
GEORG: Mensch! Das ist aber nett! Vielen Dank.
STEFAN: Ich fahre sowieso bald nach Hause.

Wortschatz

At a Party

ANNETTE: Do you know what that boy's name is?

KATRIN: Whom do you mean?

ANNETTE: He's talking to Stefan right now. I see he knows you.

KATRIN: And I know him—very well, in fact! That's my brother Max.

ANNETTE: Oh, you have a brother too! I only know your sister.

At Home

FATHER: Tobias, I'm looking for my newspaper. Do you know where it is?

SON: What do you mean *your* newspaper? Isn't it here for all of us? I'm reading it at the moment.

FATHER: Okay, *our* newspaper. So what are you reading?

SON: I'm reading an article about our school.

Georg Looks for a Room

GEORG: Tell me, whom do you know in Munich?

STEFAN: A lot of people. My home's in Munich. Why do you ask?

GEORG: I'm going to study in Munich next semester and I need a room.

STEFAN: Maybe my parents have a room. Our house is fairly large. I'll ask them for you.

GEORG: Boy! That's really nice! Thanks a lot.

STEFAN: I'm going home soon anyway.

Leicht zu merken

der **Artikel, -**
die **Party, -s**
das **Semester, -**

Verben

brauchen to need
fahren to drive, go (by vehicle)
haben to have
heißen to be called
  Er heißt Max. His name is Max.
kennen to know, to be acquainted with
lesen (liest) to read
meinen to mean
sehen (sieht) to see
sprechen (spricht) to speak
suchen to look for, seek
wissen (weiß) to know (a fact)

Substantive

der **Bruder, ⸚** brother
die **Eltern** (*pl.*) parents
der **Freund, -e** friend
der **Junge, -n** boy
die **Leute** (*pl.*) people
der **Mensch, -en** person, human being
  Mensch! Brother! Wow!
die **Schule, -n** school
die **Schwester, -n** sister
der **Sohn, ⸚e** son
der **Vater, ⸚** father
die **Zeitung, -en** newspaper
das **Zimmer, -** room

Gegensätze

Andere Vokabeln

ach oh; ah
alle (*pl.*) all; everybody
auf on; (here) at
  auf einer Party at a party
bald soon
da there; here
dein (*fam. sing.*) your
denn (*flavoring particle, see p. 47*)
gerade just (now)
groß big
mein my
mit with
nett nice
nur only
sowieso anyway, anyhow
über (+ *acc.*) about
unser our
wen? whom?
wieso? How come? How's that? What do you mean?

Nützliche Ausdrücke

vielen Dank many thanks
nach Hause home (as the goal of motion)
zu Hause at home
sag mal tell me
nächstes Semester next semester

groß ≠ klein	big ≠ little

Neue Kombinationen

A. Your friend asks you the names of various people. Answer with names from the dialogues: Georg, Stefan, Katrin, Frau Bachmann, Herr Hauser, etc.

> EXAMPLE: Weißt du, wie **der Junge** heißt?
> Ja, er heißt Georg.

Weißt du, wie *der Mann* heißt? (die Frau, der Sohn, das Kind, der Lehrer, die Lehrerin, der Student)

B. Replace **deine Schwester** with the new phrases.
Ich kenne nur *deine Schwester.* (deinen Bruder, deinen Vater, deine Frau, deinen Mann, deinen Sohn, deine Eltern, dein Kind)

C. Your friend is looking for various things and people and you say that they're not here.

> EXAMPLE: Ich suche **meine Zeitung.**
> Sie ist nicht hier.

Ich suche *mein Buch.* (meine Eltern, meinen Bruder, meine Schwester, meine Lehrerin, meine Schüler)

D. Herr Beck has just moved to Aachen. Tell all the things he needs.
Er braucht *ein Zimmer.* (ein Büro, einen Stuhl, eine Zeitung, ein Haus, eine Uhr, einen Tisch)

Übung zur Aussprache

Practice the sound of German **z** (see Introduction, p. 9). Do not confuse **z** with voiced **s** preceding a vowel:

Zone	Sohn	zagen	sagen
Zeit	seit	Ziege	Siege
zog	Sog	Zoo	so

Read these sentences aloud, watching out for the difference between **z** and **s.**

Ist meine **Z**eitung hier im **Z**immer? Ich suche sie.
Du sagst, du siehst die **Z**eitung nicht? Ich lese sie.

Das ist **z**iemlich typisch.

Sie gibt die **Z**eitung **z**urück.

Grammatik

1/ Contraction of **du**-form: **heißen**

Verbs with stems ending in a sibilant (a hissing sound: **-s**, **-ß**, or **-z**) contract the **du**-form ending **-st** to **-t**.
  In these verbs, the **du**-form and the **er**-form are identical.

heißen to be called		stem: **heiß-**	
ich	heiße	wir	heißen
du	**heißt**	ihr	heißt
er, es, sie	heißt	sie, Sie	heißen

ÜBEN WIR!

A teacher is learning names on the first day of class. Figure out his questions from the answers given.

    EXAMPLE: Ich heiße Christl.   Question: Wie heißt du?

1. Ich heiße Andreas.
2. Ich heiße Ursula.
3. Nein, sie heißt Marie.
4. Er heißt August.
5. Ich heiße Otto.
6. Wir heißen Anna und Jan Müller.
7. Sie heißen Ziegler.
8. Sie heißt Gretchen.

2/ Verbs with Stem Vowel Change: **e** to **i(e)**

Some German verbs change their stem vowel in the **du-** and **er**-forms of the present tense.

e → ie **sehen** to see			
ich	sehe	wir	sehen
du	**siehst**	ihr	seht
er, es, sie	**sieht**	sie, Sie	sehen

■ Another verb in this group is **lesen** (er **liest**), to read.[1]

e → i **sprechen** (to speak)			
ich	spreche	wir	sprechen
du	**sprichst**	ihr	sprecht
er, es, sie	**spricht**	sie, Sie	sprechen

[1] Stem vowel change will be indicated in the vocabulary by inclusion of the **er**-form: **sehen (sieht)**, to see.

Restate the sentences, using the new subjects indicated.

1. *Ich* sehe das Haus. (Katrin, wir, die Leute, du, mein Bruder, die Schüler, ihr)
2. *Tobias* liest die Zeitung. (ich, die Studenten, du, wir, Georg, Annette, ihr, unsere Eltern)
3. *Wir* sprechen mit Stefan. (Georg, ich, ihr, der Lehrer, die Kinder, du, wir, die Leute)

3/ The Verb **wissen** (to know)

The verb **wissen** (*to know*) is irregular in the singular present. Its forms must be memorized:

ich	**weiß**	wir	wissen
du	**weißt**	ihr	wißt
er, es, sie	**weiß**	sie, Sie	wissen

■ Both the first person singular and the third person singular lack endings: **ich weiß, er weiß.**

▶ **wissen** *vs.* **kennen**

Both **wissen** and **kennen** may be translated as "to know," but **wissen** means "to know a fact" and **kennen** means "to be familiar, acquainted with," and is used when the direct object (see below, p. 44) is a person or place:

Weißt du, wer das ist?	*Do you know who that is?*
Ja, ich **kenne** ihn sehr gut.	*Yes, I know him very well.*
Kennen Sie Berlin, Herr Brandt?	*Do you know Berlin, Mr. Brandt?*
Nein, nicht sehr gut.	*No, not very well.*

ÜBEN WIR!

Form sentences with the cues you will hear, using either **wissen** or **kennen** as required.

    EXAMPLE: ich/Georg   Ich kenne Georg.

1. er / Michael
2. wir / Berlin
3. Katrin / wo ich wohne
4. ihr / was sie macht
5. ich / Stefan und Annette
6. du / München
7. ich / wer das ist
8. die Schüler / was der Lehrer meint

4/ The Verb **haben** (to have)

The verb **haben** (*to have*) is irregular in the present singular:

ich	habe	wir	haben
du	**hast**	ihr	habt
er, es, sie	**hat**	sie, Sie	haben

ÜBEN WIR!

Dad's looking for the newspaper. Answer his questions.

EXAMPLE: Wer hat die Zeitung? Michael?
Ja, Michael hat sie.

1. Wer hat die Zeitung? Agnes?
2. Wer hat die Zeitung? Mutter?
3. Wer hat die Zeitung? die Kinder?
4. Wer hat die Zeitung? du, Angelika?
5. Wer hat die Zeitung? ich?
6. Wer hat die Zeitung? ihr?

5/ The Accusative Case

In German, the accusative case is used for the direct object of a verb. The direct object is the thing or person acted upon, known, or possessed by the subject.

Subject (*nominative*)		Direct Object (*accusative*)
Sie	lesen	**das Buch.**
Anna	kennt	**meine Eltern.**
Horst	hat	**einen Bruder.**

A. Accusative of Definite and Indefinite Articles

Like the nominative case, the accusative case is signalled by the form of the article which accompanies the noun:

		Singular			Plural
definite article	*nom:*	der Stuhl	das Buch	die Tafel	die Stühle
	acc:	**den** Stuhl	das Buch	die Tafel	die Stühle
indefinite article	*nom:*	ein Stuhl	ein Buch	eine Tafel	meine Stühle[1]
	acc:	**einen** Stuhl	ein Buch	eine Tafel	meine Stühle

Only the masculine singular article has different forms for the nominative and accusative.

[1] Because the indefinite article **ein** has no plural, the possessive adjective **mein** (*my*) has been used to show the plural endings.

Change the sentences according to the example, supplying the accusative form of the article:

> EXAMPLE: Wo ist das Buch?
> Ich suche **das Buch.**

1. Wo ist der Stuhl? Ich suche . . .
2. Wo sind die Kinder?
3. Wo ist ein Zimmer?
4. Wo ist ein Tisch?
5. Wo ist die Zeitung?
6. Wo ist eine Uhr?
7. Wo sind die Leute?
8. Wo ist der Lehrer?

B. Accusative of Interrogative Pronoun: **wen**

The accusative form of the question word **wer** is **wen:**

> **Wen** kennst du in München?
> ***Whom*** *do you know in Munich?*

C. Accusative of the Personal Pronouns

nom.	*acc.*		*nom.*	*acc.*	
ich	**mich**	me	wir	**uns**	us
du	**dich**	you	ihr	**euch**	you
er	**ihn**	him, it	sie	**sie**	they
es	**es**	it			
sie	**sie**	she, it	(Sie	**Sie**	you)

a. Expand the following sentences as in the example, reversing the subject and direct object.

> EXAMPLE: Ich kenne ihn.
> Ich kenne ihn, **und er kennt mich.**

1. Du suchst mich.
2. Ich sehe es.
3. Sie kennt uns.
4. Sie brauchen ihn.
5. Wir fragen euch.
6. Er sucht dich.
7. Ihr seht sie (her).
8. Er kennt uns.

b. Expand each sentence as in the example, substituting an accusative pronoun for the noun direct object.

> EXAMPLE: Vater kennt Katrin.
> Vater kennt Katrin. Kennst du sie auch?

1. Vater kennt den Lehrer.
2. Vater kennt Frau Braun.
3. Vater kennt die Leute.
4. Vater kennt Stefan.

EXAMPLE: Mutter braucht den Stuhl.
Mutter braucht den Stuhl. Hast du ihn?

5. Mutter braucht das Buch.   7. Mutter braucht die Uhr.
6. Mutter braucht die Zeitung.   8. Mutter braucht den Tisch.

6/ The Possessive Adjective

Personal Pronoun	*Possessive Adjective*	
ich	**mein**	my
du	**dein**	your
er	**sein**	his; its
es	**sein**	its
sie	**ihr**	her; its
wir	**unser**	our
ihr	**euer**	your
sie	**ihr**	their
(Sie)	**(Ihr)**	(your)

■Note that *Ihr* (*your*), like *Sie* (*you*), is always capitalized.

The endings of the possessive adjectives are the same as those of **ein.** They are therefore called **ein**-words.

EXAMPLES:
Mein Bruder wohnt in Mannheim.   *My brother lives in Mannheim.*
Ich suche **meinen** Bruder.   *I'm looking for my brother.*
Meine Schwester liest viel.   *My sister reads a lot.*

▶ *The* **-er** on **unser** and **euer** is not an ending, but part of the stem. When **euer** (but not **unser**) takes endings, the second **-e-** of the stem is dropped: **euer** Vater *but* **eure** Bücher.

ÜBEN WIR!

a. Answer the following questions according to the example.

EXAMPLE: Kennst du meinen Bruder?
Ja, ich kenne deinen Bruder.

1. Sieht er seine Schwester?   5. Kennst du unsere Schule?
2. Liest sie ihr Buch?   6. Sehen Sie meine Eltern?
3. Kennst du mein Haus?   7. Lesen Sie meine Zeitung?
4. Suchst du dein Klassenzimmer?   8. Habt ihr eure Bücher?

b. Student A forms a question from the statement given and student B responds as in the example:

EXAMPLE: Das sind[1] meine Eltern.
Student A: Kennst du meine Eltern?
Student B: Ja, ich kenne deine Eltern.

[1] **das sind** = *these are, those are* (plural of **das ist**).

1. Das sind seine Schüler.
   Kennst du . . .
2. Das ist ihr Sohn.
3. Das ist ihr Bruder.
4. Das ist mein Bruder.

5. Das ist unser Lehrer.
6. Das ist unser Kind.
7. Das sind unsere Kinder.
8. Das ist deine Lehrerin.

7/ zu Hause and nach Hause

Note the difference between these expressions:
nach Hause is used with verbs of moving, going, and traveling to show the goal of the motion:

> Sie geht jetzt **nach Hause.**   *She's going home now.*
> Wann fahren wir denn **nach Hause?**   *When are we driving home?*

zu Hause means "at home."

> Wir sind heute **zu Hause.**   *We're at home today.*
> Ich bin in Boston **zu Hause.**   *Boston is my home.*

ÜBEN WIR!

Add **nach Hause** or **zu Hause** to these sentences as appropriate.

> EXAMPLE: Ich arbeite morgen . . .
> Ich arbeite morgen zu Hause.

1. Er fliegt morgen . . .
2. Wir sind morgen . . .
3. Sie kommt morgen . . .
4. Ich lese morgen . . .

5. Frau Schmidt geht morgen . . .
6. Du arbeitest . . .
7. Die Kinder fahren bald . . .
8. Herr Lehmann ist am Sonntag immer . . .

8/ Flavoring Particles: denn and aber

German adds various degrees of emphasis with words known as intensifying or "flavoring" particles, two of which are **denn** and **aber.** Most flavoring particles are unstressed in spoken German; they emphasize other information in the sentence.

A. **denn** makes a question more emphatic by indicating mild surprise, urgency, or genuine interest in the answer. Read the following examples, stressing the word in italics.

> Wo *ist* er denn?   *Where can he be?*
> Wer ist denn *das?*   *Who in the world is that?*

Denn usually comes immediately after the subject and verb.

B. **aber** as a flavoring particle adds emphasis to a statement or indicates admiration (sometimes ironic). It can often be translated as "really."

> Heute ist es aber *schön!*   *It's really beautiful today!*
> Das ist aber *nett!*   *That's really nice!*

Aber usually immediately precedes the word being emphasized.

ÜBEN WIR!

a. Add **denn** to make these questions more emphatic:

1. Wie heißt der Junge?
2. Wen meinst du?
3. Kommt ihr heute abend?
4. Was hat sie?
5. Wie machst du das?
6. Kennt ihr meine Schwester?

b. Add **aber** to make these statements more emphatic:

1. Der Junge ist groß.
2. Die Leute sind nett.
3. Heute ist es schön.
4. Du liest viel.
5. Er kennt viele Leute.
6. Euer Lehrer ist freundlich.

9/ Expanding Your Vocabulary: Cardinal Numbers 0–20

Here are the German cardinal numbers (numbers expressing amount: one, two, three, etc.) from zero to twenty:

0 null

1	eins	11	elf
2	zwei	12	zwölf
3	drei	13	dreizehn
4	vier	14	vierzehn
5	fünf	15	fünfzehn
6	sechs	16	sechzehn
7	sieben	17	siebzehn
8	acht	18	achtzehn
9	neun	19	neunzehn
10	zehn	20	zwanzig

The form **eins** is used when counting. When used with a noun (**eine** Zeitung = *one* newspaper), the number **ein** takes the endings of the indefinite article. The other numbers do not take endings. When **ein** means "one," it is stressed when speaking; when it means "a, an," it is unstressed:

Ich lese eine Zeitung.	*I'm reading a newspaper.*
Ich lese nur **eine** Zeitung.	*I only read one newspaper.*

ÜBEN WIR!

(books open) Tell how many of the following you have.

EXAMPLE: Brüder (2)
Ich habe zwei Brüder.

1. Uhren (5)
2. Söhne (3)
3. Schwestern (6)
4. Kinder (7)
5. Häuser (1)
6. Freunde (4)
7. Zimmer (8)
8. Büros (2)
9. Brüder (1)
10. Bücher (20)

Wortschatz zum Lesestück

Leicht zu merken

die **Alternative, -n**
die **Diskussion, -en**
  die **Familiendiskussion**
die **Familie, -n**
das **Klischee, -s**
der **Konflikt, -e**
(das) **Nordamerika**
normal
das **Problem, -e**
relativ
sozial
traditionell

Verben

besitzen to own
bleiben to stay, remain
finden to find
geben (gibt) to give
kochen to cook
stimmen to be right (*cannot have a person as subject*)
  das **stimmt** that's right
verdienen to earn

Substantive

die **Arbeit** work
  die **Hausarbeit** housework
das **Auto, -s** car
die **Bundesrepublik (Deutschland)** the Federal Republic (of Germany)
  die **BRD** the FRG

Gegensätze

das **Essen** food
das **Geld** money
die **Hausfrau, -en** housewife
der **Mann, ⁻er** man; husband
die **Mutter, ⁻** mother
die **Rolle, -n** role
die **Stelle, -n** job, position

Andere Vokabeln

deutsch (*adj.*) German
dort there
fast almost
jung young
manchmal sometimes
mehr more
  nicht mehr no longer
noch still
überall everywhere
wenigstens at least
zwischen between

Nützliche Ausdrücke

es gibt (+ *acc.*) there is, there are
das **sind** (*pl. of* **das ist**) those are

jung ≠ **alt**	young ≠ old

Die Familie heute

takes care of   such

profession
share

voice

own
condominium

„Der Vater arbeitet und verdient das Geld, die Mutter ist Hausfrau. Sie bleibt zu Hause, kocht das Essen und versorgt° die Kinder." Wir kennen solche° Klischees über die Rollen in einer Familie. Heute stimmen sie aber nicht mehr, wenigstens nicht für junge[1] Familien in Deutschland. Dort haben auch viele Frauen einen Beruf° oder suchen eine Stelle. Zu Hause teilen° oft der Mann und die Frau die Hausarbeit, und in Familiendiskussionen haben die Kinder heute auch eine Stimme.°

Die typische[1] Familie ist relativ klein: ein oder zwei Kinder, das ist normal. Viele Familien in der Bundesrepublik haben ihr eigenes° Haus oder eine Eigentumswohnung.° Fast alle Familien besitzen ein Auto, einen

---

[1] When German adjectives are used attributively (before nouns), they receive endings, most often **-e** or **-en.** You will learn how to use these endings actively in Chapters 10 and 11.

Kühlschrank° und einen Fernseher.° Der Lebensstandard° ist heute sogar höher als° in Nordamerika.

Aber gibt es denn keine° Probleme? Natürlich! Man findet in Deutschland, wie überall, Konflikte zwischen Eltern und Kindern. Viele junge Leute suchen nach° Alternativen. Sie wohnen manchmal in Wohngemeinschaften° oder Landkommunen.° Aber für die Mehrheit° bleibt die traditionelle Familie—Mutter, Vater und Kinder—die wichtigste° soziale Gruppe.

refrigerator   TV   standard of living
higher than
no

(here) for
living groups
rural communes   majority

most important

Fragen zum Lesestück

1. Stimmen die Klischees über die Familie heute noch?
2. Was tun heute viele Frauen?
3. Haben Familien in Deutschland viele Kinder?
4. Besitzen alle in der Bundesrepublik ein Haus?
5. Wer hat oft Konflikte?
6. Ist die Familie auch heute noch wichtig?

Vom Lesen zum Sprechen

Here is some useful vocabulary for talking about your family:

Die Familie

die **Geschwister** (*pl.*)	siblings
die **Großeltern** (*pl.*)	grandparents
die **Großmutter, ¨**	grandmother
die **Oma, -s**	grandma
der **Großvater, ¨**	grandfather
der **Opa, -s**	grandpa
die **Kusine, -n**	cousin (*f.*)
der **Onkel, -**	uncle
die **Tante, -n**	aunt
die **Tochter, ¨**	daughter
der **Sohn, ¨e**	son
der **Vetter, -n**	cousin (*m.*)

Sprechen Sie über Ihre Familie.

EXAMPLE: Haben Sie Geschwister?
Ja, ich habe zwei Brüder und eine Schwester.

1. Wer verdient das Geld?
2. Arbeiten Sie auch oder studieren Sie?
3. Ist Ihre Familie klein?
4. Wer kocht das Essen?
5. Wer bleibt zu Hause?
6. Besitzt Ihre Familie ein Auto oder zwei?

Mündliche Übungen

A. Persönliche Fragen

1. Wie heißen Sie?
2. Wie heißen Ihre Eltern?
3. Wissen Sie, wie ich heiße?
4. Wie heißen Ihre Geschwister?
5. Lesen Sie eine Zeitung?
6. Lesen Sie die Zeitung oft oder nur manchmal?
7. Was lesen Sie heute abend?
8. Wo sind Sie zu Hause?
9. Ist Ihr Haus groß?
10. Wo studieren Sie nächstes Semester?

B. Student A asks who someone is. Student B answers, using the cue.

> EXAMPLE: Michael = Bruder
> Student A: Wer ist denn Michael?
> Student B: Michael ist mein Bruder.

1. Maria = Schwester
2. Heinrich = Onkel
3. die Leute = Großeltern
4. Katrin = Kusine
5. der Junge = Freund
6. Marlene und Udo = Geschwister

C. Answer these questions, using pronouns.

> 1. EXAMPLE: Kennen Sie Rolf?
> Natürlich kenne ich **ihn.**

Kennen Sie Professor Beck? (Frau Weiß, Richard und Anna, uns, mich, meine Schwester, das Kind, meinen Vetter)

> 2. EXAMPLE: Ich suche meine Zeitung.
> Ich habe **sie.**

Ich suche meinen Artikel. (mein Auto, mein Geld, meinen Stuhl, meine Uhr, mein Buch)

D. Using the cue, student A asks student B if he/she needs something. Student B answers no, as in the example.

> EXAMPLE: das Buch
> Student A: Brauchst du das Buch?
> Student B: Nein danke, ich habe ein Buch.

1. den Stuhl
2. die Uhr
3. die Zeitung
4. das Zimmer
5. den Tisch

E. Ask a classmate for the following information. He/she responds.

> EXAMPLE: Ask where she lives.
> Student A: Wo wohnst du?
> Student B: Ich wohne in New York.

Ask:

1. where his books are
2. when he is driving home
3. what her brother's name is
4. who her teacher is
5. if it's raining
6. if he's staying home tonight
7. whom he knows here
8. if she's going to a party on Friday

Schriftliche Übungen

F. Create short sentences using the items provided.

> EXAMPLE: ich / suchen / morgen / Stelle
> Ich suche morgen eine Stelle.

1. du / kennen / natürlich / mein Bruder
2. Frau Huber / lesen / Artikel
3. Max / verdienen / viel / im August
4. Sie / finden / Alternative?
5. ihr / besitzen / Haus / in Deutschland?
6. er / besuchen / sein Großvater / in Deutschland?
7. du / sehen / Mann / da?
8. Lehrer / sprechen / über / Problem

G. Construct dialogues from the following cues (a double slash means a comma).

1. Sie / kennen / Berlin?
   ja // mein / Familie / wohnen / dort. warum / Sie / fragen?
   ich / studieren / im Oktober / da / und / suchen / Zimmer
2. wie / du / heißen?
   ich / heißen / Klaus
   wen / du / suchen / denn?
   mein / Bruder. du / wissen // wo / er / sein?

H. Wie sagt man das auf deutsch?

1. Her family is rather typical.
2. Their name is Schölz and they live in Munich.
3. Does her brother work, or is he looking for a job?
4. He's studying in Heidelberg.
5. Are you still looking for your newspaper?
6. Yes, I need it.
7. My brother is reading it at the moment.
8. Where are your children living now, Mr. Asch?
9. They're living at home.
10. Are there problems?
11. Of course there are sometimes conflicts.

Almanach

Die ganze Familie

Der Vater, der heißt Daniel,
der kleine Sohn heißt Michael,
die Mutter heißt Regine
die Tochter heißt Rosine,
der Bruder, der heißt Kristian,
der Onkel heißt Sebastian,
die Schwester heißt Johanna,
die Tante heißt Susanna,
der Vetter, der heißt Benjamin,
die Kusine, die heißt Katharin,
die Oma heißt Ottilie—
nun kennst du die Familie.

Most popular first names for children born in the Federal Republic are currently:
Girls: **Christine, Stefanie, Julia, Sabrina, Melanie, Nadine, Kathrin, Katharina, Nicole, Anna**
Boys: **Christian, Michael, Daniel, Stefan, Andreas, Sebastian, Matthias, Markus, Alexander, Thomas**
The use of Anglo-Saxon names, like **Sarah, Jessica, Jennifer, Vanessa; Dennis, Oliver, Patrick,** is on the increase.

Ottilie
geb. 1918

Hermann
1917-1942

Daniel
geb. 1941

Regine
geb. 1944

Sebastian
geb. 1939

Susanna
geb. 1937

Kristian
geb. 1967

Rosine
geb. 1972

Michael
geb. 1979

Johanna
geb. 1980

Benjamin
geb. 1960

Katharin
geb. 1962

Der Stammbaum

The Family Tree

geb. (abbreviation for geboren) = *born*.

3

Jugend und Schule

Verbs with stem vowel change: *a* to *ä; au* to *äu*
Modal auxiliaries
Negation with *nicht* and *kein*
Expecting an affirmative answer: *nicht wahr?,*
   oder?
doch
Cardinal numbers above 20
The Deutsche Mark
Compound nouns
Reading: *Eine Klassendiskussion*

Zwei Freundinnen

MONIKA: Du hast es gut, Renate. Es gibt so viel zu tun in Frankfurt. Hier in Hinterwalden ist es so langweilig.

RENATE: Du sollst mich auch bald besuchen. Oder hast du keine Lust?

MONIKA: Doch, ich möchte schon nach Frankfurt, aber ich habe leider im Moment kein Geld.

RENATE: Bis Juni kannst du doch sicher genug verdienen, nicht?

MONIKA: Ja, vielleicht.

In den Bergen

KURT: Wir müssen noch eine Stunde fahren.

STEFAN: Wollen wir nicht hier halten? Ich möchte gern ein bißchen laufen.

KURT: Ich auch. Wir können dort drüben parken. Der Berg ist aber steil!

STEFAN: Das macht doch nichts, oder bist du nicht fit?

KURT: Wer sagt denn das?

Auf einer Party

CAROLA: Ich muß jetzt schnell nach Hause. Es ist schon spät.

KLAUS: Muß das sein? Ich möchte noch ein bißchen bleiben.

CAROLA: Ich darf nicht nach 12 Uhr nach Hause kommen.

KLAUS: Deine Eltern sind doch nicht so streng, oder?

Two Friends

MONIKA: You've got it good, Renate. There's so much to do in Frankfurt. Here in Hinterwalden it's so boring.

RENATE: You're supposed to visit me soon. Or don't you want to?

MONIKA: Yes I do. I really would like to go to Frankfurt, but unfortunately I have no money at the moment.

RENATE: By June you can surely earn enough, can't you?

MONIKA: Maybe I can.

In the Mountains

KURT: We still have an hour to drive.

STEFAN: Why don't we stop here? I'd like to walk a bit.

KURT: Me too. We can park over there. But the mountain is steep!

STEFAN: That doesn't matter—or aren't you in shape?

KURT: Who says?

At a Party

CAROLA: I've got to hurry home now. It's already late.

KLAUS: Do you have to? I'd like to stay a little longer.

CAROLA: I'm not allowed to get home after twelve.

KLAUS: Your parents aren't that strict, are they?

Wortschatz

Leicht zu merken

parken

Verben

besuchen to visit
dürfen (darf) may, be allowed
halten (hält) to stop; hold
können (kann) can, be able
laufen (läuft) to run; to go on foot, walk (*colloq.*)
möchten (möchte) would like to
müssen (muß) must, have to
sollen (soll) should
tun to do
wollen (will) to want to

Substantive

der **Berg, -e** mountain
die **Freundin, -nen** friend (*f.*)
die **Stunde, -n** hour; class hour
  die **Deutschstunde** German class
die **Uhr, -en** clock
  zwölf Uhr twelve o'clock

Andere Vokabeln

doch yes I *do*, I *am*, etc. (*contradictory; flavoring particle, see p. 65*)

Gegensätze

fit in shape
  Bist du fit? Are you in shape?
genug enough
jetzt now
kein[1] not a, not any, no
langweilig boring
leider unfortunately
nach (*here*) after
nichts nothing
schnell fast, quick
sicher sure, certain
spät late
steil steep
streng strict

Nützliche Ausdrücke

ein bißchen a little; a little bit; a little while
(dort) drüben over there
das macht nichts that doesn't matter
ich möchte gern I would like to
nicht (wahr)? isn't it?, can't you?, doesn't he?, etc. (see p. 65)
Lust haben to want to

schnell ≠ langsam	fast ≠ slow
spät ≠ früh	late ≠ early
langweilig ≠ interessant	boring ≠ interesting

[1] For the endings of **kein**, see below, p. 64.

Neue Kombinationen

A. Substitute the new element you will hear in the proper place.

1. Hier ist es so *langweilig!*
   (schön, steil, nett, formell)
2. Ich habe leider im Moment *kein Geld.*
   (kein Auto, keinen Freund, keine Freundin, keine Freunde, kein Zimmer)
3. Ich möchte gern ein bißchen *laufen.*
   (arbeiten, lesen, sprechen fahren, bleiben)
4. Nach zwölf Uhr *darf* ich nicht nach Hause kommen.
   (will, kann, soll, möchte)
5. Können wir dort drüben *parken?*
   (lesen, arbeiten, fragen, bleiben)
6. Das macht nichts, wir können *genug verdienen.*
   (Klaus fragen, euch besuchen, viel tun, schnell gehen, nach Hause gehen)

B. Answer the following negative questions affirmatively, using *doch* to contradict.

> EXAMPLE: Besuchst du mich nicht?
> Doch, ich besuche dich.

1. Bist du nicht fit?
2. Fährst du nicht nach Deutschland?
3. Haben wir nicht genug zu tun?
4. Arbeitest du nicht?
5. Gehen wir nicht nach Hause?
6. Hast du nicht genug Geld?

Übung zur Aussprache

Practice the difference between the front **ch** that follows **e, i, ie, ei, ö, ü, eu,** and **äu** and the back **ch** after **a, o, u,** and **au** (see Introduction, p. 6).

When a noun with **ch** takes an umlaut in the plural, the sound of **ch** automatically shifts from back to front:

back **ch** (singular)	front **ch** (plural)
Buch (book)	Bücher
Bach (brook)	Bäche
Loch (hole)	Löcher
Brauch (custom)	Bräuche
Tuch (cloth)	Tücher
Dach (roof)	Dächer
Koch (cook)	Köche
Schlauch (hose)	Schläuche

Read these sentences aloud, paying attention to the difference between front and back **ch.** Remember that final **-ig** is pronounced as though it were spelled **-ich.**

> Du sollst mi**ch** au**ch** besu**ch**en.
> A**ch** ja, i**ch** mö**ch**te schon na**ch** Berlin.
>
> I**ch** mö**ch**te ein biß**ch**en lesen.
> I**ch** au**ch**, aber das **B**u**ch** ist so langweili**g.**
> Das ma**ch**t do**ch** ni**ch**ts.

Grammatik

1/ Verbs with Stem Vowel Change: **a** to **ä**; **au** to **äu**

a → ä **fahren** to drive; go by vehicle	
ich fahre	wir fahren
du **fährst**	ihr fahrt
er, es, sie **fährt**	sie, Sie fahren

■ Other verbs in this group: **halten (hält)**,[1] to stop or hold; **tragen (trägt)**, to carry or wear.

au → äu **laufen** to run	
ich laufe	wir laufen
du **läufst**	ihr lauft
er, es, sie **läuft**	sie, Sie laufen

ÜBEN WIR!

a. Supply the new subject indicated and change the verb accordingly.

1. *Ich fahre* heute nach Frankfurt. (Birgit, du, wir, ihr, sie)
2. *Laufen Sie* immer so schnell? (ihr, Robert, wir, du, er, die Kinder)
3. *Ich trage* die Bücher. (du, wir, Frau Kuhn, ihr, er)
4. *Das Auto hält* da drüben. (wir, ihr, die Leute, Robert, du, Renate)

b. Respond according to the pattern:

> EXAMPLE: Fährst du nach Hause? Ja, ich fahre nach Hause.

1. Hältst du hier?
2. Trägst du meine Bücher?
3. Läufst du schnell?
4. Fährst du nach Bremen?

> EXAMPLE: Wir halten hier. Auch Anna hält hier.

5. Wir tragen Jeans.
6. Wir laufen nach Hause.
7. Wir fahren schnell.
8. Wir halten dort drüben.

2/ Modal Auxiliaries

A. The six modal auxiliaries are verbs that do not usually express a complete action by themselves, but rather the subject's relation to the action expressed by another verb. The German modals are:

---

[1] Stem-changing verbs whose stem ends in -t do *not* insert -e- between stem and personal ending: *du hältst, er hält* (in the latter form, the ending -t merges with the t of the stem).

infinitive	expresses	
dürfen	permission	to be allowed to, may
können	ability	to be able to, can
mögen [1]		
ich möchte	inclination, desire	I would like to
müssen	necessity	to have to, must
sollen	obligation	to be supposed to, should
wollen	desire, intention	to want to

B. The modal auxiliaries take no endings in the *ich-* and *er-*forms, and most have a changed stem vowel in the singular.

dürfen   to be allowed to

ich	darf	wir	dürfen
du	darfst	ihr	dürft
er, es, sie	darf	sie, Sie	dürfen

können   to be able to

ich	kann	wir	können
du	kannst	ihr	könnt
er, es, sie	kann	sie, Sie	können

müssen   to have to

ich	muß	sie	müssen
du	mußt	ihr	müßt
er, es, sie	muß	sie, Sie	müssen

sollen   to be supposed to [2]

ich	soll	wir	sollen
du	sollst	ihr	sollt
er, es, sie	soll	sie, Sie	sollen

wollen   to want to

ich	will	wir	wollen
du	willst	ihr	wollt
er, es, sie	will	sie, Sie	wollen

mögen (ich möchte [3]   I would like to)

ich	möchte	wir	möchten
du	möchtest	ihr	möchtet
er, es, sie	möchte	sie, Sie	möchten

[1] The form **möchte** (would like to) is a subjunctive form of **mögen. Mögen** will be treated later.
[2] Notice that only **sollen** does not have a stem-vowel change in the singular.
[3] **Möchte** has endings different from the other modals.

C. The modal auxiliary is always the inflected verb in its sentence. It is usually used with an infinitive in sentence-final position:

	Modal		Infinitive	
Ich	**kann**	das leider nicht	**lesen.**	*Unfortunately, I can't read that.*
	Willst	du noch	**bleiben?**	*Do you still want to stay?*
Marie	**soll**	ihre Eltern	**besuchen.**	*Maria should visit her parents.*

ÜBEN WIR!

Restate the sentence, using the modal auxiliaries indicated (use **möchte** form of **mögen**).

> EXAMPLE: Ich lerne Deutsch. (wollen)
> Ich will Deutsch lernen.

1. Wir verdienen genug Geld. (sollen, wollen, müssen, können, mögen)
2. Heute arbeite ich. (können, mögen, wollen, müssen, sollen)
3. Man tut das nicht. (dürfen, können, sollen)
4. Fahrt ihr nach Amerika? (wollen, mögen, können, dürfen, müssen)
5. Wann kommen Sie nach Berlin? (können, müssen, wollen, mögen)

D. Omission of the Infinitive

The infinitive used with a modal may be omitted when it is clearly understood as **haben, tun, machen,** or a verb of motion such as **gehen, fahren,** or **fliegen.**

	Modal		Infinitive	
	Möchten	Sie ein Zimmer für heute abend	**(haben)?**	*Would you like (to have) a room for tonight?*
Ich	**kann**	das leider nicht	**(tun).**	*Unfortunately, I can't do that.*
Wir	**müssen**	bald wieder nach Deutschland	**(fahren).**	*We've got to go to Germany again soon.*
Ich	**will**	jetzt nach Hause	**(gehen).**	*I want to go home now.*

The infinitive **sprechen** is also omitted in this idiom:

> Ich **kann** Deutsch (Englisch).   *I can speak German (English).*

ÜBEN WIR!

Give the English equivalent of these sentences:

1. Wollen Sie jetzt nach Hause?
2. Er kann das noch nicht.

3. Möchtest du die Zeitung?

4. Mein Vater will das nicht.

5. Können Sie schon gut Deutsch?

6. Möchten Sie das Geld?

7. Darf man denn das?

8. Wann wollen Sie nach Amerika?

3/ Negation with **nicht** and **kein**.

A. nicht (not)

1. **Nicht** is used to negate a sentence. It usually follows the subject, verb, and direct object:

Subject	Verb	Direct Object	nicht
Ich	kenne	deine Freundin	**nicht.**
Er	sagt	das	**nicht.**

Nicht also follows expressions of definite time:

Subject	Verb	Definite Time Expression	nicht
Sie	kommen	heute abend	**nicht.**
Hans	arbeitet	jetzt	**nicht.**

ÜBEN WIR!

Negate these sentences by adding **nicht:**

1. Kurt besucht seinen Bruder.

2. Ich kenne eure Mutter.

3. Frau Schmidt besucht uns morgen.

4. Monika macht das heute abend.

2. **Nicht** usually precedes adverbs, adjectives, predicate nominatives, and prepositional phrases.

Subject	Verb	nicht	Adverb	Adjective	Predicate Nominative	Prepositional Phrase
Margit	läuft	**nicht**	schnell.			
Du	bist	**nicht**		fit.		
Das	ist	**nicht**			Herr Böhm.	
Sie	geht	**nicht**				nach Hause.

Negate these sentences by adding **nicht.**

1. Das Buch ist langweilig.
2. Unsere Freunde kommen spät.
3. Dieser Berg ist steil.
4. Frau Kramsch ist unsere Lehrerin.

3. **Nicht** also must precede the infinitive that follows a modal verb.

Subject	Verb	Direct Object	nicht	Infinitive
Er	kann	mich	**nicht**	sehen.
Wir	dürfen		**nicht**	bleiben.

ÜBEN WIR!

a. Negate these sentences by adding **nicht.**

1. Du sollst mich besuchen.
2. Ich möchte Berlin sehen.
3. Wir wollen halten.
4. Ich muß nach Hause gehen.

b. Answer the following questions in the negative:

EXAMPLE: Kennen Sie Berlin? Nein, ich kenne Berlin nicht.

1. Müssen Sie nach Hause?
2. Wollen wir parken?
3. Kennt er deinen Freund?
4. Ist das der Berg?
5. Können Sie das machen?
6. Darf sie nach München fahren?
7. Kommt Carola heute abend?
8. Sind deine Eltern streng?
9. Ist es heute schön?
10. Fährt das Auto schnell?

B. **kein** (not a, not any, no)

Kein is the negative of **ein.** It negates nouns preceded by **ein** or nouns not preceded by any article.

Morgen will ich ein Buch lesen.
Morgen will ich **kein** Buch lesen.   *I don't want to read a book tomorrow.*

Hier wohnen Studenten.
Hier wohnen **keine** Studenten.   *No students live here.*

Kein is an **ein**-word and takes the same endings as **ein** and the possessive adjectives. **Nicht** and **kein** are mutually exclusive. In any given situation, only one will be correct. If a noun is preceded by the definite article or by a possessive adjective, use **nicht** rather than **kein:**

Ist das die Frau?	*Is that the woman?*
Nein, das ist **nicht** die Frau.	*No, that's not the woman.*
Ist das seine Frau?	*Is that his wife?*
Nein, das ist **nicht** seine Frau.	*No, that's not his wife.*

ÜBEN WIR!

Answer the following questions in the negative, using **kein** or **nicht** as appropriate.

EXAMPLE: Hat Barbara einen Freund? Nein, sie hat **keinen** Freund.
Ist das ihr Freund? Nein, das ist **nicht** ihr Freund.

1. Haben Sie einen Freund in Amerika?
2. Haben Sie Freunde in Washington?
3. Ist das der Lehrer?
4. Verdient er Geld?
5. Siehst du das Haus?
6. Ist das seine Freundin?
7. Suchst du das Buch?
8. Suchst du ein Buch?

4/ Expecting an Affirmative Answer: **nicht wahr?, oder?**

A. Nicht wahr? (literally "not true?"), when added to a positive statement, anticipates confirmation (English: doesn't he? wasn't it? didn't you? etc). In spoken German, it is often shortened to **nicht?**

Heute ist es aber schön, **nicht wahr?**	*It's really beautiful today, isn't it?*
Sie studieren in Freiburg, **nicht wahr?**	*You're studying in Freiburg, aren't you?*
Gisela kennst du, **nicht?**	*You know Gisela, don't you?*

B. Oder? (literally "or"), may be added to a positive *or* negative statement to request confirmation and express uncertainty.

Sie haben genug Geld, **oder?**	*You have enough money, haven't you?*
Gisela kennst du nicht, **oder?**	*You don't know Gisela, do you?*

5/ doch

A. As an unstressed flavoring particle, **doch** expects confirmation. It is often augmented by **nicht wahr** or **oder**. In English, intonation often conveys this meaning:

Deine Eltern sind doch nicht so streng, oder?	*Your parents aren't **that** strict, are they?*
Sie haben doch viel Geld, nicht wahr?	*They have a lot of **money**, don't they?*

B. Stressed **doch** must be used instead of *ja* to contradict a negative statement or question:

Ich spreche nicht gut Deutsch.	*I don't speak German well.*
Doch, Sie sprechen sehr gut Deutsch!	*Yes you do, you speak German very well.*
Gerlinde kennst du nicht, oder?	*You don't know Gerlinde, do you?*
Doch, ich kenne sie sehr gut!	*Sure, I know her very well.*

ÜBEN WIR!

a. Answer the questions affirmatively.

> EXAMPLE: Sie lernen doch Deutsch, nicht wahr?
> Ja, ich lerne Deutsch.

1. Ihr wollt doch morgen nach Wien fahren, nicht?
2. Da ist es doch sehr schön, oder?
3. Sie besuchen mich doch bald, nicht wahr?
4. Du bist doch fit, nicht?

b. Contradict the following negative statements or questions, beginning your answer with a stressed **doch:**

> EXAMPLE: Deine Eltern sind nicht streng, oder?
> Doch, sie sind streng.

1. Wir wollen nicht hier halten, oder?
2. Wir haben nicht genug Geld.
3. Es ist nicht sehr spät.
4. Das Hotel ist nicht teuer, oder?

6/ Expanding Your Vocabulary

A. Cardinal Numbers Above 20

German forms the cardinal numbers above twenty as in the English nursery rhyme "Four-and-twenty blackbirds":

21	einundzwanzig		30	dreißig
22	zweiundzwanzig		31	einunddreißig
23	dreiundzwanzig		40	vierzig
24	vierundzwanzig		50	fünfzig
25	fünfundzwanzig		60	sechzig
26	sechsundzwanzig		70	siebzig
27	siebenundzwanzig		80	achtzig
28	achtundzwanzig		90	neunzig
29	neunundzwanzig		100	hundert

1 000   tausend

■ German numbers are written out as one word:
  1980   Neunzehnhundertachtzig
  3.526 dreitausendfünfhundertsechsundzwanzig

- German uses a period or a space to divide thousands from hundreds:

German		English
4.982 or 4 982	=	4,982

(viertausendneunhundertzweiundachtzig)

- German uses a comma where English uses a decimal point. The comma is read as **Komma:**

0,5	=	0.5
(null Komma fünf)		(zero point five)

- **wie viele?** = how many?
  Wie viele Freunde hast du hier? *How many friends do you have here?*

ÜBEN WIR!

Say the following numbers and years aloud:

26	985
69	48
153	90
4.772,08	3.001
1984	0,22
1.066	3,45
533	71

B. Die Deutsche Mark (DM)

The abbreviation DM (Deutsche Mark) is spoken simply as **Mark,** e.g.: DM 5,80 is pronounced **fünf Mark achtzig.**

ÜBEN WIR!

You and your friends are pooling your savings to buy a used car. Say what each person has and the total.

EXAMPLE: Marie / DM 250
Marie hat zweihundertfünfzig Mark.

1. ich / DM 729
2. Engelbert / DM 1.347
3. Jutta / DM 228
4. Herbert / DM 850
5. Thomas / DM 1.517
6. Karl / DM 512
7. alle zusammen / DM 5.183

C. Compound Nouns

A characteristic feature of German is its formation of compound nouns from two or more nouns. Get used to analyzing these words and learn to identify their component parts.

Sometimes the only difference between the formation of English and German compound nouns is that in German they are written as one word:

die Rockmusik[1]   *rock music*

Often a connecting **-(e)s-** or **-(e)n-** is inserted between the components:

der Bund (federation) + die Republik = die Bund**e**srepublik
die Klasse + die Diskussion = die Klasse**n**diskussion

The gender of the *last* component noun is *always* the gender of the entire compound:

die Diskussion — **die** Klassendiskussion
das Zimmer   — **das** Klassenzimmer

das Wort + **der** Schatz = **der** Wortschatz
(word)   (treasure)   (vocabulary)

Lehrer Lämpel aus „Max und Moritz", Wilhelm Busch (1865)

[1] In German, the first element is stressed.

Wortschatz zum Lesestück

Leicht zu merken

(das) **Amerika**
amerikanisch
(das) **Englisch**
international
die **Jeans** (*pl.*)
die **Klassendiskussion, -en**
die **Musik**
die **Rockmusik**
pessimistisch
das **System, -e**
das **Schulsystem**

Verben

fürchten   to fear
hören   to hear
lachen   to laugh
lernen   to learn
meinen   to be of the opinion, think
tragen (trägt)   to carry; wear

Substantive

die **Angst, ⁼e**   fear
  Angst haben   to be afraid
  Ich habe Angst.   I am afraid.
(das) **Deutsch**   German (language)
das **Gymnasium,** die **Gymnasien**   secondary school (prepares pupils for university)

Gegensätze

die **Hausaufgabe, -n**   homework assignment
der **Krieg, -e**   war
  der **Atomkrieg**   nuclear war
die **Mode**   fashion
die **Reise, -n**   trip, journey
  die **Amerikareise**   trip to America
der **Schuh, -e**   shoe
  der **Turnschuh**   sneaker, gym shoe
die **Sprache, -n**   language
  die **Fremdsprache**   foreign language

Andere Vokabeln

ähnlich   similar
anders   different
besonders   especially
besser   better
bitte   please
darum   therefore, for that reason
ehrlich   honest
eigentlich   actually, in fact
fremd   strange; foreign
neu   new
toll (*colloq.*)   great; terrific

Nützlicher Ausdruck

gar nicht   not at all

neu ≠ **alt**	new ≠ old
pessimistisch ≠ **optimistisch**	pessimistic ≠ optimistic

Eine Klassendiskussion

(Last spring class 10a from the Kepler-Gymnasium in Hannover visited a high school in Maryland. Now they are discussing their experiences and impressions of the States with their teacher, Herr Beck.)

HERR BECK: Können wir jetzt noch ein bißchen über eure Amerikareise sprechen?

ROLF: Oh, ja! Es war° toll!

HERR BECK: Das glaube ich, aber ich möchte jetzt bitte mehr hören. Was war für euch neu?

KIRSTEN: Jetzt weiß ich, die Schüler in Amerika sind eigentlich gar nicht so anders. Besonders die Mode ist heute international, ich meine, wir tragen alle Jeans und Turnschuhe und hören Rockmusik.

HERR BECK: Interessant, aber haben die Schüler in Amerika auch ähnliche Probleme wie ihr?

ANDREAS: Ach, wissen Sie, man muß überall Hausaufgaben machen. *(Alle lachen)* Nein, aber im Ernst°, wir sind alle manchmal pessimistisch: man meint, man kann später° keine Arbeit finden, oder man fürchtet den Atomkrieg. Diese Ängste haben auch die amerikanischen Schüler.

HERR BECK: Ich habe auch Angst, muß ich ehrlich sagen. Aber gibt es denn keine Unterschiede° zwischen hier und dort?

KIRSTEN: Doch, natürlich! Dort gehen alle Schüler in die high school, bis sie 18 Jahre sind. Mit zehn Jahren kommen wir ins Gymnasium oder in die Realschule[1] oder Hauptschule,[1] je nach unserer Leistung.° Das Schulsystem ist in Amerika also ganz anders.

CHRISTA: Das ist aber nicht unbedingt° gut. Ich finde, wir müssen hier mehr und schneller° lernen. Deutschland ist relativ klein und hat viele Nachbarländer.° Wir müssen darum Fremdsprachen lernen. Wir können besser Englisch als° die Amerikaner Deutsch.

HERR BECK: Die Stunde ist leider um.° Morgen sprechen wir weiter° über die Reise.

[1] See Almanach, p. 76.

was

seriously
later

differences

according to our achievement

not necessarily
faster

neighboring countries

than
over
further

Fragen zum Lesestück

1. Wer spricht über die Amerikareise?
2. Wie war die Reise?
3. Sind die Schüler in Amerika sehr anders, oder sind sie ähnlich?
4. Was ist heute international?
5. Was tragen alle?
6. Was müssen alle Schüler machen?
7. Was fürchten viele Schüler?
8. Warum müssen die Deutschen mehr Fremdsprachen lernen?
9. Was ist in Amerika ganz anders?

Vom Lesen zum Sprechen

Die Kleidung—Clothing

1. der **Anzug,** ⸚e   suit
2. die **Bluse, -n**   blouse
3. die **Brille** (*sing.*)   glasses
4. der **Handschuh, -e** glove
5. das **Hemd, -en**   shirt
6. die **Hose, -n**   trousers, pants
7. der **Hut,** ⸚e   hat
8. die **Jacke, -n**   jacket
9. das **Kleid, -er**   dress, (*pl.*) dresses,
    clothes

10. die **Krawatte, -n**   necktie
11. der **Mantel,** ⸚   coat
12. die **Mütze, -n**   cap
13. der **Pullover, -**   pullover, jersey
    also: der **Pulli, -s**
14. die **Tasche, -n**   pocket
15. die **Handtasche, -n** purse
16. das **T-Shirt, -s**   T-shirt
17. die **Uhr, -en**   watch

A. Wir sprechen über Kleider. Was tragen Sie heute?

> EXAMPLE: Ich trage heute eine Bluse, einen Rock und eine Jacke.

B. Was trägt Ihr Freund heute?

> EXAMPLE: Heute trägt Fred ein Hemd, Jeans und Turnschuhe.

C. *Expressing your opinion.* In discussions like the one in the reading, speakers often begin by saying things like "Ich finde. . ." or "Ich meine. . ." Using "Ja, ich finde, . . ." express your opinion on the following questions:

> EXAMPLE: Gibt es dort Probleme?
> Ja, ich finde, es gibt dort Probleme.

1. Lernst du hier mehr?
2. Hören viele Leute Rockmusik?

3. Ist die Diskussion interessant?

4. Verdient man hier mehr?

D. Now introduce your answers with "Ja, ich meine, . . ."

      EXAMPLE: Ist die Mode heute international?
                      Ja, ich meine, sie ist heute international.

1. Ist das unbedingt gut?

2. Sind die Schulen in Deutschland vielleicht besser?

3. Sind viele Schüler pessimistisch?

4. Haben die Schüler in Amerika Angst?

Mündliche Übungen

A. Persönliche Fragen

1. Wo wohnen Sie?

2. Gibt es da viel zu tun oder ist es langweilig?

3. Möchten Sie gern nach Frankfurt?

4. Haben Sie genug Geld für Ihre Reise?

5. Sind Sie fit?

6. Können Sie schnell laufen?

7. Gibt es heute abend eine Party?

8. Kommen Sie immer spät nach Hause oder nur manchmal?

B. Substitute the new elements you will hear.

EXAMPLE: Ich möchte morgen nach Berlin.
(wollen)
Ich will morgen nach Berlin.

1. Ich möchte morgen nach Berlin.
   wollen
   nach München
   müssen
   wir
   nach Kopenhagen
2. Bis Juni kannst du Geld verdienen.
   müssen
   September
   viel Geld
   ich
   haben
3. Wir können dort drüben parken.
   sollen
   halten
   da
   können
   arbeiten
   zu Hause
4. Er geht später nach Hause.
   fahren
   jetzt
   Max
   laufen
   bald
   ihr

C. Your teacher is discussing plans for a trip to Germany. Contradict each of your teacher's statements, making sure to use **nicht** or **kein** correctly.

1. Unsere Reise ist im Juli.
2. Wir sollen nach Deutschland fahren.
3. Sie möchten doch Deutsch lernen, oder?
4. Sie wollen ein Buch über Deutschland lesen, nicht?
5. Dort wollen wir eine Schule besuchen.
6. Das Schulsystem ist in Deutschland anders.
7. Die Schüler tragen Jeans.
8. Ich gebe Ihnen jetzt eine Hausaufgabe.

D. An acquaintance from the big city is asking you about life in your small town. Respond to these questions in the negative.

1. Hören Sie in Hinterwalden Rockmusik?
2. Grüßen Sie alle Menschen?
3. Sind alle Menschen in Hinterwalden ehrlich?
4. Müssen Sie immer um 12 Uhr nach Hause?

5. Tragen Sie dort eine Krawatte?
6. Können Sie in Hinterwalden genug verdienen?
7. Ist das Leben dort interessant?
8. Es gibt viele Berge dort, nicht wahr?

Schriftliche Übungen

E. Udo is throwing a party but nobody can come. Write him a note explaining why, using the cues below.

> EXAMPLE: leider / Monika / müssen / zu Hause bleiben
> Leider muß Monika zu Hause bleiben.

1. Klaus / müssen / unbedingt / machen / Hausaufgabe
2. Ruth / möchten / fliegen / nach Berlin
3. Peter und Ute / wollen / besuchen / ihre Tante / in Wien
4. Andreas / können / leider / finden / Anzug / nicht
5. Herr Beck / dürfen / nicht / so spät / kommen / nach Hause
6. ich / gar nicht / wollen / kommen

F. Answer the following questions affirmatively. Omit the infinitive wherever possible.

1. Muß ich meine Eltern fragen?
2. Können wir jetzt gehen?
3. Sollst du nach Deutschland fahren?
4. Möchten Sie den Mantel haben?
5. Willst du in Heidelberg studieren?
6. Kannst du das machen?

G. Wie sagt man das auf deutsch?

1. Would you like to stay a bit?
2. Yes, but unfortunately I have to work this evening.
3. That doesn't matter, we can talk tomorrow after 12:00 o'clock.

4. Aren't there any parties in Hinterwalden?
5. Yes, there are, but I have to say honestly, they're quite boring.
6. Then you have to visit us in Frankfurt.

7. My friends and I think we won't find work.
8. How many jobs are there?
9. I don't know, but we're pessimistic.
10. But you don't want to stay here, do you?

Almanach

A Word About German Schools

In the Federal Republic of Germany, all children attend four years of elementary school (*die Grundschule*). In the fourth grade, when they are ten years old, they take placement tests whose results, along with their grades, determine how they will continue their education.

There are three possibilities: the *Hauptschule*, the *Realschule*, or the *Gymnasium*. The first two are oriented respectively toward trades and business and prepare the pupils for various forms of apprenticeship and job training. The *Gymnasium* is the traditional preparation for university study. After passing their final examination, called the *Abitur* in Germany and the *Matura* in Austria, the pupils may apply to a university.

In the German Democratic Republic, all pupils attend the *Oberschule*, a unified school, for the first ten grades. Those who will go on to a university then continue their secondary studies for two more years and must also pass the *Abitur* examination.

Since 1971 there have also been *Gesamtschulen* (unified schools) in the Federal Republic comprising all three kinds of secondary school. Here pupils do not need to make their important decision at the age of ten, but can wait until they are sixteen. In 1981, there were about 270 *Gesamtschulen* with approximately 2.4% of all pupils.

Enrollment (in thousands)

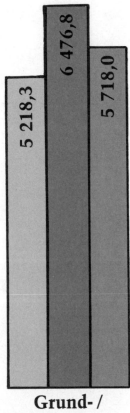

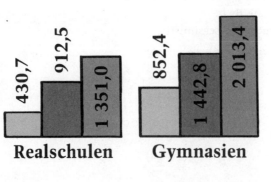

1960

1971

1978 / 79

Grund- / Hauptschulen	Realschulen	Gymnasien	Gesamt- schulen
5 218,3	430,7	852,4	61,5
6 476,8	912,5	1 442,8	207,0
5 718,0	1 351,0	2 013,4	

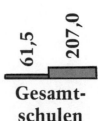

Schüler aus verschieden (from various) Gymnasien experimentieren in West-Berlin.

An einer Oberschule in der DDR

4

Land und Leute

Commands
Negating *müssen* and *dürfen*
Negating *schon* and *noch*
Prepositions with the accusative case
To like: *mögen* and *gern haben*
To like to do something: verb + *gern*
The impersonal pronoun *man*
Sentence adverbs
The verb *gehen* used with an infinitive
The flavoring particle *mal*
Reading: *Deutschland: Klima und Landschaft*

An der Nordsee

FRAU MÜLLER: Gehen Sie noch einmal schwimmen?

FRAU BRINKMANN: Jetzt noch nicht, aber später vielleicht. Das Wasser ist zu kalt. Ich warte, bis die Sonne scheint.

FRAU MÜLLER: Ich gehe heute nicht mehr schwimmen. Ich habe gar keine Lust mehr. . . . Übrigens, spielen Sie gern Karten?

FRAU BRINKMAN: Ja, selbstverständlich! Spielen wir doch zusammen.

Urlaubspläne

RICHARD: Ich möchte im Winter mal in die Schweiz.

EVA: Ich auch. Ich habe die Schweiz so gern. Fahren wir doch im Januar!

RICHARD: Gute Idee! Hoffentlich können wir noch ein Hotelzimmer bekommen. Vielleicht ist es schon zu spät.

EVA: Das weiß man nie. Gehen wir gleich zum Reisebüro.

RICHARD: Okay! Das brauchst du nicht zweimal zu sagen!

Am Telefon

ANDREA: Was plant ihr für morgen nachmittag?

NINA: Wir gehen ins Kino. Komm doch mit!

ANDREA: Leider darf ich nicht, meine Oma besucht uns.

NINA: Das ist wirklich schade! Ohne dich ist es langweilig.

Wortschatz

By the North Sea

MRS. MÜLLER: Are you going swimming again?

MRS. BRINKMANN: Not now, but maybe later. The water's too cold. I'll wait until the sun is shining.

MRS. MÜLLER: I'm not going swimming anymore. I just don't feel like it. . . . By the way, do you like to play cards?

MRS. BRINKMANN: Of course I do. Let's play together.

Vacation Plans

RICHARD: I'd like to go to Switzerland some winter.

EVA: Me too. I like Switzerland so much. Let's go in January!

RICHARD: Good idea! I hope we can still get a hotel room. Maybe it's too late already.

EVA: You never know. Let's go right to the travel agency.

RICHARD: Okay! You don't need to say that twice!

On the Telephone

ANDREA: What are you planning for tomorrow afternoon?

NINA: We're going to the movies. Why don't you come along?

ANDREA: Unfortunately, I can't. My grandma's visiting us.

NINA: That's really a shame! Without you it's boring.

Leicht zu merken

das **Hotel**, -s
die **Idee**, -n
okay
der **Plan**, ¨-e
  planen
das **Telefon**, -e
der **Winter**, -
  im Winter

Verben

schwimmen   to swim
warten   to wait

Substantive

die **Karte**, -n   card; ticket; map
das **Kino**, -s   movie theater, the movies
  ins Kino   to the movies
die **Nordsee**   the North Sea
das **Reisebüro**, -s   travel agency
die **Schweiz**   Switzerland
  in die Schweiz   to Switzerland
der **Urlaub**, -e   vacation (from a job)
  die **Urlaubspläne** (*pl.*) vacation plans
das **Wasser**   water

Gegensätze

Andere Vokabeln

einmal   once
gern   gladly, with pleasure
gleich   right away
hoffentlich   I hope
kalt   cold
mal   (*flavoring particle: see p. 90*)
ohne   without
schade   a shame, too bad
schon   already
wirklich   real
zum (zu dem)   to the
zusammen   together
zweimal   twice

Nützliche Ausdrücke

gern haben   to like
  Ich habe das gern.   I like that.
gute Idee   good idea
Komm doch mit!   Why don't you come along!
morgen nachmittag tomorrow afternoon
noch einmal   once again, once more
noch nicht   not yet
am Telefon   on the telephone

kalt ≠ heiß	cold ≠ hot	

Neue Kombinationen

A. Replace the words in italics with the new word or phrases you will hear.

1. Kommen Sie *um vier* zu uns!
   (heute abend, morgen, im Dezember, um zwölf, später)
2. Ich habe *die Schweiz* so gern!
   (Maria, Fremdsprachen, den Winter, die Nordsee, deine Familie, eure Freunde)
3. Ohne *dich* ist es langweilig.
   (Georg, einen Freund, die Studenten, ihn, uns, Menschen)
4. Ich habe *keine Lust* mehr.
   (keine Zeit, kein Geld, keine Freunde, kein Auto, keine Suppe)
5. *Hoffentlich* können wir heute schwimmen.
   (vielleicht, um drei, selbstverständlich, natürlich)

B. Answer affirmatively these questions about what you like to do, repeating the word **gern.** Then repeat the exercise, giving negative responses.

> EXAMPLE: Spielen Sie **gern** Karten?
> Ja, ich spiele **gern** Karten.   Nein, ich spiele **nicht gern** Karten.

1. Gehst du gern schwimmen?
2. Fahren Sie gern in die Schweiz?
3. Geht ihr gern ins Kino?
4. Besuchst du mich gern?
5. Bleiben Sie gern zu Hause?

Übung zur Aussprache

Practice the difference between the German uvular **r** before a vowel and the vocalic **r** at the end of a word or syllable, or before a consonant (*see* Introduction, p. 7).

rieb	Bier	führt
Rat	Haar	Fahrt
rot	Tor	bohrt
Ruhm	fuhr	Furcht
Reh	er	ehrt

Read these sentences aloud.

Was macht ihr morgen?
Wir machen eine Reise in die Berge.

Ist das wirklich für mich?
Selbstverständlich!

Übrigens, er trinkt zu viel Bier.

Wir rennen zum Reisebüro.
Wir brauchen Karten nach Österreich.

Grammatik

1/ Commands

Imperative forms are used to give commands.

A. The **Sie**-imperative

To give a command or order to someone you address as **Sie**, use verb-first word order and place **Sie** after the verb:

> **Kommen Sie** bald wieder!   *Come again soon!*

Although commands have the same word order as yes/no questions, the voice rises at the end of a question, whereas it drops at the end of a command. Compare the following intonation curves:

> Kommen Sie bald wieder?   Kommen Sie bald wieder!

B. The **wir**-imperative (= *Let's do something*)

Commands for **wir** also have verb-first word order. The **wir**-imperative is really a suggestion:

> **Fahren wir** im Januar.   *Let's go in January.*

ÜBEN WIR!

a. Encourage an acquaintance to do the things he wants to do. Use the **Sie**-imperative.

> EXAMPLE: Ich möchte eine Reise machen.
> Gut, machen Sie eine Reise!

1. Ich möchte morgen schwimmen.
2. Ich will nach Rom fahren.
3. Ich muß gleich zum Reisebüro.
4. Ich möchte bis Donnerstag warten.
5. Ich möchte Karten spielen.
6. Ich muß Frau Klein besuchen.

b. Now use the **wir**-imperative to suggest that both of you do what your acquaintance wants. Respond to the sentences above as in the new example:

> EXAMPLE: Ich möchte eine Reise machen.
> Gute Idee! Machen wir eine Reise!

c. Your acquaintance now asks if he should do certain things and you tell him not to.

> EXAMPLE: Soll ich eine Reise machen?
> Nein, machen Sie keine Reise!

1. Soll ich zu Hause bleiben?
2. Soll ich einen Plan machen?
3. Soll ich Karten spielen?
4. Soll ich wieder schwimmen gehen?
5. Soll ich bis Donnerstag warten?
6. Soll ich ein Hotel suchen?

C. The **ihr**-imperative

The **ihr**-imperative is identical to the present-tense **ihr**-form of the verb, but the pronoun is omitted:

Besucht uns bald, Fritz und Willy.   *Visit us soon, Fritz and Willy.*

ÜBEN WIR!

a. Tell the children what to do.

> EXAMPLE: Sollen wir bald nach Hause kommen?
> Ja, kommt bald nach Hause.

1. Sollen wir Karten spielen?
2. Sollen wir Tante Hildegard besuchen?
3. Sollen wir das Buch lesen?
4. Sollen wir nach Hause laufen?

b. Now tell them what *not* to do.

> EXAMPLE: Sollen wir nach Hause kommen?
> Nein, kommt nicht nach Hause.

5. Sollen wir Jeans tragen?
6. Sollen wir heute kommen?
7. Sollen wir bis Mittwoch bleiben?
8. Sollen wir das sagen?

D. The **du**-imperative

The **du**-imperative is the verb stem without ending:

Komm	doch mit.	*Come along.*
Frag	mich nicht.	*Don't ask me.*
Lauf	schnell nach Hause!	*Run home quickly!*

If the verb changes its stem vowel from **e** → **i(e)**, the *changed* stem is used:

	statement	*du-imperative*
lesen	Du **liest** das für morgen.	**Lies** das für morgen.
geben	Du **gibst** Peter das Buch.	**Gib** Peter das Buch!

Verb stems ending in **-d** or **-t** add the ending **-e:**

Arbeite nicht so viel.   *Don't work so hard.*
Warte hier.   *Wait here.*

ÜBEN WIR!

a. Tell your friend Beate what to do.

EXAMPLE: Soll ich drüben parken?
Ja, park drüben.

1. Soll ich das tun?   3. Soll ich Peter das Buch geben?
2. Soll ich mit Hans sprechen?   4. Soll ich schnell laufen?

b. Now tell Beate what *not* to do.

EXAMPLE: Soll ich drüben parken?
Nein, park nicht drüben.

5. Soll ich eine Suppe kochen?   7. Soll ich mit Hans sprechen?
6. Soll ich ins Kino gehen?   8. Soll ich eine Zeitung lesen?

E. Imperative of **sein**

The verb **sein** is irregular in the **Sie, wir,** and **du**-imperatives:

Seien Sie	bitte nett.	*Please be nice.*
Seien wir	nett.	*Let's be nice.*
Seid	bitte nett, Kinder.	*Please be nice, children.*
Sei	bitte nett, Rolf.	*Please be nice, Rolf.*

ÜBEN WIR!

Here are some situations that make you unhappy. Try to remedy them by giving orders to the people involved. Soften these with **bitte** where appropriate.

EXAMPLE: Herr Korsch ist zu streng.
Seien Sie bitte nicht so streng, Herr Korsch.

1. Ute ist so pessimistisch.   5. Du bist ein Kind.
2. Frau Klein ist nicht freundlich.   6. Ihr seid so langweilig!
3. Wir sind zu traditionell.   7. Du bist nicht ehrlich, Richard.
4. Ihr seid nicht nett, Kinder.

2/ Negating **müssen** and **dürfen**

A. **muß nicht** = don't *have* to

Ich muß nicht zu Hause   *I don't **have** to stay home (but*
bleiben.   *I will anyway).*

▶ **Muß nicht** does *not* mean "must not."

B. **brauche nicht zu** = don't need to, don't have to

> Ich brauche nicht zu Hause zu   *I don't need to stay at home*
> bleiben.   *(i.e., I can go out tonight).*

Nicht brauchen zu is the more common way of negating **müssen.**

C. **darf nicht** = must not, am not allowed to

Darf nicht, like **must not,** indicates prohibition or lack of permission.

> Sie dürfen hier nicht schwimmen.   *You mustn't swim here.*
>
>   *or:*   *You may not swim here.*

ÜBEN WIR!

a. Answer in the negative using **nicht brauchen zu.**

> EXAMPLE: Muß er warten?
> Nein, er braucht nicht zu warten.

1. Muß Hans Englisch lernen?
2. Müssen wir in Gelsenkirchen wohnen?
3. Müßt ihr denn in die Schweiz fahren?
4. Muß ich die Lehrerin fragen?
5. Muß man das Buch morgen lesen?
6. Müssen wir die Reise im August machen?

b. Say you don't *have* to do the following, but you *want* to.

> EXAMPLE: Müssen Sie denn so streng sein?
> Nein, ich **muß** nicht so streng sein, aber ich
> **will** streng sein.

1. Müssen Sie denn immer Karten spielen?
2. Müssen Sie denn schon nach Hause?
3. Müssen Sie denn im Winter schwimmen?
4. Müssen Sie denn so schnell sprechen?
5. Müssen Sie denn Suppe kochen?
6. Müssen Sie denn bis sieben arbeiten?

c. Give German equivalents for the following, using **nicht brauchen zu** or **nicht dürfen** as appropriate.

1. You don't have to study in Bonn.
2. You mustn't swim here.
3. You don't have to read that.
4. You mustn't read that.
5. The children don't have to hear that.
6. The children mustn't hear that.

3/ Negating **schon** and **noch**

A. schon ≠ noch nicht, noch kein

The negation of **schon** (already) is **noch nicht** (not yet) or **noch kein** (not a . . . yet):

Wollen Sie **schon** gehen?	*Do you want to leave already?*
Nein, ich will **noch nicht** gehen.	*No, I don't want to leave yet.*
Habt ihr **schon** Urlaubspläne?	*Do you have vacation plans yet?*
Nein, wir haben **noch keine** Urlaubspläne.	*No, we have no vacation plans yet.*

ÜBEN WIR!

Answer the questions negatively:

1. Habt ihr schon Kinder?
2. Ist Rolf schon da?
3. Studiert sie schon in Berlin?
4. Haben wir schon Probleme?
5. Ist es schon vier Uhr?
6. Verdienst du schon genug?
7. Mußt du schon gehen?
8. Hast du schon eine Karte?

B. noch ≠ nicht mehr, kein . . . mehr

The negation of **noch** (still) is **nicht mehr** (no longer) or **kein . . . mehr** (no more):

Ich glaube, sie studiert **noch.**	*I think she's still in college.*
Nein, sie studiert **nicht mehr,** sie arbeitet.	*No, she's no longer in college. She's working.*
Entschuldigung! Können wir **noch** Karten bekommen?	*Pardon me, can we still get tickets?*
Leider habe ich **keine** Karten **mehr.**	*I'm sorry, but I have no more tickets.*

Note that in the **kein . . . mehr** pattern, **mehr** follows the noun.

ÜBEN WIR!

Answer the questions negatively, using **nicht mehr** or **kein . . . mehr** as appropriate.

1. Sind deine Eltern noch an der Nordsee?
2. Bleiben sie noch lange?
3. Hat er noch Arbeit für uns?
4. Warten Sie noch?
5. Geht die Uhr noch?
6. Hat deine Großmutter noch einen Bruder?
7. Kannst du uns noch besuchen?
8. Suchen Sie noch ein Hotel?

4/ Prepositions with the Accusative Case

The following prepositions are always used with the accusative:

durch	through	Er fährt durch die Berge.
für	for	Sie will das für mich tun.
gegen	against	Das ist doch gegen den Plan.
ohne	without	Wir gehen ohne unsere Kinder.
um	around (the outside of)	Das Auto fährt um das Hotel.

In spoken German, **durch, für,** and **um** often contract with the article **das:**

durch das → **durchs**	Sie läuft **durchs** Zimmer.
für das → **fürs**	Ich kaufe etwas **fürs** Kind.
um das → **ums**	Er fährt **ums** Haus.

▶ **Um** in time expressions means "at" (not "around"!):

Ute kommt um drei.   *Ute is coming at 3:00.*

ÜBEN WIR!

Supply the correct accusative form.

1. Tu das bitte für *mich.*
   (him, her, us, them, your friend, the class, the family, your brother, your sister)
2. Lisa geht durch *das Hotel.*
   (the house, the school, the office, the *Mensa*)
3. Bist du denn gegen *uns?*
   (me, her, them, him, the teacher (m.), the teacher (f.), the plan)
4. Das Auto fährt um *das Haus.*
   (the hotel, our house, the mountain, our school)
5. Ohne *dich* ist es langweilig.
   (him, her, you (pl. fam.), them, my sister, his brother, the American, money, my friends, the music)

5/ To like: **mögen** and **gern haben**

Mögen and **gern haben** both mean "to like." **Gern haben** usually has a person as its object:

Ich **habe** Maria **gern.**   *I like Maria.*

Mögen is a modal verb. Its present tense forms are:

ich	mag	wir	mögen
du	magst	ihr	mögt
er, es, sie	mag	sie, Sie	mögen

Mögen is used without an infinitive, and usually refers to people or to food and drink:

Ich **mag** Maria.	*I like Maria.*
Mögen Sie die Suppe nicht?	*Don't you like the soup?*

▶ Remember that the form **möchte** means "*would like to*" and *is* used with an infinitive:

Ich **möchte** Maria **sehen.**   *I would like to see Maria.*

ÜBEN WIR!

a. Replace **gern haben** with **mögen:**

> EXAMPLE: Ich habe Maria gern.
> Ich mag Maria.

1. Er hat die Deutschen sehr gern.
2. Hast du seine Kusine gern?
3. Wir haben eure Kinder so gern.
4. Ihr habt sie gern, oder?
5. Unsere Kinder haben den Lehrer sehr gern.
6. Deine Mutter habe ich gern.

b. Now replace **mögen** with **gern haben:**

1. Magst du mich ein bißchen?
2. Wir mögen euch sehr.
3. Die Leute mag ich.
4. Carola mag meinen Freund Horst.
5. Sie mögen uns.
6. Mögt ihr eure Professoren?

6/ To like to do something: verb + **gern**

Gern(e) plus a verb corresponds to English "to like to" do something:

Ich schwimme **gern.**	*I like to swim.*
Hören Sie **gerne** Musik?	*Do you like to listen to music?*

Gern generally comes before the direct object.

ÜBEN WIR!

a. An acquaintance asks whether you do certain things. Answer yes, you *like* to do them.

> EXAMPLE: Schwimmen Sie?
> Ja, ich schwimme gern.

1. Spielen Sie Karten?
2. Kochen Sie?
3. Sprechen Sie Deutsch?
4. Hören Sie Rockmusik?
5. Gehen Sie ins Kino?
6. Arbeiten Sie viel?
7. Tragen Sie Turnschuhe?
8. Kommen Sie mit?

b. Now repeat your answers saying you *really* like these things. Insert **sehr gern:**

> EXAMPLE: Schwimmen Sie?
> Ja, ich schwimme **sehr gern.**

7/ The Impersonal Pronoun **man**

The impersonal pronoun **man** is always used with a third person singular verb. It is the equivalent of English "one," which may sound somewhat formal in everyday English speech. In German, however, **man** is used in all styles, both literary and colloquial. It can also be translated as "people," "they," "you," or even "we."

In Deutschland sagt **man** das oft.	*They often say that in Germany.*
Das muß **man** einfach lernen.	*You've simply got to learn that.*
Das weiß **man** nie.	*One never knows.*

▶ Do not confuse **man** with **der Mann** (the man).

ÜBEN WIR!

Translate the following, using *man* as subject.

1. In America we don't learn that.
2. You've got to stop here.
3. You simply mustn't do it.
4. People say there are a lot of problems here.
5. Can one buy a newspaper here?
6. You don't need to read that.

8/ Sentence Adverbs

Adverbs normally modify a verb, an adjective, or another adverb:

> Sie spielt **schön.**
> Er ist **sehr** traditionell.
> Sie sprechen **ziemlich** gut Deutsch.

Certain adverbs, however, can modify entire sentences and express the speaker's attitude toward the content of the whole. They often come in first position.

Natürlich bin ich kein Tourist.	*Of course I'm not a tourist.*
Du hast **sicher** genug Geld.	*You surely have enough money.*

Important German sentence adverbs:

Gott sei Dank	thank goodness
hoffentlich	"let's hope that . . ."
leider	unfortunately
natürlich	naturally, of course
selbstverständlich	"It goes without saying that . . ."
sicher	certainly, surely, definitely
übrigens	by the way, incidentally

▶Note on punctuation: When such sentence adverbs come at the beginning of a sentence, they are *not* followed by a comma as in English:

Übrigens mag ich keine Suppe.   *Incidentally, I don't like soup.*

ÜBEN WIR!

Begin these sentences with the adverb given in parentheses:

1. Er ist noch nicht da. (sicher)
2. Wir können Deutsch. (selbstverständlich)
3. Ihr habt einen Plan. (hoffentlich)
4. Ich muß heute abend arbeiten. (übrigens)
5. Der Berg ist gar nicht so steil. (Gott sei Dank)
6. Er ist kein Amerikaner. (natürlich)
7. Wir können die Reise nicht mehr machen. (leider)
8. Sie brauchen einen Mantel. (sicher)

9/ The Verb **gehen** Used with an Infinitive

The verb **gehen** is sometimes used with an infinitive as its complement:

Gehen Sie noch einmal **schwimmen?**   *Are you going swimming again?*

This infinitive, like the infinitive after a modal verb, comes in final position, except when **schwimmen gehen** (to go swimming) as a whole is used as an infinitive:

Gehen wir doch **schwimmen!**   *Let's go swimming!*
Ich gehe mit Frau Müller **schwimmen.**   *I'm going swimming with Mrs. Müller.*
Wollen wir heute **schwimmen gehen?**   *Shall we go swimming today?*

10/ The Flavoring Particle **mal**

Mal adds various shades of meaning to a sentence.

A. It can mean "sometime":

Ich möchte **mal** in die Schweiz.   *I'd like to go to Switzerland sometime.*

Gehen wir **mal** zusammen ins Kino.   *Let's go to the movies together sometime.*

B. It can mean "just," "for once," "for a change":

Könnt ihr nicht **mal** freundlich sein?   *Can't you be friendly for a change?*
Hören Sie **mal!**   *Now listen here!* (expression of surprise or indignation)

Wortschatz zum Lesestück

Leicht zu merken

die **Alpen**
charakteristisch
circa
(das) **Europa**
die **Kolonie, -n**
der **Kontrast, -e**
mild
modern
der **Rhein**
unkultiviert
warm
wild

Verben

beschreiben   to describe
trinken   to drink
kämpfen   to fight, struggle
liegen   to lie; be situated
wandern   to hike

Substantive

das **Bier**   beer
  der **Biertrinker**   beer
  drinker
die **Donau**   the Danube River
das **Klima**   climate
das **Land, -er**   country
die **Landschaft, -en**   landscape
das **Leben**   life
das **Märchen, -**   fairy tale
das **Meer**   sea
die **Mitte**   middle

Gegensätze

der **Norden**   the North
der **Osten**   the East
(das) **Österreich**   Austria
die **Ostsee**   the Baltic Sea
der **Schnee**   snow
der **Sommer, -**   summer
die **Stadt, -e**   city, town
der **Süden**   the South
das **Vergnügen**   pleasure
der **Wald, -er**   forest
der **Wein**   wine
der **Westen**   the West

Andere Vokabeln

also   (here) thus
dunkel   dark
flach   flat
neblig   foggy, misty
schrecklich   terrible
sonnig   sunny
von   from

Nützliche Ausdrücke

eine Rolle spielen   to play a
  part; be important
am Sonntag (Montag, Diens-
tag, usw.)   on Sunday
  (Monday, Tuesday, etc.)
im Süden (Norden, Osten,
Westen)   in the South
  (North, East, West)
im Winter (Sommer)   in the
  winter (summer)

dunkel ≠ **hell**	dark ≠ light; bright

Schreib mal wieder...

Absender

_____

_____

Ein Brief muß nicht immer lang sein.

Deutschland:
Klima
und
Landschaft

Romans was
historian
nach Christo=A.D.
continues Teutons, Germanic
tribesmen
in the middle of Europe

for the most part primeval forest

Snow White
in which

thought
Italy

Für die alten Römer° war° das Leben in der Kolonie *Germania* kein Vergnügen. Der Historiker° Tacitus (circa 55–115 n. Chr.°) beschreibt es als kalt und neblig. Er sagt weiter°: „Im dunklen Wald muß man gegen die Germanen° kämpfen; sie sind wild und unkultiviert wie ihr Land."

Das moderne Deutschland liegt in der Mitte Europas° und die „wilden Germanen" wohnen heute zum größten Teil° in der Stadt. Es gibt keinen Urwald° mehr, aber der Wald ist immer noch charakteristisch für die Landschaft in Deutschland, Österreich und der Schweiz. Am Sonntag wandert man gern im Wald, und die Kinder hören noch gern Märchen wie „Hänsel und Gretel" oder „Schneewittchen",° in denen° der Wald eine große Rolle spielt.

Auch das Wetter in Deutschland ist Gott sei Dank nicht so schrecklich, wie die Römer meinten°. Selbstverständlich ist es nicht so warm und sonnig wie in Italien°,

of course

Die BRD:
14% Städte und Straßen

86% Wälder und Felder

aber das deutsche Klima ist ~~actually~~ eigentlich ziemlich mild. Die Temperaturunterschiede° zwischen Winter und Sommer sind zum Beispiel nicht so groß wie im Norden der USA°. Im Süden, wo die Alpen liegen, gibt es natürlich viel Schnee im Winter, aber in den großen Flußtälern° ist der Winter mild. Der Rhein, die Weser, die Elbe und die Oder[1] fließen° durch das Land von Süden nach Norden. Nur die Donau fließt von Westen nach Osten. Am° Rhein und an der° Donau trinkt man gern Wein; die Römer brachten° den Weinbau° nach Deutschland. Nicht alle Deutsche sind Biertrinker!

Im Norden ist das Land flach und fruchtbar°. Hier beeinflußt° das Meer — die Nordsee und die Ostsee — Landschaft und Klima. Man sieht also, in Deutschland gibt es viele Kontraste: Wald und Feld°, Stadt und Land, Berge und Meer.

temperature differences
of the USA

river valleys
flow

on the
brought   viniculture

fertile
influences

field

Fragen zum Lesestück

Die Ostsee bei Rostock (DDR)

1. Wie beschreibt Tacitus die Kolonie *Germania*?
2. Was ist noch immer charakteristisch für die Landschaft in Deutschland?
3. Was tut man am Sonntag gern?
4. Was spielt eine große Rolle in den Märchen?
5. Wie ist das Klima in Deutschland?
6. Ist es so warm und sonnig wie in Italien?
7. Wo gibt es viel Schnee im Winter?
8. Wo trinkt man viel Wein?
9. Wie ist das Land im Norden?

[1] See map. p. 37.

Vom Lesen zum Sprechen

Das Wetter und das Klima

You already know some of these words

die Jahreszeit, -en	season (of the year)
der Frühling, -e	spring
der Sommer, -	
der Herbst, -e	fall
der Winter, -	
im Frühling (Herbst, Sommer, Winter)	in the spring (fall, summer, winter)

die Luft	air	der Nebel	fog, mist
der Regen	rain	neblig	
regnen		heiß	
Es regnet.		kalt	
der Schnee		warm	
schneien	to snow	kühl	cool
Es schneit.	It's snowing.	trocken	dry
die Wolke, -n	cloud	naß	wet
wolkig	cloudy		

Es war° eine Mutter,   *there was*
Die hatte° vier Kinder: *who had*
Den Frühling, den Sommer,
Den Herbst und den Winter.
Der Frühling bringt Blumen,°   *flowers*
Der Sommer bringt Klee,°   *clover*
Der Herbst, der° bringt Trauben,° *it* *grapes*
Der Winter bringt Schnee.

A. (books open) Construct sentences from the elements provided.

1. Berge / Wald / charakteristisch / für / Landschaft / Süden
2. Norden / sein / Landschaft / flach
3. Kind / hören / gern / Märchen / wie / Schneewittchen
4. am Rhein / man / trinken / gern / Wein
5. man / können / sehen / / hier / geben / Kontraste

B. Answer in German.

1. Wie ist das Wetter heute?
2. Wie ist das Wetter hier im Frühling? im Sommer? im Herbst? im Winter?
3. Beschreiben Sie das Klima, wo Sie wohnen.
4. Wohnen Sie im Westen, im Osten, im Süden oder im Norden?
5. Wie ist denn das Wetter dort?
6. Wann regnet es viel?

Deutsche Bundespost

50

Zwei Jahrtausende Weinbau in Mitteleuropa

1980

7. Wann scheint die Sonne viel?
8. Wann schneit es?
9. Ist der Winter mild?
10. Ist der Sommer sehr heiß?

Mündliche Übungen

A. Persönliche Fragen

1. Was machen Sie morgen nachmittag?
2. Gehen Sie gern ins Kino?

3. Gehen Sie oft ins Kino oder nur manchmal?

4. Wie viele Großeltern haben Sie?

5. Gehen Sie auch ohne Sonne gern schwimmen?

6. Schwimmen Sie gern?

7. Spielen Sie manchmal Karten?

8. Möchten Sie im Winter auch gern in die Schweiz?

9. Kennen Sie die Schweiz?

10. Dürfen Sie eine Winterreise machen?

11. Wollen Sie im Sommer eine Reise machen, oder müssen Sie zu Hause bleiben?

B. Using the cue your teacher will give you, play the following scene: Student A is indecisive and asks if he/she should do certain things. Student B tells him/her to do them.

EXAMPLE: die Suppe kochen?
Student A: Soll ich die Suppe kochen?
Student B: Ja, koch bitte die Suppe.

1. das Buch lesen?
2. hier parken?
3. einen Anzug tragen?
4. bald nach Hause kommen?

5. Deutsch sprechen?
6. den Wein trinken?
7. freundlich sein?
8. nicht mehr fragen?

Now play the same scene with *two* indecisive friends.

EXAMPLE: die Suppe kochen?
Student A: Sollen wir die Suppe kochen?
Student B: Ja, kocht bitte die Suppe.

C. Your teacher plays a relative visiting you from Germany. You're a morose child and answer all questions in the negative.

EXAMPLE: Bist du schon acht?
Nein, ich bin noch nicht acht.

1. Kannst du schon viel Deutsch?
2. Kannst du schon schwimmen?
3. Liest du schon Märchen?

4. Hast du schon einen Anzug?
5. Trägst du schon eine Krawatte?
6. Gehst du schon ins Kino?

D. Your teacher plays a friend who's been away for a while. He/she asks if things are still the same, and you answer negatively.

EXAMPLE: Hast du noch ein Auto?
Nein, ich habe kein Auto mehr.

1. Trinkst du noch viel Wein?
2. Wohnt Jutta noch in Stuttgart?
3. Schneit es noch so viel?
4. Läufst du noch mit Rolf?
5. Trägst du noch Jeans?

6. Bist du noch fit?
7. Kannst du noch Deutsch?
8. Suchst du noch ein Haus?
9. Magst du mich noch?

E. Certain things are forbidden by these signs. Say what you mustn't do here.

> EXAMPLE: Hier darf man nicht parken.

1.
2. kein Spielplatz
3.

4.
5. (P sign)

F. Use the cue supplied by your teacher to play this scene: you've met a group of German students and are asking them what they like.

> EXAMPLE: die Suppe?
> Student A: Mögt ihr die Suppe?
> Student B: Ja, wir mögen die Suppe.

1. euren Lehrer?
2. das Wetter hier?
3. den Winter?

4. Bier?
5. Wein?
6. Amerikaner?

Schriftliche Übungen

G. *Tacitus modern:* Sie sind der Historiker Tacitus aus Rom. Sie kommen heute wieder nach Deutschland und beschreiben, was Sie finden. Müssen Sie immer noch gegen die Germanen kämpfen? Sind die Menschen noch wild? Wie leben sie heute? Spielt der Wald immer noch eine Rolle? Wie finden Sie den Wein?

H. Write complete sentences using the elements provided. You may have to add words.

1. wer / wollen / gehen / morgen / ins Kino?
2. er / möchten / fahren / mal / in die Schweiz
3. wann / schneien / viel?
4. wir / haben / kein / Urlaubspläne / leider
5. warum / kämpfen / die Menschen / für / ihr / Land?

I. Wie sagt man das auf deutsch?

1. The sun is shining and the water is warm. Let's go swimming a bit!
2. I don't want to swim yet. Go without me for a change, Nina.
3. That's a shame! I don't like to swim without you.

4. Do you like the snow, Mr. Müller?
5. No, I don't like it any more. I'm afraid I'm too old for you children.
6. That's not right! You mustn't say that!

7. Wait here, Eva and Andrea.
8. We don't need to wait here. We'll go through the forest and wait at home.

9. I hope that you still have money.
10. Unfortunately, I don't have any more money.

11. How's the weather in the winter?
12. The air is very dry and cold and there's lots of snow.

Die Bayerischen Alpen im Winter

Almanach

The Common Origin of English and German

Although Tacitus thought the Germanic tribes had "always been there," they in fact originated in the Baltic region around the second millenium B.C. In the fourth century A.D., the Germanic peoples began to migrate south, a movement that continued through the early middle ages. The *Germani* (as they were called by the Romans) displaced the Celts from the heart of the European continent, pushing them as far west as Ireland. The Romans halted their expansion to the south by establishing their own northern frontier, a series of fortifications called the *limes*, literally the "limits" or boundaries of their empire. Eventually the Germanic tribes settled in what came to be known as Germany. Contemporary German dialects and regional differences have their origins in these various tribes.

Thanks to the migration of the Angles and Saxons to the British Isles in the fifth century, the Germanic language that was to evolve into modern English was introduced there. German and English thus share common origins. Some other languages included in the Germanic family are Dutch, Flemish, Norwegian, Swedish, Danish, and Icelandic. You will easily recognize cognates in English and German, that is, words that have the same etymological root although the meanings may be different. These words can frequently be identified by some regularly alternating consonants:

German **z** and English **t:** zehn — ten; Herz — heart
German **ss** and English **t:** Wasser — water; groß — great
German **pf** and English **p:** Pflanze — plant; Pflug — plough
German **f** or **ff** and English **p:** Schiff — ship; Pfeffer — pepper
German **ch** and English **k:** machen — make; Milch — milk
German **t** and English **d:** Tag — day; Tür — door
German **d** and English **th:** du — thou; drei — three

5

Die Welt
der Arbeit

Verbs with separable prefixes
Dative case
Masculine N-nouns
Der-words
The verb *werden*
Omission of article with professions, etc.
Wohin and *woher*
The prefix *un-*
Agent nouns ending in *-er* and *-erin*
Reading: *Arbeit und Freizeit*

Schule oder Beruf?

VATER: Kurt, etwas ist uns nicht klar. Warum willst du jetzt von der Schule weggehen?

KURT: Ich will doch mit meinen Händen arbeiten. Darum möchte ich Schreiner werden.

VATER: Das scheint mir unvernünftig. Du hast nur noch ein Jahr bis zum Abitur. Aber als Lehrling arbeitest du drei Jahre und verdienst wenig.

KURT: Das ist mir egal. Die Schule macht mir sowieso keinen Spaß.

VATER: Quatsch! Hör auf mit diesem Unsinn! Ich kaufe dir ein Moped und du machst das Abitur. Einverstanden?

KURT: Hm . . .

Der Lehrling

GEORG: Morgen! Bist du der Lehrling?

MARTIN: Ja, das bin ich. Ich heiße Martin.

GEORG: Ich bin Georg. Du lernst die anderen später kennen. Wo kommst du denn her?

MARTIN: Aus dem Odenwald.[1] Mein Vater ist Bäcker in unserem Dorf.

GEORG: Und du hilfst ihm seit Jahren, was?

MARTIN: Ja, ich helfe ihm gern und dieser Beruf gefällt mir. Dir nicht?

GEORG: Na, manchmal weiß ich nicht. Man steht früh auf, man fängt um fünf an, dann muß man den Laden aufmachen, und um neun Uhr ist man schon k.o.

---

[1] Range of forested hills between the Main and Neckar rivers in the Federal Republic, not far from Heidelberg.

Wortschatz

School or Work?

FATHER: Kurt, something isn't clear to us. Why do you want to leave school now?

KURT: I want to work with my hands. That's why I want to become a cabinetmaker.

FATHER: That doesn't seem sensible to me. You only have one year until your Abitur. But as an apprentice you'll work for three years and not earn much.

KURT: I don't care. School isn't fun anyway.

FATHER: Rubbish! Stop this nonsense! I'll buy you a moped and you'll take your exam. Agreed?

KURT: Hm . . .

The Apprentice

GEORG: Morning. Are you the new apprentice?

MARTIN: Yep, that's me. My name is Martin.

GEORG: I'm George. You'll meet the others later. Where are you from?

MARTIN: From the Odenwald. My father is a baker in our village.

GEORG: And you've been helping him for years, right?

MARTIN: Yes, I enjoy helping him and I like this profession. Don't you?

GEORG: Well, sometimes I don't know. You get up early, start at five, then you have to open the shop and by nine o'clock you're already exhausted.

Leicht zu merken

die **Hand,** ¨-e
das **Moped, -s**

Verben

an·fangen (fängt an)[1]   to begin, start
auf·hören (mit etwas)   to cease, stop
auf·machen   to open
auf·stehen   to stand up; get up (from bed)
gefallen (gefällt) (+ *dat. of person*)   to please, appeal to
  Das gefällt mir.   I like that.
helfen (hilft) (+ *dat. of person*)   to help
kaufen   to buy
kennen·lernen   to get to know; meet
weg·gehen   to go away, leave
werden (wird)   to become

Substantive

das **Abitur**   final secondary school examination
der **Bäcker, -**   baker
das **Dorf,** ¨-er   village
das **Jahr, -e**   year
der **Laden,** ¨-   shop, store
der **Lehrling, -e**   apprentice
der **Schreiner, -**   cabinet maker
der **Spaß**   fun
der **Unsinn**   nonsense, foolishness
die **Welt**   world

Andere Vokabeln

aus   out of; from (native country or city)
dieser, dieses, diese; *pl.:* **diese**   this; these

Gegensätze

dir (*dat. form of* **du**)   you
egal   (see *Nützliche Ausdrücke*)
einverstanden   agreed; in agreement
etwas   something; somewhat; some
her   (see **woher**)
ihm (*dat. form of* **er**)   him
Ihnen (*dat. form of* **Sie**)   you
ihr (*dat. form of* **sie**)   her
klar   clear
k.o. (*pronounced* kah oh)   exhausted (*slang,* from English "knocked out")
mir (*dat. form of* **ich**)   me
seit   since
unvernünftig   unreasonable
wenig   small amount, little, not much
woher (*or* **wo . . . her**)   from where

Nützliche Ausdrücke

bis zu   until, up to
Das ist mir egal.   It's all the same to me. I don't care.
Das ist mir klar.   That's clear to me.
Quatsch!   Rubbish! Baloney! Nonsense!
Das macht (mir) Spaß.   That's fun (for me).
seit Jahren (*with present tense*)   for years
  Ich wohne seit Jahren hier.   I've been living here for years.
fünf Uhr   five o'clock

---

vernünftig ≠ unvernünftig   reasonable, sensible ≠ unreasonable

---

[1] See below p. 105, for explanation of the raised period.

Neue Kombinationen

A. Substitute the new word provided in the sentence you will hear.

Das ist *mir* egal. (Georg, ihm, Maria, ihr, den Studenten, ihnen)

Das ist *uns* nicht klar. (mir, Karin, ihr, dem Chef, ihm, deinen Eltern, ihnen)

Der Beruf gefällt mir sehr. (die Stelle, dieses Moped, diese Idee, der Plan, dieser Mensch)

Ich helfe ihm *seit Jahren*. (seit Tagen, seit Mittwoch, seit dem Winter, seit September)

Ich möchte *Schreiner* werden. (Lehrer, Bäcker, Lehrerin)

B. Find out where your classmates come from.

> EXAMPLE: Student A: Wo kommst du her?
> Student B: Ich komme aus Washington.

C. Now find out when they get up.

> EXAMPLE: Wann stehst du auf?
> Ich stehe um acht Uhr auf.

Übung zur Aussprache

Review the German l. (See Introduction, p. 7). Remember that the sound represented by English l varies according to the vowels that precede or follow it. The l in "leaf" is different from the l in "wool." The German l always has a quality similar to the l in "leaf."

Repeat the following words after your teacher:

laut	bald
Lied	Zoll
Lob	Zahl
hilft	wohl
half	Wolle

Say aloud: Lina, willst du nicht in der Schule bleiben?
Nein, ich will in die Lehre.

Grammatik

1/ Verbs with Separable Prefixes

Some verbs in English can be augmented by another word to change their meaning: to find *out*, to look *up*, to burn *down*, to hang *around*. The meanings of many German verbs are modified by a similar process, the addition of a prefix:

fangen	to catch	hören	to hear
anfangen	to begin	**auf**hören	to cease, stop

similarly:

anrufen	to call up
aufmachen	to open
aufstehen	to stand up; get up (out of bed)
kennenlernen	to get to know, meet
mitkommen	to come along
weggehen	to go away
zurückkommen	to come back

These prefixes are most frequently identical in form with prepositions like **an** and **auf,** but they can also derive from other parts of speech like **kennen** (to know) or **weg** (away). In the infinitive the prefix is attached to the verb. This infinitive is the dictionary form of the verb:

(**abfahren** will be found in the dictionary under *A*)

In the present tense and the imperative the prefix is separated and placed in final position:

		verb		*prefix*	
Statement	Ich	**stehe**	morgen sehr früh	**auf.**	I'm getting up very early tomorrow.
Informational question	Wann	**lerne**	ich ihn	**kennen?**	When do I get to meet him?
Imperative		**Hören**	Sie bitte	**auf!**	Please stop!
Yes/no question		**Geht**	ihr denn	**weg?**	Are you going away?

When a verb having a separable prefix is used with a modal, it appears as an infinitive in final position:

without modal					*with a modal*			
Er	**fängt**	morgen	**an.**	→	Er	**soll**	morgen	**anfangen.**
Ich	**lerne**	sie	**kennen.**	→	Ich	**möchte**	sie	**kennenlernen.**

- Separable prefixes are always stressed in pronunciation.
- Separable prefixes will be indicated in the *Wortschatz* sections by a raised period between prefix and verb stem: **an·fangen.** This period is *not* used in German spelling.

ÜBEN WIR!

a. Substitute the new subjects you will hear.

> EXAMPLE: Er geht bald weg. (ich)
> Ich gehe bald weg.

1. *Wir* fangen sehr früh an. (du, Gabi, ihr, ich, er, die Studenten)
2. Heute abend lerne *ich* Frau Berger kennen. (wir, die Kinder, du, ihr, Michael)
3. *Sie* machen den Laden um sieben Uhr auf. (ich, meine Frau, wir, der Lehrling, ihr, du)
4. Wann hören *wir* denn auf? (ihr, du, der Bäcker, die Party, die Schüler)

b. Substitute the new verb you will hear.

1. Ich *fange* morgen um ein Uhr an. (aufhören, aufmachen, aufstehen, weggehen)
2. Wann *steht* Richard am Samstag *auf?* (aufhören, anfangen, aufmachen, weggehen)

c. Use the appropriate command for the person named.

> EXAMPLE: Stehen Sie bitte bald auf! (du)
> Steh bitte bald auf!

1. Gehen Sie bitte weg! (ihr, du)
2. Hör doch bitte auf! (Sie, wir, ihr)
3. Fangen wir noch nicht an! (du, ihr, Sie)
4. Macht den Laden um sieben auf! (du, wir, Sie)
5. Rufen Sie bitte morgen an! (du, ihr)

d. Restate the sentence without the modal verb.

> EXAMPLE: Anton muß um sieben Uhr aufstehen.
> Anton steht um sieben Uhr auf.

1. Wir dürfen noch nicht anfangen.
2. Ich will früh aufstehen.
3. Er möchte heute Frau Huber kennenlernen.
4. Der Bäcker muß früh aufmachen.
5. Wann mußt du morgen weggehen?
6. Wolf kann nicht aufhören.

e. Add the modal you will hear to the following sentences.

> EXAMPLE: Karl lernt meine Schwester kennen. (wollen)
> Karl will meine Schwester kennenlernen.

1. Der Lehrling fängt Mittwoch an. (sollen, wollen, können, dürfen)
2. Warum geht ihr denn weg? (müssen, wollen, möchten)
3. Der Laden macht um acht Uhr auf. (müssen, sollen, können)
4. Wann hören Sie auf? (können, müssen, sollen, dürfen, wollen)
5. Am Sonntag stehe ich sehr spät auf. (möchten, können, dürfen)

f. Add the following elements one by one to these short sentences. Start by inserting them right after the verb.

> EXAMPLE: Du stehst auf. (morgen)
> Du stehst morgen auf. (um zehn Uhr)
> Du stehst morgen um zehn Uhr auf.

1. Frank geht weg. (sicher) (ohne uns)
2. Du lernst meinen Freund kennen. (hoffentlich) (morgen)
3. Wir kommen zurück. (selbstverständlich) (sehr früh)
4. Greta fängt an. (am Donnerstag) (sowieso) (schon)

2/ Dative Case

A. Indirect Object

The dative case is used for the indirect object of a verb, that is, the person or thing *for* whom an action is performed or *to* whom it is directed:

Ich kaufe **dir** das Moped.	*I'll buy the moped **for you.***
Sag **dem Lehrer** guten Morgen!	*Say good morning **to the teacher.***
Sie gibt **ihrer Tochter** das Geld.	*She's giving the money **to her daughter.***

Indirect objects in English are shown either by their position in the sentence or by the use of a preposition:

> She's giving **her daughter** the money.
> or: She's giving the money **to her daughter.**

German does not use a preposition. The dative case alone signals the indirect object.

ÜBEN WIR!

Identify the direct object and the indirect object in the following sentences:

1. We owe our friends a debt of gratitude.
2. Give me one good reason.
3. I'm buying my father a necktie.
4. Tell me what you think.
5. We're cooking spaghetti for the kids.
6. Write her a letter!
7. To whom did you say that?

B. Forms of the Dative Case

1. Dative of definite article and **ein**-words

	masc.	*neut.*	*fem.*	*plural*
nom.	der Vater	das Kind	die Mutter	die Leute
acc.	den Vater	das Kind	die Mutter	die Leute
dat.	**dem** Vater	**dem** Kind	**der** Mutter	**den** Leuten
	ein**em** Vater	ein**em** Kind	ein**er** Mutter	kein**en** Leuten
	unser**em** Vater	ihr**em** Kind	eur**er** Mutter	mein**en** Leuten

■ All nouns add an **-n** in the dative plural except those already ending in **-n** (den Frauen) and those ending in **-s** (den Hotels).

(**Noten** = *grades*   **Straßenkehrer** = *street sweeper*)

ÜBEN WIR!

Beate has some extra money. Use the cue you will hear to tell her whom to give it to:

EXAMPLES: der Lehrer
Gib es dem Lehrer!

1. der Bäcker *dem*
2. der Schreiner *dem*
3. die Lehrerin *den*
4. dieses Kind *der*
5. die Kinder *den*

6. diese Frauen
7. die Mutter *der*
8. diese Amerikaner
9. dieser Amerikaner
10. meine Freundin

2. Dative Personal Pronouns[1]

	singular			plural		
nom.	acc.	**dat.**	nom.	acc.	**dat.**
ich	mich	**mir**	wir	uns	**uns**
du	dich	**dir**	ihr	euch	**euch**
er	ihn	**ihm**			
es	es	**ihm**	sie, Sie	sie, Sie	**ihnen, Ihnen**
sie	sie	**ihr**			

3. Dative of Interrogative Pronoun: **wem**

The dative form of the question word **wer** is **wem**:

Wem geben Sie das Geld?   *To whom are you giving the money?*

ÜBEN WIR!

a. You're buying a book. Your friend asks whom you're buying it for. Use the dative form of the pronoun in your answer.

EXAMPLE: Wem kaufst du das Buch? (sie, singular)
Ich kaufe **ihr** das Buch.

1. er *ihm*
2. du *dir*
3. ihr *euch*
4. sie (plural) *Ihnen*

5. ich *mir*
6. wir *uns*
7. sie (singular) *ihr*

---

[1] Note that English pronouns do not distinguish between the direct object and the indirect object, whereas German pronouns (except **uns** and **euch**) do:

I see *him*.   Ich sehe **ihn**.
I'm giving *him* the book.   Ich gebe **ihm** das Buch.

b. People are asking you to do various things and you agree to do them. Use dative pronouns in your answer.

> EXAMPLE: Willst du Christine etwas geben?
> Ja, ich will **ihr** etwas geben.

1. Willst du Georg ein Moped kaufen? *ihm*
2. Willst du den Kindern die Suppe kochen? *ihnen*
3. Kannst du Frau Klein das Dorf beschreiben? *ihr*
4. Kannst du dem Bäcker das Geld geben? *ihm*
5. Willst du mir ein Beispiel geben?
6. Willst du uns Karten kaufen? *uns*
7. Willst du meinem Freund etwas sagen? *ihm*

C. Verbs with Dative Objects

Some verbs in German take an object in the dative case although English speakers might normally expect an object in the accusative in this position.

The following verbs which take dative objects are introduced in this chapter:

gefallen	to please
gehören	to belong to
helfen	to help

Note that the dative object is usually a person:

Der Plan gefällt **mir** sehr.	*I like the plan very much. (Literally: The plan pleases **me** very much.)*
Marie hilft **ihrer Mutter**.	*Marie is helping **her mother**.*

▶ When using **gefallen**, "to like something," remember that in German the subject and the object are the reverse of English.

Diese Stadt gefällt mir.	*I like **this city**. (Literally: This city pleases me.)*

Remember too that the verb must agree in number with the subject.

subj.	*verb*	*dat. ob.*	
Diese Städte gefallen		mir.	*I like these cities.*

ÜBEN WIR!

a. Substitute the new dative objects cued in English.

> EXAMPLE: Bernd soll **uns** helfen. (me)
> Bernd soll **mir** helfen.

1. Die Kinder helfen *ihrem Vater* gern. (*me, you, their aunt, the teacher*) *mir dir ihr ihr*
2. Diese Brille gehört *dir*, nicht wahr? (*you* [polite form], *them, Frau Braun, her, the child*) *ihr, ihr ihnen ihnen ihm*
3. Seine Krawatte gefällt *mir* sehr gut. (*us, her, my cousin, his family*) *uns ihr ihm*

Meine Ski gehören mir

b. Now substitute the new subjects you will hear:

    4. *Das Kleid* gefällt mir nicht. (deine Pläne, die Stadt, diese Hausaufgabe, mein Zimmer, die Diskussion, die Stelle)

D. Dative Prepositions

The following prepositions are always used with the dative:

aus	out of from (native country or region)	Sie geht **aus dem** Zimmer. Ich komme **aus dem** Odenwald.	*She's leaving the room.* *I'm from the Odenwald.*
außer	except for besides, in addition to	**Außer ihm** sind wir alle hier. **Außer ihm** wohnt auch sein Bruder hier.	*We're all here except for him.* *Besides him, his brother lives here too.*
bei	in the home of near at	Ich wohne **bei meiner** Tante. Das Kind spielt **beim** Fenster. Er ist **bei der** Arbeit.	*I live at my aunt's.* *The child is playing near the window.* *He's at work.*
mit	with	Ich will **mit den** Händen arbeiten.	*I want to work with my hands.*
nach	after	**Nach der** Stunde bin ich manchmal k.o.	*After class I'm sometimes exhausted.*
seit	since (temporal)	**Seit dem** Tag mag ich ihn nicht mehr.	*Since that day I haven't liked him.*
von	from of by	Das Buch habe ich **von meiner** Mutter. Er ist ein Freund **von mir**. Das Buch ist **von** Hermann Hesse.	*I have that book from my mother.* *He is a friend of mine.* *The book is by Hermann Hesse.*
zu	to (with people and some locations)	Ich gehe **zur** Schule und dann zu Schmidts.	*I'm going to school and then to the Schmidts.*

The following contractions of prepositions with the dative of the definitive article are common:

bei dem	→ **beim**	Das Kind spielt **beim** Fenster.
von dem	→ **vom**	Ich komme gerade **vom** Reisebüro.
zu dem	→ **zum**	Du mußt schnell **zum** Bäcker.
zu der	→ **zur**	Wie kommt man **zur** Stadt?

You have learned **bis** (until) as a word that usually appears in time phrases:

Wir wollen **bis** Dienstag bleiben.　　*We want to stay until Tuesday.*

However, **bis** is often used in combination with the dative preposition **zu**:

Du hast nur noch ein Jahr **bis zum** Abitur.
Das Auto fährt nur **bis zu** meiner Straße.

In such cases, **bis zu** means "up until" or "as far as."

ÜBEN WIR!

Substitute the new prepositional objects you will hear. Put them in the dative case.

    EXAMPLE:　Wir sehen ihn nach *der Schule*. (das Essen)
                  Wir sehen ihn nach *dem Essen*.

1. Karla kommt gerade aus *dem Laden*. (das Haus, die Schule, das Büro, das Zimmer)
2. Gehen wir doch mit *den Kindern*. (die Tante, meine Schwester, deine Freunde, die Studenten)
3. Er hat das Geld von *seiner Freundin*. (sein Freund, der Bäcker, seine Eltern, meine Mutter)

4. Seit *dem Tag* arbeite ich hier. (meine Jugend, das Abitur, September, der Herbst)

5. Ich wohne bei *meinem Großvater.* (meine Tante, seine Familie, ihr Onkel, eure Freunde, meine Geschwister)

6. Wir fahren mit *Freunden* nach Österreich. (die Klasse, unsere Kinder, mein Vetter, eine Freundin, ein Amerikaner)

7. Außer *Ihnen* wollen alle schon nach Hause. (er, ich, mein Bruder, die Großeltern, Ihre Freunde, die Lehrerin)

8. Was machst du nach *der Party?* (die Schule, der Urlaub, die Arbeit, das Essen, die Deutschstunde)

9. Wir fahren bis *zur Schule.* (die Stadt, eine Straße, das Büro, der Laden)

10. Gehen wir heute abend zu *Rolf!* (deine Familie, unser Lehrer, Frau König, die Party, die Studentinnen)

E. Idiomatic Use of Dative

The dative can indicate personal involvement in or reaction to a situation. This dative construction can often be translated by English **to** or **for:**

Wie geht es **dir?**	*How are you? (Literally: How goes it for you?)*
Das macht **mir** Spaß.	*That's fun (for me).*
Das scheint **mir** vernünftig.	*That seems sensible to me.*
Ist es **Ihnen** zu kalt?	*Are you too cold?*
Das ist **ihm** egal.	*He doesn't care. (or: That's all the same to him)*

This dative may often be omitted without changing the basic meaning of the sentence:

Wie geht es?   Das macht Spaß.   Das scheint vernünftig.

But it may *not* be omitted in the following useful expression:

Das tut **mir** leid.   *I'm sorry.*

ÜBEN WIR!

Answer the following questions using the cues provided. Change proper names to pronouns.

EXAMPLE: Geht es Luise besser?
Ja, . . .
Ja, es geht ihr besser.

1. Scheint Ihnen das nicht vernünftig?
Doch, . . .

2. Ist euch das jetzt klar?
Ja, . . .

3. Ist es dir egal?
Nein, . . .

4. Ist Ihnen sieben Uhr zu früh?
Nein, . . .

5. Ist es dir warm genug?
Nein, . . .

6. Das Buch ist Anna zu langweilig, nicht wahr?
   Ja, sicher . . .
7. Maria, geht es deinem Vater endlich besser?
   Ja, . . .
8. Ist euch das Klassenzimmer nicht zu kalt?
   Doch, . . .
9. Eine Reise macht dir immer Spaß, oder?
   Natürlich . . .
10. Das tut dir leid, oder?
    Ja, natürlich . . .

3/ Masculine N-Nouns

A few masculine nouns referring to persons take the ending **-en** or **-n** in all cases except the nominative singular:

	singular	plural
nom.	der Student	die Studenten
acc.	den Studenten	die Studenten
dat.	dem Studenten	den Studenten

Der Student kennt München sehr gut.
The student knows Munich very well.

Kennst du **den Studenten?**
Do you know the student?

Kannst du **dem Studenten** helfen?
Can you help the student?

Here are the other N-nouns you already know:

der Herr, -n, -en[1]
der Junge, -n, -n
der Mensch, -en, -en

The title **Herr** (*Mr.*) also has these endings.

Das ist **Herr** Weiß.
Kennen Sie **Herrn** Weiß?

ÜBEN WIR!

Substitute the new nouns you will hear.

EXAMPLE: Kennen Sie **den Herrn?** (der Junge)
Kennen Sie **den Jungen?**

1. Ich brauche *dem Studenten* nicht zu helfen. (der Junge, der Herr, der Mensch, Herr Weiß)
2. Fragen wir *den Lehrer!* (der Student, unser Junge, ihr Mann, Herr Weiß)
3. Gehört das Geld *dem Lehrling?* (der Schüler, der Student, mein Bruder, Herr Schmidt, der Herr)
4. Wollen Sie *meinen Freund* kennenlernen? (sein Bruder, der Mensch, der Student, der Bäcker)

[1] N-nouns will be marked in the vocabulary by the inclusion of the singular ending as well as the plural.

4/ Der-Words

A. The **der**-words are a group of words that modify nouns and share a common set of endings. The most common **der**-words are:

der, das, die	the; that (when stressed)
dieser, -es, -e	this, these
jeder, -es, -e	each, every (singular only, plural: **alle**)
welcher, -es, -e	which (interrogative)

We use **dieser** to show the endings of the **der**-words:[1]

	masc.	*neut.*	*fem.*	*plural*
nom.	dieser Stuhl	dieses Buch	diese Uhr	diese Bücher
acc.	diesen Stuhl	dieses Buch	diese Uhr	diese Bücher
dat.	diesem Stuhl	diesem Buch	dieser Uhr	diesen Büchern

B. der-words versus **ein**-words

Note the cases (boxed in the table above) where the **der**-words have endings while the **ein**-words[2] lack them:

Masc sing. nom.:   Ein Student wohnt hier.
Welch**er** Student wohnt hier?

Neuter sing. nom.:   Mein Kind lernt Englisch.
Dies**es** Kind lernt Englisch.

Neuter sing. acc.:   Kennst du sein Buch?
Kennst du dies**es** Buch?

ÜBEN WIR!

a. Follow the example

EXAMPLE: Die Suppe ist kalt.
Welche Suppe ist kalt?
Diese Suppe ist kalt.

1. Die Hausaufgabe ist interessant.
2. Die Idee ist viel besser.
3. Die Turnschuhe sind neu.
4. Der Pullover gefällt mir.
5. Das Hemd kostet zuviel.
6. Das Dorf ist schön.
7. Der Plan ist vernünftig.
8. Die Kleider sind alt.

b. Expand the sentence you will hear.

EXAMPLE: Dieser Berg ist steil.
Dieser Berg ist steil, aber nicht **jeder** Berg ist steil.

---

[1] The endings of the definite article, **der, das, die**, are slightly irregular and we therefore do not use it as a model for the full declension.
[2] For *ein*-words, see p. 46.

1. Dieser Plan ist vernünftig.
2. Dieses Hemd ist schön.
3. Diese Idee gefällt mir.
4. Diese Arbeit macht mich k.o.
5. Dieser Laden macht früh auf.
6. Diese Deutschstunde macht mir Spaß.
7. Diese Party fängt um acht Uhr an.

5) The Verb **werden** (to become)

The verb **werden** is irregular in the **du-** and **er**-forms of the present tense:

ich werde	wir werden
du **wirst**	ihr werdet
er, es, sie **wird**	sie, Sie werden

Werden, like **sein** and **bleiben,** is followed by either a predicate nominative or an adjective:

Frau Schneider wird unsere Lehrerin.	*Mrs. Schneider is going to be our teacher.*
Die Kinder werden aber groß!	*My, but the children are getting big!*

6/ Omission of Article with Professions, Nationalities, Religions, etc.

When stating affiliation with a group (political, religious, professional, national), German omits the **ein** before the noun:

Mein Sohn möchte Schreiner werden.	*My son wants to become **a** cabinetmaker.*
Frau Gerhard ist Lehrerin.	*Mrs. Gerhard is **a** teacher.*
Hugh ist Amerikaner.	*Hugh is **an** American.*
Ich bin Katholik.	*I am **a** Catholic.*

To negate such sentences, use either **nicht** or **kein.**

Rolf, bist du Student?   Nein, ich bin **nicht** Student.
Nein, ich bin **kein** Student.

ÜBEN WIR!

Ask your neighbors if they are the following things.

EXAMPLE: Teacher: Amerikaner(in)
          Student A: Sind Sie Amerikaner(in)?
          Student B: Nein, ich bin kein(e) Amerikaner(in).
          or: Nein, ich bin nicht Amerikaner(in).

1. Lehrling
2. Student(in)
3. Kommunist(in)
4. Schreiner
5. Lehrer(in)
6. Amerikaner(in)

A. The Question Words **wohin** and **woher**

1. **Wohin?** (where to?) asks for the destination of a verb's motion:

Wohin gehst du?
    or: }   *Where are you going?*
Wo gehst du **hin?**

The directional particle **hin** may be separated from the **wo** and placed at the end of the question.

2. **Woher?** (from where?) asks for the origin of a verb's motion:

Woher kommen Sie?
    or: }   *Where do you come from?*
Wo kommen Sie **her?**

Woher can also mean "from what source":

Woher hast du so viel Geld?	*Where did you get so much money?*
Woher kennst du sie?	*Where do you know her from?*
Woher wissen Sie das?	*How do you know that?*

ÜBEN WIR!

Your teacher will give you some information. Student A asks Student B to repeat this information and Student B does so:

EXAMPLE: Teacher: Ich komme aus der Schweiz.
             Student A: Woher kommt er?
             Student B: Er kommt aus der Schweiz.

1. Ich wohne in Dortmund.
2. Ich fliege in die Schweiz.
3. Meine Familie kommt aus dem Norden.
4. Ich gehe jetzt ins Kino.
5. Mein Sohn studiert in Freiburg.
6. Meine Tochter fährt nach Rom.

B. The Prefix **un-**

The prefix **un-** is attached to some adjectives and adverbs to express their antonyms. **Un-** is always stressed in pronunciation:

vernünftig ≠ **un**vernünftig	reasonable ≠ unreasonable
persönlich ≠ **un**persönlich	personal ≠ impersonal

C. Agent Nouns Ending in **-er** and **-erin.**

Both English and German add the suffix **-er** to a verb stem to form a noun denoting a personal agent (someone who performs the action):

work → the worker
arbeiten → der Arbeiter

In German, however, the suffix **-er** labels only a man. The suffix **-erin** labels a woman:

> die Arbeiterin   the (female) worker

To form the plural of these nouns, add -nen:

> die Arbeiterin   die Arbeiterinnen

The masculine plural is *always* identical to its singular except in the dative:

> der Arbeiter   die Arbeiter   dative plural: den Arbeiter**n**

Sometimes the verb stem is umlauted in the noun. These must be learned for each individual noun:

> anfangen → **der Anfänger**   beginner
> tragen → **der Briefträger**   mailman (Literally: letter carrier)

ÜBEN WIR!

Answer according to the examples.

> EXAMPLE: 1. Wer Fährt?
>   Der Fahrer fährt.
>   2. Wer fährt das Auto?
>   Der Autofahrer fährt das Auto.

1. Wer trinkt?
2. Wer trinkt Bier?
3. Wer denkt?

4. Wer schreibt?
5. Wer liest die Zeitung?
6. Wer fängt an?

"The Germans have an inhuman way of cutting up their verbs. Now a verb has a hard enough time of it in this world when it's all together. It's downright inhuman to split it up. But that's just what those Germans do. They take part of a verb and put it down here, like a stake, and they take the other part of it and put it away over yonder like another stake, and between these two limits they just shovel in German."

Mark Twain

Wortschatz zum Lesestück

Leicht zu merken

die **Boutique, -n**
dekorieren
der **Kilometer, -**
der **Kontakt, -e**
der **Mechaniker, -**
der **Sportklub, -s**
die **USA** (*pl.*)

Verben

aus·sehen (sieht aus) to appear, look (like)
 Du siehst schrecklich aus. You look terrible.
ein·kaufen to shop for, go shopping
gehören (+ *dat.*) to belong to (possession)
leben to live, be alive
pendeln to commute
schließen to close
spazieren·gehen to go for a walk
stehen to stand
verkaufen to sell
vorbei·kommen to come by; drop by
zeigen to show
zu·machen to close

Substantive

der **Arbeiter, -** worker
das **Bild, -er** picture; image
der **Chef, -s** boss
der **Chemiker, -** chemist
die **Fabrik, -en** factory
die **Fahrt, -en** trip, journey
die **Firma**, die **Firmen** firm, company
das **Flugzeug, -e** airplane
die **Freizeit** leisure time
das **Geschäft, -e** business; store

Gegensätze

der **Kollege, -n, -n** colleague
der **Kunde, -n, -n** customer
der **Lohn, ⸚e** wages
das **Mädchen, -** girl
der **Mitarbeiter, -** fellow worker, colleague
das **Mitglied, -er** member
das **Mittagessen** midday meal (traditionally the main meal), lunch
das **Pendeln** commuting
die **Stimme, -n** voice
der **Verkehr** traffic
 Der Verkehr ist stark. Traffic is heavy.
der **Wagen, -** car
das **Wochenende, -n** weekend
 am Wochenende on the weekend

Andere Vokabeln

abends in the evenings
einfach simple
hübsch pretty, attractive, handsome
ob whether
persönlich personal
schwer heavy; hard, difficult
selber myself, yourself, himself, herself, ourselves, etc.
stark strong

Nützliche Ausdrücke

das heißt (d.h.) that is (i.e.)
hin und her back and forth
Das tut mir leid. I'm sorry.
Dieses Kleid steht dir (gut). This dress looks good on you.
jeden Tag (*acc.*) every day

einfach ≠ schwierig	simple ≠ difficult
persönlich ≠ unpersönlich	personal ≠ impersonal
schwer ≠ leicht	heavy; difficult ≠ light (in weight); easy
stark ≠ schwach	strong ≠ weak

Arbeit und Freizeit

Man sagt über die Deutschen, sie „leben um zu° arbeiten". Stimmt das heute noch? Unsere Beispiele zeigen ein anderes Bild.

in order to

Christine Sauermann, selbständig°

self-employed

Christine Sauermann ist 35 Jahre alt. Sie ist geschieden,° und hat einen dreizehnjährigen° Sohn. Nach der kaufmännischen Lehre° hat Christine viele Jahre in einem Kaufhaus gearbeitet.° Jetzt besitzt sie eine kleine Boutique. Endlich arbeitet sie nicht mehr für einen Chef, denn das Geschäft gehört ihr. Sie sagt, die Arbeit macht ihr jetzt zweimal so viel° Spaß und wahrscheinlich verkauft sie darum auch zweimal so viel.

divorced   thirteen-year-old
business apprenticeship
worked in a department store

twice as much

Das Geschäft geht gut, denn ihr Laden liegt in der Fußgängerzone° in der renovierten Altstadt.° Deshalb kommen immer viele Touristen und andere Passanten° vorbei. Christine hilft ihren Kunden persönlich, und dekoriert das Schaufenster° selber—es sieht immer hübsch aus. Mädchen und junge Frauen kaufen gern bei ihr ein, denn sie sagt ihnen ehrlich, ob ein Kleid ihnen gut steht oder nicht.

pedestrian zone   renovated old city[1]
passers-by

display window

Sie macht um 9 Uhr auf und um 6 Uhr abends zu. Von 1 Uhr bis 3 Uhr macht sie Mittagspause,° das heißt, sie schließt den Laden, geht nach Hause, kocht ihrem Sohn das Mittagessen, und kauft dann selber ein.

midday break[2]

Jörg Krolow, Fabrikarbeiter

Jörg Krolow ist 19 Jahre alt und arbeitet seit einem Jahr als Mechaniker in einer Autofabrik in Dortmund. Die Arbeit ist schwer, aber sie gefällt ihm.

Wie alle deutschen Arbeiter in der Schwerindustrie° ist Jörg in einer Gewerkschaft.° Sie sichert° den Mitgliedern einen guten Lohn und gibt ihnen eine starke Stimme im Aufsichtsrat.° Jörg arbeitet gern mit den Händen und mag

heavy industry
trade union   insures

board of directors[3]

---

[1] Most German cities and towns have an *Altstadt* ("old city") in their centers. This is the original core of the city, which may date from the Middle Ages. Many of these old city centers have been renovated and closed to traffic.

[2] Many small shops and businesses close from one to three P.M. This is less true nowadays for large cities.

[3] West German workers in large companies elect up to 50% of the board of directors. This has meant a high degree of cooperation between management and labor and has resulted in fewer strikes than in other industrial nations.

seine Kollegen aus der Fabrik. Nach der Arbeit trinkt er oft
ein Bier mit ihnen zusammen, und am Wochenende trifft er
sie zum Fußballspiel° im Sportklub. Mit den Gastarbeitern[1]
aus der Türkei° kommt er ganz gut aus°, aber nach der Arbeit hat er einfach keinen Kontakt mit ihnen. Sie können oft
nicht viel Deutsch und wohnen auch in anderen Stadt-
teilen.°

for a soccer game
Turkey   gets along quite well with
them

other parts of town

Dr. Karl Pohl, Chemiker

Dr. Karl Pohl ist seit zwanzig Jahren bei einem
Chemiekonzern° in Ludwigshafen. Er wohnt in Heidelberg
(18 Kilometer westlich°), denn dort ist die Luft besser. Das
bedeutet aber, er muß jeden Tag mit dem Wagen hin- und
herfahren. Oft ist der Verkehr stark, und die Fahrt ist nicht
gerade° ein Vergnügen, besonders nicht, wenn er in Eile ist.

Pohl arbeitet mit einem Forschungsteam° zusammen.
Mit seinen Mitarbeitern entwickelt° er ein neues Herbizid°
für die Landwirtschaft.°

Seine Firma hat auch in Texas eine Fabrik, und Pohl
fliegt relativ oft nach USA. Der Flug° macht ihm mehr Spaß
als das Pendeln zwischen Heidelberg und Ludwigshafen. Im
Flugzeug kann er die Zeitung lesen oder Musik hören.

chemical company
to the west

(here) exactly
research team
develops   herbicide
agriculture

flight

[1] Foreign—or "guest"—workers make up a significant portion of the work
force in West Germany's heavy industry. For more information on these
workers, see Chapter 17.

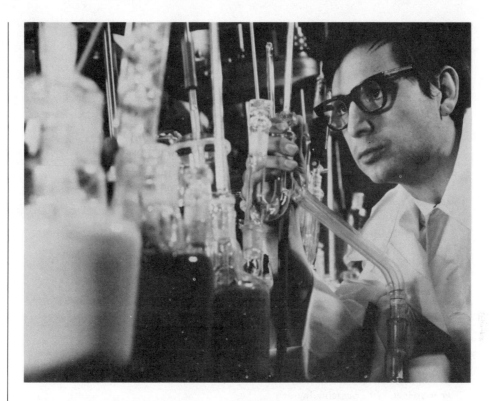

Nach einer Woche in Texas ist Dr. Pohl gern wieder zu Hause. Von Heidelberg aus° kann er am Wochenende sehr schnell im Odenwald sein. Dort geht er mit seinen Kindern spazieren und erzählt ihnen vom „Wilden Westen".

starting from Heidelberg

Fragen zum Lesestück

1. Wie alt ist Christine Sauermann? ist fünfundreizig
2. Was besitzt sie jetzt? Jetzt besitzt sie eine
3. Wie geht das Geschäft? Zweimal so viel gut
4. Wann macht sie das Geschäft auf und wann macht sie es zu? Sie macht um 9u um 6 uhr
5. Wo arbeitet Jörg Krolow? einer Autofabrik
6. Wer sind seine Freunde? aus der Fabrik
7. Macht ihm die Arbeit Spaß?
8. Was macht er oft nach der Arbeit? Nach der Arbeit er trinkt er oft.
9. Mit wem hat er keinen Kontakt nach der Arbeit? Mit dem Turkei
10. Seit wann ist Dr. Pohl bei der Firma in Ludwigshafen? Dr. Pohl ist seit zwanzig Jahren bei einem Chemiekonzern in Ludwigshafen.
11. Warum wohnt er in Heidelberg? Er wohnt in Heidelberg
12. Was muß er jeden Tag tun? Er muß jeden Tag mit dem Wagen hin- und herfahren.
13. Wohin fliegt er relativ oft? Er fliegt relative oft nach USA
14. Was kann er am Wochenende mit seinen Kindern machen?

Vom Lesen zum Sprechen

Das Berufsleben

der **Beruf**, -e	profession, vocation
der **Arzt**, -ë / die **Ärztin**, -nen	doctor
der **Elektrotechniker**, - / die **Elektrotechnikerin**, -nen	electrician or electrical engineer
der **Journalist**, -en, -en / die **Journalistin**, -nen	journalist
der **Kaufmann**, die **Kaufleute**	
der **Geschäftsmann**, die **Geschäftsleute**	businessman
die **Geschäftsfrau**, -en	business woman
der **Kellner**, - / die **Kellnerin**, -nen	waiter / waitress
der **Krankenpfleger**, - / die **Krankenschwester**, -n	nurse
der **Programmierer**, - / die **Programmiererin**, -nen	programmer
der **Rechtsanwalt**, ̈e / die **Rechtsanwältin**, -nen	lawyer
der **Schriftsteller**, - / die **Schriftstellerin**, -nen	writer
der **Sekretär**, -e / die **Sekretärin**, -nen	secretary
der **Verkäufer**, - / die **Verkäuferin**, -nen	salesperson

You already know:

der **Bäcker**, - / die **Bäckerin**, -nen
der **Chemiker**, - / die **Chemikerin**, -nen
der **Lehrer**, - / die **Lehrerin**, -nen
der **Mechaniker**, - / die **Mechanikerin**, -nen
der **Professor**, -en / die **Professorin**, -nen
der **Schreiner**, - / die **Schreinerin**, -nen

Was sind Sie von Beruf?   What is your profession?

Sprechen wir über Berufe.

A. Here are some statements about where people work and what they do. Can you guess their profession?

> EXAMPLE: Herr Rudolf arbeitet in einem Restaurant.
> Er ist Kellner.

1. Herr Schneider ist der Chef in einer Exportfirma.
2. Gabriele arbeitet in einer Boutique.
3. Rolf schreibt für eine Zeitung.
4. Frau Waldstein arbeitet an der Universität.
5. Jörg Schölz arbeitet mit Schülern.
6. Hannah Wendling arbeitet im Computerzentrum.
7. Johann repariert Autos.
8. Kurt konstruiert gern Tische und Stühle.

B. Ask each other what you would like to do after college.

A. Was möchtest du werden?
B. Ich möchte Elektrotechniker werden, und du?
A. Ich möchte Lehrerin werden.

C. Now go into more detail. One person asks as many questions as possible about the career plans of the other, who answers. Then switch roles.

> EXAMPLE: Warum willst du Lehrer werden?
> Verdient ein Lehrer viel oder wenig?
> Sind deine Eltern auch Lehrer?
> usw.

Mündliche Übungen

A. Persönliche Fragen.

1. Arbeiten Sie gern mit Ihren Händen?
2. Kauft Ihnen Ihr Vater ein Moped?
3. Stehen Sie immer früh auf?
4. Wo kommen Sie denn her?
5. Kommen Sie aus einem Dorf?
6. Was macht Ihnen Spaß?
7. Sind Sie schon um 9 Uhr k.o.?

B. You are a manager in a firm. The boss tells you what should happen and you must give the direct orders, using *bitte*.

> EXAMPLE: Boss: Herr Schneider soll mit diesem Unsinn aufhören!
> you: Herr Schneider, hören Sie bitte mit diesem Unsinn auf!

1. Frau Blumenstiel soll das Fenster aufmachen.
2. Herr Pohl soll noch nicht weggehen.
3. Frau Fischer kann morgen anfangen.
4. Herr Hinrich soll um sieben zumachen.
5. Frau Hubner soll Mittwoch vorbeikommen.
6. Die Lehrlinge müssen um sechs aufstehen!

C. Contradict the statement you will hear.

> EXAMPLE: Dieser Wagen ist neu.
> Nein, dieser Wagen ist *alt*.

1. Die Kinder kommen *früh* nach Hause.
2. Hamburg liegt *im Süden*.
3. Jetzt *fängt* der Unsinn *an*.
4. Hans *schließt* den Laden.
5. Der Chef möchte *etwas* sagen.
6. Wir essen *viel*.

D. Der Arbeitstag

(books open) You have started a new job. Call a friend and describe your day. (Use the cues to help you.)

1. aufstehen / um sechs Uhr
2. Arbeit / anfangen / sieben Uhr

3. ich / arbeiten / mit / ein Freund / zusammen
4. er / helfen / (me) / bei / Arbeit
5. Stelle / gefallen / (me)
6. Fabrik / zumachen / um vier Uhr
7. ich / gehen / mit / Kollegen / Bier trinken
8. am Abend / ich / sein / k.o.

Schriftliche Übungen

E. Complete these sentences with the prepositional phrase cued in English.

1. Woher kommen Sie denn? / Wir kommen (from Switzerland).
2. In Freiburg wohne ich (at my aunt's).
3. Besuchen Sie mich (after school).
4. Wo gehen wir jetzt hin? / Wir gehen jetzt (to my grandma's).
5. Herbert ist ein Freund (of my sister's).
6. (Except for the girls) sind wir alle da.
7. Kannst du nicht (with me) bleiben?
8. Seit (the party) bin ich k.o.
9. Meine Freundin kommt ja gerade (out of the boutique).
10. Könnt ihr denn nicht (until the weekend) warten?
11. Wohin wollt ihr denn im Sommer? / Wir wollen (to Stuttgart).

F. Write a brief dialogue based on the following situation:

You're reading a newspaper and a friend comes by and asks what you're doing. You reply that you're looking for a job. Your friend asks what you would like to do, and you explain your job plans: what you would like to be, where you want to work, and so on.

G. Essay:

You have read about the lives of three working Germans. What pleases you or displeases you about their routines? Be specific.

H. Wie sagt man das auf deutsch?

1. When are you getting up tomorrow?
2. At six. I have to leave early.
3. Why? Where are you going?
4. To Munich. I'm driving with my girlfriend and Mr. Pohl.

5. What are you doing this weekend?
6. I don't know yet. Why do you ask?
7. Can you come by? My cousin from Germany is visiting me.
8. Gladly. I'd like to meet him.
9. Is five o'clock too early for you?
10. I'm sorry, at five I have to speak with my professor.

11. I have to show this journalist our factory.
12. Which journalist do you mean?

Almanach

JOB PREFERENCES OF YOUNG GERMANS

BOYS	%	SCHOOL	GIRLS	%
Engineer	12	GYM-NASIUM	Teacher	12
Teacher	9		Teacher in Social Work Social Worker	5
Economist, Business Manager	6		Business Manager	4
Office Employee	12	REAL-SCHULE	Office Employee	20
Electrician	7		Medical Assistant	12
Radio/TV Technician	5		Nurse	4
Auto Mechanic	12	HAUPT-SCHULE	Salesperson	17
Electrician	8		Office Worker	9
Mechanic	6		Hair Stylist	9

6

An der Universität

Perfect tense
Word order of objects and adverbs
Two-way prepositions
Verbal nouns
Reading: *Ein Brief aus Freiburg*

der Saal
der Hörsaal

In der Mensa

STEFAN: Hat Karin jetzt endlich ein Zimmer gefunden?
MICHAEL: Gestern hat sie mir gesagt, sie sucht noch immer.
STEFAN: Will sie in ein Studentenheim?
MICHAEL: Nein, sie will privat wohnen, wenn möglich.

Im Studentenheim

CLARA: Hast du mir ein Vorlesungsverzeichnis mit-
gebracht?
EVA: Ja, ich habe es dir auf den Schreibtisch gelegt.
CLARA: Ach ja, hier liegt es unter der Zeitung. Wieviel hat
es denn gekostet?[1]
EVA: Vier Mark fünfzig, aber ich schenke es dir.
CLARA: Das ist aber nett, ich danke dir!

Nach der Vorlesung

TOBIAS: Wie lange hast du in Berlin studiert?
HEINZ: Fünf Semester.[2] Ich bin erst im Herbst nach Kon-
stanz gekommen.
TOBIAS: Wie ist es denn in Berlin gewesen?
HEINZ: Es hat mir gefallen. Ich habe dort viele Leute ken-
nengelernt, aber ich möchte bei Professor Brandt
hier in Konstanz meine Dissertation schreiben.
TOBIAS: Ach, ich belege sein Seminar!

[1] At German universities students buy their course catalogues. These go on sale at the start of each semester at local bookstores.
[2] German students count the time spent at university by semesters rather than by years. Students usually spend eight to ten semesters at university.

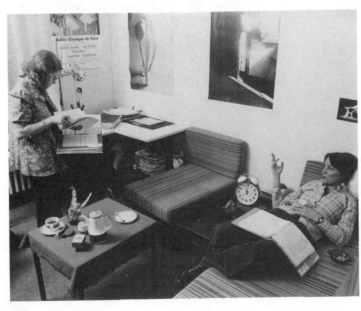

In the University Cafeteria

STEFAN: Has Karin finally found a room?
MICHAEL: Yesterday she told me she's still looking.
STEFAN: Does she want to get into a dorm?
MICHAEL: No, she wants her own place, if possible.

In the Dormitory

CLARA: Did you bring along a course catalogue for me?
EVA: Yes, I put it on the desk for you.
CLARA: Oh yes, it's lying underneath the newspaper. How much did it cost?
EVA: Four Marks fifty, but I'm giving it to you as a present.
CLARA: That's really nice. Thank you!

After the Lecture

TOBIAS: How long did you study in Berlin?
HEINZ: Five semesters. I didn't come to Konstanz until the fall.
TOBIAS: How was it in Berlin?
HEINZ: I liked it. I met lots of people there, but I want to write my dissertation with Professor Brandt here in Konstanz.
TOBIAS: Oh, I'm taking his seminar!

Wortschatz

Leicht zu merken
die **Dissertation, -en**
privat
das **Seminar, -e**

Verben
belegen to take, register for (a course)
danken (+ *dat.*) to thank
kosten to cost
legen to lay, put down
mit · bringen to bring along, take along
schenken to give (a present)

Substantive
die **Deutsche Mark (DM)** the German Mark
DM 4,50 four Marks fifty (spoken: **vier Mark fünfzig**)

Gegensätze

möglich ≠ unmöglich	possible ≠ impossible

der **Schreibtisch, -e** desk
das **Studentenheim, -e** student dormitory
die **Vorlesung, -en** university lecture
das **Vorlesungsverzeichnis, -se** university catalogue, list of lectures and courses

Andere Vokabeln
erst not until; only
gestern yesterday
möglich possible
unter under, beneath; among

Nützlicher Ausdruck
noch immer, immer noch still (*intensification of* **noch**)

Neue Kombinationen

A. Replace the last word in each sentence with the new word you will hear.

1. Das hat sie gestern *gesagt.* (gesehen, gelesen, gehabt, gesucht, mitgebracht)
2. Wie lange hast du dort *studiert?* (gewohnt, gewartet, gearbeitet, gespielt)
3. Hast du das schon *gefunden?* (gehört, gemacht, getrunken, gespielt)
4. Ich bin erst gestern nach München *gekommen.* (gefahren, geflogen)

B. Your teacher tells you what he or she has done. Respond that you would like to do the same, if possible.

> EXAMPLE: In Berlin habe ich privat gewohnt.
> Ich möchte auch privat wohnen, wenn möglich.

1. Endlich habe ich diese Sprache gelernt.
2. Ich habe so gern in Konstanz studiert.
3. Gestern habe ich Herrn Brandt kennengelernt.
4. Wir haben am Nachmittag Karten gespielt.

Übung zur Aussprache

Remember that when **b, d** and **g** come at the end of a word or syllable, or before **s** or **t**, they are pronounced unvoiced as (**p**), (**t**) and (**k**) (see Introduction, p. 8).
Practice these sounds by pronouncing these pairs of words:

b → p		d → t		g → k	
Diebe	Dieb	Seide	seid	flogen	flog
Weiber	Weib	leide	Leid	Wege	Weg
sieben	Sieb	Lieder	Lied	stiegen	stieg
schoben	schob	Tode	Tod	sagen	sag

Now read the following sentences aloud:

> Wann seid ihr endlich gefahren?
> Im Herbst, und ihr?
> Wir sind im Winter gefahren, wir und unsere Freunde.
>
> Was hat dein Freund gesagt?
> Er fragt, ob ihr das Kind gesehen habt.
> Sag ihm, wir haben es nicht gesehen.

UNIVERSITÄTS
BIBLIOTHEK
HEIDELBERG

Grammatik

1/ Perfect Tense

A. Formation

1. Conjugation with **haben**

The perfect tense is used to refer to an action that happened in the past. It is a compound tense, that is, it consists of a conjugated auxiliary or "helping" verb, and the past participle of the main verb in final position. Past participles in German usually begin with **ge-**.

	auxiliary		*past participle*	
Sie	**hat**	das Buch	**gekauft.**	*She has bought the book.*
				or: *She bought the book.*

Most German verbs use **haben** as their auxiliary verb. Here is a sample conjugation:

	aux.		*past participle*	
Ich	**habe**	es	**gekauft.**	*I bought it.*
Du	**hast**	es	**gekauft.**	*You bought it.*
Sie	**hat**	es	**gekauft.**	*She bought it.*
Wir	**haben**	es	**gekauft.**	*We bought it.*
Ihr	**habt**	es	**gekauft.**	*You bought it.*
Sie	**haben**	es	**gekauft.**	*They bought it.*

2. Past participle of weak verbs

There are two basic classes of verbs in German: the weak verbs and the strong verbs. They are distinguished by the way they form their past participle.

The weak verbs form their past participle by adding the unstressed prefix **ge-** and the ending **-t** or **-et**[1] to the verb stem. Here are some examples:

infinitive	*stem*	*auxiliary and past participle*
arbeiten	arbeit-	hat gearbeitet
kaufen	kauf-	hat gekauft
kosten	kost-	hat gekostet
legen	leg-	hat gelegt
schenken	schenk-	hat geschenkt

Verbs ending in **-ieren** do not add the prefix **ge-** in the past participle:

studieren → studier- → hat **studiert**
Er hat in Freiburg **studiert.**   *He studied in Freiburg.*

---

[1] Stems ending in **-d** or **-t** add **-et**.

Restate the sentences with the new subjects provided.

1. *Ich* habe gestern einen Schreibtisch gekauft.
   (Clara, wir, du, ihr, meine Freunde, Stefan, ich)
2. *Eva* hat zwei Jahre in Freiburg studiert.
   (die Amerikaner, du, ich, wir, Michael, ihr)
3. *Tobias* hat das Buch auf den Tisch gelegt.
   (ich, ihr, Sie, du, Anna, wir)
4. *Meine Freundin* hat mir einen Pulli geschenkt.
   (du, meine Eltern, ihr, Jörg)
5. *Franz* hat das Zimmer dekoriert.
   (ich, du, die Studenten, Eva, wir, ihr)

3. Past participle of strong verbs

   The strong verbs form their past participle by adding the prefix **ge-** and the suffix **-n** or **-en** to the verb stem. In addition, many strong verbs change their stem vowel and occasionally some consonants in the stem. For this reason, the past participle of each strong verb must be memorized.[1] Here are some examples:

infinitive	*auxiliary and past participle*
geben	**hat gegeben**
helfen	**hat geholfen**
sehen	**hat gesehen**
trinken	**hat getrunken**
tun	**hat getan**

ÜBEN WIR!

Restate the sentences with the new subjects provided.

1. *Ich* habe ihnen ein Beispiel gegeben.
   (Richard, wir, ihr, du, diese Leute)
2. *Barbara* hat den Jungen geholfen.
   (ich, der Bäcker, wir, ihr, du, diese Studenten)
3. *Ich* habe das Studentenheim noch nicht gesehen.
   (er, wir, meine Freunde, ihr, du, Tobias, ich)
4. Abends haben *wir* immer Wein getrunken.
   (er, ich, ihr, die Arbeiter, du, Helga)
5. Was habt *ihr* gestern getan?
   (du, Sie, Renate, Konrad, wir, ich, die Frauen)

4. **sein** as auxiliary in the perfect tense

   Some German verbs use **sein** rather than **haben** as their auxiliary verb in the perfect tense:

   Herr Hauser **ist** nach Wien **geflogen**.   *Mr. Hauser flew to Vienna.*

[1] From now on, the past participle of each new strong verb will be given in the **Wortschatz** following the infinitive (and stem-vowel change, when applicable).

These verbs fulfill two conditions:
    a. They are intransitive (do not take a direct object).
    b. They indicate change of location or condition.

There are two common verbs that are exceptions to the rule: they do not show motion or change of condition but take **sein** in the perfect nevertheless: **sein** (to be) and **bleiben** (to stay, remain).

While verbs with **sein** as auxiliary may be either weak or strong, the ones you have learned so far are all strong. Here are some of them:

infinitive	auxiliary and past participle	shows
fliegen	**ist geflogen**	change of location
gehen	**ist gegangen**	change of location
laufen	**ist gelaufen**	change of location
werden	**ist geworden**	change of condition
bleiben	**ist geblieben**	
sein	**ist gewesen**	

ÜBEN WIR!

Restate the sentences with the new subjects provided.

1. *Wir* sind gestern nach Berlin geflogen. (diese Herren, Luise, ich, du, Rolf, ihr)
2. Wann bist *du* endlich nach Hause gegangen? (deine Kusinen, er, ihr, wir, ich)
3. *Er* ist in die Schule gelaufen. (wir, ihr, ich, meine Schwester, du, die Kinder)
4. *Rolf* ist gerade einundzwanzig geworden. (ich, diese Studentinnen, wir, ihr, du)
5. Wo bist *du* denn gestern gewesen? (ihr, Sie, er, ich, wir)
6. Wie lange ist *Jutta* geblieben? (du, wir, die Schüler, ich, ihr)

Professor und Studenten

5. Here is a list of other strong verbs with which you are already familiar.[1] Review your knowledge of the infinitives and stem-vowel changes in the present tense,[2] and memorize their past participles.

infinitive	present-tense stem-vowel change	auxiliary + past participle	English
anfangen	fängt an	hat angefangen	to begin
anrufen		hat angerufen	to call up
beschreiben		hat beschrieben	to describe
besitzen		hat besessen	to possess
fahren	fährt	*ist* gefahren	to travel; drive
finden		hat gefunden	to find
gefallen	gefällt	hat gefallen	to please
halten	hält	hat gehalten	to hold; stop
heißen		hat geheißen	to be called
kommen		*ist* gekommen	to come
lesen	liest	hat gelesen	to read
liegen		hat gelegen	to lie
scheinen		hat geschienen	to shine; seem
schließen		hat geschlossen	to close
schwimmen		*ist* geschwommen	to swim
sprechen	spricht	hat gesprochen	to speak
stehen		hat gestanden	to stand
tragen	trägt	hat getragen	to carry; wear
treffen	trifft	hat getroffen	to meet

ÜBEN WIR!

Restate the following sentences in the perfect.

EXAMPLE: Emma hilft mir bei der Arbeit.
Emma hat mir bei der Arbeit geholfen.

1. Leider scheint die Sonne nicht oft.
2. Abends trage ich Jeans und einen Pulli.
3. Das Kind heißt Daniel.
4. Die Zeitung liegt nicht da.
5. Findest du die Vorlesungen gut? *gefunden*
6. Wohin fahrt ihr im Sommer? *seid*
7. Ich treffe meine Freunde immer in der Mensa.
8. Er hält ein Buch in der Hand.
9. Um eins schließt Christine den Laden.
10. Er kommt heute um zehn nach Hause.
11. Der Professor spricht nicht klar genug.
12. Tobias steht am Fenster.
13. Was liest du denn da?
14. Im Sommer schwimmen wir gern in der Ostsee.

[1] Except for **anfangen, anrufen, beschreiben, besitzen,** and **gefallen,** this list includes only the basic verb (e.g. **stehen,** but not **aufstehen**). See p. 134 below for formation of past participles of separable prefix verbs.

[2] The verbs that change their stem vowel in the **du-** and **er**-form are all strong.

6. Past participles of separable-prefix verbs

Verbs with separable (stressed) prefixes form their past participles by inserting **-ge-** between the prefix and the verb stem:

Der Film hat um acht Uhr **angefangen.**	*The film began at eight o'clock.*
Wann bist du denn **aufgestanden?**	*When did you get up?*
Wann hat er den Laden **aufgemacht?**	*When did he open the shop?*

The root verb may be either weak or strong.

ÜBEN WIR!

a. Repeat the sentence with the new subject you will hear.

1. *Ich* habe um drei Uhr aufgehört. (wir, der Regen, du, er, ihr, die Arbeiter)
2. *Robert* ist um vier Uhr vorbeigekommen. (die Studenten, ihr, du, mein Freund)
3. *Ich* habe ihn in Wien kennengelernt. (wir, meine Mutter, die Schüler, du, ihr)

b. Now restate the following sentences in the perfect tense.

1. Wann machen Sie Ihren Laden auf?
2. Wir gehen oft abends spazieren.
3. Ich kaufe heute für meine Oma ein.
4. Wann fangt ihr mit der Arbeit an?
5. Trude geht um elf weg.
6. Die Frau macht das Geschäft zu.

7. Past participles of verbs with inseparable prefixes

Some German verbs consist of an inseparable (unstressed) prefix attached to a root verb: e.g. **gehören, besprechen.** These verbs do *not* add a **ge-** to their past participle. Some are weak verbs and some are strong.

Dieser Schreibtisch hat meinem Opa **gehört.**	*This desk belonged to my grandfather.*
Wir haben das Problem oft **besprochen.**	*We often discussed the problem.*

ÜBEN WIR!

a. Repeat the sentence with the new subject you will hear.

1. *Wir* haben das Problem besprochen. (ich, du, der Professor, ihr, die Studenten)
2. *Christine* hat einen Laden besessen. (meine Eltern, ich, Johannes, ihr, du)

b. Now restate the following sentences in the perfect tense.

1. Ich besuche die Vorlesung von Professor Klein.
2. Sie gefällt mir sehr.
3. Wir besprechen unsere Pläne.
4. Er beschreibt sein Haus.
5. Dieses Buch gehört meinem Freund Albert.

B. Use of perfect tense

The perfect tense is used much more frequently in German than it is in English. In spoken German, the perfect is ordinarily used to refer to a single event in the past, while English uses the simple past:

Sie **sind** gestern nach Berlin **geflogen.** *They **flew** to Berlin yesterday.*

There are no progressive or emphatic forms in the German perfect:

Ich habe gesprochen.
{
I spoke.
I have spoken.
I was speaking.
I did speak.
}

2/ Word Order

A. Two objects in one sentence

Verbs like **schenken, verkaufen, zeigen,** and **mitbringen** often have both a direct object in the accusative (usually a thing) and an indirect object in the dative (usually a person):

	indir. obj.	*dir. obj.*
I'm giving	**my cousin**	**a watch.**

1. When both objects are nouns, their usual order in a German sentence is:

	dative	*accusative*	
Ich schenke	**meiner Kusine**	**eine Uhr.**	*I'm giving my cousin a watch.*
Zeigst du	**deinem Vater**	**den Artikel?**	*Are you showing your father the article?*

2. When both are pronouns, their order MUST be:

	accusative	*dative*	
Ich schenke	**sie**	**ihr.**	*I'm giving it to her.*
Zeigst du	**ihn**	**ihm?**	*Are you showing it to him?*

3. When one object is a noun and the other a pronoun, the pronoun MUST come first:

	pronoun	*noun*	
Ich schenke	**ihr**	**eine Uhr.**	*I'm giving her a watch.*
Ich schenke	**sie**	**meiner Kusine.**	*I'm giving it to my cousin.*

ÜBEN WIR!

a. Substitute the new indirect and direct objects you will hear cued.

> EXAMPLE: Zeig meinem Bruder dein Moped. (Schwester, Artikel)
> Zeig meiner Schwester deinen Artikel.

1. Zeig dem Arzt deine Hand! (Vater, Geld) (Frau, Wagen) (Herr, Haus) (Studenten, diese Bücher)
2. Gib dem Vetter die Uhr! (Kinder, ihr Essen) (Oma, Kleid) (Professor, deine Arbeit) (dein Kind, sein Mantel)

b. Replace the *indirect* object with a pronoun.

> EXAMPLE: Ich schenke meiner Kusine ein Moped.
> Ich schenke ihr ein Moped.

1. Ich koche den Kindern eine Suppe.
2. Herr Lehmann schickt seinem Bruder eine Karte.
3. Ich mache den Kunden das Geschäft auf.
4. Sie kaufen ihrer Tochter einen Schreibtisch.
5. Man zeigt den Amerikanern die Fabrik.

c. Now replace the *direct* object with a pronoun in the preceding sentences.

> EXAMPLE: Ich schenke meiner Kusine ein Moped.
> Ich schenke es meiner Kusine.

d. Your neighbor tells you to do something and you comply, replacing all nouns with pronouns.

> EXAMPLE: Schenke deiner Kusine die Uhr!
> Gut, ich schenke sie ihr.

1. Kauf deiner Mutter diese Zeitungen!
2. Beschreib den Freunden deine Reise!
3. Gib deinem Vater das Geld!
4. Schicke mir das Vorlesungsverzeichnis!
5. Mach der Oma das Fenster auf!

B. Time–Manner–Place

In German statements, adverbs or adverbial phrases follow the sequence: time, manner, place. The usual sequence in English is the reverse: place, manner, time.

	time	*manner*	*place*
Er fährt	morgen	mit dem Auto	nach Bremen.

	place	*manner*	*time*
He's going	to Bremen	by car	tomorrow.

A good mnemonic device is that the adverbs answer the following questions in alphabetical order:

Wann? (morgen) **Wie?** (mit dem Auto) **Wo(hin)?** (nach Bremen)

ÜBEN WIR!

a. Your neighbor asks you when you're going to various places. Answer according to the example:

> EXAMPLE: Wann fliegen Sie nach Kopenhagen? (morgen)
> Ich fliege morgen nach Kopenhagen.

1. Wann sind Sie in die Schweiz gefahren?
   (im Frühling, im September, im Sommer, am Montag)
2. Wann gehen Sie zu Hausers?
   (morgen, im April, heute, jetzt, bald)

b. Your neighbor asks you where you are going at certain times. Answer according to the example.

> EXAMPLE: Wohin fahren Sie heute? (nach Basel)
> Ich fahre heute nach Basel.

1. Wohin fliegen Sie im September? (in die Schweiz, nach Berlin, wieder nach Hause, zurück nach Amerika)
2. Wohin willst du heute? (in die Stadt, zu Carola, in den Wald)

c. Add to the sentences the expression of manner you will hear.

> EXAMPLE: Ich fahre morgen nach Salzburg. (mit dem Auto.)
> Ich fahre morgen mit dem Auto nach Salzburg.

1. Wir sind gestern nach Hause gefahren. (mit den Kindern, mit dem Auto)
2. Er geht abends ins Kino. (mit seinen Freunden, gern, ohne mich)

3/ Two-Way Prepositions

You know that some prepositions in German always take the accusative, while others always take the dative case. A third group, the two-way prepositions, are followed by the accusative when they signal direction, and by the dative when they signal location. The verb usually determines whether the sentence expresses direction or location:

Direction Answers the question **Wohin?**	*Location* Answers the question **Wo?**
into / **in** Wir **gehen in die** Mensa.	in Wir **sitzen in der** Mensa.
onto (der Tisch) **auf** Inge **legt** das Buch **auf den Tisch.**	on, upon, on top of Das Buch **liegt auf dem** Tisch.

a. Answer the questions with *in die Mensa* or *in der Mensa* as appropriate.

1. Wo ist Karin?
2. Wo geht ihr jetzt hin?
3. Wohin läuft er so schnell?
4. Wo sollen wir Wolf treffen?

b. Answer the questions with *auf den Tisch* or *auf dem Tisch* as appropriate.

1. Wo liegt meine Zeitung?
2. Wo soll ich das Geld hinlegen?
3. Wo liegen die Karten für heute abend?
4. Wohin hast du das Buch gelegt?

Here are the other two-way prepositions:

Direction Answers the question **Wohin?**		Location Answers the question **Wo?**
to, toward Hans **geht an den** Tisch.	**an**	at, alongside of Hans **steht an dem** Tisch.
into a space behind Der Wagen **fährt hinter das** Haus.	**hinter**	in a space behind Der Wagen **steht hinter dem** Haus.
into a space beside **Leg** dein Buch **neben die** Zeitung!	**neben**	in a space beside Dein Buch **liegt neben der** Zeitung.
over; across Wir **fliegen über** die Ostsee.	**über**	above Die Sonne **scheint über der** Ostsee.
into a space under Das Kind **geht unter den** Tisch.	**unter**[1]	in a space under Das Kind **ist unter dem** Tisch.
up to a position in front of Der Wagen **fährt vor das** Hotel.	**vor**	at a position in front of Der Wagen **wartet vor dem** Hotel.
into a space between Der Junge **läuft zwischen die** Eltern.	**zwischen**	in a space between Der Junge **steht zwischen den** Eltern.

[1] When **unter** means "among," it always takes the dative: **unter den Studenten**—among the students.

Mit der Bahn in den Schnee...

SONDERFAHRT mit dem ASI·SKIBUS ins WALLIS/SCHWEIZ 24.-31. Januar 1982

The prepositions **an** and **in** are usually contracted with the articles **das** and **dem:**

an das → ans	Hans geht **ans** Fenster.
an dem → am	Hans steht **am** Fenster.
in das → ins	Ich gehe jetzt **ins** Hotel.
in dem → im	Wir wohnen **im** Hotel.

ÜBEN WIR!

Substitute the new verb you will hear and change the pronoun accordingly.

EXAMPLE: Georg wartet vor der Mensa. (fahren)
Georg fährt vor **die** Mensa.

1. Wir fahren in die Stadt. (wohnen, arbeiten, laufen)
2. Jutta steht hinter dem Haus. (laufen, fahren, arbeiten)
3. Das Kind läuft unter den Tisch. (liegen, gehen, warten)
4. Hans steht am Fenster. (gehen, warten, lesen)

German **an** and **auf** do not correspond exactly to any English prepositions.

1. **an** signals direction toward or location at a border, edge, or vertical surface:

Sie steht **am** Tisch.	*She's standing **at** the table.*
Wir fahren **an die** Ostsee.	*We're driving **to** the Baltic.*

2. **auf** signals direction toward or location on a horizontal surface.

Das Buch liegt **auf dem** Tisch.	*The book is (lying) **on** the table.*
Leg die Zeitung **auf den** Stuhl.	*Put the newspaper **on** the chair.*

ÜBEN WIR!

Say where Hans is going or where he is located in these pictures. Use **auf** or **an.**

4/ Expanding Your Vocabulary: Verbal Nouns

In principle, any German infinitive may act as a noun. It is then capitalized and is always neuter:

pendeln (to commute) → **das Pendeln** (commuting)
Das Pendeln ist kein Vergnügen.   *Commuting is no pleasure.*

These verbal nouns often correspond to English gerunds (**-ing** forms) but in other cases to other nouns. Here are some examples:

das Einkaufen	shopping
das Fahren	driving
das Lernen	learning; studying
das Studieren	attending a university
das Leben	life
das Sein	being, existence
das Wissen	knowledge

ÜBEN WIR!

Your friend tells you that you're overdoing some things, and you reply that they're fun, according to the example.

EXAMPLE: Du fährst zu viel!
Aber das Fahren macht mir Spaß!

1. Die liest zu viele Bücher!
2. Du läufst zu schnell!
3. Du schwimmst zu viel!
4. Du kaufst zu oft ein!
5. Du gehst zu viel spazieren!
6. Du lernst zu viel!
7. Du denkst zu viel!

A Note on Letter Writing

Here are some conventions of informal letters in German:

1. The salutation is:

> Lieber Klaus, (*masc.*)
> Liebe Anna, (*fem.*)
> Liebe Schmidts, Liebe Freunde! (*plural*)

Some Germans still use an exclamation point rather than a comma after the salutation.

2. All forms of the pronouns **du** and **ihr,** including the possessive adjectives **dein** and **euer** are capitalized in a letter.

3. The most usual closing is:

> Viele (herzliche) Grüße,   many cordial greetings (= warmest regards)
> Dein Heinz
> Deine Anna
>
> Euer Stefan
> Eure Karin
>
> Ihr Karl Pohl
> Ihre Angelika Klein

Wortschatz zum Lesestück

Leicht zu merken

direkt
der **Film, -e**
das **Konzert, -e**
die **Medizin**
die **Minute, -n**
die **Postkarte, -n**
die **Psychologie**
die **Universität, -en**

Verben

an·kommen, ist
  angekommen to arrive
antworten (+ *dat. of person*)
  to answer (a person)
aus·geben (gibt aus), hat
  ausgegeben to spend
bauen to build
beginnen, hat begonnen to
  begin
bitten, hat gebeten (um) to
  ask (for), request
  Er bittet mich um das Geld.
  He asks me for the money.

essen (ißt), hat gegessen to
  eat
freuen to please
  Das freut mich. I'm glad.
schicken to send
schreiben, hat
  geschrieben to write
sitzen, hat gesessen to sit

Substantive

die **Antwort, -en** answer
der **Ausweis, -e** I.D. card
  der **Studentenausweis**
  student I.D.
der **Brief, -e** letter
das **Ende, -n** end
  Ende Februar (at) the end
  of February
die **Ferien** (*pl.*) (academic)
  vacation
  die **Semesterferien**
  semester break

der **Fuß, ⸚e** foot
  zu Fuß on foot
die **Geschichte, -n** story;
  history
der **Stadtplan, ⸚e** city map
die **Uni, -s** (short for
  Universität)
die **Zeit, -en** time

Andere Vokabeln

billig inexpensive, cheap
frei free
furchtbar terrible
kostenlos free of charge
ein paar a couple (of); a few
lange long, for a long time
rechts to the right; on the
  right
sofort immediately, right
  away

Nützlicher Ausdruck

Keine Sorge! Don't worry!

Gegensätze

billig ≠ **teuer**	cheap ≠ expensive
lange ≠ **kurz**	long ≠ short
rechts ≠ **links**	right ≠ left

Freiburg im Breisgau

Ein Brief aus Freiburg

Klaus Martens aus Freiburg hat gerade einen Brief von seinem amerikanischen Freund Michael Hayward bekommen. Klaus schickt ihm sofort eine Antwort:

Freiburg, den 6.3.84[1]

Lieber Mike,

Dein Brief ist gestern angekommen. Ich kann Dir gar nicht sagen, wie sehr es mich freut, daß° Du zwei Semester an der Uni in Freiburg Geschichte studieren willst!

    Du hast mich gebeten, Dir etwas über die Unis in Deutschland zu schreiben. Unsere Semesterferien haben gerade begonnen; da habe ich viel Zeit zum Schreiben. Übrigens sind diese Ferien zwischen den Semestern viel länger als° in Amerika—von Ende Februar bis Ende April.

    Wie Du schon weißt, sind alle deutschen Hochschulen staatlich;° das bedeutet, sie sind für die Studenten fast kostenlos. Man muß nur für Bücher, Essen und Wohnung Geld ausgeben. Essen kann man immer billig, aber das Wohnen kann ein großes Problem werden. Man hat nicht genug Studentenheime gebaut und private Zimmer sind furchtbar teuer. Aber keine Sorge! Du kannst selbstverständlich bei uns wohnen. Wir halten ein Zimmer für Dich frei. Jeder Student bekommt übrigens einen Studentenausweis. Mit diesem Ausweis kann man überall billige Karten für Filme und Konzerte bekommen. Ich schicke Dir auch ein paar Postkarten und einen Stadtplan von Freiburg. Auf einer Karte siehst Du rechts die Universitätsgebäude, und links steht die Mensa. Es sind keine fünfzehn Minuten zu Fuß von unserem Haus bis zur Uni.

    Also, Schluß° für heute. Seit dem Semesterende habe ich nicht mehr so lange am Schreibtisch gesessen! Viele herzliche Grüße° an Dich und die ganze Familie.

               Dein

Klaus

that (conj.)

longer than

state-run

that's all

warmest regards

---

[1] Freiburg, the 6th of March. When giving the date in German, one places the day before the month: Heute haben wir den **sechsten März.**

Sehenswürdigkeiten

Treffpunkt Freiburg

1 Münster
2 Kaufhaus
3 Wenzingerhaus (Musikhochschule) „Haus zum schönen Eck"
4 Erzbischöfliches Ordinariat
5 Konviktskirche
6 Stadtbibliothek
7 Kornhaus
8 Basler Hof – Regierungspräsidium
9 Erzbischöfliches Palais
10 Alte Stadtwache
11 Haus zum Walfisch
12 Bertoldsbrunnen
13 Sickingen-Palais
14 Münsterbauhütte
15 Münstermuseum (nicht öffentlich)
16 Ehem. Karlskaserne

17 Martinskirche
18 Ehem. Gerichtslaube
19 Rathausplatz
20 Rathaus – Altes und Neues
21 Alte Universität
22 Universitätskirche
23 Martinstor
24 Natur- und Völkerkundemuseum
25 Augustinermuseum
26 Schwabentor
27 Adelhauserkirche und ehemaliges Kloster
28 Stadtgarten Station der Schloßbergseilbahn Erpel-Denkmal 11.ier Kriegerdenkmal
29 Alter Friedhof

30 Siegesdenkmal
31 Landeszentralbank
32 Colombi-Schlößchen
33 Verkehrsamt
34 St.-Ursula-Kirche
35 Schwarzes Kloster
36 Stadttheater
37 Universität, Kollegengebäude I/II/III
38 Alte Universitätsbibliothek
39 Neue Universitätsbibliothek
40 Peterhof
41 „Haus zur lieben Hand"
42 Fischerau
43 Insel
44 Konviktstraße
45 48. Breitengrad

Fragen zum Lesestück

1. An wen schreibt Klaus?   *Freiburg*

2. Was will sein Freund aus Amerika tun?   *von Ende Feb bis Ende April*

3. Wie findet Klaus diesen Plan?

4. Wer hat gerade Semesterferien?

5. Welches Fach möchte Mike in Freiburg studieren?

6. Bei wem kann Mike wohnen?

7. Was schickt Klaus seinem Freund?

8. Gibt es genug Zimmer für Studenten?

Vom Lesen zum Sprechen

Das Studium   University Education

studieren an (+ *dat.*)	to study at
Ich studiere an der Universität Berlin.	I'm studying at Berlin University.
der **Kurs, -e**	course
Ich belege einen Kurs über Linguistik.	I'm taking a linguistics course.
das **Fach, ⁻er**	area of study; subject
das **Hauptfach, ⁻er**	major field of study
das **Nebenfach, ⁻er**	minor field of study
das **Wintersemester**	fall term (usually October–February)
das **Sommersemester**	spring term (usually May–July)
die **Bibliothek, -en**	library
die **Prüfung, -en**	examination
das **Referat, -e**	term paper
die **Wissenschaft, -en**	science; academic discipline

Einige Studienfächer

Some Areas of Study

die **Anglistik**	English studies
die **Architektur**	architecture
die **Biologie**	biology
die **Chemie**	chemistry
die **Elektrotechnik**	electrical engineering
die **Geologie**	geology
die **Germanistik**	German studies
Jura (*used without article*)	law
die **Kunstgeschichte**	art history
die **Linguistik**	linguistics
die **Mathematik**	mathematics
die **Musikwissenschaft**	musicology
die **Pädagogik**	education
die **Philosophie**	philosophy
die **Physik**	physics
die **Politikwissenschaft**	political science
die **Soziologie**	sociology
der **Tiefbau**	civil engineering
die **Wirtschaftswissenschaft**	economics

Sprechen Sie mit Ihrem Professor und den anderen Studenten über Ihr Studium!

Was studieren Sie?

Was ist Ihr Hauptfach? Ihr Nebenfach?

Was wollen Sie nach dem Studium machen?

In welchem Semester sind Sie jetzt?

Wie viele Kurse belegen Sie dieses Semester?

Müssen Sie oft Referate schreiben?

Tun Sie das gern?

Haben Sie viele Prüfungen in diesem Semester?

Müssen Sie oft in der Bibliothek arbeiten?

Brauchen Sie Deutsch für Ihr Studium oder für Ihren Beruf?

Was kostet das Studium bei Ihnen?

Mündliche Übungen

A. Persönliche Fragen.

1. Ist es schwer für Sie, ein Zimmer oder eine Wohnung zu finden?
2. Gibt es viele Studentenheime an Ihrer Uni?
3. Wohnen Sie auf dem Campus oder privat?
4. Warum braucht man ein Vorlesungsverzeichnis?
5. Was liegt auf Ihrem Schreibtisch?
6. Was haben Sie heute auf Ihren Schreibtisch gelegt?
7. Studieren Sie schon lange an dieser Uni?
8. Wann haben Sie hier mit dem Studium angefangen?

B. Place the following situation in the past by changing the tense from present to perfect.

> EXAMPLE: Mike studiert ein Jahr in Freiburg.
> Mike hat ein Jahr in Freiburg studiert.

1. Er kommt im September in Freiburg an.
2. Er hat keinen Wintermantel.
3. Er geht sofort mit Klaus einkaufen.
4. Sein Zimmer bei Martens findet er hübsch.
5. Klaus kauft ihm ein Vorlesungsverzeichnis.
6. Er geht mit Klaus und seiner Schwester ins Konzert.
7. Die Musik gefällt ihm sehr.
8. Er schreibt eine Postkarte an seine Großeltern.

C. Here is a classroom. Answer the questions about where the people and things are located, using the prepositions suggested.

EXAMPLE: Wo sitzt der Lehrer? (auf)
Er sitzt auf dem Tisch.

1. Wo sitzt Marie? (vor)
2. Wo steht Jutta? (hinter)
3. Wo steht Karl? (an)
4. Wo steht Gertrud? (zwischen)
5. Wo sitzt der Lehrer? (auf)
6. Wo steht Emil? (neben/Freund)
7. Wo liegt die Zeitung? (unter)
8. Wo sind diese Leute? (in)

Describe any further locations you can. (For example: Wo steht der Tisch?)

D. Here is another picture of the same classroom, but now everyone is moving around and doing things. Tell where they are going and what they are doing.

1. Wohin legt Gertrud ihr Buch? (neben)
2. Wo geht Karl hin? (an) *an das Fenster*
3. Wohin legt der Lehrer das Buch? (auf)
4. Wo geht Emil hin? (in)
5. Wo geht Daniel hin? (an)

Describe any other actions you can.

Schriftliche Übungen

E. Maria is a philosophy student at the University of Konstanz. She is well organized, as is apparent from the following page in her appointment calendar.

FREITAG den. 1 April

7 Uhr *besonders früh aufstehen*

8 Uhr *mit Regine Kaffee trinken*

9 Uhr *in Prof. Schmalreiths Vorlesung*

10 Uhr *10.15 Rolf treffen – zusammen für die Party einkaufen gehen*

11 Uhr *11.30 mit Kirsten und Trude in der Mensa*

12 Uhr

Hans kommt vorbei

13 Uhr *Referat besprechen*

14 Uhr *Seminar bei Prof. Denker (Buch über Marx zurückgeben)*

15 Uhr

16 Uhr *16.15 mit Toni in Christines Boutique*

17 Uhr *17.30 Rolf und Erika kommen zu mir*

Abend: *zusammen kochen Zimmer dekorieren*

21 Uhr: PARTY

1 Uhr: Gäste nach Hause schicken – ins Bett – Faust lesen

Write a paragraph in German using the perfect tense to describe her activities on April 1st.

F. Write a letter to a friend in Germany describing your recent experiences as a student. Use the perfect tense and explain to your friend aspects of your life that you think may be of interest to a foreigner.

G. Wie sagt man das auf deutsch?

1. Clara asked me for the university catalogue.
2. I gave it to her.
3. She thanked me and laid it on the desk beside the city map.

4. The lecture began at 10:00, but unfortunately I arrived late.
5. I stood behind my friends and unfortunately didn't hear anything.

6. Did you buy me the postcards?
7. No, I went on foot today and didn't have enough time.

8. What courses did you take in Tübingen?
9. My major is economics and for that reason I took a seminar about Marx and Weber.
10. Did you live in the city? Yes, I lived directly behind the library.

Almanach

Mark Twain Visits Heidelberg

This picture of student life in 19th-century Heidelberg is condensed from Mark Twain's account in *A Tramp Abroad*, published in 1879.

The summer semester was in full tide; consequently the most frequent figure in and about Heidelberg was the student. One sees so many students abroad at all hours, that he presently begins to wonder if they ever have any working hours. Each can choose for himself whether he will work or play; for German university life is a very free life; it seems to have no restraints. The student does not live in college buildings but hires his own lodgings and takes his meals when and where he pleases. He goes to bed when it suits him and does not get up at all unless he wants to. He passes no examination upon entering college. He merely pays a trifling fee of five or ten dollars, receives a card entitling him to the privileges of the university, and that is the end of it. He is now ready for business, —or play, as he shall prefer. If he elects to work, he finds a large list of courses to choose from but he can skip attendance.

Zeichnung von (drawing by) Ludwig Richter.

The result of this is that lecture-courses are often delivered to very slim audiences. I heard of one case where, day after day, the lecturer's audience consisted of three students, —and always the same three. But one day two of them remained away. The lecturer began as usual: "Gentlemen," then, without a smile, he corrected himself, saying, "Sir," and went on with his discourse.

The German student has been in the rigid bondage of the gymnasium for so long that the large liberty of university life is just what he needs and appreciates; as it cannot last forever he makes the most of it and lays up a good rest against the day that must see him put on the chains once more and enter the slavery of official or professional life.

Summary and Review

Forms

1/ Verbs

A. Infinitive (ends in **-en** or **-n**)

komm**en**	to come
tu**n**	to do
arbeit**en**	to work

B. Stem (infinitive minus **-en** or **-n**)

komm-
tu-
arbeit-

C. Present Tense

1. Personal Endings (added to stem)

Basic Paradigms

singular		plural		✱ singular		plural	
ich	komm**e**	wir	komm**en**	ich	tu**e**	wir	tun
du	komm**st**	ihr	komm**t**	du	tu**st**	ihr	tut
er, es, sie	komm**t**	sie, Sie	komm**en**	er, es, sie	tu**t**	sie, Sie	tun

---

Stems Ending in **-t** or **-d**

ich	arbeit**e**	wir	arbeit**en**
du	arbeit**est**	ihr	arbeit**et**
er, es, sie	arbeit**et**	sie, Sie	arbeit**en**

Stems Ending in **-s**, **-ß**, **-z**

ich	heiß**e**	wir	heiß**en**
du	heiß**t**	ihr	heiß**t**
er, es, sie	heiß**t**	sie, Sie	heiß**en**

---

2. Stem-Vowel Change (in **du-** and **er-**forms)

sehen *e → ie*	sprechen *e → i*	tragen *a → ä*	laufen *au → äu*
ich sehe	spreche	trage	laufe
du **siehst**	**sprichst**	**trägst**	**läufst**
er, es, sie **sieht**	**spricht**	**trägt**	**läuft**

3. Verbs With Irregular Present Tense

sein to be

ich	bin	wir	sind
du	bist	ihr	seid
er, es, sie	ist	sie, Sie	sind

haben to have

ich	habe	wir	haben
du	hast	ihr	habt
er, es, sie	hat	sie, Sie	haben

werden to become

ich	werde	wir	werden
du	wirst	ihr	werdet
er, es, sie	wird	sie, Sie	werden

wissen to know (facts)

ich	weiß	wir	wissen
du	weißt	ihr	wißt
er, es, sie	weiß	sie, Sie	wissen

■ Note that **wissen** is structurally similar to the modal verbs in the present tense (see next section).

4. Modal Verbs

a. Basic Conjugation (changed stem in singular, no ending for **ich-** and **er-**forms)

dürfen to be allowed to, may

ich	darf	wir	dürfen
du	darfst	ihr	dürft
er, es, sie	darf	sie, Sie	dürfen

similarly:

könften (ich kann)   to be able to, can

mögen (ich mag)	to like
müssen (ich muß)	to have to, must
sollen (ich soll)	to be supposed to, should
wollen (ich will)	to want to

Mögen occurs most often in the form:

	ich möchte I would like to		
ich	möchte	wir	möchten
du	möchtest	ihr	möchtet
er, es, sie	möchte	sie, Sie	möchten

b. Modal Verb + Infinitive (in final position)

	Modal		*Infinitive*
Ich	**darf**	heute abend nicht	**mitkommen.**
	Willst	du denn gar nichts	**trinken?**
Robert	**möchte**	Schreiner	**werden.**

c. Infinitive Omitted (implicit **fahren, gehen, haben, machen, tun**)

	Modal	
Ich	**muß**	in die Schule.
	Dürfen	wir denn das?
Hannah	**möchte**	ein Bier.

5. Separable Prefix Verbs (prefix is stressed):

> **an**fangen
> **auf**stehen
> **weg**gehen

a. Prefix separates in the present tense:

	inflected stem		*prefix*
Wir	**fangen**	gleich	**an.**
Sie	**steht**	um sieben	**auf.**
Du	**gehst**	nicht	**weg.**

b. Prefix separates in the imperative:

inflected stem		*prefix*
Fangen	Sie sofort	**an!**
Steht	jetzt	**auf!**
Geh	doch nicht	**weg!**

c.   Infinitive (prefix attached to stem) used with modal verb:

	modal		infinitive
Sie	**müssen**	sofort	**anfangen**.
Du	**sollst**	jetzt endlich	**aufstehen**.
Ich	**will**	nicht	**weggehen**.

D. Perfect Tense

1. Inflected Auxiliary (**haben** or **sein**) + Past Participle

	auxiliary		past participle
Ich	**habe**	einen Wagen	**gekauft**.
Er	**ist**	nach Wien	**geflogen**.

2. **sein** as Auxiliary in the Perfect

The verb must be *intransitive* and show *change of location or condition*.

Wir	**sind**	nach Hause gegangen.	*(change of location)*
Ich	**bin**	schnell gelaufen.	*(change of location)*
Hans	**ist**	groß geworden.	*(change of condition)*

▶Exceptions are **bleiben** and **sein.**

Sie	**sind**	zehn Tage geblieben.
Er	**ist**	oft in Berlin gewesen.

3. Weak vs. Strong Past Participles

Weak Participles		
ge + STEM +(e)t		
schenken:	Was hat er dir	**geschenkt**?
kaufen:	Wo haben Sie das	**gekauft**?
arbeiten:	Ich habe heute nicht	**gearbeitet**.
kosten:	Das hat viel	**gekostet**.

Verbs ending in **-ieren** do *not* add the prefix **ge-** in the past participle:

studieren:	Sie hat in Freiburg	**studiert**.
dekorieren:	Er hat sein Zimmer	**dekoriert**.

Strong Participles		
ge + PERFECT STEM + en		
geben:	Vater hat mir Geld	**gegeben**.
helfen:	Sie haben uns	**geholfen**.
fahren:	Ich bin nach Deutschland	**gefahren**.
trinken:	Was habt ihr denn	**getrunken**?

▶The perfect stem is not predictable from the infinitive form. Past participles must be memorized.

4. Past Participles of Verbs with Separable (Stressed) Prefixes:

PREFIX + ge + STEM and ENDING

anfangen:	Wann hat der Film	**angefangen?**
aufhören:	Hat er schon	**aufgehört?**

---

5. Past Participles of Verbs with Inseparable (Unstressed) Prefixes:

PREFIX + STEM and ENDING (no -ge-)

beschreiben:	Er hat sein Haus	**beschrieben.**
gefallen:	Die Party hat mir gut	**gefallen**[1].

2/ Pronouns and Noun Phrases

A. Personal Pronouns

	Singular			Plural		
	nom.	*acc.*	*dat.*	*nom.*	*acc.*	*dat.*
first person	ich	mich	mir	wir	uns	uns
second person	du	dich	dir	ihr	euch	euch
third person	er	ihn	ihm			
	es	es	ihm	sie	sie	ihnen
	sie	sie	ihr	(Sie	Sie	Ihnen)

B. Noun Phrases (= the noun + all words associated with it)

1. **der**-words

Definite Article + Noun

		Singular		Plural	
masculine	*nom.*	**der** Mann			
	acc.	**den** Mann			
	dat.	**dem** Mann			
neuter	*nom.*	**das** Kind	*nom.*	**die**	Männer, Kinder, Frauen
	acc.	**das** Kind	*acc.*	**die**	Männer, Kinder, Frauen
	dat.	**dem** Kind	*dat.*	**den**	Männern, Kindern, Frauen
feminine	*nom.*	**die** Frau			
	acc.	**die** Frau			
	dat.	**der** Frau			

---

[1] Note that the **ge-** of **gefallen** is not the perfect prefix but an inseparable prefix that appears in all tenses.

- Dative plural of all nouns ends in **-n** (except nouns with plurals in **-s**: den Hotels)

Other **der**-Words + Noun

dieser	this
jeder (plural: alle)	each (all)
welcher	which

		Singular		Plural	
masculine	nom.	dieser	Mann		
	acc.	diesen	Mann		
	dat.	diesem	Mann		
neuter	nom.	dieses	Kind	nom. diese	Männer, Kinder, Frauen
	acc.	dieses	Kind	acc. diese	Männer, Kinder, Frauen
	dat.	diesem	Kind	dat. diesen	Männern, Kindern, Frauen
feminine	nom.	diese	Frau		
	acc.	diese	Frau		
	dat.	dieser	Frau		

2. **ein**-words

ein	a, an (unstressed); one (stressed)
kein	not a, no

possessive adjectives	mein	my
	dein	your
	sein	his (its)
	sein	its
	ihr	her (its)
	unser	our
	euer	your
	ihr (Ihr)	their (your)

ein-Word + Noun

		Singular		Plural	
masculine	nom.	kein	Mann		
	acc.	keinen	Mann		
	dat.	keinem	Mann		
neuter	nom.	kein	Kind	nom. keine	Männer, Kinder, Frauen
	acc.	kein	Kind	acc. keine	Männer, Kinder, Frauen
	dat.	keinem	Kind	dat. keinen	Männern, Kindern, Frauen
feminine	nom.	keine	Frau		
	acc.	keine	Frau		
	dat.	keiner	Frau		

- The endings of **der**-words and **ein**-words are identical except when **ein**-words have no endings:

	Singular			
	Nominative		*Accusative*	
masculine	ein	Mann		
	dieser	Mann		
neuter	ein	Kind	ein	Kind
	dieses	Kind	dieses	Kind

3/ Prepositions

Prepositions with Accusative

durch	through
für	for
gegen	against
ohne	without
um	around (something); at (time)

Prepositions with Dative

aus	out of; from (country or city)
außer	except for; in addition to
bei	near; at; in the home of
mit	with
nach	after
seit	since (temporal)
von	from; of; by
zu	to

Two-Way Prepositions (with accusative or dative)

	Direction **Wohin**? with accusative	*Location* **Wo**? with dative
an	to, toward	at, alongside of
auf	onto	on top of, on
hinter	into a space behind	in a space behind
in	into	in
neben	into a space beside	in a space beside
über	over; across	above
unter	into a space beneath	in a space beneath
vor	into a space in front of	in a space in front of
zwischen	into a space between	in a space between

Functions

1/ Making Statements

first element +	*inflected verb* →	*(rest of sentence)*
Heute abend	**kommt**	Richard zu uns.
Seit April	**wohnt**	sie bei ihrer Tante.
Diese Studenten	**haben**	keine Zeit gehabt.
Ich	**kann**	meine Schuhe nicht finden.

2/ Asking Questions

A. Yes/No Questions:

verb +	*subject* →	*(rest of sentence)*
Kommt	**er?**	
Wohnen	**Sie**	in Berlin?
Müßt	**ihr**	gehen?

B. Information Questions:

(preposition) +	*question word* +	*verb* →	*(rest of sentence)*
Mit	**wem**	**gehen**	wir ins Kino?
	Was	**trinkst**	du gern?
	Warum	**sagen**	Sie das?

Question words: **wann, warum, was, wie, wo**
 wer, wen, wem
 wohin, woher

Wohin wollen Sie im Herbst? or: **Wo** wollen Sie im Herbst **hin?**
Woher kommen Sie? or: **Wo** kommen Sie **her?**

3/ Giving Commands and Suggestions

A. **Sie**-Imperative:

verb +	*Sie* →	*(rest of sentence)*
Warten	**Sie**	ein bißchen.
Helfen	**Sie**	mir bitte.

B. **wir**-Imperative (suggestion: Let's do something):

verb +	*wir* →	*(rest of sentence)*
Sprechen	**wir**	über unsere Probleme.
Gehen	**wir**	später nach Hause.

C. **ihr**-Imperative (no pronoun!):

verb →	*(rest of sentence)*
Wartet	auf mich!
Kommt	doch um neun vorbei.

D. du-Imperative (no pronoun!):

1. Basic Form:

verb stem → (*rest of sentence*)
Komm doch um neun vorbei.
Frag mich nicht.
Lauf schnell, Konrad!

2. Present-Tense Stem-Vowel Change **e → i (ie):**

	changed stem → (*rest of sentence*)
geben:	**Gib** mir meine Zeitung zurück!
lesen:	**Lies** das für morgen bitte.

3. Stems Ending in **-t** or **-d:**

	stem + e → (*rest of sentence*)
arbeiten:	**Arbeite** nicht so viel!
warten:	**Warte** bis sieben!

E. sein (irregular in the Sie-, wir-, and du-form):

Seien Sie	vernünftig!
Seien wir	vernünftig!
Seid	vernünftig!
Sei	vernünftig!

4/ Negating

A. kein

1. **kein** negates **ein** + noun:

Hast du	**einen Bruder?**
Nein, ich habe	**keinen Bruder.**

2. **kein** negates nouns without articles:

Braucht sie	**Geld?**
Nein, sie braucht	**kein Geld.**

B. nicht

1. **nicht** follows:

   a. the inflected verb:

   Ich esse.
   Ich esse **nicht.**

   b. the direct and indirect objects:

   Ich gebe ihm mein Buch.
   Ich gebe ihm mein Buch **nicht.**

   c. expressions of definite time:

   Wir beginnen heute.
   Wir beginnen heute **nicht.**

2. **nicht** usually precedes:

a. adverbs:

> Der Lehrer spricht schnell.
> Der Lehrer spricht **nicht** schnell.

b. predicate adjectives:

> Der Wald ist dunkel.
> Der Wald ist **nicht** dunkel.

c. predicate nominatives:

> Er ist der Chef.
> Er ist **nicht** der Chef.

d. prepositional phrases:

> Sie kommt aus Wien.
> Sie kommt **nicht** aus Wien.

e. verbal complements:

1) separable prefixes:

> Er macht den Laden auf.
> Er macht den Laden **nicht** auf.

2) infinitives following a modal verb:

> Du kannst mir helfen.
> Du kannst mir **nicht** helfen.

3) past participles:

> Wir sind geflogen.
> Wir sind **nicht** geflogen.

C. Negating **schon** and **noch**

1. schon ≠ noch nicht, noch kein

> Hast du es **schon** gefunden?
> Nein, ich habe es **noch nicht** gefunden.

> Hat er **schon** Wein gekauft?
> Nein, er hat **noch keinen** Wein gekauft.

2. noch ≠ nicht mehr, kein . . . mehr

> Wohnt Fritz **noch** hier?
> Nein, Fritz wohnt **nicht mehr** hier.

> Hast du **noch** Zeit?
> Nein, ich habe **keine** Zeit **mehr.**

Other Word Order Problems

1/ Basic Sequence of Adverbs

	time Wann?	*manner* Wie?	*place* Wo? Wohin? Woher?
Ich sitze	**heute abend**	**allein**	**zu Hause.**
Fahrt ihr	**morgen**	**ohne uns**	**nach Stuttgart?**

2/ Two Objects in One Sentence

A. Both objects are nouns:

	dative	*accusative*
Geben wir	**unserem Lehrer**	**ein Buch.**

B. Both objects are pronouns:

	accusative	*dative*
Geben wir	**es**	**ihm.**

C. One object is a noun and the other a pronoun: the pronoun object immediately follows the verb:

	pronoun	*noun*
Geben wir	**ihm**	**ein Buch.**
Geben wir	**es**	**dem Lehrer.**

Review of Useful Expressions

1/ Greeting and Parting

Tag!
Tschüß!
Gute Reise!

Bis später.
Bis dann.
Wie geht es dir? (Ihnen, euch)

2/ Polite Expressions

Entschuldigung.
Bitte sehr.

Ich danke Ihnen.
Das tut mir sehr leid.

3/ Reactions and Opinions

Das ist mir (nicht ganz) klar.
Das gefällt mir.
Das ist mir egal.
Ich habe Angst.
Das spielt keine Rolle.
Das macht Spaß.

Gute Idee!
Das habe ich gern.
Ich möchte gern, aber . . .
Das ist gar nicht wahr.
Quatsch!

4/ Time and Place

Gehen wir nach Hause.
Morgen nachmittag gehe ich ins Kino.
Im Januar fahren wir in die Schweiz.
Wie lange wohnen Sie schon hier?

Ich wohne seit Jahren hier.
Bleibst du morgen zu Hause?
Bist du immer noch in Eile?
Im Moment habe ich keine Zeit.

Check your Progress 1

(You will find the answer key to these exercises on page 497)

A. Rewrite each sentence with the new subject provided.

1. Ich möchte schon nach Berlin. (Barbara)
2. Ich will noch ein bißchen bleiben. (die Studenten)
3. Was tragen die Kinder am Freitag? (du)
4. Wohnen Ihre Geschwister noch zu Hause? (deine Kusine)
5. Lesen alle Menschen diese Geschichte? (du)
6. Steht ihr noch so früh auf? (seine Eltern)
7. Wißt ihr, wie er heißt? (Gisela)
8. Warten wir bis zehn? (er)

B. Give the auxiliaries (third person singular) and past participles of the following verbs:

EXAMPLE: besitzen: **hat besessen**

1. beschreiben: __ ____
2. gefallen: __ ____
3. bitten: __ ____
4. beginnen: __ ____
5. antworten: __ ____
6. besitzen: __ ____
7. legen: __ ____
8. aufhören: __ ____
9. vorbeikommen: __ ____
10. helfen: __ ____
11. treffen: __ ____
12. studieren: __ ____
13. danken: __ ____
14. werden: __ ____
15. spazierengehen: __ ____
16. kennenlernen: __ ____
17. denken: __ ____
18. bleiben: __ ____

C. Give the definite article and plural forms of the following nouns:

EXAMPLE: — Buch / die —
        das Buch / die Bücher

1. __ Schule / die ____
2. __ Plan / die ____
3. __ Kino / die ____
4. __ Schuh / die ____
5. __ Sprache / die ____
6. __ Freund / die ____
7. __ Freundin / die ____
8. __ Bruder / die ____
9. __ Schwester / die ____
10. __ Diskussion / die ____
11. __ Sohn / die ____
12. __ Tochter / die ____
13. __ Haus / die ____
14. __ Zeitung / die ____
15. __ Party / die ____
16. __ Mensch / die ____

17. __ Stuhl / die ____   19. __ Lehrer / die ____
18. __ Frau / die ____   20. __ Lehrerin / die ____

D. Fill in the blank with the correct preposition or contraction of preposition plus article.

1. Ich bin ____ vier Semestern ____ dieser Uni.
2. ____ Professor Beißner möchte ich meine Dissertation schreiben.
3. Ich habe seinen Namen nicht ____ Vorlesungsverzeichnis gefunden.
4. Jeden Tag fahre ich ____ meiner Freundin ____ meinem Moped ____ Universität.
5. ____ dem Semester wollen wir ____ den Ferien ____ Österreich fahren.
6. ____ meinem Schreibtisch liegen alle meine Bücher ____ (except for) dem Geschichtsbuch.

E. Form questions to which these are the answers.

1. Er fliegt nach Wien.
2. Sie kommt aus Berlin.
3. Doch, das stimmt.
4. Doch, natürlich habe ich Zeit für dich.
5. Das hat mein Großvater immer gesagt.
6. Die Landkarte gehört meinem Vetter.
7. Am Dienstag sollen wir das machen.
8. Die Kinder sind bei ihrer Tante.

F. Form commands using the cues provided.

1. ____ schnell weg, Hans! (laufen)
2. ____ das Flugzeug da in der Luft, Kinder. (sehen)
3. Bitte, ____ mich nächste Woche, Lisa. (besuchen)
4. ____ uns bitte etwas zu essen, Mutti. (machen)
5. ____ deine Zeitung! (lesen)
6. ____ dein Brot und ____ schnell! (nehmen; essen)

G. Answer the following questions according to the cues provided.

1. Wie lange wartest du schon? Ich warte ____ zwei Stunden.
2. Müssen Sie heute abend arbeiten? Nein, ich _____ .
3. Haben Sie mir ein Vorlesungsverzeichnis gekauft? Nein, ich habe _____ Vorlesungsverzeichnis gekauft.
4. Hat es euch bei ihm gefallen? Nein, bei ihm _____ .
5. Macht es dir immer noch Spaß? Nein, es macht _____ .
6. Hat er dort Freunde kennengelernt? Nein, dort hat er _____ .

H. Answer the following questions negatively.

1. Bist du schon k.o.?
2. Wohnt er noch bei seiner Tante?
3. Ist sie noch Studentin?

4. Macht Inge schon das Abitur?

5. Habt ihr schon Kinder?

6. Schreibst du ihm noch Briefe?

7. Muß ich immer noch hier bleiben?

8. Gibt es bei euch noch Schnee?

I. Rewrite each sentence, starting with the word or phrase in italics.

1. Ihr dürft nicht *am Fenster* spielen.

2. Er hat seiner Schwester endlich *das Geld* gegeben.

3. Der Beruf hat *mir* immer gefallen.

4. Als Lehrling arbeitest du *drei Jahre* und verdienst wenig.

5. Die „wilden Germanen" gibt es *heute* natürlich nicht mehr.

6. Seine Freunde sind *seine Kollegen aus der Fabrik.*

J. Complete the first sentence according to the English cue. In the second sentence, substitute pronouns for the objects.

1. Die Großmutter erzählt (the children a fairy-tale).
   Sie erzählt ____ ____ gern.

2. Ich habe (my friend the article) gezeigt.
   Bitte, zeigen Sie (it to me) ____ ____.

3. Der Professor gibt (the students an example).
   Dann erklärt er ____ ____.

Städtebilder

The cities of Germany bear the imprint of history. The largest among them owe their size to the industrialization and population explosion of the 19th century. The romantic medieval towns which figure so importantly in the imagination of foreign visitors—Rothenburg ob der Tauber, Nördlingen, and Dinkelsbühl come to mind—survived because they were first bypassed by the industrial age and then spared in the Second World War. Many important cities were destroyed in the war and were rebuilt with large apartment blocks and monotonous highrise buildings. In recent years, many towns have reconstructed their medieval centers with historical accuracy.

As a result of the post-war *Wirtschaftswunder* (Economic Miracle), personal wealth and mobility increased. Many people moved to the suburbs and the cities themselves spread into the countryside. But they have nevertheless maintained greater cohesiveness than American cities, in part because public transportation is cheap and efficient. With newly developed pedestrain zones, the city centers remain the cultural focus of urban life.

165

The Big Cities

Berlin, once the capital of Prussia,
today symbolizes a divided nation.
Munich (*München*), the capital of
Bavaria, is famous for its art, Bohe-
mian tradition, and of course for
the Oktoberfest. All of the drawings on these pages represent buildings in Munich of various architec-
tural styles. Cologne (*Köln*) is the
home of a famous carnival. Hamburg with its harbor is the "gate to
the world." Frankfurt am Main is
an important business and banking
center and has the largest airport in
Europe. Dortmund, Duisburg, Essen and several other cities together form the Ruhr district, the
most important industrial area of
West Germany.

Population

West-Berlin: almost 2 million •
Hamburg, München: more than a
million • Köln: almost a million •
Essen, Frankfurt, Dortmund, Düsseldorf, Stuttgart, Duisburg, Bremen, Hannover: 500–700,000

Above: West-Berlin
Below: Hamburg
Preceding page: Frankfurt am Main

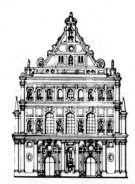

Above: Cologne (Köln)
Below: Hannover

Munich (München)

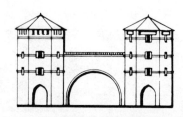

The Smaller Cities

Many Germans live in small and medium sized towns, where life is less hectic than in the big cities. In these places, the market square in the shadow of an old church, is still the center of communal activity, and the surrounding orchards, meadows, and woods are within easy reach.

The days are long past, however, when small-town life was synonymous with living behind the times. Some of Germany's most distinguished universities are located in smaller towns, such as Erlangen, Freiburg, Göttingen, Heidelberg, and Tübingen.

Left: Aachen
Below: Hillesheim

Above: Rothenburg ob der Tauber
Below: Göttingen

7

Auf Reisen

Coordinating conjunctions
Irregular weak verbs
Perfect tense of modal verbs
Genitive case
More on two-way prepositions
Telling time
Reading: *Autostop*

Auf der Autobahn

FRAU KÖNIG: Während der Woche ist der Verkehr nicht so stark gewesen.

HERR KÖNIG: Ja, leider haben wir nicht früher abfahren können.

FRAU KÖNIG: Wegen deiner Arbeit, wie immer.

HERR KÖNIG: Es tut mir leid, aber ich habe kaum an unseren Urlaub gedacht.

In Eile

SABINE: Kurt, du mußt schnell machen.

KURT: Warum? Wie spät ist es?

SABINE: Schon Viertel vor zwei.

KURT: Tatsächlich? Um wieviel Uhr fährt denn unser Zug?

SABINE: Um vierzehn Uhr dreiunddreißig.

KURT: Um Gottes willen! Das habe ich nicht gewußt! Bring mir schnell meinen Koffer.

„Geographiestunde"

PAULA: Wohin hast du unsere Straßenkarte gelegt?

HEINZ: Auf den Tisch, glaube ich. Ja, dort unter der Weinflasche liegt sie.

PAULA: Ich stelle die Flasche auf den Boden, denn ich suche etwas auf der Karte.

HEINZ: Sag mir nur nicht, du hast schon wieder die Hauptstadt der Schweiz vergessen.

PAULA: Nein, du Besserwisser! Bern suche ich nicht, sondern den Namen des Sees bei Luzern.

HEINZ: Oh, den[1] weiß ich auch nicht. Hängen wir die Karte an die Wand!

[1] Remember that stressed **der, das, die** mean *that*. See above, p. 114.

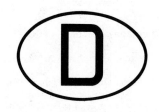

On the Autobahn

MRS. KÖNIG: The traffic wasn't so heavy during the week.
MR. KÖNIG: Yes, unfortunately we couldn't leave earlier.
MRS. KÖNIG: Because of your work, as usual.
MR. KÖNIG: I'm sorry, but I've hardly thought about our vacation.

In a Hurry

SABINE: Kurt, you've got to hurry.
KURT: Why? What time is it?
SABINE: Already a quarter to two.
KURT: Really? What time does our train leave?
SABINE: Two thirty-three P.M.
KURT: For heaven's sake! I didn't know that. Quick! Bring me my suitcase.

"Geography Lesson"

PAULA: Where have you put our road map?
HEINZ: On the table, I think. Yes, it's there under the wine bottle.
PAULA: I'm going to put the bottle on the floor because I'm looking for something on the map.
HEINZ: Don't tell me you've forgotten the capital of Switzerland again!
PAULA: No, you know-it-all! I'm not looking for Bern, but the name of the lake near Lucerne.
HEINZ: Oh, I don't know that either. Let's hang the map on the wall!

Wortschatz

Leicht zu merken

die **Geographie**

Verben

ab·fahren (fährt ab), ist abgefahren to drive away; depart, leave
bringen to bring
glauben to believe, think
hängen (*trans.*) to hang
stellen to put, place
vergessen (vergißt), hat vergessen to forget

Substantive

die **Autobahn, -en** super-highway; limited-access, high-speed highway
der **Besserwisser, -** know-it-all
der **Boden, ̈** ground; floor
die **Flasche, -n** bottle
die **Hauptstadt, ̈e** capital
der **Koffer, -** suitcase

der **Name, -ns, -n**[1] name
der **See, -n** lake
die **Woche, -n** week
der **Zug, ̈e** train

Andere Vokabeln

beide both
kaum hardly, barely
tatsächlich really, in fact
während (+ *gen.*) during
wegen (+ *gen.*) because of, on account of

Nützliche Ausdrücke

denken an (+ *acc.*) to think of
um Gottes willen! for heaven's sake!
Wie spät ist es? What time is it?
um wieviel Uhr? at what time?
(ein) Viertel vor/nach zwei a quarter to/past two

[1] **Name** is irregular. Its forms are **der Name** (*nom.*), **den Namen** (*acc.*), **dem Namen** (*dat.*), **des Namens** (*gen.*); plural all cases: **Namen.**

Neue Kombinationen

A. Replace the phrase in italics with the new phrase you will hear.

1. Wegen *deiner Arbeit* können wir noch nicht abfahren.
   (deiner Familie, des Wetters, des Verkehrs, meiner Prüfung)
2. Während *der Woche* ist der Verkehr nicht stark.
   (des Semesters, der Ferien, des Tages, des Winters)

B. (Books open:) Match each question on the left with an appropriate response (or responses) on the right.

Wie spät ist es bitte?	Auf den Boden.
Um wieviel Uhr kommen die Studenten?	Auf dem Tisch.
Wohin hast du die Flasche gestellt?	Um Viertel nach zwei.
Wo liegt die Karte?	Doch!
Hast du das nicht gewußt?	Es ist zehn nach zwölf.

C. Respond to each statement with the German equivalent of the sentence in parentheses.

1. Wir müssen schnell machen! (Why, what time is it?)
2. Unser Zug ist schon abgefahren! (For heaven's sake! What shall we do now?)
3. Die Hauptstadt der BRD ist Bonn. (Of course I know that.)
4. Ich kenne die Geographie Europas sehr gut. (You know-it-all!)
5. Du hast mir kein Vorlesungsverzeichnis gekauft! (I'm sorry.)

Übung zur Aussprache

See the Introduction, p. 5, for the pronunciation of the sound represented by **ü** (and occasionally by **y**).

long **u**	long **ü**	long **i**	long **ü**	long **ü**	short **ü**
fuhr	für	vier	für	Hüte	Hütte
Schnur	Schnüre	Tier	Tür	Mühle	Müller
Hut	Hüte	Mieder	müder	Mythe	Mütter
Mut	Mythe	sieden	Süden	Düne	dünner
gut	Güte	Kiel	kühl		

Now read the following sentences aloud:

Günter kommt aus Lübeck und kennt den Süden nicht.

Müssen wir schnell machen? Ja, später gibt es keine Züge nach München.

Grammatik

1/ Coordinating Conjunctions

Sentences are made up of one or more clauses.

A *clause* is a sentence or a part of a sentence containing a subject and a verb.

Two clauses may be combined into a single sentence by means of a word called a *conjunction*. There are two types of conjunctions: coordinating and subordinating.[1]

The most common *coordinating* conjunctions are:

und	and
aber	but, however
oder	or
denn	for, because

Coordinating conjuctions are not counted when determining first position and second position in the clause:

Christa ist achtzehn.   Ihr Bruder ist sechzehn.
$$0 \qquad 1 \qquad 2$$
Christa ist achtzehn, **und** ihr Bruder ist sechzehn.

Klaus muß bis drei arbeiten.   Dann kann er nach Hause.
$$0 \qquad 1 \qquad 2$$
Klaus muß bis drei arbeiten, **aber** dann kann er nach Hause.

Willst du ihn fragen?   Soll ich das machen?
$$0 \qquad 1 \quad 2$$
Willst du ihn fragen, **oder** soll ich das machen?

Er ißt heute später.   Seine Frau arbeitet noch in der Stadt.
$$0 \qquad 1 \qquad 2$$
Er ißt heute später, **denn** seine Frau arbeitet noch in der Stadt.[2]

ÜBEN WIR!

Join the following sentences together with the coordinating conjunction indicated.

> EXAMPLE: Er ist ein Besserwisser. Ich mag ihn. (aber)
> Er ist ein Besserwisser, aber ich mag ihn.

1. Meine Eltern kommen morgen. Sie bleiben eine Woche. (und)
2. Ich hänge die Karte an die Wand. Auf dem Boden kann ich sie nicht sehen. (denn)

---

[1] You will study subordinating conjunctions in Chapter 8.
[2] Note on punctuation: coordinating conjunctions are usually preceded by a comma when they join entire clauses.

3. Willst du privat wohnen? Suchst du ein Zimmer in einem Studentenheim? (oder)

4. Er ißt in der Mensa. Er kocht zu Hause. (oder)

5. Ich wohne in der Hauptstadt. Mein Bruder wohnt in einem Dorf. (aber)

6. Wir müssen schnell machen. Unser Zug fährt bald ab. (denn)

7. Gisela besucht Freiburg. Sie hat mir eine Postkarte geschickt. (und)

8. Ich habe sie gefragt. Sie hat mir nicht geantwortet. (aber)

aber and **sondern**

Aber and **sondern** are both coordinating conjunctions translated with English "but." Both express a contrast. **Sondern** must be used when "but" means "but rather." Compare the following sentences:

Er bleibt zu Hause, **aber** sie geht einkaufen.	He's staying at home but she's going shopping.
Er bleibt heute nicht zu Hause, **sondern** geht einkaufen.	He's not staying home today, but (rather) going shopping.

Sondern *always* follows a negative statement and expresses an alternative:

Das ist kein Wein, **sondern** Wasser.	That's not wine. It's water.
Käthe hat es nicht getan, **sondern** die Kinder.	Käthe didn't do it; the children did.

ÜBEN WIR!

Listen to each pair of sentences and then connect them with **aber** or **sondern**.

1. Er fährt mit dem Flugzeug. Seine Frau kommt mit dem Zug.

2. Ich bin kein Besserwisser. Ich bin ein Alleswisser.

3. Es ist noch nicht halb sieben. Er ist schon zu Hause.

4. Ich fahre nicht mit dem Auto. Ich komme zu Fuß.

5. Das Wetter ist doch nicht kalt. Es ist warm.

6. Bernd trinkt gern Wein. Lutz trinkt Bier.

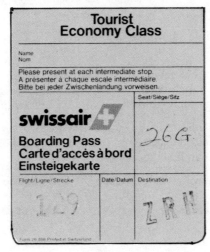

2/ Irregular Weak Verbs

There are a handful of irregular weak verbs in German. While they have the weak participle form **ge——t,** they change their stem vowel, and in some cases stem consonants. The ones you have learned so far are:

bringen	**hat gebracht**
denken	**hat gedacht**
kennen	**hat gekannt**
wissen	**hat gewußt**

ÜBEN WIR!

Change the following sentences to the perfect tense:

1. Denkst du nie an den Urlaub?
2. Kennst du diesen Film schon?
3. Sie bringen mir eine Flasche Wein.
4. Kennen Sie Herrn Schneider?
5. Das wissen wir schon.
6. Was bringst du mir aus Amerika?
7. Ich denke oft an meinen Freund.
8. Sie weiß noch nicht viel über Linguistik.

3/ Perfect Tense of Modal Verbs

The modal verbs are also irregular weak verbs with past participles on the pattern **ge——t.** The past participles do *not* have umlauts:

dürfen	**hat gedurft**
können	**hat gekonnt**
mögen	**hat gemocht**
müssen	**hat gemußt**
sollen	**hat gesollt**
wollen	**hat gewollt**

These past participles, however, are used *only* when there is no dependent infinitive:

Das hat er nicht **gekonnt.**	*He wasn't able to do that.*
Sie hat mich nicht **gemocht.**	*She didn't like me.*
Das habe ich nicht **gewollt.**	*I didn't mean to do that.*

With a dependent infinitive, the modals use their own *infinitive* form instead of the past participle. This construction is called a **double infinitive,** and the modal infinitive is in final position.

Hans hat sein Referat **schreiben müssen.**	*Hans had to write his paper.*
Ich habe nichts mehr **essen können.**	*I couldn't eat any more.*

ÜBEN WIR!

a. Change the following sentences to the perfect tense. Use the past participles of the modal verbs.

1. Sie muß schnell in die Stadt.
2. Kann er Deutsch? *Hat er Deutsch gehört*
3. Das will ich nicht.
4. Darfst du das?
5. Meine Schwester mag diesen Wein nicht.

b. Substitute the new modal you will hear for the one in the double infinitive.

1. Leider haben unsere Freunde nicht bleiben *können*. (wollen, dürfen)
2. Kurt hat die Vorlesung hören *dürfen*. (können, wollen, müssen)

c. Substitute the new infinitive you will hear for the one in the double infinitive:

1. Das habe ich leider nicht *machen* können.
   (hören, sehen, sagen, essen, schreiben)
2. Was haben Sie *antworten* müssen?
   (schreiben, kaufen, lernen, einkaufen)

d. Change the following sentences from present to perfect tense, using the double infinitive.

> EXAMPLE: Wir müssen schnell machen.
> Wir haben schnell machen müssen.

1. Ich will in der Stadt bleiben.
2. Ich will meine Freunde besuchen.
3. Ich muß ihnen eine Flasche Wein kaufen.
4. Ich kann das Weingeschäft nicht finden.
5. Kann Ihnen die Frau helfen?
6. Leider kann sie es mir nicht sagen.

4/ Genitive Case

The genitive case expresses possession (**John's** books) or a relationship between two nouns marked in English by the preposition **of** (the color **of your eyes**):

der Wagen **meiner Mutter**	*my mother's* car
die Freunde **der Kinder**	*the children's* friends
das Haus **meines Bruders**	*my brother's* house
Macs Freundin	*Mac's* girlfriend
der Anfang **des Filmes**	*the beginning of the film*
die Häuser **der Stadt**	*the houses of the city.*

A. Formation

1. der-words and ein-words in the genitive

	masc.	*neut.*	*fem.*	*plural*
nom.	der Mann	das Kind	die Frau	die Leute
acc.	den Mann	das Kind	die Frau	die Leute
dat.	dem Mann	dem Kind	der Frau	den Leuten
gen.	**des** Mann**es**	**des** Kind**es**	**der** Frau	**der** Leute
	ein**es** Mann**es**	ein**es** Kind**es**	ein**er** Frau	kein**er** Leute
	mein**es** Mann**es**	eur**es** Kind**es**	Ihr**er** Frau	unser**er** Leute
	dies**es** Mann**es**	jed**es** Kind**es**	welch**er** Frau	dies**er** Leute

■ The genitive endings of **der**-words and **ein**-words are identical:

masc.	*neut.*	*fem.*	*plural*
-es	**-es**	**-er**	**-er**

■ Feminine singular and all plural nouns have *no* ending in the genitive.

■ Singular masculine and neuter nouns add the ending **-es** if the noun has one syllable, **-s** if it has more than one syllable.

German does *not* use an apostrophe with the genitive ending (my husband's car = der Wagen meines **Mannes**).

Wo ist das Buch des Kind**es**?	*Where is the child's book?*
Wo ist das Buch des Professor**s**?	*Where is the professor's book?*

Masculine N-nouns have the same *-en* or *-n* ending in the genitive as in the accusative and dative. They do *not* add an -(e)s in the genitive singular:

Kennen Sie die Frau dieses Herr**n**?	*Do you know this gentleman's wife?*
Kennen Sie die Frau des Studen**ten**?	*Do you know the student's wife?*
Kennen Sie die Frau Ihres Kolle**gen**?	*Do you know your colleague's wife?*

2. Genitive of Interrogative Pronoun: wessen

The genitive form of the question word **wer** is **wessen** (whose?)

Wessen Buch ist das?	*Whose book is this?*

ÜBEN WIR!

Change these noun phrases from nominative to genitive.

EXAMPLE: der Zug   des Zuges

1. ein Arzt
2. mein Freund
3. unser Vater
4. die Lehrerin

5. das Mädchen   10. dieser Herr

6. die Leute   11. das Fach

7. jede Wohnung   12. diese Zimmer

8. eine Mutter   13. die Züge

9. der Student   14. unsere Uhr

B. Use of the Genitive

German uses the genitive case for both persons and things, whereas English usually reserves **'s** for animates and uses **of** for things:

das Haus **meines Bruders**	*my brother's* house
die Häuser **der Stadt**	the houses *of the city*

In German, the genitive generally *follows* the noun it modifies. In English, the possessive *precedes* the noun:

der Wagen **meiner Mutter**	*my mother's* car
die Freunde **der Kinder**	*the children's* friends

Proper names and kinship titles used as names, however, usually *precede* the noun as in English:

Karls Freundin	Karl's girlfriend
Berlins Studenten	Berlin's students
Mutters Wagen	Mother's car

Proper names simply add **-s** without an apostrophe in the genitive (**Karl's** girlfriend = **Karls** Freundin).

Spoken German frequently substitutes **von** plus dative case for the genitive in phrases corresponding to English phrases such as "a friend of my brother's," "a cousin of mine":

Er ist ein Freund **von meinem Bruder.**	He's a friend *of my brother's.*
Michael ist ein Vetter **von mir.**	Michael is a cousin *of mine.*

ÜBEN WIR!

a. Provide German equivalents for the following phrases. Make one noun genitive and the other nominative.

    EXAMPLE: your girlfriend's sister
                    die Schwester deiner Freundin

1. the walls of my room   10. the rooms of the house

2. the end of the week   11. the students of Germany

3. Karl's major   12. the cities of Europe

4. the children's pictures   13. the windows of this room

5. the history of the war   14. your mother's car

6. his brother's house   15. the history of these countries

7. her sister's boyfriend   16. a friend of yours

8. the capital of Switzerland   17. a cousin of Michael's

9. a student's letter   18. grandmother's clock

b. Whom do you think these things belong to? Use the genitive case in your answer.

> EXAMPLE: Gehört diese Uhr Ihrer Schwester?
> Ja, ich glaube, das ist die Uhr meiner Schwester.

1. Gehört dieser Koffer dem Chef? Ja, ich glaube . . .
2. Gehört dieser Stadtplan deiner Lehrerin?
3. Gehört dieses Zimmer einem Amerikaner?
4. Gehört der Ausweis deinem Freund?
5. Gehört dieses Haus seinen Eltern?
6. Gehören diese Handschuhe Ihrem Sohn?

C. Prepositions With the Genitive

There is a small group of prepositions which take the genitive case:

(an)statt	instead of	Schreib eine Karte **statt eines Briefes.**	
trotz[1]	in spite of, despite	**Trotz des Wetters**	sind wir ans Meer gefahren.
während	during	**Während der Woche**	fährt er oft in die Stadt.
wegen	because of, on account of	**Wegen seiner Arbeit**	kann er nicht kommen.

ÜBEN WIR!

a. Form prepositional phrases with the elements provided.

> EXAMPLE: während / Sommer
> während des Sommers

1. trotz / Wetter
2. während / Ferien
3. statt / Straßenkarte
4. wegen / mein / Mutter
5. trotz / unser / Plan
6. wegen / mein / Beruf
7. trotz / Arbeit
8. während / Nachmittag
9. anstatt / Hotel
10. während / Woche

b. Now give German equivalents for these prepositional phrases.

1. because of her plan
2. during the year
3. despite his money
4. during a film
5. instead of the boss
6. instead of a postcard
7. in spite of my colleagues
8. because of my I.D. card
9. due to her profession
10. instead of an apartment

---

[1] In spoken German **trotz** is frequently used with the dative case, but the genitive is preferred.

5/ More on Two-Way Prepositions

There is an important group of verb pairs that is used with the two-way prepositions. One verb of each pair is always used with the accusative case and the other with the dative case. They show respectively direction and location:

Direction (accusative) weak transitive verbs	Location (dative) strong intransitive verbs
hängen, hat gehängt: to hang (up) Er hat die Karte **an die Wand** gehängt. He hung the map on the wall.	**hängen, hat gehangen:** to be hanging Die Karte hat **an der Wand** gehangen. The map hung on the wall.
legen, hat gelegt: to lay (down), put Ich lege das Buch **auf den Tisch.** I'm putting the book on the table.	**liegen, hat gelegen:** to lie, be lying Das Buch liegt **auf dem Tisch.** The book is (lying) on the table.
setzen, hat gesetzt: to set (down), put Sie setzt das Kind **auf den Stuhl.** She's putting the child on the chair.	**sitzen, hat gesessen:** to sit, be sitting Das Kind sitzt **auf dem Stuhl.** The child is (sitting) on the chair.
stellen, hat gestellt: to place (down), put Ich stelle die Flasche **neben die Uhr.** I'll put the bottle next to the clock.	**stehen, hat gestanden:** to stand, be standing Die Flasche steht **neben der Uhr.** The bottle's standing next to the clock.

■ Note that **hängen** has one infinitive form but a weak and strong participle.
■ **Legen** and **liegen** are used for relatively flat objects like books. **Stellen** and **stehen** are used for relatively vertical objects like bottles.

ÜBEN WIR!

Describe what Peter did, then the resulting situation.

> EXAMPLE: stellen / Weinflasche / Tisch
> Peter hat die Weinflasche auf den Tisch gestellt.
> Jetzt steht sie auf dem Tisch.

1. legen / Buch / Boden
2. setzen / Kind / Stuhl
3. hängen / Bild / über / Tafel
4. stellen / Stuhl / in / Zimmer

6/ Telling Time

A. Asking For the Time

There are two ways to ask the time in German:

Wie spät ist es?
Wieviel Uhr ist es?   *What time is it?*

Here are some possible responses:

 Es ist drei Uhr.

 Es ist Viertel nach sieben.

 Es ist Viertel vor zehn.

 Es ist ein Uhr.
or: Es ist eins.[1]

 Es ist elf (Minuten) nach zehn.

 Es ist vierzehn vor acht.

The half hour is counted in relation to the following full hour, not the preceding hour as in English:

 Es ist halb acht.

(literally: *"It's half way to eight."*)

---

[1] Note that when you drop the word **Uhr**, you add the **-s** to **eins**.

Wie spät ist es bitte?

B. Asking What Time Something Occurred or Will Occur

There are two ways to ask when something occurred or will occur: **um wieviel Uhr?** or **wann?**

Um wieviel Uhr/Wann hat das Konzert begonnen? Es hat um halb neun begonnen.	*At what time/When did the concert begin?* *It began at eight-thirty.*

ÜBEN WIR!

a. Ask the questions which elicit these answers.

EXAMPLE: Wir haben um sechs gegessen.
Wann / Um wieviel Uhr habt ihr gegessen?

1. Der Film fängt um halb acht an.
2. Sein Zug fährt um elf ab.
3. Wir haben ihn gestern besucht.
4. Ich bin um elf Uhr noch im Seminar gewesen.

b. Now give the answers indicated by the clocks.

1. Um wieviel Uhr wollt ihr abfahren?

2. Wann kommt denn Barbara an?

3. Um wieviel Uhr können wir Sie besuchen?

4. Wann beginnt die Deutschstunde?

5. Um wieviel Uhr gehen wir ins Kino?

C. Official Time-Telling

German has another way of telling time: in this system, one gives the full hour and the number of minutes past it:

written	spoken	
1.40 Uhr	**Es ist ein Uhr vierzig.**	*It's 1:40 A.M.*
7.55 Uhr	**Es ist sieben Uhr fünfundfünfzig.**	*It's 7:55 A.M.*

Instead of using A.M. and P.M., German uses this formal system on a twenty-four hour basis. This is the way the time is given in the media, in train schedules, etc. Subtract 12 to get the P.M. time as used in the U.S.

20.00 Uhr	**Es ist zwanzig Uhr.** Sie hören unser Abendkonzert.	*It's eight o'clock. And now our evening concert.*
13.25 Uhr	Der Zug nach Hamburg fährt um **dreizehn Uhr fünfundzwanzig** ab.	*The train to Hamburg departs at 1:25 P.M.*

ÜBEN WIR!

Give these times in the twenty-four hour German system.

EXAMPLE: 11:20 P.M.   Es ist 23.20 Uhr.

1. 1:55 P.M.
2. 6:02 P.M.
3. 6:47 P.M.
4. 10:52 P.M.
5. 11:30 A.M.
6. 8:16 P.M.

Bern

Wortschatz zum Lesestück

Leicht zu merken

der **Bus,** -se
der **Horizont,** -e
das **Interview,** -s
packen
der **Rucksack,** ⸚e
die **Wanderlust**

Verben

aus · steigen, ist ausgestiegen
  to get out (of a vehicle)
erzählen to tell, recount
**mit · nehmen (nimmt mit), hat
  mitgenommen** to take
  along
passieren, ist passiert to
  happen
reisen, ist gereist to travel
sparen to save (money)
trampen (*pronounced
  „trämpen"*), **ist getrampt**
  (*pron. „geträmpt"*) to
  hitchhike
übernachten to spend the
  night

Substantive

der **Abend,** -e evening
  am Abend in the evening
das **Ausland** foreign
  countries
  im Ausland abroad
der **Autofahrer,** - driver
der **Autostop** hitchhiking
  per Autostop reisen to
  hitchhike
die **Bahn** the railroad;
  railway system
der **Bahnhof,** ⸚e railroad
  station
das **Ding,** -e thing
die **Erfahrung,** -en
  experience
  eine Erfahrung machen to
  have an experience
die **Freiheit,** -en freedom
der **Gast,** ⸚e guest
das **Gefühl,** -e feeling
(das) **Italien** Italy
die **Jugendherberge,** -n
  Youth Hostel

der **Ort,** -e place; town
die **Seite,** -n side; page
die **Straßenbahn,** -en
  streetcar
der **Tramper,** - (*pronounced
  „Trämper"*) hitchhiker

Andere Vokabeln

allein alone
froh glad, happy
gefährlich dangerous
höflich polite
schlimm bad
sympathisch friendly,
  congenial, likeable
vorsichtig cautious, careful

Nützliche Ausdrücke

eine Reise machen to take a
  trip
ein paar Mal a couple of
  times
ab und zu now and then
zu meiner Zeit in my day

Gegensätze

gefährlich ≠ **ungefährlich**	dangerous ≠ not dangerous
höflich ≠ **unhöflich**	polite ≠ impolite
sympathisch ≠ **unsympathisch**	friendly, likeable ≠ unlikeable, unpleasant
vorsichtig ≠ **unvorsichtig**	cautious ≠ not cautious

Autostop

Mit dem Frühling kommt auch wieder die Wanderlust. Dann packt man die Koffer oder den Rucksack und macht eine Reise. Die meisten° fahren mit dem eigenen° Wagen, dem Flugzeug oder mit der Bahn. Viele junge Leute besitzen aber keinen Wagen oder wollen ihr Geld sparen. Darum stehen sie am Straßenrand mit ausgestrecktem Daumen°. Sie reisen per Autostop, oder „trampen". In einem Interview haben einige junge Leute von ihren Erfahrungen als Tramper erzählt.

most people   own

with outstretched thumb

„Trampen erweitert° den Horizont. Ich bin zum Beispiel dieses Jahr nicht nur in der BRD, sondern auch im Ausland getrampt und habe überall fast nur sympathische Menschen kennengelernt. In Italien ist es besonders schön gewesen. Ein Autofahrer hat mich und meine Freundin nach Rom mitgenommen. Er hat ein bißchen Deutsch gekonnt, und wir sind dann drei Tage als Gäste bei ihm geblieben. Ja, diesen Kontakt mit Menschen kann man einfach nicht haben, wenn man mit dem Zug reist."

broadens

(Thomas, 21, aus Aachen)

„Ich habe ein Gefühl der Freiheit und Unabhängigkeit, wenn ich trampe. Das gibt den Ferien ein bißchen Abenteuer°. Aber die andere° Seite des Trampens ist die Unsicherheit°. Ich komme am Abend gern in einem Ort mit einer Jugendherberge an. Ein paar Mal bin ich zu früh aus dem Auto ausgestiegen und habe darum mit dem Bus oder mit der Straßenbahn durch die Stadt fahren müssen, um die Jugendherberge zu erreichen°. Einmal bin ich nach 22 Uhr in Hannover angekommen. Die Jugendherberge war schon geschlossen, und ich habe im Bahnhof übernachten müssen."

adventure   other
insecurity

in order to reach the Youth Hostel

(Matthias, 17, aus Reutlingen)

„Natürlich muß man vorsichtig sein, besonders als Frau. Ich trampe einfach nie in T-Shirt und Jeans. Das finde ich zu gefährlich, denn in den Zeitungen liest man ab und zu von schlimmen Dingen, wenn ein Mädchen allein trampt. Mir hat es immer Spaß gemacht, mit jemand anders° zusammen zu trampen. Letztes Jahr sind mein Freund und ich von Kopenhagen nach Athen getrampt, und uns ist nichts passiert."

someone else

(Adrienne, 20, aus Kaisersaschern)

Ein Autofahrer berichtet:°

reports

„Als Student bin ich oft per Autostop gereist. Jetzt nehme ich gern Tramper mit, wenn ich genug Platz im

Wagen habe. Aber ich muß sagen, die Tramper heute sind
nicht so höflich, wie zu meiner Zeit. Manchmal kann man
froh sein, wenn sie beim Aussteigen ,vielen Dank' sagen."
(Herbert Zimmermann, 38, aus Heidelberg)

Fragen zum Lesestück

1. Was kommt mit dem Frühling? Mit dem Frühling kommt die Wander
2. Wie reisen viele Leute? Viele Leute reisen mit dem eigenen Wagen, dem Flugzeug oder mit dem Bahn.
3. Wo ist Thomas getrampt? in der BRD, der Italien
4. Was findet er beim Trampen besonders gut? sympatische
5. Was mag Matthias besonders gern beim Trampen?
6. Was mag er nicht so gern?
7. Wo übernachtet er? im Bahnhof
8. Wer muß besonders vorsichtig sein? Was meint Adrienne
   Adrienne?
9. Trampt sie gern allein? Nein, sie
10. Wie ist Herr Zimmermann als Student oft gereist?
11. Nimmt er manchmal Tramper mit?
12. Findet er die Tramper höflich?

Vom Lesen zum Sprechen

Reisen und Verkehrsmittel
Travel and Means of Transportation

You already know some of these words.

der **Bus, -se**	
die **Haltestelle, -n**	streetcar or bus stop
die **Straßenbahn, -en**	
das **Taxi, -s**	taxicab
die **Bahn**	
der **Bahnhof, ̈e**	
der **Zug, ̈e**	
der **Flughafen, ̈**	airport
das **Flugzeug, -e**	
das **Auto, -s**	
das **Fahrrad, ̈er**	bicycle
das **Moped, -s**	
das **Motorrad, ̈er**	motorcycle
der **Verkehr**	
der **Wagen, -**	
die **Fahrkarte, -n**	ticket (for bus, train, streetcar, etc.)
ab·fahren	
an·kommen	
ein·steigen, ist eingestiegen	to get into (a vehicle), board
aus·steigen	

Pattern Sentences. Repeat these expressions aloud.

Man fährt **mit** dem Wagen.	One goes *by* car.
Man fährt mit der Bahn.	One goes by train.
Man fährt mit dem Bus.	One goes by bus
Man wartet **auf** den Zug.	One waits *for* the train.
Man wartet auf den Bus.	One waits for the bus.
Man wartet auf die Straßenbahn.	One waits for the streetcar.
Man wartet **am** Bahnhof.	One waits *at* the station.
Man wartet am Flughafen.	One waits at the airport.
Man wartet an der Haltestelle.	One waits at the bus stop.

A. Beschreiben Sie eine Fahrt zu einem Freund, zur Uni, oder zu einem anderen Ort. Mit welchen Verkehrsmitteln fahren Sie? Wo müssen Sie warten? Was kostet eine Fahrkarte? Wo steigt man ein und aus?

B. Sie stehen seit einer Stunde an der Straße. Endlich hält ein Auto, und Sie steigen ein. Sprechen Sie mit dem Autofahrer über das Trampen und Ihre Ferien.

C. Ihre Kusine besucht Sie und möchte natürlich ein bißchen von Ihrer Stadt sehen. Was soll sie sehen und mit welchen Verkehrsmitteln soll sie fahren?

Mündliche Übungen

A. Persönliche Fragen

1. Fahren Sie lieber während der Woche oder am Wochenende?
2. Wann ist mehr Verkehr?
3. Fahren Sie mit dem Auto oder mit dem Flugzeug in die Ferien?
4. Haben Sie viel oder wenig an die Ferien gedacht?
5. Sind Sie oft in Eile? Warum?
6. Fahren Sie manchmal mit dem Zug?
7. Wieviel Uhr ist es jetzt?
8. Haben Sie eine Straßenkarte?
9. Wo haben Sie Ihre Straßenkarte hingelegt?
10. Kennen Sie die Geographie der USA sehr gut?
11. Wie heißt die Hauptstadt der BRD?

B. The car in which you and some friends are riding has been stopped by police looking for contraband. Answer their questions about what belongs to whom, following the English cues.

> EXAMPLE: Wessen Koffer ist das? (my girlfriend's)
> Das ist der Koffer meiner Freundin.

1. Wessen Rucksack ist das? (my brother's)
2. Wem gehören diese Bücher? (to me)
3. Wessen Bierflasche ist das? (Georg's)
4. Wessen Briefe sind das? (mine)
5. Wessen Pullover ist das? (my father's)
6. Wem gehört diese Straßenkarte? (to my friends)
7. Wessen Ausweis ist das? (this hitchhiker's)
8. Wessen Geld ist das? (my friends')

C. Ask your classmates about their daily schedules. Use the words below as a guide.

> EXAMPLE: Teacher: **aufstehen**
> Student A: Um wieviel Uhr stehst du auf?
> Student B: Ich stehe um halb acht auf.

aufstehen	einkaufen gehen
essen	nach Hause kommen
Deutsch haben	k.o. sein
das Mittagessen kochen	

D. Ask each other questions about the trains arriving at and departing from Mannheim, using the schedule below, and stating times in the 24-hour system.

> EXAMPLE: Wann kommt der Zug aus Hamburg an?
> Er kommt um 14.22 Uhr in Mannheim an.
>
> Um wieviel Uhr fährt er in Hamburg ab?
> Um 9.33 Uhr.

Mannheim Hbf (Hauptbahnhof)

	Ankunft (arrivals)			Abfahrt (departures)	
Zug-Nr.	ab[1]	an[1]	Zug-Nr.	ab	an
6342	Hamburg 9.33 Uhr	Mannheim 14.22 Uhr	1338	Mannheim 5.42 Uhr	Zürich 8.12 Uhr
7422	München 10.03 Uhr	Mannheim 13.10 Uhr	2472	Mannheim 6.06 Uhr	Nürnberg 9.33 Uhr
1387	Frankfurt 11.20 Uhr	Mannheim 12.01 Uhr	6606	Mannheim 7.55 Uhr	Straßburg 8.40 Uhr
7703	Wien 10.10 Uhr	Mannheim 17.56 Uhr	2203	Mannheim 10.12 Uhr	Innsbruck 15.46 Uhr
9311	Berlin 11.05 Uhr	Mannheim 19.16 Uhr	3679	Mannheim 13.23 Uhr	Prag 20.09 Uhr

[1]*ab:* time and place of departure; *an:* time and place of arrival.

E. Frau Schneider is working around the house. Describe what she is doing in the pictures in the left column, then describe the result of her efforts, pictured in the right column.

Now describe all that Frau Schneider has done today and the results (use perfect tense).

Schriftliche Übungen

F. Während der Semesterferien sind Sie viel gereist. Beschreiben Sie Ihre Erfahrungen. *(Write a paragraph in perfect tense.)*

G. Write a paragraph in German comparing what you have read in this chapter about hitchhiking in Europe with your impressions of hitchhiking in America.

H. Wie sagt man das auf deutsch?

1. Tell me about your trip to Italy.
2. It was great! In spite of the weather we were able to see a lot.
3. Did you hitchhike or go by train?
4. We hitchhiked and stayed overnight in youth hostels.

5. Where are my friend's suitcases?
6. I already took them to the railroad station.
7. I didn't know that.
8. By the way, are they leaving at 2:00 P.M.?
9. No, not at 2:00, but at 3:00.

10. Have you seen my sister's rucksack?
11. Yes, it's under the table.
12. Thank goodness! I couldn't find it.

gesezt
gessen.

hingt
das Bild
der Wand

Almanach

Youth Hostels

There are about 560 Youth Hostels in West Germany, 100 in Austria, and 85 in Switzerland. They are meeting places for young travellers from all over the world. In addition to providing inexpensive food and lodging, they offer a variety of courses and organized trips.

Opposite is a copy of a page from the Youth Hostel handbook for West Germany as well as a key explaining the symbols used.

Membership in the AYH (American Youth Hostels) entitles the cardholder to privileges in hostels all over the world. To apply for membership, write to:

American Youth Hostels, Inc.
National Administrative Offices
1332 "I" Street, N.W., 8th Floor
Washington, D.C. 20005

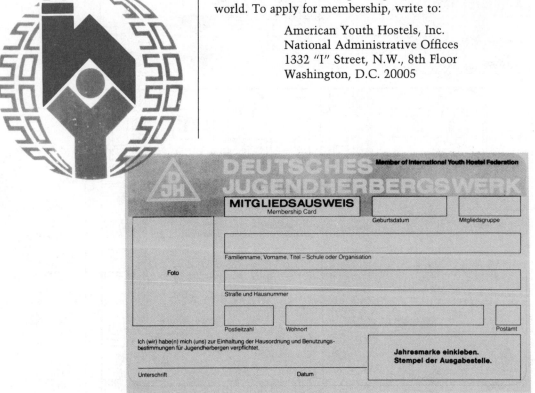

PLZ	Jugendherberge / Adresse / Herbergseltern	Lvb	Telefon	Betten	Tagesräume	Hobby-/Sporträume	Warmwasser	Dusche	Familienzimmer	Kochgelegenheit	Vollverpflegung	B	Freibad	Hallenbad	Wintersport	ev Kirche	kath Kirche	Bahnhof	Bus	Straßenbahn	Besondere Bedingungen	Seite
2720	Rotenburg/Wümme, Verdener Str. 104, Gästehaus	Unt.-Ems	04261 4051	152	3	1	x	x	—	—	x	—	20	20	—	x	x	30	—	—	—	S. 332
8803	Rothenburg o.d.T., Roßmühle, Doris u. Eduard Schmitz	Bayern	09861 4510	141	1	x	x	x	4	x	x	—	15	15	x	x	x	20	x	—	—	S. 178
8803	Rothenburg o.d.T., „Spitalhof" Pf. 1206, Klaus u. Beate Moll	Bayern	09861 889	90	3	—	x	x	—	—	x	—	15	15	—	x	x	20	x	—	—	S. 178
8774	Rothenfels „Burg", Verwaltung, Burg Rothenfels	Bayern	09393 1015	200	4	1	x	x	—	—	x	○	—	—	—	—	x	—	15	—	—	S. 178
7210	Rottweil a. Neckar, Lorenzgasse 8, Elisabeth u. Hans-Peter Schobel	Schwäb.	0741 6274	78	2	—	x	x	—	—	x	—	15	15	—	x	x	20	—	—	—	S. 309
7820	Rudenberg-Neustadt, Titisee Neustadt, Rudenberg 6, Irene und Horst Brömel	Baden	07651 7360	138	5	2	x	x	2	—	x	○	30	—	x	x	x	30	—	—	⊙	S. 137
6220	Rüdesheim, Am Kreuzberg, Hella u. Manfred Alt	Hessen	06722 2711	222	4	1	x	x	2	—	x	—	—	20	—	x	x	20	20	—	* ⊙	S. 226
6090	Rüsselsheim, Hauptm.-Scheuermann-Weg 6, Gisela u. Konrad Merz	Hessen	06142 42346	116	6	1	x	x	—	—	x	—	10	15	—	x	x	15	5	—	* ⊙	S. 226
4784	Rüthen, Am Rabenknapp 5, Cläre und Herbert Gillert	Westf.-L.	02952 483	108	4	1	—	x	1	—	x	○	1	—	—	x	x	—	15	—	—	S. 363
5107	Rurberg, Simmerath-Rurberg, Aloisia u. Gerhard Lis	Rheinl.	02473 2200	176	7	3	x	x	3	x	x	○	2 km	6,5 km	x	—	x	14 km	20	—	⊙	S. 269
2932	Ruttelerfeld/Zetel 1-Neuenburg, Zollweg 27, Ingeborg u. Rolf Flenker	Unt.-Ems	04452 416	136	4	2	x	x	—	—	x	○	60	—	—	x	x	—	45	—	—	S. 332
6600	Saarbrücken, Meerwiesertalweg 31, Marga u. Albert Dumont	Saarl.	0681 33040	181	5	3	x	x	—	—	x	○	20	15	—	x	x	20	2	—	● *	S. 295
5510	Saarburg, Bottelter Str. 8, Renate u. Willi Guth	Rhl.-Pf.	06581 2555	134	3	—	—	x	—	—	x	—	5	—	—	x	x	15	10	—	—	S. 289
8391	Saldenburg „Waldlaterne", In der Burg, Ingeborg u. Hans Leischer	Bayern	08504 1655	166	3	4	x	x	—	—	x	○	10	30	x	—	x	—	20	—	—	S. 178
2904	Sandhatten/Hatten, Wöschenweg 28, Uwe u. Anke Möller	Unt.-Ems	04482 330	130	6	—	x	x	—	—	x	○	25	120	—	30	60	105 75	10	—	—	S. 332
6541	Sargenroth, Kirchweg 1, Gudrun u. Hermann Weiß	Rhl.-Pf.	06761 2500	148	4	1	x	x	3	—	x	x	90	im Haus	—	x	x	90	5	—	⊙ ●	S. 289

Zeichenerklärung/Key/Légende   Seite/Page   25/26 und 50/51

Kurzinformationen über alle Jugendherbergen
Short informations of all Youth Hostels
Informations brèves sur les Auberges de Jeunesse

Legende:
- Postleitzahl
- Jugendherberge / Adresse / Herbergseltern
- Lvb
- Telefon
- Betten
- Tagesräume
- Hobby- und Sporträume
- Warmwasser
- Dusche
- Familienzimmer
- Kochgelegenheit
- Vollverpflegung
- für Behinderte geeignet (Erläuterungen s Seite 25 26) — B
- Freibad (Minuten)
- Hallenbad
- Wintersport-Möglichkeiten
- ev Kirche
- kath Kirche
- Bahnhof (Minuten)
- Bus
- Straßenbahn
- Besondere Bedingungen
- mehr über die JH
- Seite

8

Einkaufen und Essen

Subordinating conjunctions
Infinitive constructions with *zu*
Nouns of measure, weight, and number
Reading: *Es geht um die Wurst!*

Im Supermarkt

MARIA: Ich habe schon Hunger. Weißt du, was wir noch zum Abendessen brauchen?

KIRSTEN: Du hast doch die Einkaufsliste, oder?

MARIA: Ich fürchte, daß ich sie verloren habe.

KIRSTEN: Das macht nichts. Wir müssen nur noch zum Metzger. Wir brauchen vier Paar Bratwürste und 300 Gramm Leberwurst.

MARIA: Meinst du, wir haben genug, um jemand einzuladen?

KIRSTEN: Sicher!

Im Restaurant

GAST: Herr Ober!

KELLNER: Ja, bitte? Möchten Sie etwas zum Nachtisch bestellen?

GAST: Ja, bringen Sie mir bitte die Speisekarte!

KELLNER: So, bitte sehr.

GAST: Vielen Dank . . . Ich nehme eine Tasse Kaffee und einen Nachtisch, wenn Sie mir etwas empfehlen können.

KELLNER: Unsere Torten sind besonders gut.

In der Gaststätte

HERR WOLF: Fräulein, ich möchte zahlen bitte.

KELLNERIN: Sie haben Schnitzel, Pommes frites und einen Salat gehabt, nicht wahr?

HERR WOLF: Jawohl, und auch ein Glas Bier.

KELLNERIN: Und haben Sie Brote[1] gehabt?

HERR WOLF: Ja, ein Stück.

KELLNERIN: Das macht zusammen DM 25,80 bitte sehr.

[1] A slice of bread or a roll costs extra in most restaurants.

Wortschatz

In the Supermarket

MARIA: I'm already hungry. Do you know what we still need for dinner?

KIRSTEN: You have the shopping list, don't you?

MARIA: I'm afraid that I've lost it.

KIRSTEN: It doesn't matter. All we need to do is go to the butcher's. We need four pairs of bratwurst and three hundred grams of liverwurst.

MARIA: Do you think we'll have enough to invite someone?

KIRSTEN: Sure!

In a Restaurant

PATRON: Waiter!

WAITER: Yes, sir? Would you like to order something for dessert?

PATRON: Yes, please bring me the menu.

WAITER: Here you are.

PATRON: Thank you . . . I'll take a cup of coffee and some dessert if you can recommend something.

WAITER: Our tortes are especially good.

In a Restaurant

MR. WOLF: Miss, may I have the check please?

WAITRESS: You had the cutlet, French fries, and a salad, didn't you?

MR. WOLF: Yes I did, and a glass of beer, too.

WAITRESS: And did you have any bread?

MR. WOLF: Yes, one piece.

WAITRESS: That will be twenty-five Marks eighty, please.

Leicht zu merken

der **Hunger**
der **Kaffee**
das **Restaurant, -s**
der **Supermarkt, ̈e**

Verben

bestellen to order
einladen (lädt ein), hat eingeladen to invite
empfehlen (empfiehlt), hat empfohlen to recommend
nehmen (nimmt), hat genommen to take
verlieren, hat verloren to lose

Substantive

das **Abendessen** supper, evening meal
  zum Abendessen for supper
das **Brot, -e** bread
das **Fräulein, -** young (unmarried) woman
  Fräulein (*title*) Miss
die **Gaststätte, -n** restaurant with moderate prices
das **Glas, ̈er** glass
das **Gramm** gram
  200 Gramm 200 grams
die **Liste, -n** list
  die **Einkaufsliste** shopping list
der **Metzger, -** butcher
der **Nachtisch, -e** dessert
  zum Nachtisch for dessert
das **Paar, -e** pair; couple

die **Pommes frites** (*pl., pronounced "Pomm fritt"*) French fries
der **Salat, -e** salad; lettuce
das **Schnitzel, -** cutlet
die **Speisekarte, -n** menu
das **Stück, -e** piece
die **Tasse, -n** cup
die **Torte, -n** torte, tart
die **Wurst, ̈e** sausage
  die **Bratwurst** fried or grilled sausage
die **Leberwurst** liverwurst

Andere Vokabeln

daß (*conj.*) that
jemand someone, somebody
jawohl yes (*emphatic*), yes indeed, that's right
um . . . zu in order to
wenn if

Nützliche Ausdrücke

Bitte sehr! Here you are! (when giving or showing someone something)
Fräulein! Waitress! (regardless of age)
Herr Ober! Waiter!
Ich habe Hunger. I'm hungry.
Ich habe Durst. I'm thirsty.
Zahlen bitte! Check please!
Ich möchte zahlen bitte. I'd like the check please. (*literally:* I'd like to pay please.)

Gegensätze

jemand ≠ niemand   someone, somebody ≠ no one, nobody

der Fleischer
der Schlachter

Neue Kombinationen

A. Replace the words in italics with the cue you will hear.

1. Möchtest du etwas *zum Nachtisch* bestellen?
   (zum Abendessen, zum Mittagessen, für uns alle)
2. Das kaufen wir *beim Metzger.*
   (im Supermarkt, beim Bäcker, später, in der Boutique, zusammen)
3. *Unsere Torten* sind besonders gut.
   (unser Salat, unsere Leberwurst, unsere Weine, unser Kaffee)
4. Bringen Sie mir bitte *die Speisekarte.*
   (zwei Bier, noch ein Glas Wein, ein Stück Brot)

B. Use the cues you will hear to speculate why the service is so poor in this restaurant.

> EXAMPLE: . . . daß es nicht genug Kellner gibt.
> Es ist möglich, daß es nicht genug Kellner gibt.

1. . . . daß der Kellner uns nicht sieht.
2. . . . daß er zu viel zu tun hat.
3. . . . daß wir heute nichts zu essen bekommen.
4. . . . daß die Kellner zusammen Karten spielen.
5. . . . daß wir nie wieder in dieses Restaurant kommen.

Übung zur Aussprache

See the Introduction, p. 5, for the pronunciation of the sound represented by **ö.** Practice the difference between long **o** and long **ö,** short **o** and short **ö.** (In some proper names, **ö** is spelled **oe.**)

long **o**	long **ö**	short **o**	short **ö**
Gote	Goethe	Gott	Götter
Ton	Töne	konnte	könnte
Sohn	Söhne	Bock	Böcke
schon	schön	Kopf	Köpfe
Ostern	Österreich	Stock	Stöcke

Now read the following exchanges aloud, paying particular attention to **ö:**

> Wann öffnet der **Ö**sterreicher seinen Laden?
> Gehört ihm der Laden?
> Er gehört auch seiner Frau.
>
> Wie viele Söhne hat denn G**oe**the gehabt?
> Das habe ich auch nicht beantworten k**ö**nnen!

Grammatik

1/ Subordinating Conjunctions

Subordinating conjunctions, like coordinating conjunctions (see p. 176), join two clauses together. But the clause beginning with a subordinating conjunction becomes subordinate to, or dependent on, the other clause (the main clause). A subordinate clause cannot stand alone in speech or writing.

main clause	subordinate clause
I know	that they still remember me.
	("that they still remember me" is not a complete sentence.)

In this chapter you will learn the following subordinating conjunctions:

daß	that
ob	whether, if (= whether)
weil	because
wenn	if[1]

A. Verb Last Word Order in the Subordinate Clause

Unlike coordinating conjunctions, which do not affect word order, subordinating conjunctions move the inflected verb to the end of the subordinate clause:

Ich | habe | sie verloren.

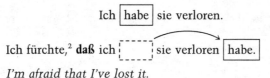

Ich fürchte,[2] **daß** ich [ ] sie verloren | habe. |

I'm afraid that I've lost it.

Here are some more examples:

| Brauchen | wir noch etwas?

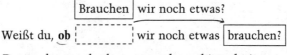

Weißt du, **ob** [ ] wir noch etwas | brauchen? |

Do you know whether we need anything else?

Sie | ist | dort besser.

Kauf die Wurst beim Metzger, **weil** sie [ ] dort besser | ist! |

Buy the sausage at the butcher's because it's better there.

Sie | können | mir etwas empfehlen.

---

[1] **Wenn** can also mean **when** and **whenever.** See Chapter 11, p. 275.
[2] Note on punctuation: A comma *must* precede the subordinating conjunction.

Ich nehme einen Nachtisch, **wenn** Sie [____] mir etwas

empfehlen [können].

I'll take a dessert if you can recommend something to me.

ÜBEN WIR!

a. Change the sentences in these two situations to subordinate clauses. Begin the new sentence with "Ich weiß, daß . . ."

EXAMPLE: Die Leberwurst ist nicht teuer.
Ich weiß, daß die Leberwurst nicht teuer ist.

1. Du willst eine Party geben.
2. Daniel will auch kommen.
3. Ingrid hat ihn nicht gern.
4. Wir fangen um acht an.
5. Er kommt um zehn.

6. Er hat mir ein Bier bestellt.
7. Ich muß es nicht trinken.
8. Ihr wartet noch auf das Essen.
9. Ihr habt oft von diesem Restaurant gesprochen.
10. Wir müssen um halb neun im Kino sein.

b. Change these questions about shopping and studying in Berlin by adding "Ich möchte wissen, ob . . ."

EXAMPLE: Ist das Essen hier gut?
Ich möchte wissen, ob das Essen hier gut ist.

1. Brauchen wir noch etwas?
2. Hast du die Einkaufsliste?
3. Hast du sie verloren?
4. Kannst du mir etwas empfehlen?
5. Ist die Wurst besser bei diesem Metzger?

6. Hast du in Berlin studiert?
7. Hat dir das Studentenleben gefallen?
8. Hast du Geschichte als Hauptfach gehabt?
9. Belegen viele Studenten diesen Kurs?
10. Muß man ein Referat schreiben?

c. Explain why you're staying home today. Change the sentence you will hear to a **weil**-clause, moving the verb to the end.

EXAMPLE: Das Wetter ist nicht schön.
Ich bleibe heute zu Hause, weil das Wetter nicht schön ist.

1. Meine Freunde besuchen mich.
2. Ich muß ein Referat schreiben.
3. Ich habe gestern zu viel gearbeitet.

4. Ich muß das Abendessen kochen.
5. Ich bin gern allein.
6. Ich möchte nicht schon wieder ins Kino.
7. Die Kinder brauchen mich.
8. Etwas ist passiert.
9. Die Läden sind geschlossen.

B. The question words (**wann, warum, was, wer, wen, wem, wessen, wie, wo,** etc.) also act as subordinating conjunctions when they introduce an indirect question:

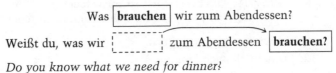

Was **brauchen** wir zum Abendessen?

Weißt du, was wir [ ] zum Abendessen **brauchen?**

Do you know what we need for dinner?

Wer **ist** das?

Ich kann Ihnen nicht sagen, wer [ ] das **ist.**

I can't tell you who that is.

ÜBEN WIR!

You don't know the answers to these questions about a hitchhiking trip.

EXAMPLE: Wer steht da?
Ich weiß nicht, wer da steht.

1. Wohin wollen sie reisen?
2. Warum packen sie die Rucksäcke?
3. Wann müssen sie in Italien sein?

4. Wessen Plan ist das?

5. Wo wollen sie übernachten?

6. Wieviel kostet das Essen in der Jugendherberge?

7. Warum fahren sie nicht mit dem Zug?

8. Wen wollen sie besuchen?

C. Verbs with Separable Prefixes in Subordinate Clauses

You know that when a verb with a separable prefix is used in a main clause, the prefix is separated from the verb and placed at the end of the clause:

Dort **kaufe** ich immer **ein.**

In a subordinate clause, the verb moves to the end of the clause and the prefix is attached to it.

Weißt du, warum ich [＿＿＿＿] immer dort [**einkaufe?**]

ÜBEN WIR!

Your teacher asks you a question that your neighbor doesn't hear. Tell your neighbor what the teacher wants to know, introducing your sentence with "Er (oder sie) möchte wissen, . . ."

EXAMPLE: Wann stehen Sie auf?
Sie möchte wissen, wann ich aufstehe.

1. Wann fängt das Semester an?

2. Kommt Bernd um zehn vorbei?

3. Warum fährt Regine am Dienstag ab?

4. Will sie meine Kollegen kennenlernen?

5. Gibt Karl das Geld seines Vaters aus?

6. Mit wem gehen wir abends spazieren?

7. Wo steigen wir in die Straßenbahn ein?

8. An welcher Haltestelle steigen wir aus?

9. Wessen Freunde kommen mit?

10. Wer macht das Fenster zu?

D. Order of Clauses in the Sentence

Subordinate clauses may either follow or precede the main clause:

$$\overset{1}{\text{Ich}} \overset{2}{\text{spreche}} \text{ langsam, weil ich nicht viel Deutsch gelernt habe.}$$

$$\overset{1}{\text{Weil ich nicht viel Deutsch gelernt habe,}} \overset{2}{\text{spreche}} \text{ ich langsam.}$$

In the latter case, the *entire* subordinate clause occupies the first position. The verb of the main clause follows it immediately in second position. The two inflected verbs are thus directly adjacent to each other, separated by a comma:

subordinate clause	main clause
Wer der Mann **ist,**	**weiß** ich nicht.
Daß er aus Amerika **kommt,**	**kann** ich nicht glauben.

ÜBEN WIR!

Reverse the order of the clauses in the sentences you will hear.

> EXAMPLE: Sie kann mir nicht sagen, wo sie wohnt.
> Wo sie wohnt, kann sie mir nicht sagen.

1. Ich weiß nicht, was wir brauchen.
2. Ich glaube nicht, daß ich etwas verloren habe.
3. Die Kellnerin weiß nicht, wer die Pommes frites bekommt.
4. Ich komme später vorbei, wenn du es willst.
5. Ich habe gewußt, daß er mich nicht verstanden hat.
6. Ich kann die Torte empfehlen, wenn Sie einen Nachtisch wollen.

2/ Infinitive Constructions with **zu**

There are infinitive constructions in German which use the infinitive with **zu.** For the most part, they parallel the use of the English infinitive with **to**:

Es ist langweilig, immer Wurst **zu** essen.	*It's boring to always eat sausage.*
Wir haben genug, um jemand ein**zu**laden.	*We have enough to invite someone.*

▶ Like the verb in a subordinate clause, the German infinitive with **zu** comes at the end of its phrase, while in English it comes at the beginning.

When the verb has a separable prefix, the **zu** is inserted between the prefix and the verb stem:

Ich bin froh, bald ab**zu**fahren.	*I'm glad to be leaving soon.*
Wer hat Zeit, mit mir spazieren**zu**gehen?	*Who has time to go for a walk with me?*

Here are some cases where one uses the infinitive with **zu**:

A. An infinitive with **zu** can function as the complement of certain verbs such as **anfangen** and **aufhören**:

Er fängt an **zu essen.**[1]	*He's beginning to eat.*
Sie haben aufgehört, über ihre Probleme **zu sprechen.**	*They've stopped talking about their problems.*

B. An infinitive with **zu** can function as the complement of certain adjectives and nouns such as **früh, spät, Vergnügen,** and **Zeit.**

Es ist zu spät **spazierenzugehen.**	*It is too late to go for a walk.*
Es ist ein Vergnügen, mal nichts **zu tun.**	*It's a pleasure to do nothing for once.*

[1] Note on punctuation: The infinitive with **zu** is not set off by a comma if it has no complements of its own. If it has complements it must be set off by a comma:

> Ich fange an zu essen.
> Ich fange an, Brot zu essen.

Join the sentences in the following conversations by changing the second sentence to an infinitive phrase.

> EXAMPLE: Er hat früh begonnen. Er schreibt sein Referat.
> Er hat früh begonnen, sein Referat zu schreiben.

1. Hast du angefangen? Machst du Pläne?
2. Ja, ich möchte aufhören. Ich gebe so viel Geld aus.
3. Gut, es ist Zeit. Du sollst vernünftig werden.
4. Ich fange endlich an. Ich spare Geld.
5. Dann höre ich auf. Ich bin pessimistisch.

6. Es ist kein Vergnügen. Ich fahre zwei Stunden mit dem Auto.
7. Im Zug habe ich Zeit. Ich lese meine Zeitung.
8. Morgen fange ich an. Ich fahre auch mit dem Zug.
9. Ja, es ist Unsinn. Sie sitzen so lange im Auto.
10. Am Wochenende ist es schön. Man kann zu Hause bleiben.

C. Infinitives with **zu** after the prepositions **um** and **ohne.**

1. **um . . . zu** = in order to

Man braucht viel Zeit, **um** eine Fremdsprache **zu lernen.**	*You need a lot of time (in order) to learn a foreign language.*
Wir haben genug, **um** jemand **einzuladen.**	*We have enough to invite someone.*

2. **ohne . . . zu** = without . . . -ing

Sie ist weggegangen, **ohne** mir etwas **zu sagen.**	*She left without saying anything to me.*
Er kauft keine Wurst, **ohne** auch Bier **zu kaufen.**	*He doesn't buy sausage without buying beer too.*

a. Change the **weil**-clause to an **um . . . zu** phrase, eliminating the modal verbs.

> EXAMPLE: Ich gehe zum Metzger, weil ich Wurst kaufen will.
> Ich gehe zum Metzger, um Wurst zu kaufen.

1. Ich gehe ins Restaurant, weil ich dort essen möchte.
2. Ich sitze am Fenster, weil ich die Straße sehen will.
3. Dann rufe ich den Kellner, weil ich etwas bestellen möchte.
4. Ich esse schnell, weil ich keine Zeit verlieren will.
5. Der Kellner kommt zurück, weil er mir fünf Mark zurückbringen muß.

b. Combine the sentences, changing the second one to an **ohne . . . zu** phrase.

> EXAMPLE: Er ist weggegangen. Er hat mir nicht gedankt.
> Er ist weggegangen, ohne mir zu danken.

1. Sie sind weggegangen. Brot haben sie nicht gekauft.
2. Ich arbeite für eine Firma. Ich kenne den Chef nicht.
3. Gehen wir zu Rolf. Sagen wir es Karl nicht.
4. Karin hat ein Zimmer gefunden. Sie hat nicht lange gesucht.
5. Er wohnt seit Jahren neben mir. Er kennt mich nicht.

3/ Nouns of Measure, Weight, and Number

A. Nouns indicating measure and weight are *not* followed by a prepositional phrase, as they are in English:

ein Glas Bier	a glass *of* beer
eine Flasche Wein	a bottle *of* wine
eine Tasse Kaffee	a cup *of* coffee
ein Kilogramm Leberwurst	a kilogram *of* liverwurst

B. Masculine and neuter nouns of measure remain in the singular even after numerals greater than one:

drei **Glas** Bier	three glass*es* of beer
300 **Gramm**	300 gram*s*

Feminine nouns of measure, however, *do* use their plural forms:

zwei Tass**en** Kaffee	two cups of coffee
drei Flasch**en** Wein	three bottles of wine

ÜBEN WIR!

Pass on the orders of your friends who can't speak German to the waitress in a restaurant. Begin with "Bringen Sie uns bitte . . ."

> EXAMPLE: . . . a cup of coffee and a piece of bread
> Bringen Sie uns bitte eine Tasse Kaffee und ein Stück Brot.

1. . . . a glass of wine and two cups of coffee.
2. . . . five glasses of beer.
3. . . . a bottle of wine and three cups of coffee.
4. . . . three glasses of beer, two glasses of wine, and a cup of coffee.

Wortschatz zum Lesestück

Leicht zu merken

grillen
(das) Jugoslawien (country, not nationality)
das Kilogramm
der Österreicher, -
das Picknick, -s
die Statistik, -en

Verben

gebrauchen to use
gehören zu (+ dat.) to be a part of
nennen, hat genannt to name
übersetzen to translate

Substantive

die Ecke, -n corner
    an der Ecke on the corner
das Feuer fire
das Fleisch meat
das Frühstück, -e breakfast
die Gurke, -n cucumber; pickle
Haupt- (prefix) main
    die Hauptmahlzeit main meal
der Inhalt, -e content(s)
der Käse cheese
die Küche, -n kitchen; cuisine

Gegensätze

die Kunst, ⸚e art
die Mahlzeit, -en meal
der Schnellimbiß, -isse stand selling hot snacks
der Senf mustard
der Teller, - plate

Andere Vokabeln

alles (sing.) everything
einige (pl.) some
lecker tasty, delicious
normalerweise normally, usually
pro per
    pro Tag per day
rein pure; clean
trotzdem in spite of that; nevertheless
wichtig important

Nützliche Ausdrücke

nicht nur . . . sondern auch not only . . . but also
Das hat mit X etwas/nichts zu tun. That has something/nothing to do with X.
Das ist mir Wurst! (pronounced and often written Wurscht) (coll.) I don't care at all. That's no concern of mine.

---

wichtig ≠ unwichtig   important ≠ unimportant

Es geht um die Wurst!°

"Es geht um die Wurst!" Diese Redewendung° bedeutet, daß eine wichtige Entscheidung° kommt. Wenn man aber die Redewendung „das ist mir Wurst" gebraucht, will man sagen, daß einem° etwas unwichtig scheint.

Das Essen liefert° jeder Sprache viele Redewendungen. In der deutschen Sprache—wie auch in der deutschen Küche—scheint die Wurst besonders wichtig zu sein:

> „Vom Brot allein kann man nicht leben,
> Es muß auch Wurst und Schinken° geben."

Für die Deutschen ist die Wurst nicht nur eine einfache Kost,° sondern sie kann auch eine leckere Delikatesse° sein. Ein altes Sprichwort° sagt: „Des Schweines Ende ist der Wurst Anfang."[1] Das heißt, daß die Kunst des Metzgers eigentlich erst hier beginnt. Er ist viel mehr als nur ein „Fleischhauer",° wie man ihn in Österreich manchmal

margin glosses:
expression, idiom
decision
to him
supplies with
ham
simple dish   delicacy
proverb
"meat chopper"
Sprichwort

[1] Proverbs often preserve archaic word order. Here the genitive precedes the noun it modifies, as in English: "The pig's end is the sausage's beginning."

nennt. Die Meisterstücke° des Metzgers sollen nicht lange Jahre halten,° wie die Erzeugnisse° des Schreiners oder des Goldschmiedes.° Die Würste bestehen° nur, bis der Kunde Hunger hat. Trotzdem hat der Metzgerberuf ein sehr hohes Ansehen° in einem Land, wo es mehr als fünfhundert Wurstsorten° gibt. *masterpieces / last, keep products / goldsmith's / last / is held in high esteem / varieties of sausage*

Einige dieser Wurstsorten haben deutsche Metzger dann mit nach Amerika gebracht: die „Wiener" ist ursprünglich° eine Wurstsorte aus Wien gewesen, die „Frankfurter" eine aus Frankfurt. Die Leberwurst haben die Amerikaner als „liverwurst" eigentlich nur halb übersetzt. Der Name „hot dog" ist aber rein amerikanisch und hat hoffentlich nichts mit dem Inhalt der Wurst zu tun! *originally*

Man kann also nicht lange in Deutschland leben, ohne Wurst zu essen. Wenn man in Eile ist, ißt man auf der Straße eine Bockwurst° vom Schnellimbiß an der Ecke, wo es auch den Schaschlik° aus Jugoslawien gibt. Bei den Deutschen zu Hause kann man zu jeder Mahlzeit Wurst auf dem Tisch finden, auch zum Frühstück. Weil die Hauptmahlzeit des Tages in Deutschland das Mittagessen ist, ißt man abends normalerweise kalt. Zum Abendessen kommt dann ein Teller mit Aufschnitt° auf den Tisch: Schinken und Wurstsorten wie Salami, Blut-[1]und Zungenwurst,° dazu° gibt es Käse, Brot, Gurken und Senf. Zum Picknick am Wochenende gehört das Grillen von Wienern am Feuer. *boiled sausage / mutton broiled on a skewer / cold cuts / blood sausage and tongue sausage / in addition*

Daß die Deutschen lieber Wurst als andere Fleischwaren° essen, zeigt eine Statistik: durchschnittlich° ißt der Bundesdeutsche° 27 Kilogramm[2] Wurst im Jahr, also 75 Gramm[2] pro Tag. Von anderen° Fleischwaren ißt er nur 11 Kilogramm[2] im Jahr. *meat products / on the average / West German / other*

„Alles hat ein Ende, nur die Wurst hat zwei."

Fragen zum Lesestück

1. Was scheint in der deutschen Küche besonders wichtig zu sein?
2. Was bedeutet, „Das ist mir Wurst"?
3. Was ist hier mit den Meisterstücken des Metzgers gemeint?
4. Hat der Name „hot dog" etwas mit dem Inhalt der Wurst zu tun?
5. Wo kann man auf der Straße etwas zum Essen kaufen?
6. Welche Mahlzeit ist die Hauptmahlzeit des Tages in Deutschland?
7. Ist das Abendessen normalerweise warm oder kalt?
8. Was ißt man zum Abendessen?

[1] When compound nouns in a series have a common final element, that element is replaced by a hyphen in all nouns except the last one.
[2] 27 kilograms = 59.4 lbs., 75 grams = 2.3 oz., 11 kilograms = 24.2 lbs.

Vom Lesen zum Sprechen

die Lebensmittel	Groceries
das **Gemüse** (*sing.*)	vegetables
die **Kartoffel, -n**	potato
das **Sauerkraut**	sauerkraut
die **Tomate, -n**	tomato
die **Zwiebel, -n**	onion
das **Obst**	fruit
der **Apfel, ˙**	apple
die **Banane, -n**	banana
die **Orange, -n**	orange
die **Zitrone, -n**	lemon
der **Fisch, -e**	fish
das **Hühnchen, -**	chicken
die **Butter**	butter
das **Ei, -er**	egg
der **Joghurt**	yoghurt
die **Milch**	milk
die **Marmelade**	jam
das **Öl**	oil
der **Pfeffer**	pepper
das **Salz**	salt
der **Zucker**	sugar
der **Saft**	juice
der **Tee**	tea
das **Brötchen, -**	roll
der **Kuchen, -**	cake
das **Eis**	ice cream; ice

1. die **Serviette, -n**
2. die **Gabel, -n**
3. der **Teller, -**
4. das **Messer, -**
5. der **Löffel, -**
6. das **Glas, ⸚er**

Before a meal, your German host will wish you „**Guten Appetit!**"

A. Am Ende des Semesters kocht Ihre Klasse zusammen ein Abendessen. Was wollen Sie essen? Was ißt und trinkt jeder besonders gern? Machen Sie zusammen eine Einkaufsliste!

B. Jetzt gehen Sie durch den Supermarkt, um diese Lebensmittel einzukaufen. Was kosten die Lebensmittel? Wieviel Fleisch, Bier, Wein, usw. brauchen Sie?

C. Was braucht man, um Apfelkuchen, Kartoffelsalat, Tomatensuppe oder Obstsalat zu machen?

D. Was kochen Sie besonders gern? Können Sie es auf deutsch beschreiben?

Mündliche Übungen

A. Persönliche Fragen

1. Nehmen Sie eine Einkaufsliste mit, wenn Sie in den Supermarkt gehen, oder wissen Sie immer, was Sie brauchen?
2. Was kaufen Sie ein, wenn Sie ein Abendessen mit Freunden planen?
3. Kaufen Sie alles im Supermarkt oder gehen Sie manchmal zum Bäcker oder zum Metzger?
4. Gehen Sie oft ins Restaurant?
5. Was bestellen Sie gerne zum Nachtisch?
6. Trinken Sie lieber Tee oder Kaffee?
7. Trinken Sie auch gern Bier?
8. Haben Sie eine Mensa an Ihrer Uni? Was kostet das Essen dort?
9. Was kaufen Sie beim Metzger?
10. Ist das Fleisch vom Metzger oder vom Supermarkt besser? Was meinen Sie?

B. You're in a German *Supermarkt* with a friend who speaks no German. Relay your friend's questions and comments to the salespeople. Start your sentences with "Mein Freund sagt, daß . . ." or "Mein Freund möchte wissen . . ."

> EXAMPLE: What do these bananas cost?
> Mein Freund möchte wissen, was diese Bananen kosten.

1. These apples seem expensive.
2. Which rolls are better?
3. The tomatoes look delicious. *lecker* *aussehen*
4. What do they cost today?
5. Where are the pickles?
6. What did the saleswoman say?
7. I would like a kilogram of bananas.
8. Can one buy beer and wine here too?

C. Answer the question you will hear, using an **um . . . zu** phrase.

> EXAMPLE: Warum gehen wir zum Supermarkt?
> Um Lebensmittel zu kaufen.

1. Warum gehst du ins Wasser?
2. Warum studierst du Deutsch?
3. Warum fahren Studenten per Autostop?
4. Warum bist du nach Österreich gefahren?
5. Warum gehst du zum Schnellimbiß?
6. Warum geht man zum Metzger?
7. Warum liest du das Vorlesungsverzeichnis?
8. Warum bist du nach Konstanz gekommen?

D. *Rollenspiel.* Play the following scenes in German with your fellow students:

1. Kellner und Gast im Restaurant
2. Zwei Studenten in einer Gaststätte
3. Metzger und Kunde im Laden
4. Zwei Freunde am Schnellimbiß
5. Autofahrer und Tramper

E. Complete the sentences you will hear cued, using verb-last word order. Tell about your own plans, likes, dislikes, etc.

> EXAMPLE: Es ist möglich, daß . . .
> Es ist möglich, daß ich heute abend ins Kino gehe.

1. Es ist nicht möglich, daß . . .
2. Ich weiß, daß . . .
3. Ich weiß nicht, ob . . .
4. Ich weiß nicht, warum . . .
5. Es tut mir leid, daß . . .
6. Es ist mir Wurst, ob . . .
7. Es ist mir egal, ob . . .

8. Es ist mir klar, daß . . .
9. Ich finde es schön, daß . . .
10. Ich habe es gern, wenn . . .

Schriftliche Übungen

F. Schreiben Sie einen Dialog zwischen den Studenten Karin und Rolf mit diesem Inhalt: Sie stehen vor einem Restaurant, sind ziemlich in Eile, und wissen nicht, ob sie hier essen sollen. Rolf meint, daß sie keine Zeit haben und ein Würstchen am Schnellimbiß kaufen sollen. Aber Karin sagt, sie ißt das nicht gern und möchte lieber ins Restaurant. Im Restaurant lesen sie die Speisekarte und fragen den Kellner, welches Essen sie bestellen sollen, weil sie nicht viel Zeit haben. Am Ende bestellen sie dann nur zwei Stück Torte und Kaffee.

G. Write a paragraph on your eating habits or on eating in America. What's the main meal? What sorts of things do people like to eat? When do you eat in restaurants? Try to use subordinate clauses and infinitive phrases as much as possible.

H. Wie sagt man das auf deutsch?

1. Do you know what they eat for supper in Germany?
2. They usually eat only sausage, bread, and cheese, because the noon meal is the main meal.
3. It must be hard for housewives to find a job if they have to cook the midday meal.
4. Can you get a good meal here without spending a lot of money?
5. Yes. I would like to recommend the schnitzel with potatoes and salad to you.
6. Thanks a lot! I'm already hungry!
7. I've lost a lot of time because you arrived so late.
8. That's no concern of mine.
9. Do you think that you can say that to me?
10. I not only think that, but I've also done it!

Almanach

Deutsche Speisekarten

Lukullische Vorspeisen

6 Schnecken mit Kräuterbutter
im Näpfchen, Toast   DM 9,—
Snails — Escargots

Cocktail von Meeresfrüchten,
Toast und Butter   DM 14,50
Cocktail fruits of sea — Cocktail fruits de mer

2 geräucherte Forellenfilets
mit Sahnemeerrettich und Toast   DM 16,—
Warm smoked trout — Truite fumé

Hausgebeizter Grönländer Lachs
auf Toastsockel   DM 19,—
Salmon — Saumon

Cocktail von Hummerkrabben,
Toast und Butter   DM 22,—
Jumbo-shrimps — Queues d'écrevisses

28 g Beluga-Malossol Kaviar
auf Eis mit Melbatoast   DM 39,—

Delikatessen zum Löffeln

Rinderkraftbrühe mit Ei   DM 4,50
Consommé Royal

Wildkraftbrühe mit
rosa Champignons   DM 5,—
Consommé de gibier

Schneckencremesuppe à la Ritter   DM 6,50
Snail-soup — Soupe d'escargots

Französische Zwiebelsuppe
mit Croutons und Käse
überbacken   DM 6,—
Onion Soup — Soupe d'oignons

Hausgemachte französische
Fischsuppe, Knoblauchtoast   DM 7,75
Homemade fish soup — Soupe de poissons

Kalte Gaumenfreuden

Belegte Brote nach Wahl:
Mettwurst   DM 6,—
gekochter Schinken   DM 7,—
roher Schinken   DM 8,—
Roastbeef   DM 9,—

Portion Roastbeef,
Sce. Remoulade, Röstkartoffeln   DM 17,—

Tatar Beefsteak vom Rinderfilet,
Eigelb, Sardellen, Zwiebeln,
Kapern, Cognac   DM 22,—

Fischgerichte

Forelle „Müllerin"
in schäumender Petersilienbutter,
neue Kartoffeln, Salat   DM 18,—
Trout — Truite à la Meunière

Forelle „Maconer Art"
Champignonköpfe, glacierte Perlzwiebeln
in Burgunder, Pariser Kartoffeln,
Salat   DM 20,—
Trout — Truite à la Maconaise

Seezungenfilets
in Tomaten-Buttersauce,
Salatteller, Schalottenreis   DM 29,—
Sole

Seezunge „Müllerin"
in brauner Butter,
Petersilienkartoffeln, Salatschale
Preis nach Größe   je 100 g DM 9,—
Sole à la Meunière

Steinbuttscheibe aus dem
Gemüsesud auf Blattspinat
und mit Sce. Mornay überglänzt,
Butterkartoffeln   DM 25,—
Turbot

Wild und Geflügel

Rehmedaillons „Belvedère"
mit Pfifferlingen, Preiselbeerbirne,
Kartoffelbällchen   DM 28,—
Medaillons of venison — Medaillons de Chevrenil

Gespickte Hasenkeule „Försters Traum"
Waldpilze in Rahm, hausgemachte
Spätzle, Salatteller   DM 22,—
Leg of hare — Cuisse de lièvre

Gemischte Wildplatte „Hubertus"
auserlesene Wildspezialitäten,
Rotkohlmousse, Cranberrys in der
Pastete, Kartoffelvariationen   DM 26,—
Gibiers variés

Barbarienentenbrust
mit Mango und Kiwi,
Orangenrahmsauce, Blattsalate,
in Rahm, Ingwerreis   DM 33,—

9

Das Leben in der Stadt

Simple past tense
Past perfect tense
Some time expressions
Reading: *Aspekte der Großstadt*

Der Flohmarkt

BRIGITTE: Warst du heute morgen in der Altstadt?

SUSANNE: Ja, ich war auf dem Flohmarkt.

BRIGITTE: Ach, ich wollte ja auch auf den Flohmarkt. Wo war er denn dieses Jahr?

SUSANNE: Er ist doch immer auf dem Marktplatz, gegenüber dem Rathaus.

Der Stadtbummel

VATER: Hast du einen Stadtbummel gemacht?

BRIGITTE: Ja, ich mußte sowieso einkaufen gehen, und dann bin ich mit Susanne noch drei Stunden gelaufen, weil's draußen so schön war.

VATER: Das hat aber lange gedauert! Ich dachte, ihr wolltet heute nachmittag schwimmen gehen.

BRIGITTE: Ach, nachdem wir so weit gelaufen waren, waren wir so müde, daß wir keine Lust mehr hatten.

Damals

HERR ZIEGLER: Wie lange wohnen Sie schon hier?

HERR PLANCK: Seit sechs Monaten. Vorher haben wir in Wiesbaden[1] gewohnt.

HERR ZIEGLER: Wirklich? Das wußte ich nicht. Als ich ein Kind war, durfte ich jeden Sommer meine Großeltern dort besuchen.

HERR PLANCK: Damals war die Stadt ganz anders. Es gab nicht so viel Verkehr wie heute.

[1] A city west of Frankfurt renowned since Roman times for its hot springs with curative properties.

Wortschatz

The Flea Market

BRIGITTE: Were you in the old part of town this morning?

SUSANNE: Yes, I was at the flea market.

BRIGITTE: Ah, I had intended to go to the flea market too! Where was it this year?

SUSANNE: It's always in the market square, across from the city hall.

A Stroll through Town

FATHER: Did you take a walk through town?

BRIGITTE: Yes, I had to go shopping anyway, and then I walked for three more hours with Susanne because it was so nice out.

FATHER: That took a long time! I thought you wanted to go swimming this afternoon.

BRIGITTE: Oh, after we had walked so far, we were so tired that we didn't want to any more.

Back Then

HERR ZIEGLER: How long have you lived here?

HERR PLANCK: For six months. Before that we lived in Wiesbaden.

HERR ZIEGLER: Really? I didn't know that. When I was a child I was allowed to visit my grandparents there every summer.

HERR PLANCK: Back then the city was quite different. There was not as much traffic as today.

Verb
dauern   to last, take time

Substantive
die **Altstadt**   old city center
der **Bummel**   stroll, walk
  einen Bummel machen   to go for a stroll
der **Flohmarkt, ¨e**   flea market
der **Marktplatz, ¨e**   market square
  auf dem Marktplatz   in the market square (market place)
der **Monat, -e**   month
das **Rathaus**   city hall

Gegensätze

vorher ≠ nachher   before that, earlier ≠ after that, later

Andere Vokabeln
als   when (*referring to past time*)
damals   then (*in the past*); in those days; back then
gegenüber (+ *dat.*)[1]   across from
heute morgen   this morning
müde   tired, weary
nachdem (*sub. conj.*)   after
vorher   before that; earlier
weit   far

Nützliche Ausdrücke
Wie lange dauert es?   How long does it take?

---

[1] The preposition **gegenüber** may also follow its object: **Er sitzt mir gegenüber.** He is sitting across from me.

Neue Kombinationen

A. Replace the word or phrase in italics with the cue provided.

1. Warst du *heute morgen* in der Altstadt?
   (gestern, gestern abend, heute, heute abend)
2. Ich *mußte* sowieso einkaufen gehen.
   (wollte, konnte, sollte, durfte)
3. Wollte er nicht *schwimmen gehen*?
   (einkaufen gehen, spazierengehen, in die Stadt gehen)
4. Sie hatte *keine Lust* mehr.
   (keine Zeit, kein Geld, keinen Hunger)

B. Using the cue from your teacher, say what you had to do. Your neighbor then says that he/she thought you didn't want to do it.

> EXAMPLE: Teacher: einkaufen gehen
> Student A: Ich mußte einkaufen gehen.
> Student B: Ich dachte, du wolltest nicht einkaufen gehen.

1. zu Hause bleiben
2. meine Großeltern besuchen
3. ein Referat schreiben
4. früh abfahren
5. in die Altstadt
6. etwas bestellen

C. Express surprise at what you hear. Begin with „Wirklich? Ich wußte nicht, daß . . . "

> EXAMPLE: Die Gaststätte war teuer.
> Wirklich? Ich wußte nicht, daß die Gaststätte teuer war.

1. Erika war in der Schweiz.
2. Damals war sie Studentin.
3. Frank hat sie dort besucht.
4. Jetzt arbeitet sie in Bonn.
5. Sie wird Journalistin.

Übungen zur Aussprache

Review the differences in pronunciation between final **-e** and final **-er** in the Introduction, p. 5, then practice with this list of contrastive pairs:

final **-e**	final **-er**
schaue	Schauer
eine	einer
fahre	Fahrer
rede	Räder
Liebe	lieber
bitte	bitter
lose	loser
Wunde	Wunder
gönne	Gönner
müde	müder

Grammatik

1/ Simple Past Tense

Simple past tense is used in written German to narrate a series of inter-connected events in the past. Most novels are written in the simple past. In spoken German, it is most often used with the frequently occurring verbs **sein, haben,** and the modal verbs.

A. Formation

1. Simple Past of Weak Verbs

The marker for the simple past is **-te.**

Regular weak verbs form the simple past by adding the following endings to the verb stem:

ich wohn	**te**	I lived	wir wohn	**ten**	we lived
du wohn	**test**	you lived	ihr wohn	**tet**	you lived
er, es, sie wohn	**te**	he, it, she lived	sie, Sie wohn	**ten**	they, you lived

Verbs whose stems end in **-d** or **-t** add an **-e-** between the stem and these endings:

ich arbeit	**ete**	I worked	wir arbeit	**eten**	we worked
du arbeit	**etest**	you worked	ihr arbeit	**etet**	you worked
er, es, sie arbeit	**ete**	he, it, she worked	sie, Sie arbeit	**eten**	they, you worked

For regular weak verbs, the only form you need to know to generate all other possible forms is the infinitive: **wohnen (wohnte, gewohnt)**

ÜBEN WIR!

a. Substitute the new subjects you will hear.

1. *Ich* wohnte damals in Wien. (du, Anna, wir, ihr, die Brüder)
2. *Inge* wartete auf einen Freund. (Leo, wir, ich, die Männer, du)
3. *Wir* lernten Richard in Berlin kennen. (du, ich, die Frauen, er, ihr)
4. *Sie* übernachteten im Hotel. (wir, er, ich, meine Kusine, du)

b. Now change the sentences you will hear from present to simple past tense in this account of Dora's day in town.

1. Dora braucht Lebensmittel.
2. Sie kauft im Supermarkt ein.
3. Sie hört den Straßenverkehr.
4. Sie dankt der Verkäuferin.
5. Draußen schneit es.
6. Sie sucht ein Restaurant.
7. Sie fragt zwei Arbeiter.
8. Sie zeigen Dora das Restaurant.

The irregular weak verbs (see p. 178 above) change their stems in the simple past, but also use the **-te** marker.

			wissen, **wußte,** hat gewußt			

ich wuß	**te**	I knew		wir wuß	**ten**	we knew
du wuß	**test**	you knew		ihr wuß	**tet**	you knew
er, es, sie wuß	**te**	he, it, she knew		sie, Sie wuß	**ten**	they, you knew

Similarly:

bringen	**brachte**	hat gebracht
denken	**dachte**	hat gedacht
kennen	**kannte**	hat gekannt
nennen	**nannte**	hat genannt

„Hänsel und Gretel" von Ludwig Richter

a. Substitute the new subjects you will hear.

1. *Ich* kannte Hans sehr gut. (du, wir, unsere Freunde, er, ihr)
2. *Ich* dachte oft an ihn. (wir, Inge, ihr, die Kinder, du)
3. *Er* brachte immer eine Flasche Wein mit. (ihr, du, die Studenten, Anna, ich, wir)
4. *Wir* nannten ihn Hansi. (ich, du, die Kollegen, ihr, Vater)
5. *Ich* wußte das nicht. (wir, du, Hanna, ihr, unsere Freunde)

b. Now change the sentences you will hear from present to simple past tense.

1. Andreas kennt Wiesbaden sehr gut.
2. Dort besucht er oft seine Großeltern.
3. Sie nennen ihn „Dreas".
4. Sie wissen alles über die Stadt.
5. Er bringt immer seinen Stadtplan mit.
6. In Wiesbaden denkt er nie an seine Eltern.

The modal verbs also form their simple past with the **-te** marker. Those modals that have an umlaut in the infinitive *drop* it in both the past and the perfect tenses:

			können, **konnte,** hat gekonnt				
ich konn	**te**		I was able	wir konn	**ten**		we were able
du konn	**test**		you were able	ihr konn	**tet**		you were able
er, es, sie konn	**te**		he, it, she was able	sie, Sie konn	**ten**		they, you were able

Similarly:

dürfen	**durfte**	hat gedurft
mögen	**mochte**[1]	hat gemocht
müssen	**mußte**	hat gemußt
sollen	**sollte**	hat gesollt
wollen	**wollte**	hat gewollt

a. Substitute the new subjects you will hear.

1. *Ich* konnte den Flohmarkt nicht finden. (du, Lisa, wir, ihr, die Schüler)
2. *Karin* mochte den Professor nicht. (wir, die Studenten, ihr, du, ich)
3. *Wir* durften einen Monat warten. (ihr, er, die Firmen, du, ich)
4. Mußtest *du* schon wieder weg? (wir, Heinrich, die Kinder, ihr)

[1] Note that **mögen,** in addition to dropping the umlaut, has a consonant change in the simple past and perfect.

5. *Ich* wollte etwas sagen. (du, er, wir, ihr, die Mädchen)

6. *Wir* sollten schon da sein. (er, die Briefe, ich, du, ihr)

b. Now change the sentences you will hear from present to simple past tense.

1. Warum müssen wir so früh aufstehen?

2. Wir sollen nicht zu spät zum Bus kommen.

3. Aber meine Frau will erst um zehn aufstehen.

4. Könnt ihr allein in die Stadt gehen, Kinder?

5. Ja, wir dürfen sogar einkaufen gehen.

6. Willst du etwas essen?

7. Ja, aber ich mag keine Tomatensuppe.

8. Muß man denn Suppe bestellen?

2. Simple Past of **haben** and **werden**

The verbs **haben** and **werden** are irregular in the simple past:

ich	**hatte**	I had	wir	**hatten**	we had
du	**hattest**	you had	ihr	**hattet**	you had
er, es, sie	**hatte**	he, it, she had	sie, Sie	**hatten**	they, you had
ich	**wurde**	I became	wir	**wurden**	we became
du	**wurdest**	you became	ihr	**wurdet**	you became
er, es, sie	**wurde**	he, it, she became	sie, Sie	**wurden**	they, you became

Damals **hatten** wir noch keine Kinder.	*We had no children then.*
Gestern **wurde** es sehr kalt.	*Yesterday it got very cold.*

ÜBEN WIR!

a. Substitute the new subjects you will hear.

1. *Ich* hatte damals nicht viel Geld.
   (er, wir, ihr, du, meine Eltern)

2. Damals wurden wir schnell müde.
   (ich, ihr, er, die Kinder, du)

b. Now change the sentences you will hear from present to simple past tense.

1. Hat Marlies Hunger?

2. Ja, wir beide haben Hunger.

3. Wird Irmtraud denn Verkäuferin?

4. Nein. Meine Töchter werden beide Lehrerinnen.

3. Simple Past of Strong Verbs

The strong verbs do *not* have the marker **-te**. Instead, the verb stem is changed and takes the following endings:

Infinitive nehmen		Simple past stem nahm		Perfect hat genommen	
ich nahm		I took	wir nahm	**en**	we took
du nahm	**st**	you took	ihr nahm	**t**	you took
er, es, sie nahm		he, it, she took	sie, Sie nahm	**en**	they, you took

■ Note that the **ich-** and the **er-**form of strong verbs take *no* endings in the simple past.

The simple past stem is the last of the "principal parts" of a German verb you must learn. The principal parts are the forms you must know in order to generate all other forms of a given verb:

Infinitive	3rd person singular present	Simple past stem	Auxiliary + past participle
nehmen	nimmt	nahm	hat genommen

Here is a list of the principal parts of strong verbs you will use in this chapter. Memorize their simple past stems and review your knowledge of the other principal parts:[1]

Principal Parts of Strong Verbs Used in Chapter 9

Infinitive	3rd sing. present[1]	Simple past	Perfect	English
bleiben		blieb	**ist** geblieben	to stay, remain
einladen	lädt ein	lud ein	hat eingeladen	to invite
finden		fand	hat gefunden	to find
geben	gibt	gab	hat gegeben	to give
gehen		ging	**ist** gegangen	to go
heißen		hieß	hat geheißen	to be called
kommen		kam	**ist** gekommen	to come
nehmen	nimmt	nahm	hat genommen	to take
scheinen		schien	hat geschienen	to shine, seem
schreiben		schrieb	hat geschrieben	to write
sehen	sieht	sah	hat gesehen	to see
sein	ist	war	**ist** gewesen	to be
sitzen		saß	hat gesessen	to sit
sprechen	spricht	sprach	hat gesprochen	to speak
stehen		stand	hat gestanden	to stand

[1] All verbs which umlaut their stem vowel in the present tense **du-** and **er-**forms are strong. The principal parts of all strong verbs used in the book will be found in Appendix 1, p. 501. Neither list includes verbs formed by adding prefixes to stems you know, e.g. **abfahren, beschreiben**, etc.

a. Substitute the new subjects you will hear.

1. Gestern schienen *Sie* müde zu sein. (Karl, die Männer, du)
2. *Sie* blieben zu lange auf der Party. (ich, wir, du, Maria)
3. Und dann schrieben *Sie* ein Referat. (die Studenten, ich, Karl, wir, du)
4. Später gingen *Sie* ins Restaurant. (ich, du, er, wir, die Leute)

5. *Sie* hießen Schmidt. (er, die Studentin, diese Leute)
6. *Sie* kamen aus Wiesbaden. (er, du, der Lehrer, die Leute, die Frau)
7. *Sie* waren sehr höflich. (ich, ihr, wir, du, er, Frau Schmidt)
8. *Sie* luden mich zum Essen ein. (Susanne, der Chef, meine Freunde, du)

9. *Sie* standen am Fenster. (Anna, ich, wir, die Verkäuferin, die Kinder)
10. *Sie* sprachen mit dem Professor. (wir, die Mädchen, ich, du, Karl)
11. *Er* gab ihnen ein Buch. (ich, du, Irmtraud, wir, ihr, Joseph und Hans)
12. *Sie* fanden das Buch interessant. (er, wir, ich, die Studentin)

13. *Ich* sah ihn am Marktplatz. (wir, du, Margarete, die Jungen, Georg)
14. *Er* saß in der Straßenbahn. (die Schüler, wir, ich, die Frau)
15. *Er* nahm das Geld aus der Tasche. (ich, Susanne, wir, der Metzger)

b. Now change these sentences from present to simple past tense.

1. Diese Frau kommt aus München.
2. Sie heißt Ulrike Hof und ist Studentin.
3. Sie sieht oft müde aus, weil sie so viel schreibt.
4. Ich gebe ihr manchmal ein Buch und bleibe ein paar Stunden bei ihr.
5. Dann gehe ich nach Hause.

6. Heute morgen scheint die Sonne.
7. Wir nehmen die Straßenbahn in die Stadt.
8. Wir finden den Flohmarkt in der Altstadt interessant.
9. Wir stehen da und sprechen lange mit einem Verkäufer.
10. Er sitzt hinter seinem Tisch und spricht mit den Leuten.

B. Use of Simple Past Tense

In English, there is a difference in meaning between past tense and perfect tense. Compare these sentences:

> I saw Ralph in the restaurant.
> I have seen Ralph in the restaurant.

The first sentence refers to a unique event in the past, while the second implies that Ralph is often in the restaurant and may be there again.

In German, there is *no* difference in meaning between simple past and perfect tense. They both simply label the sentence as "past:"

> Ich sah Ralph im Restaurant. } *I saw Ralph in the*
> Ich habe Ralph im Restaurant gesehen. } *restaurant.*

The difference between German simple past and perfect tense is mainly one of usage: they are used under different circumstances. Here are some cases in which simple past is used:

1. In written German, simple past is the standard tense used to narrate a series of connected events in the past (e.g., in letters, newspaper reports, and in fiction):

   Liebe Anja,
       Gestern **gingen** wir ins Kino und **sahen** den neuen Film von Herzog. Er **war** toll!

   Dear Anja,
       Yesterday we went to the movies and saw Herzog's new film. It was great!

   Vor einem Wald **wohnte** ein Holzhacker mit seinen zwei Kindern. Sie **hießen** Hänsel und Gretel. Sie **hatten** wenig zu essen, und ihre Stiefmutter **wollte** sie los werden.

   At the edge of a forest lived a woodcutter with his two children. Their names were Hansel and Gretel. They had little to eat, and their stepmother wanted to get rid of them.

2. In the spoken language, with the frequently used verbs **sein, haben,** and the modals, most Germans prefer simple past to perfect (but perfect is also correct!):

   Wo **warst** du denn gestern? Ich habe auf dich gewartet.

   Where were you yesterday? I waited for you.

   Ich **hatte** kein Geld mehr und **mußte** nach Hause.

   I had no more money and had to go home.

3. After the subordinating conjunction **als** ("when," referring to a point or stretch of time in the past), simple past tense is required:

   Als wir aus dem Haus **kamen,** haben wir Andreas gesehen.

   When we came out of the house, we saw Andreas.

   Hans hat uns oft besucht, **als** er in New York **wohnte.**

   Hans often visited us when he lived in New York.

ÜBEN WIR!

a. Change the following telephone conversation into a dialogue in the simple past tense.

    MUTTER: Wo bist du denn?
    SOHN: Ich bin bei Stefan.
    MUTTER: Ich muß in die Stadt und bin erst um drei wieder zu Hause.
    SOHN: Ich kann Gott sei Dank bei Stefan essen. Ich habe Hunger und kann nicht warten, bis du nach Hause kommst.

b. Say that you were happy when the following things happened. Use **als** and simple past tense.

> EXAMPLE: Ich sah sie damals.
> Ich war froh, als ich sie damals sah.

1. Gestern fand ich den Laden.
2. Die Gäste gingen früh weg.
3. Ich kam im Herbst nach München.
4. Sie blieb nur drei Stunden.
5. Udo schrieb mir jeden Monat.
6. Ich saß mit ihm in der Bibliothek.
7. Wir sprachen über unsere Pläne.
8. Endlich schien die Sonne.

2/ Past Perfect Tense

A. Formation

The past perfect tense is formed with the simple past tense of the auxiliary verb (**hatte** or **war**) and the past participle in final position:

ich	**hatte gegessen**	I had eaten
du	**hattest gegessen**	you had eaten
er, es, sie	**hatte gegessen**	he, it, she had eaten
wir	**hatten gegessen**	we had eaten
ihr	**hattet gegessen**	you had eaten
sie, Sie	**hatten gegessen**	they, you had eaten
ich	**war aufgestanden**	I had gotten up
du	**warst aufgestanden**	you had gotten up
er, es, sie	**war aufgestanden**	he, it, she had gotten up
wir	**waren aufgestanden**	we had gotten up
ihr	**wart aufgestanden**	you had gotten up
sie, Sie	**waren aufgestanden**	they, you had gotten up

B. Use

The past perfect tense refers to an event in the past which *precedes* another event in the past. Look at the following timetable of events, then at how they are combined in the sentences that follow:

8.00 Uhr	Ulla hat gegessen.	10.00 Uhr	Ulla ist weggegangen.
9.00 Uhr	Hans ist aufgestanden.	11.00 Uhr	Hans hat gegessen.

Time ⟶

event 1	*event 2*
Ulla **hatte** schon **gegessen,**	als Hans aufstand.
Ulla had already eaten	*when Hans got up.*
Nachdem Ulla **weggegangen war,**	hat Hans gegessen.
After Ulla had left,	*Hans ate.*

■ The subordinating conjunction **nachdem** (after) is often used with the past perfect tense.

The order of clauses may of course be reversed:

←———————————————————————————————— Time

event 2	*event 1*
Als Hans aufstand,	hatte Ulla schon gegessen.

ÜBEN WIR!

Say what you had already done when Inge came home.

> EXAMPLE: Obst eingekauft
> Als Inge nach Hause kam, hatte ich schon Obst eingekauft.

1. Kartoffeln gekocht
2. zur Uni gegangen
3. ins Restaurant gegangen
4. die Kinder zu Oma gebracht
5. alles gefunden
6. abgefahren

3/ Some Time Expressions

A. vor + dative = ago

vor fünf Minuten	five minutes ago
vor einer Stunde	an hour ago
vor drei Tagen	three days ago
vor einem Monat	a month ago
vor hundert Jahren	a hundred years ago
usw.	etc.

ÜBEN WIR!

a. Tell when Karl left according to the cues in English.

> EXAMPLE: two days ago
> Karl ist vor zwei Tagen abgefahren.

1. a minute ago
2. an hour ago
3. three years ago
4. five hours ago
5. ten days ago
6. a week ago
7. two weeks ago
8. a year ago
9. six months ago
10. a month ago

b. Answer these questions with **vor** + dative.

> EXAMPLE: Wann haben Sie heute angefangen?
> Ich habe vor zwanzig Minuten angefangen.

1. Wann Sind Sie aufgestanden?
2. Wann haben Sie Frühstück gegessen?
3. Wann haben Sie angefangen, Deutsch zu lernen?

4. Wann haben Sie von dieser Universität gehört?

5. Wann haben Sie angefangen, hier zu studieren?

B. Expressing Duration

1. Accusative Case for Duration

German uses the accusative case alone to express how long an action or state continues, while English often uses the preposition *for*:

Wir sind **einen Tag** geblieben.	*We stayed **for a day.***
Wir haben **ein Jahr** in Berlin gewohnt.	*We lived in Berlin **for a year.***
Der Sprachkurs dauerte **einen Monat.**	*The language course lasted **a month.***

ÜBEN WIR!

a. Tell how long you waited for Anna, according to the cues in English.

EXAMPLE: for an hour
Ich habe eine Stunde auf Anna gewartet.

1. for two days
2. for a day
3. for a week
4. for three weeks
5. for a year
6. for four years

b. Tell how long the trip lasted.

EXAMPLE: for a day
Die Fahrt dauerte einen Tag.

1. for an hour
2. for two hours
3. for a minute
4. for ten minutes
5. for two days
6. for a day

2. Duration Ending in the Past or Continuing in the Present

There is a difference between German and English in the way they show whether an action or state ended in the past, or whether it is continuing at the moment of speaking.

English makes this distinction by using different verb tenses:

We **lived** in Berlin for three years.	*past tense* for a state ending in the past
We **have lived** in Berlin for three years.	*perfect tense* for a state continuing at the moment of speaking

German uses simple past *or* perfect for a state ending in the past:

Wir **wohnten** drei Jahre in Berlin.	*We **lived** three years in Berlin.*
Wir **haben** drei Jahre in Berlin **gewohnt.**	

For a state continuing at the moment of speaking, German uses *present* tense and one of these adverbial phrases:

schon + accusative: **schon drei Jahre** or
(schon) seit + dative: **seit drei Jahren** or
                              schon seit drei Jahren

	present tense	*adverbial phrase*		
Wir	**wohnen**	**schon** drei Jahre	in Berlin.	We **have lived** for three years in Berlin.
Wir	**wohnen**	**seit** drei Jahren	in Berlin.	
Wir	**wohnen**	**schon seit** drei Jahren	in Berlin.	

▶ These sentences are the most foreign to English speakers. Note carefully the difference between verb tenses in the two languages.

ÜBEN WIR!

a. You will hear a question about how long something has been continuing. Answer in each case that it has been continuing for two years. Use **schon, seit,** or **schon seit** as directed.

> EXAMPLE: (use **schon**) Wie lange arbeiten Sie schon hier?
> Ich arbeite schon zwei Jahre hier.

(use **schon**)
  1. Wie lange studieren Sie schon hier?
  2. Wie lange wohnt er schon in Wien?
  3. Wie lange hilft er euch schon?
  4. Wie lange spricht man schon über das Problem?

(use **seit**)
  5. Seit wann ist er Professor?
  6. Seit wann kaufst du hier ein?
  7. Seit wann gibt es einen Flohmarkt?
  8. Seit wann habt ihr das Auto?

(use **schon seit**)
  9. Wie lange seid ihr schon Freunde?
  10. Wie lange kennst du ihn schon?
  11. Wie lange ist er schon Kaufmann?
  12. Wie lange wohnt sie schon in New York?

b. Answer these questions about how long you have been doing things.

  1. Wie lange studieren Sie schon hier?
  2. Seit wann wollen Sie Deutsch lernen?
  3. Wie lange studieren Sie schon Fremdsprachen?
  4. Seit wann tragen Sie diese Hose?
  5. Wie lange kennen Sie schon meinen Namen?
  6. Seit wann gibt es hier eine Uni?

c. Now give German equivalents for the following sentences. Remember to use present tense!

1. We have known him for a year.
2. He has lived here for two weeks.
3. We have been shopping here for three years.
4. Barbara has already been here five days.
5. She has studied in Boston for two semesters.
6. For ten years there's been a flea market here.
7. Michael has been reading this book for five hours.
8. I've been hungry for two days.

S- und U-Bahn Station, München

Wortschatz zum Lesestück

Leicht zu merken

der **Aspekt, -e**
die **Industrie, -n**
   die **Industriestadt, ¨e**
konfrontieren
die **Metropole, -n**
das **Museum,** die **Museen**
der **Park, -s**
das **Theater, -**
die **Tour, -en**

Verben

**rad·fahren (fährt Rad), fuhr
Rad, ist radgefahren** to
bicycle
stören to bother, disturb

Substantive

der **Anfang, ¨e** beginning,
start
   am Anfang at first, at the
beginning
der **Eindruck, ¨e** impression
der **Fußgänger, -** pedestrian
   die **Fußgängerzone, -n**
pedestrian mall (street
closed to vehicular traffic)
das **Gebäude, -** building
die **Gegend, -en** region, part
of the country

die **Großstadt, ¨e** large city
(over 500,000 inhabitants)
der **Grund, ¨e** reason
die **Heimat** native place or
country, homeland
   die **Heimatstadt** native
city, home town
(das) **München** Munich
der **Platz, ¨e** space; place;
seat; city square
der **Preis, -e** price
das **Rad, ¨er** wheel; bicycle
die **S-Bahn** (or **die Stadtbahn**)
municipal surface rail
system
das **Schaufenster, -** store
window
die **Wohnung, -en**
apartment
der **Zimmerkamerad, -en, -en**
roommate (*m.*)
die **Zimmerkameradin, -nen**
roommate (*f.*)

Andere Vokabeln

da (*sub. conj.*) since (causal),
because
heraus (*prefix*) out (of
something)
   heraus·kommen aus to
come out of, get out of

herum (*prefix*) around
   herum·reisen to travel
around
herrlich marvelous,
wonderful
hin (*prefix*) there (marks
motion *away* from speaker)
   hin·fahren to drive there
nahe near
nirgends nowhere, not
anywhere
obwohl (*sub. conj.*) although
praktisch practical
ruhig quiet, peaceful,
tranquil
täglich daily
widerlich disgusting

Nützliche Ausdrücke

ehrlich gesagt honestly, to
be honest
**nördlich (südlich, östlich,
westlich) von** to the north
(south, east, west) of
**einen Schaufensterbummel
machen** to go window
shopping
jeden Tag every day
vor allem above all
Woher kommt es, daß . . . ?
How is it that . . . ?

Gegensätze

praktisch ≠ **unpraktisch**	practical ≠ impractical
ruhig ≠ **unruhig**	quiet, peaceful, tranquil ≠ restless

Aspekte
der
Großstadt

Eindrücke eines Amerikaners

Mark Walker, Austauschstudent:° „Als ich vor ein paar Jahren in der BRD studierte, hatte ich manchmal das Gefühl, daß ich nie allein sein konnte. Im Vergleich zu° meiner Heimatstadt in Colorado leben die Menschen zusammengepfercht wie Ölsardinen.° Das hat mich am Anfang gestört, denn ich bin gern dort, wo es viel Platz und wenig Menschen gibt.

    Ich studierte in Bonn und reiste viel in der Gegend herum. Nördlich von Bonn kommt man bald ins Ruhrgebiet,[1] wo es viele Industriestädte wie Duisburg, Gelsenkirchen und Bochum gibt. Ich habe die Großstadt nie gemocht—auch in Amerika nicht—und fand diese Städte zum größten Teil sehr häßlich. Sie liegen so nahe beieinander,° daß sie praktisch eine große Stadt bilden:° die ‚Ruhrstadt‘, wie man sagt.

° exchange student

° compared to

° crowded together like sardines in oil

° close to each other   form

[1] Ruhr region: area of heavy industry in the state of North Rhine-Westphalia (Nordrhein-Westfalen).

Im Ruhrgebiet

Fußgängerzone in Bonn

Aber man kommt auch sehr schnell aus der Stadt heraus, besonders mit der Bahn. Mein Zimmerkamerad im Studentenheim kam aus der Eifel[1] und hat mich zu einer Rad-
tour während der Semesterferien eingeladen. Dort war es
schön und ruhig und wir sahen nur wenige Menschen. Dieser Kontrast zwischen Stadt und Land schien mir besonders
typisch für Deutschland. Das Land ist den Stadtbewohnern°
sehr wichtig als Erholung° vom Stadtleben."

city dwellers
rest

Etwas Geschichte

Woher kommt es, daß es in Deutschland so viele Städte
gibt? Den Grund muß man in der Geschichte des Landes

[1] Range of hills west of the Rhine and north of the Mosel River, near the
French border.

suchen. Bis 1871[1] gab es keinen Staat namens° Deutschland, sondern viele große und kleine Staaten, wo man Deutsch sprach. Jeder Fürst oder Bischof° mußte seine Hauptstadt haben, mit Schloß,° Theater, Museum und Park. Eine einzige° große Metropole wie Paris, London oder Wien, hatte Deutschland nie und hat sie auch heute nicht.

by the name of

Prince or Bishop
palace
single

„Ich wohne gern hier."

Beate Kreutz, Sozialarbeiterin:° „Ich arbeite vor allem mit jungen Leuten aus Gastarbeiterfamilien, die keinen Schulabschluß haben° und keine Stelle finden. Ich sehe also jeden Tag die Probleme einer Großstadt wie München. Trotzdem muß ich sagen, daß ich nirgends sonst° wohnen möchte. Obwohl die Wohnungsnot° in München schlimm ist, konnten ein paar Freunde und ich vor einem Jahr eine Wohnung in einem alten Gebäude finden. Ich fahre mit der S-Bahn überallhin, auch zur Arbeit, und brauche kein Auto. Die Auswahl an° Theatern, Konzerten, Museen und Restaurants ist fantastisch, aber was mir besonders gefällt, sind die herrlichen Parks. Im Englischen Garten[2] kann man stundenlang radfahren oder spazierengehen. Im Sommer gehen wir in der Isar schwimmen. In der Kaufinger Straße[3] hat man eine große Fußgängerzone gebaut, wo die Leute gern einen Schaufensterbummel machen. Mir sind aber, ehrlich gesagt, die hohen° Preise und der Konsumzwang° widerlich, da ich täglich mit so viel Arbeitslosigkeit° konfrontiert bin."

social worker

who never finished school

nowhere else
housing shortage

choice of

high   pressure to buy
unemployment

Fragen zum Lesestück

1. Welches Gefühl hat man manchmal, wo es sehr viele Menschen gibt?
2. Wie ist die Gegend nördlich von Bonn?
3. Beschreiben Sie die „Ruhrstadt".
4. Wie ist es in der Eifel-Gegend?
5. Was findet Mark typisch für Deutschland?
6. Welchen Grund gibt es für die vielen Städte in Deutschland?
7. Was findet man in vielen deutschen Städten?
8. Welche Probleme haben Großstädte wie München?
9. Was kann man im Sommer in München machen?
10. Was bedeutet „Konsumzwang"?

[1] In 1871 Prussia, led by Chancellor Otto von Bismarck, defeated France in the Franco-Prussian War and united the German states (except for Austria) into the *Deutsches Reich.*
[2] The English Garden is the beginning of a park that runs along the Isar River.
[3] Former major traffic thoroughfare in central Munich.

Vom Lesen zum Sprechen

Im Stadtzentrum   Downtown

Additional Vocabulary

die **Brücke, -n**	bridge
die **Buchhandlung, -en**	bookstore
das **Café, -s**	café
das **Kaufhaus, ¨er**	department store
die **Kirche, -n**	church
die **Polizei** (*sing.*)	the police
der **Polizist, -en, -en**	policeman
die **Post**	post office; mail

Repeat these patterns aloud:

Wir gehen in die Kirche.	We're going ⎰into the church.⎱ to church.
Wir gehen ins Kino.	We're going to the movies.
Wir gehen ins Konzert.	We're going to a concert.
Wir gehen ins Museum.	We're going to a museum.
Wir gehen ins Restaurant.	We're going to a restaurant.
Wir gehen ins Theater.	We're going to the theater.
Wir gehen zum Flohmarkt.	We're going to the flea market.
Wir gehen zum Marktplatz.	We're going to Market Square.
Wir gehen zur Polizei.	We're going to the police.
Wir gehen zur Post.	We're going to the post office.
Wir gehen zur Uni.	We're going to the university.

Sie sind auf einer Studententour durch Deutschland. Heute abend sind Sie in einer Großstadt angekommen und übernachten in der Altstadt im Hotel Sommerhof (siehe Stadtplan). Wohin wollen Sie gehen? Was möchten Sie besonders gerne tun oder sehen? Wo wollen Sie essen? Was machen Sie am Abend? Wie kommen Sie überallhin—zu Fuß, mit einem Taxi oder mit der Straßenbahn?

Mündliche Übungen

A. Persönliche Fragen

1. Gibt es einen Flohmarkt bei Ihnen zu Hause?
2. Kaufen Sie manchmal am Markt ein?
3. Haben Sie schon oft mit Freunden einen Stadtbummel gemacht?
4. Warum wird man nach einem Stadtbummel oft müde?
5. Wie lange wohnen Sie schon hier?
6. Wo haben Sie vorher gewohnt?
7. Haben Sie als Kind Ihre Großeltern besucht?
8. Was haben Sie als Kind im Sommer gemacht?
9. War die Stadt damals anders?
10. Haben Sie einen Zimmerkameraden oder eine Zimmerkameradin? Wo kommt er oder sie her?

B. People are asking you about what is happening today. Reply using the simple past, saying that these things happened yesterday.

> EXAMPLE: Sprichst du heute nachmittag mit Prof. Kumpf?
> Nein, ich sprach gestern mit ihm.

1. Ist Karin heute in der Vorlesung?
2. Spricht der Professor heute über Linguistik?
3. Brauchst du heute meine Bücher?
4. Hast du heute dein Referat mit?
5. Inge sitzt heute dem Fenster gegenüber, nicht wahr?
6. Wirst du heute im Seminar müde?

C. Your teacher plays the role of a German-speaker who knows no English and has just arrived for a visit in your town. This stranger has many practical questions about where to spend the night, what to see, etc. Give the visitor advice and find out where he or she is from, whom he or she is visiting and why, etc.

D. Read the following description of a human confrontation and then replay it with one of your classmates. Feel free to improvise.

> *Am Flohmarkt.* Sie gehen zum Flohmarkt mit wenig Geld in der Tasche. Endlich finden Sie eine Uhr. Sie möchten sie kaufen, aber der Verkäufer scheint nicht sehr sympathisch zu sein. Sie müssen sehr vorsichtig sein und eine Strategie finden, um die Uhr billig kaufen zu können.
> *Sie wollen wissen:* ob sie alt ist; ob sie noch gut geht; was sie kostet; woher der Verkäufer sie hat; wie lange er sie schon hat; warum sie so viel kostet, usw.
> *Er antwortet Ihnen:* daß sie natürlich alt ist; daß sie sehr gut geht; daß er sie von seiner Großmutter hat; daß sie gar nicht teuer ist; daß diese Uhr normalerweise viel mehr kostet; daß Sie ein Besserwisser sind; daß es ihm Wurscht ist, ob Sie die Uhr kaufen oder nicht!

Schriftliche Übungen

E. *Rollenspiel.* Invent brief German conversations, using at least four exchanges, between:

1. Polizist und Radfahrer auf der Brücke
2. Student und Verkäuferin in einer Buchhandlung
3. Kellner und Gast im Café

F. Fantasize that you are an urban planner with the opportunity to create an ideal human environment. Describe this city in a paragraph or two. What does it have or not have? How is it better than cities you know?

G. You have spent the day exploring the *Altstadt* on p. 239. It is now evening and you have returned to your hotel to write to a German friend back in the United States who comes from this town. Use the simple past tense in a continuous narrative to describe your day and give your impressions of the people and their way of life.

H. Wie sagt man das auf deutsch?

1. Years ago when I was in Switzerland I often went to the mountains.
2. The region where I lived I knew quite well.
3. In those days you could walk for three hours without seeing a car.
4. To be honest I never liked city life if I can't get out of the city at least on the weekend.

5. She had lived here five years ago.
6. As she went for a stroll, she got the impression that the city was different.
7. "Don't worry," people said, "the city has been building a pedestrian zone here for two years."

8. When I was in your home town a couple of weeks ago I visited your siblings.
9. I did not want to disturb them but I didn't have enough money to stay overnight in a hotel.
10. During the week I saw them almost every day and we thought of you when we were together.

Im Museum

Almanach

Das Kulturleben einer Stadt

Opposite is a page from a *Monatsprogramm*. This publication lists the films, plays, concerts, and exhibits running during the month.

HESSISCHES STAATSTHEATER WIESBADEN

Kassenstunden

werktags (außer montags) 10.00 bis 13.00 Uhr
sonn- und feiertags 11.00 bis 13.00 Uhr
sowie jeweils 1 Stunde vor Beginn jeder Vorstellung

Vorverkauf

STADTTHEATER BERN
Vorstellung: Theater am ...rschengraben

1. Rang   Platz-Nr. **100**
Mitte rechts   Reihe-Nr. **6**

Zum Bezug ...
Dienstag, 20 ...

GRAPHISCHE SAMMLUNG
ALBERTINA

AUSSTELLUNG   **S 10·—**

Gültig für
einmaligen Besuch   inkl. 8% MwSt.

DRUCK ZAWADIL WIEN

196362

SALZBURGER
MARIONETT

Sa. 23. Mai

REIHE
G

Für Auge & Ohr

Musik, Kino & Co.   Nr. 7   März '81

Sonntag 1.

Musik

WERNER SCHNEIDER-Duo Bebop- und Jazz Pumuckl MA ab 20.00
CLIPS New Wave Jazz Corner MA 21.00
BEATBROTHERS Genesis MA 21.00
ATRIUM Haudeju LU 20.00
FRED BANANA COMBO Schwimmbad HD 21.00
JAZZMO Duo Alte Schmiede HD 14.00
Fasching mit Tombola und Plattentanz Alte Krone 20.00
BUDDY MC DAVID & BAND Club Ervines Hemsbach
Rückmaskenball HERMAN BROOD & WILD ROMANCE, VITESSE, PHONEY & THE HARDCORE rocken in allen Etagen der Wartburg, Wiesbaden ab 18.00

Film

1941 - WO BITTE GEHT'S NACH HOLLYWOOD verrückte Actionszenen aber reichlich für Leute mit Filmverständnis ... Capitol MA 23.00
DAS WILDE SCHAF mit Romy Schneider & Jean Louis Trintignant City MA 22.15
ROCKY HORROR PICTURE SHOW Känguruh HD 22.30
KLEINE FLUCHTEN ... Gloria HD 17.45 und 20.00
EASY RIDER Capitol MA 20.00
WAS SIE SCHON IMMER ÜBER SEX WISSEN WOLLTEN mit Woody Allen Capitol MA 22.30
Monty Python DAS LEBEN DES BRIAN ... Känguruh HD

Theater, Show & Kabarett

Zum letzten Mal DER BOCKERER tragische Posse NaThe kl. Haus MA 19.00
PLAY STRINDBERG August Strindbergs Totentanz ... ZiThe HD 20.00

und was gibt's noch

Faschingsdienstag für 13-14jährige BDKJ MA 16.00-21.00 Uhr
Führung durch die Ausstellung HUNORE DAUMIER die Bürgerliche Alltag Reiss-Museum LU 11.00
Fasching im Le Theatre LU
Aktuovtag ... THEATER SCHMINKE

Montag 2.

Musik

ADO'S BAND Genesis MA 21.00
ZAUBERFINGER Old. Vienna MA 21.00
PFUSCHERGANG New Rock Jazz Corner MA 21.00
CAMILLA MOTOR & THE SEXZYLINDER am Brühl LU 21.00
CLIPS New Wave bar B-52 Fans Schwimmbad HD 21.00

Film

PAPILLON mit Dustin Hoffman Abenteuer auf einer Strafkolonie Capitol ... 17.00 und 21.30
AFRICAN QUEEN mit Humphrey Bogart Nationaltheater Zeughofweg FT 17.00

Theater, Show & Kabarett

BEZAHLT WIRD NICHT. Farce von Dario Fo zwei Hausfrauen gehen reklamieren die Lebensmittel sind einfach zu teuer 2 Arbeiter 2 Polizisten und der heilige Eulalia NaThe. kl. Haus MA 20.00
JUX WILL ER SICH MACHEN mit Gesang um Liebe, Leiden und Torkel von Johann Nestroy Theater HD 20.00
STRINDBERG is 13 ZiThe HD

...s gibt's noch

montagstreffe für Jugendliche im BöKi MA Beginn 18.00
Ukris gegen das Kabelfernsehen SG MA 18.30
hr im Le Theatre LU
ngutanz Alte Krone MA 20.00

3.

... WILDE SCHAF is 13 City MA
RK ORANGE von Stanley Ku... Musik von Beethoven & Walter... CLIPS New Wave bar B-52 Fans Schwimmbad HD
FLUCHTEN is 13 Gloria ...00 und 21.30
GEGEN DEN REST DER WELT... Kamera HD 15.30-17.30-19.30
Fernmeeting Haudeju FT
Show & Kabarett
GUYS AND DOLLS Musical von Frank Loesser NaThe kl. Haus MA ...00
PLAY STRINDBERG is 13 ZiThe HD

Marx Brothers ... ich kann mich gar nicht entscheiden, ist alles so schön ...

Kind & Kegel

THEATER FÜR KINDER

EINE KLEINE ZAUBERFLÖTE, bearbeitet für Kinder, Pfalzbau LU am 29.3. um 14.00
DIE MORCHELMÄNNER, Puppentheater, einige Typen auf Morchelsuche. Abenteuer und Streiterein in der Gruppe müssen bewältigt werden. für Kinder ab 5 am 24.3. 14.00, Jugendfreizeithaus Waldpforte, um 16.30 im Jfh.Vogelstang, am 25.3. um 14.00 Nachbarschaftshaus Rheinau, in der Mehrzweckhalle Feudenheim um 16.30, am 26.3. um 15.00 im Gemeindesaal der Johanniskirche Lindenhof MA. 27.3. um 15.00 am Jfh Erlenhof
KASPERLETHEATER der Neustädter Puppenspieler, am 16.3. um 15.00 in der Zentralbibliothek MA Bismarckstraße 44-48
TRIEMEL Kinder- und Jugendtheater, Alte Krone HD am 7./8./15./22. 20.00 ZWERG NASE, Puppenspiel für Kinder ab 6 nach einem Märchen von Wilhelm Hauff am 8./15./22.3. jeweils um 15.00 Mannheimer Puppenspiele U2-Schule (Karten vorbestellen? 24949)
DIE KLEINE HEXE, Puppenspiel ab 6 nach der Erzählung von Otfried Preußler am 29.3./4.4. und 5.4. (Karten vorbestellen, s.o.) Mannheimer Puppenspiele, U2-Schule
LANGFINGER, ein Film für Kinder ab 8 gespielt von Kinder- und Jugendtheater Schnawwl Mona und Semra gehen mit Kaufhaus einkaufen, liegt ja auch alles so schön rum. In Hülle & Fülle. in Augenhöhe. man kann es grad so wegnehmen und wem es gehört, weiß ja auch niemand so genau. Mona und Semra werden von einem Kaufhausdetektiv gefaßt ... ein Mitmachstück am 14.3. um 15.00 in der Aula des AEG FT
WAS HEISST HIER LIEBE, ein lustiges und kritisches Stück über Liebe und Sexualität in jungen Jahren. 1.3. 18.00 Erlenhof 15./18./19./21.3. NaThe Werkhaus MA 18.00
MENSCH ICH LIEBE DICH DOCH, Stück der Roten Grütze Berlin, täglich 10.00 und 19.00 im ehemaligen Kino Favorite Pfalz HD

Freitag 6.

Musik

Folkforum Forum MA Stück
OVERKILL Jazz Corner MA 21.30
LIMBO LATINO Old. Vienna MA 21.30
COUNTRY IN ILLUSION, Country & Western MA 20.00
ERLBANK New Jazz Haudeju HD Schwimmbad HD 21.00
HELMUT HINZE Irish music mit dem Song Bums Musik auf
ATRIUM Rock Jazz Corner MA 21.30

Film

TOTAL VEREIST Action ... MA
SCUM Alte Krone City MA
IS WAS DOC ... mode mit Barbara Streisand & Ryan O'Neal Capitol MA 17.00
EIN MANN FÜR GEWISSE STUNDEN Capitol MA 20.00
WOYZECK Drama nach Büchner mit Werner Herzog und Klaus Capitol MA 22.30
DER DRITTE MANN mit Orson Welles Widersburg Kino MA 19.00
WAS HEISST HIER LIEBE ... ein Film vom Theaterstück der Roten Grütze ... Schwimmbad HD 18.00
DIE KINDER AUS NR. 67 Gloria HD 16.00 und 20.00
KENTUCKY FRIED MOVIE alles klein Amerikaner macht daraus TV ...

Theater, Show & Kabarett

... UTE INFANTIN Chanson Murzer Haus NaThe Gr. Haus MA 20.00
... STRINDBERG is 13 ZiThe HD

und was gibt's noch

ARNO REINFRANK, Lesung aus der Bücherpresse DER HÄNSE is NEF HD 20 WIE MER GLAUBE MOCHT mit musikalischer Begleitung von Michael ... einmal lustig in der Kabarettszene MA 20.00
Keine Lobby für die Jugend. Gesprächs... mit Vertretern von Jugendverbänden ... im Haudeju FT 18.30

The George Gruntz Concert Jazz Band
Jasper van't Hof, Peter Erskine, Lew Soloff, Alan Skidmore, E.L. Petrowsky, Uli Thein, Joe Farell, Palle Mikkelborg, Howard Johnson
am 17. März im Theater im Pfalzbau, LU

Albert Mangelsdorff
Ron Carter Quartet
am 26. März im Capitol

Philip Catherine
Larry Coryell
Alphonse Mouzon & John Lee
am 2. April im Capitol

Garbarek-Haden-Gismonti
am 30. April im Capitol

Musik und andere schöne Sachen organisiert vom Kultur-Betrieb Schall & Rauch

---

Sonntag 8.

Musik

SALLY JONES Jazzgesang is 13 im Forum MA 20.00
AGENTS (HB) New Wave Corner MA 21.00
HITZEFREI Rhythm & Bluesrock band Kunstverein HD abends
HALLUCINATION COMPANY, Gruppe um Güldan. Rock Pop Genesis MA 21.00
Funk Folksmusik Fans Schwimmbad HD
CHAMELEON Rock Old. Vienna Alte Schmiede HD 14.00

Film

DIE MACHT DER MÄNNER IST DIE GEDULD DER FRAUEN. Film zum sinnlichkeits Erwachtag versuchte Discussion in der 812 MA 16.00 IS WAS DOC is 13 Capitol MA 17.00
WILLKOMMEN MR. CHANCE, Hal Ashbys wunderschöner Film über den etwas tumben aber dahinter steckenden, zum Traumfrau... ein Politiker wird... Capitol MA 20.00
AMERIKANISCHE is 13 Capitol MA 22.30
TOTAL VEREIST is MA 23.00
DIE KINDER AUS NR. 67 Gloria HD 16.00 und 20.00

Theater, Show & Kabarett

Wiederkehr Abend! GREIFE WACKER NACH DER SÜNDE is 8.3 NaThe Werkhaus ... MA 20.00
HEDDA GABLER, Schauspiel von H. Ibsen NaThe kl. Haus MA 19.30
PLAY STRINDBERG is 13 ZiThe HD 20.00
ANDORRA S. Nachbild nach Max Frisch Stadt, Spiel & Festhaus Worms 20.00

und was gibt's noch

Vorabend zum internationaler Tag der Frauen. hat's jemand gemerkt? Ausstellungseröffnung DOKUMENTATION KINDERSPIELZEUG, Abendausstellung MA. Freiburg B 15.00
Friedensmarsch der Frauen-Männer Solidaritätszahl's gegen die Stationierung von Mittelstreckenraketen in Europa Ruhestein Rathausplatz 13.00

Montag 9.

Musik

100 Jahre BELA BARTOK Vortrag zur der Musiker zu Bartoks Musik von 3 SHENAWA K H NEUGIER und mit dem Künstlerkreis HD abends
Klavierabend 11.3. 32 MA

Film

EIN MANN FÜR GEWISSE STUNDEN Capitol MA 17.00
UHRWERK ORANGE is 3.3 Capitol MA 20.00
WOYZECK is 13 Capitol MA 22.30
DER STARKE FERDINAND, seine Familie um einmal Sarbetitzend staatliche Gewalt protestiert mit der Film Alfred von Alexander Kluge Forum MA 19.00 StÜck
NOSFERATU 1.4 und 20.00
SCUM ABSCHAUM City MA 22.15
AUCH ZWERGE HABEN KLEIN AN GEFANGEN... einen W. Herzog hochst eigenartig und außerst toll Kam...

Theater, Show & Kabarett

VOR DEM RUHESTAND einer Komödie von deutscher Seele von Th. Bernhard NaThe kl. Haus MA 20.00
SYLVIA Babelfarce von J. Gerster NaThe Gr. Haus MA 20.00
AUF DER FREMDE Sprechoper von Loden is 13.3 ZiThe HD

und was gibt's noch

IRAN-IRAK. Hintergründe des derzeitigen Krieges. Forum MA 19.30

10

Der Sport

The attributive adjective
Omitting the noun from the noun phrase
Adjectival nouns
Ordinal numbers and dates
Colors
Reading: *Sport für alle*

Das neue Fahrrad

HANNES: Wie gefällt dir mein neues Fahrrad? Es ist ein Geschenk von meinem reichen Onkel Leo.

UDO: Toll! Ist das neue Rad besser als dein altes?

HANNES: Klar. Es wiegt nur acht Kilo, weißt du, und mit einem leichten Rad wird man nicht so schnell müde.

Nach der Vorlesung

MARIANNE: Grüß dich, Frank! Wohin so eilig?

FRANK: Zum neuen Sportklub. Vor einer halben Stunde sollte ich schon da sein.

MARIANNE: Ich wußte nicht, daß du ein begeisterter Sportler bist.

FRANK: Erst seit diesem Semester. Mittwochs und freitags nach der letzten Vorlesung spiele ich Volleyball mit Bekannten.

MARIANNE: Ach, darum läufst du heute im schicken Trainingsanzug herum!

Der Trimm-dich-Pfad

HANS-JÜRGEN: Alle scheinen heutzutage Sport zu treiben.

CHRISTL: Hast du vor, auch so etwas zu tun?

HANS-JÜRGEN: Ja, obwohl ich keine große Lust habe, alle freien Stunden auf dem Fußballplatz zu verbringen.

CHRISTL: Das brauchst du auch nicht zu tun! Komm doch mit uns zum neuen Trimm-dich-Pfad. Er beginnt direkt hinter dem Studentenheim.

Wortschatz

The New Bicycle

HANNES: How do you like my new bicycle? It's a present from my rich uncle Leo.

UDO: Great! Is the new bike better than your old one?

HANNES: Sure. It only weighs eight kilos, you see, and with a light bike you don't get tired as fast.

After the Lecture

MARIANNE: Hi, Frank! Where are you off to in such a hurry?

FRANK: To the new sports club. I was supposed to be there a half hour ago.

MARIANNE: I didn't know you were a sports nut.

FRANK: Only since this semester. Wednesdays and Fridays after the last lecture I play volleyball with friends.

MARIANNE: Oh, so that's why you're running around in a classy warm-up suit today!

The Physical Fitness Course

HANS-JÜRGEN: Everybody seems to be playing sports these days.

CHRISTL: Are you planning to do something like that too?

HANS-JÜRGEN: Yes, although I don't particularly want to spend all my free time on the soccer field.

CHRISTL: You don't have to! Why don't you come with us to the new physical fitness course? It begins right behind the dorm.

Leicht zu merken

der **Klub, -s**
der **Sport**
das **Training**
der **Volleyball**

Verben

Sport treiben to play sports
   Ich treibe viel Sport. I play a lot of sports.
verbringen, verbrachte, hat verbracht to spend (time)
vor·haben (hat vor), hatte vor, hat vorgehabt to plan, intend (to do)
wiegen, wog, hat gewogen to weigh

Substantive

der **Bekannte, -n** acquaintance
der **Fußball** soccer
   der **Fußballplatz, ¨e** soccer field
das **Geschenk, -e** present
das **Kilo(gramm)** kilo(gram)
der **Pfad, -e** path

Gegensätze

der **Sportler, -** athlete
der **Trainingsanzug, ¨e** warm-up suit
der **Trimm-dich-Pfad, -e** physical fitness course

Andere Vokabeln

begeistert enthusiastic
eilig in a hurry, quick
halb (*adj. and adv.*) half
heutzutage nowadays
letzt-[1] last
reich rich
schick chic
so etwas something like that

Nützliche Ausdrücke

montags on Mondays
   dienstags on Tuesdays
   mittwochs on Wednesdays
   donnerstags on Thursdays
   freitags on Fridays
   samstags/sonnabends on Saturdays
   sonntags on Sundays

reich ≠ arm		rich ≠ poor

[1] Adjectives followed by a hyphen in the **Wortschatz** may only be used attributively and so always have an ending. See p. 248 ff.

Neue Kombinationen

A. Replace the words in italics with the ones you will hear. Notice that the adjectives all have endings.

1. Wie gefällt dir mein *neues Fahrrad?*
   (neues Geschenk; sonniges Zimmer; teures Hemd; kleines Moped)
2. Es ist ein Geschenk von meinem *reichen Onkel.*
   (kleinen Bruder; netten Freund; freundlichen Professor; deutschen Vetter)
3. Leider habe ich keine *große Lust.*
   (freie Stunde; lange Einkaufsliste; neue Speisekarte; billige Wurst)
4. Bist du ein *begeisterter Sportler?*
   (guter Schwimmer; schlechter Fahrer; höflicher Tramper; moderner Mensch; praktischer Junge; typischer Amerikaner)

B. Your teacher asks if you intend to do certain things. You answer that you do.

> EXAMPLE: Hast du vor, diesen Kurs zu belegen?
> Ja, ich habe vor, diesen Kurs zu belegen.

1. . . . heute nachmittag Volleyball zu spielen?
2. . . . endlich Sport zu treiben?
3. . . . den ganzen Tag herumzulaufen?
4. . . . deinen Trainingsanzug zu tragen?
5. . . . zum neuen Sportklub zu gehen?

C. Your teacher exclaims that everyone seems to be doing certain things. Respond that your teacher should do the same.

> EXAMPLE: Alle meine Freunde scheinen mit der Bahn zu fahren.
> Sie sollen ja auch mit der Bahn fahren.

Alle meine Freunde scheinen jeden Tag schwimmen zu gehen. (. . . ins Kino zu gehen; . . . in der neuen Mensa zu essen; . . . die neuen Bücher zu lesen; . . . in guten Hotels zu übernachten)

Übung zur Aussprache

Remember to pronounce both elements of the consonant combination **pf**, no matter where it occurs in a word:

Kam**pf**	schim**pf**en
Strum**pf**	Kranken**pf**leger
A**pf**el	Trimm-dich-**Pf**ad
em**pf**ehlen	**Pf**ad
Ko**pf**salat	**Pf**effer

Grammatik

1/ The Adjective

A. Adjectives in English and German may appear in either of two positions in a sentence.

1. They may follow forms of the verbs *to be, to become,* and *to remain* (**sein, werden, bleiben**) in which case they are called *predicate* adjectives.

predicate
adjectives

Das Rad ist **leicht.** *The bicycle is light.*
Meine Großeltern werden **alt.** *My grandparents are getting old.*
Das Wetter bleibt **sonnig.** *The weather remains sunny.*

2. When they occur before a noun, adjectives are called *attributive* adjectives.

attributive
adjectives

das	**leichte**	Rad	*the light-weight bicycle*
meine	**alten**	Großeltern	*my old grandparents*
das	**sonnige**	Wetter	*the sunny weather*

▶ In German, predicate adjectives have no endings, but attributive adjectives *always* have an ending.

B. Attributive adjectives occur in noun phrases. A noun phrase consists of a noun and the words directly associated with it. English and German noun phrases have similar structures. They consist typically of three types of words: limiting words, descriptive adjectives, and nouns:

limiting word	descriptive adjective	noun
der	starke	Junge
mein	neues	Fahrrad
ein	begeisterter	Sportler
alle	freien	Stunden

In German, the limiting words are divided into two categories with which you are already familiar; **der**-words and **ein**-words:

der-words	**ein**-words	
der	ein	
dieser	kein	
jeder	mein	
welcher	dein	
alle[1]	sein	possessive adjectives
	ihr	
	unser	
	euer	
	ihr, Ihr	

Some of the endings of attributive adjectives change depending on whether the preceding limiting word is a **der**-word or an **ein**-word.

C. Attributive Adjectives After **der**-words

When the limiting word in a noun phrase is a **der**-word, the attributive adjective ends in **-en** except in the nominative singular of all three genders and in the neuter and feminine accusative. In these cases, the adjective ends in **-e.**

	masc.	*neut.*	*fem.*	*plural*
nom.	der gute Mann	das gute Kind	die gute Frau	die guten Leute
acc.	den guten Mann	das gute Kind	die gute Frau	die guten Leute
dat.	dem guten Mann	dem guten Kind	der guten Frau	den guten Leuten
gen.	des guten Mannes	des guten Kindes	der guten Frau	der guten Leute

Abstracting the endings, we get:

Adjective Endings Following **der**-words			
	masc.	*neut.*	*fem.*	*plural*
nom.	-e	-e	-e	-en
acc.	-en	-e	-e	-en
dat.	-en	-en	-en	-en
gen.	-en	-en	-en	-en

Note that if more than one adjective occurs in a noun phrase, they all take the same ending:

der gute alte Mann
die guten alten Zeiten

[1] **Alle** is usually used in the plural and takes the regular plural endings, i.e.: alle (nom. and acc.), allen (dat.), aller (genitive). **Alle** is often followed by a second limiting word. They will both have the same ending: **alle meine Freunde, alle diese Fragen.**

Adjectives with base forms ending in **-er (teuer)** or **-el (dunkel)** drop the penultimate **-e-** before adding endings:

teuer   das **teure** Buch
dunkel   das **dunkle** Haus

ÜBEN WIR!

a. Substitute the new noun you will hear, making the necessary changes.

1. Dieses schöne *Geschenk* gefällt mir.
   (Mensch, Mädchen, Uhr, Parks, Gebäude, Dorf, Sonne, Platz, Kirche, Kirchen, Berg, Berge)

2. Helfen Sie dieser alten *Frau!*
   (Mann, Leute, Arbeiterin, Professor)

3. Ich brauche das neue *Auto.*
   (Buch, Arbeiter, Karte, Zeitungen, Wagen, Brot, Tasche, Bücher)

4. Das ist das Haus des netten *Amerikaners.*
   (Freund, Kind, Frau, Leute, Metzger, Lehrerin, Schwestern, Mädchen)

5. Jede moderne *Frau* weiß das.
   (Mensch, Arbeiterin, Junge, Mädchen, Schülerin, Bäcker)

6. Kennen Sie alle großen *Städte?*
   (Schriftsteller, Universitäten, Kirchen, Sportler)

7. Aus welchem alten *Gebäude* kam sie?
   (Kirche, Laden, Läden, Stadt)

8. Er kennt jeden neuen *Studenten.*
   (Studentin, Kind, Mitarbeiter, Kollege, Buch, Straße, Sportler)

9. Das ist die Idee des neuen Chefs.
   (Arbeiter, Sportler, Mädchen, Arbeiterin, Kollege, Student)

10. Sie geht mit dem kleinen *Hans* spazieren.
    (Kind, Verkäuferin, Kinder, Schülerinnen, Mädchen)

b. Add each new word you will hear to the sentence.

EXAMPLE: Mir gefällt das Haus. (schön)
Mir gefällt das schöne Haus. (alt)
Mir gefällt das schöne alte Haus.

1. Dort wohnt der Student. (freundlich, deutsch)

2. Ach, er wohnt in diesem Haus? (groß, dunkel)

3. Ja, er wohnt bei der Familie. (nett, amerikanisch)

4. Welche Gebäude möchten Sie sehen? (typisch, modern)

5. Alle Gebäude gefallen mir. (neu, schön)

6. Ich zeige Ihnen heute das Rathaus. (interessant, groß)

7. Kennst du den Namen dieses Mannes? (langweilig, jung)

8. Das war Hans Köhler. Er spricht gern mit jedem Menschen. (reich, wichtig)

9. Die Studentin ist vorbeigekommen. (sympathisch, deutsch)

10. Ach ja, sie hat dieses Referat geschrieben. (ausgezeichnet, lang)

11. Stimmt. Sie ist die Tochter der Professorin. (freundlich, deutsch)

c. Substitute each word you will hear for the appropriate word in the sentence.

> EXAMPLE: Er sieht den alten Mann. (Frau)
> Er sieht die alte Frau. (hilft)
> Er hilft der alten Frau.

1. Wir wohnen in diesem großen Haus. (Stadt) (klein) (Haus) (gehen) (jedes) (alle) (die) (wohnen)
2. Er suchte den kleinen Jungen. (Mädchen) (sympathisch) (sieht) (hilft) (Schüler) (Schülern) (kannte)
3. Die deutschen Studenten treiben Sport. (jeder) (alle) (welche) (welcher) (amerikanisch) (jung) (Mensch) (diese)
4. Ich habe für diesen häßlichen Menschen gearbeitet. (widerlich) (mit) (gegen) (trotz) (ohne)

d. Answer your teacher's question with a complete sentence.

> EXAMPLE: Dieser Zug fährt langsam, aber dieser fährt schnell.
> Mit welchem Zug fahren Sie?
> Ich fahre mit dem schnellen (langsamen) Zug.

1. Dieser Tee ist heiß, aber dieser ist kalt. Welchen trinken Sie?
2. Dieses Hemd ist billig, aber dieses ist teuer. Welches gefällt Ihnen?
3. Diese Äpfel sind groß, aber diese sind klein. Welche nehmen Sie?
4. Dieser Tag war warm, aber dieser war kühl. Welcher Tag hat dir gefallen?
5. Dieser Kurs ist schwer, aber dieser ist leicht. Welchen wollen Sie belegen?
6. Diese Stadt ist häßlich, aber diese ist schön. In welcher Stadt möchten Sie wohnen?
7. Diese Gegend ist oft sonnig, aber diese ist oft wolkig. Welche Gegend gefällt Ihnen?
8. Dieses Hotel ist alt, aber dieses ist neu. In welchem möchten Sie übernachten?

e. Now repeat the above sentences, this time with two students answering as follows:

> EXAMPLE: Teacher: Dieser Zug fährt langsam, aber dieser fährt schnell. Mit welchem Zug fahren Sie?
> Student 1: Ich fahre mit dem schnellen Zug.
> Student 2: Dann fährst du nicht mit dem langsamen Zug.

D. Adjectives After **ein**-words

When the limiting word in a noun phrase is an **ein**-word, attributive adjectives have the same endings as they do after **der**-words (**-e** or **-en**) except in the masculine nominative singular, where the adjective ending is **-er** (**ein gut*er* Mann**), and in the neuter nominative and accusative singular, where the adjective ending is **-es** (**ein gut*es* Kind**). Note that in both these cases, the **ein**-word has no ending of its own, and the attributive adjective takes the same ending that a **der**-word would have.

	masc.			neut.		
nom.	ein	junger	Mann	ein	junges	Kind
acc.	einen	jungen	Mann	ein	junges	Kind
dat.	einem	jungen	Mann	einem	jungen	Kind
gen.	eines	jungen	Mannes	eines	jungen	Kindes

	fem.			plural		
nom.	eine	junge	Frau	keine[1]	jungen	Leute
acc.	eine	junge	Frau	keine	jungen	Leute
dat.	einer	jungen	Frau	keinen	jungen	Leuten
gen.	einer	jungen	Frau	keiner	jungen	Leute

[1] We use **keine** here because **ein** has no plural form.

ÜBEN WIR!

a. Substitute the new noun you will hear, making the necessary changes.

1. Ich kenne einen interessanten *Mann*.
   (Sportler, Mädchen, Frau, Stadt, Buch, Student)
2. Sein neues *Rad* hat viel gekostet.
   (Uhr, Anzug, Bücher, Hemd, Tasche, Kleider, Haus, Mantel)
3. Wir haben in einem schönen *Hotel* übernachtet.
   (Gebäude, Wohnung, Haus, Jugendherberge, Stadt, Park, Wald)
4. Das war die Idee meines kleinen *Freundes*.
   (Tochter, Kind, Kinder, Schwestern, Freundin, Schüler)
5. Hier gibt es keine gute *Buchhandlung*.
   (Restaurant, Gaststätte, Äpfel, Café, Bücher, Sportler, Sportlerinnen, Kaufhaus, Kaufhäuser)
6. Wir gingen mit unserem deutschen *Freund* ins Kino.
   (Freundin, Freunde, Kusine, Onkel, Tanten, Mitarbeiter, Touristen)
7. Unsere kleine *Schwester* sagt das immer.
   (Bruder, Kind, Schülerinnen, Mädchen, Kinder, Kusine, Fräulein, Vetter)
8. Er ist trotz des schlimmen *Wetters* gefahren.
   (Regen, Straßen, Verkehr)

b. Answer the questions according to the example.

> EXAMPLE: Das Haus ist schön, nicht wahr?
> Ja, das ist ein schönes Haus.

1. Die Brücke ist alt, nicht?
2. Der Mann ist reich, nicht wahr?
3. Das Hotel ist teuer, oder?
4. Der Sportler ist begeistert, nicht?
5. Das Kind ist müde, oder?
6. Die Buchhandlung ist groß, nicht?

c. Answer the questions according to the example.

> EXAMPLE: Ist der Wagen neu?
> Nein, wir haben keinen neuen Wagen.

1. Ist das Zimmer frei?
2. Ist die Wurst billig?
3. Sind diese Bücher langweilig?
4. Sind die Städte gefährlich?
5. Ist der Schreibtisch modern?
6. Ist das Haus groß?
7. Ist der Pfad steil?
8. Ist das Gebäude alt?

d. Substitute each word you will hear for the appropriate word in the sentence.

> EXAMPLE: Er hat dein altes Haus gekauft. (Wagen)
> Er hat deinen alten Wagen gekauft. (gesehen)
> Er hat deinen alten Wagen gesehen.

1. Sie saß in meinem kleinen Zimmer. (Wohnung) (groß) (Wagen) (ein)
2. Eine neue Woche hat begonnen. (Tag) (Semester) (mein) (letzt-)
3. Kannst du keine guten Bücher finden? (Buch) (Zug) (Züge) (Beispiel) (leicht)
4. Suchen Sie eine billige Wohnung? (Haus) (Hut) (neu) (Ihr) (Zimmer)

e. Answer according to the example.

> EXAMPLE: Hier ist eine kleine Flasche und eine große Flasche.
> Welche brauchst du?
> Ich brauche die große Flasche.

1. Wir haben ein billiges Zimmer und ein teures Zimmer. Welches möchten Sie haben?
2. Gestern war ein warmer Tag. Heute ist ein kühler Tag. Welcher gefällt dir besser?
3. In der Fußgängerzone gibt es ein großes und ein kleines Café. In welches sollen wir gehen?
4. Das ist ein langweiliger Professor. Das ist ein interessanter Professor. Welcher ist dein Professor?

2/ Omitting the Noun from the Noun Phrase

In German, a noun may be deleted from a noun phrase if it occurs in the immediately preceding noun phrase. Adjective endings are not affected by this deletion.

noun phrase 1
Ich habe das alte Buch,   *I have the old book,*

noun phrase 2
und du hast **das neue.** (for **das neue Buch**)   *and you have **the new one.***

Ich fahre einen kleinen Wagen,   *I drive a small car,*
aber mein Chef fährt **einen großen.** (for **einen großen Wagen**)   *but my boss drives a **large one.***

Ich habe die alten Bücher,   *I have the old books,*
und du hast **die neuen.** (for **die neuen Bücher**)   *and you have **the new ones.***

▶ Note that in English, the deleted noun must be replaced by **one** or **ones**.

ÜBEN WIR!

Answer with the opposite adjective, leaving out the noun as in the example.

EXAMPLE: Haben Sie ein neues Auto?
          Nein, ich habe **ein altes.**

1. Wohnen Sie in einem großen Haus?
2. Lesen Sie die neue Zeitung?
3. Meinen Sie den langweiligen Professor?
4. Ist das ein leichtes Buch?
5. Haben Sie ein billiges Fahrrad?

3/ Adjectival Nouns

A. Referring to People

In English, adjectives occasionally function as nouns all by themselves, but only as collective designations with the definite article:

The rich are different.   **Die Reichen** sind anders.

In German, adjectival nouns are more frequent. They take the regular adjective endings, but are capitalized like nouns. Masculine adjectival nouns refer to males, feminine to females:

der/die[1] **Alte, -n**   the old man, the old woman
der/die **Bekannte, -n**   the acquaintance, friend
  (*from* **bekannt,** known)
der/die **Kleine, -n**   the little boy, the little girl;
                                     plural: the little ones, children
der/die **Deutsche, -n**[2]   the German

[1] In the future, adjectival nouns will be listed in the vocabulary in this way.
[2] This is the *only* noun of nationality that is adjectival.

der/die **Verwandte, -n**   the relative
  (*from* **verwandt**, related)

Note especially the adjective endings:

    die Deutsch**e**   the German (woman)
    der Deutsch**e**   the German (man)
    die Deutsch**en**   the Germans
    Ich bin Deutsch**er.** ⎫
    Ich bin Deutsch**e.** ⎬   I am a German.
    Kennen Sie den Deutsch**en**?   Do you know the German (man)?
    Kennen Sie die Deutsch**e**?   Do you know the German woman?
    Kennen Sie die Deutsch**en**?   Do you know the Germans?

ÜBEN WIR!

Complete the sentence you will hear with the appropriate form of **mein Bekannter.**

    EXAMPLE: Das ist _____ .
                Das ist **mein Bekannter.**

1. Heute zum Mittagessen treffe ich _____ .
2. Ich gehe oft Volleyball spielen mit _____ .
3. Das ist die Frau _____ .
4. Robert ist _____ .

Now use a form of **meine Bekannten.**

1. Das sind _____ .   3. Helfen Sie bitte _____ !
2. Kennen Sie _____ ?   4. Das sind die Kinder _____ .

Now use a form of **die Deutsche.**

1. Wie heißt denn _____ ?   3. Ich trampe nach Italien mit
                                 _____ .
2. Meinst du _____ ?   4. Ist das der Rucksack _____ ?

Now use a form of **die Deutschen.**

1. Wir sind alle hier, außer _____ .   3. Wer trägt denn die Koffer _____ ?
2. Da kommen _____ !   4. Wir machen das für _____ .

Now use a form of **unser Verwandter.**

1. Helmut ist _____ .   3. Du sollst mal mit _____ sprechen.
2. Kennt sie _____ ?   4. Die Tochter _____ besucht uns
                           morgen.

B. Referring to Concepts

Adjectival nouns in the neuter singular signal the *quality* designated by the adjective used as an abstract noun. There are several English equivalents for this.

        Ich suche **das Gute.**   *I seek that which is good.*
                            I seek the good.
                            I'm looking for the good part.

Alles[1] **Neue** gefällt mir.
I like everything that's new.
I like all the new stuff.

► Note carefully the difference in meaning—indicated by the difference in capitalization—between a noun phrase with the noun deleted and a neuter adjectival noun. The former refers to a specific noun which has already been mentioned, the latter to an abstract quality.

Mir gefällt das alte Buch, und dir gefällt **das neue.**
*I like the old book and you like **the new one.***

Dir gefällt **das Neue.**
*You like **that which is new.***

After the indefinite pronouns **etwas** (something), **nichts** (nothing), **viel** (much, a lot of), and **wenig** (not much, little), neuter adjectival nouns take the endings of **dieses:**

nominative
Viel Interessantes passierte gestern.
A lot of interesting things happened yesterday.

accusative
Er hat **wenig Wichtiges** gesagt.
He said little that was important.

dative
Sie fängt mit **etwas Neuem** an.
She's beginning with something new.

ÜBEN WIR!

a.   Answer according to the example, using **neu** with **nichts** and **etwas.**

> EXAMPLE: Teacher: Was hat der Professor gesagt?
> Student A: Er hat nichts Neues gesagt.
> Student B: Doch, er hat etwas Neues gesagt.

1. Was hat euch der Lehrer erzählt?
2. Was hat man in der Sportstunde gespielt?
3. Was haben euch eure Eltern geschrieben?
4. Was hatte die Buchhandlung?
5. Was habt ihr am Flohmarkt gefunden?

b.   Now answer with **viel** and **wenig** and the cue in parentheses.

> EXAMPLE: Teacher: Was gibt's im Museum? (schön)
> Student A: Es gibt viel Schönes.
> Student B: Nein, es gibt wenig Schönes.

1. Was kann man in der Fußgängerzone sehen? (interessant)
2. Was habt ihr in der Zeitung gelesen? (wichtig)
3. Was habt ihr im Restaurant gegessen? (gut)
4. Was gibt's im Museum? (neues)

---

[1] **all** (everything, all the, all) is a **der**-word and takes the regular endings of **dieser** (**all**er Verkehr, all traffic; all**es** Geld, all the money; all**e** Wurst, all the sausage).

4/ Expanding Your Vocabulary

A. Ordinal Numbers and Dates

The ordinal numbers (first, second, third, etc.) are adjectives and take the usual adjective endings.

From one to nineteen, add **-t-** and the appropriate adjective ending to the cardinal number. Note the irregular forms.

der, das, die **erste**	1st	elfte	11th
zweite	2nd	zwölfte	12th
dritte	3rd	dreizehnte	13th
vierte	4th	vierzehnte	14th
fünfte	5th	fünfzehnte	15th
sechste	6th	sechzehnte	16th
siebte	7th	siebzehnte	17th
achte	8th	achtzehnte	18th
neunte	9th	neunzehnte	19th
zehnte	10th		

From twenty on up, add **-st-** and the adjective ending to the cardinal number:

der, das, die zwanzigste	20th
einundzwanzigste	21st
zweiundzwanzigste	22nd
dreiundzwanzigste	23rd
usw.	etc.
dreißigste	30th
vierzigste	40th
hundertste	100th
tausendste	1000th

In written German, an ordinal number is indicated by a period after the numeral.

der 10. November = der zehn**te** November

DIENSTAG, 4. MAI, 20.30 UHR

Blues- and Jazz-Night

im Shoppyland Schönbühl.

Here is how to ask for and give the date:

Den wievielten haben wir
   heute?   or
Der wievielte ist heute?

What's the date today?
(literally: "The how manyeth
   do we have today/is today?")

Heute haben wir den
   dreizehnten.
Heute ist der dreizehnte.

Today is the thirteenth.

Here is how to say on what date something occurs:

am zehnten August   *on the tenth of August*
am ersten Mai   *on the first of May*

ÜBEN WIR!

(Books open) Answer the question with the date given.

Der wievielte ist heute?

1. 3. August (Heute ist . . .)
2. 9. Februar
3. 1. Mai

4. 7. Juli
5. 2. Januar
6. 8. April

Den wievielten haben wir heute?

7. 5. März (Heute haben wir . . .)
8. 13. Juni
9. 11. November

10. 19. September
11. 21. Dezember
12. 28. Oktober

Wann kommt Frank?

13. 4. Januar (Er kommt am . . .)
14. 30. September
15. 6. April

16. 25. Juli
17. 31. Oktober
18. 20. Februar

B. Color: die Farbe, -n

blau	blue	grün	green
braun	brown	rot	red
gelb	yellow	schwarz	black
grau	gray	weiß	white

ÜBEN WIR!

1. Welche Farbe hat ein Apfel?
2. Welche Farbe hat der Salat?
3. Welche Farbe hat eine Zitrone?
4. Welche Farbe hat die Milch?
5. Welche Farbe hat die Donau?

Wortschatz zum Lesestück

Leicht zu merken

aggressiv
aktiv
der **Athlet**, -en, -en
der **Boxer**, -
exklusiv
der **Fan**, -s
die **Figur**, -en
idealistisch
die **Kommunikation**
national
olympisch
positiv
das **Resultat**, -e
der **Rowdy**, -s
der **Star**, -s
die **Szene**, -n
das **Tennis**

Verben

benutzen to use
erfahren (erfährt), erfuhr, hat
  erfahren to experience;
  find out, learn
hoffen to hope
schi·laufen (läuft Schi), lief
  Schi, ist schigelaufen to
  ski
siegen über (+ acc.) to beat
  (in a game or conflict)

Gegensätze

teil·nehmen (nimmt teil),
  nahm teil, hat
  teilgenommen an (+ dat.)
  to take part in

New Simple Past Stems:
fahren, *fuhr*, **ist gefahren**
treffen, *traf*, **hat getroffen**

Substantive

das **Fest**, -e festival
die **Gesundheit** health
die **Sache**, -n thing; affair
der **Schiläufer**, - skier
das **Schwimmbad**, ⸚er
  swimming pool
das **Spiel**, -e game
der **Staat**, -en state
der **Zweck**, -e aim, purpose

Andere Vokabeln

allgemein general
bekannt known, well known
beliebt popular
berühmt famous
gesund healthy
mancher, -es, -e
  (*der*-word) many a
  manche (*pl.*) some
öffentlich public
sportlich athletic
verrückt crazy

aktiv ≠ **passiv**	active ≠ passive
bekannt ≠ **unbekannt**	known ≠ unknown
beliebt ≠ **unbeliebt**	popular ≠ unpopular
gesund ≠ **ungesund**	healthy ≠ unhealthy
positiv ≠ **negativ**	positive ≠ negative

Sport für alle

Die deutschsprachigen° Länder haben im zwanzigsten Jahrhundert° manchen großen Sportler hervorgebracht°. Ein berühmtes Beispiel dafür° ist der Boxer Max Schmeling, Weltmeister im Schwergewicht° von 1930 bis 1932. Im Jahre 1936 siegte er über den jungen Joe Louis. Schmeling ist heute über 75 Jahre alt, und immer noch eine sehr bekannte und beliebte Figur in der BRD. Unter° den Stars von heute bewundert° man die olympischen Athleten aus der DDR, die Schiläufer aus Österreich, Liechtenstein[1] und der Schweiz, und die großen Fußballspieler aus der Bundesrepublik.

Aber der Sport ist nicht nur Sache einer kleinen Minderheit° von Berufssportlern. Menschen aus allen Schichten der Bevölkerung° nehmen aktiv am Sport teil. Da gibt es zum Beispiel die Trimm-dich-Bewegung°: viele Menschen erfahren, daß es Spaß macht, nach Büro-, Fabrik- oder Schulschluß° zu laufen, radzufahren, oder Tennis zu spielen. Man sagt auch, daß der Sport die Kommunikation zwischen den Menschen fördert° und die Menschen gesund macht.

[1] A small, independent principality located between Austria and Switzerland.

Lehrlinge beim Sport (DDR)

Sogar in den kleinen deutschen Städten kann man die positiven Resultate dieser Bewegung sehen. Da gab es schon immer ein öffentliches Schwimmbad und Fußballplätze, aber neuerdings° gibt es auch Tennisplätze und einen Trimm-dich-Pfad. Tennis war einst° das exklusive Spiel der Reichen, ist aber jetzt allgemein beliebt.

in recent times
once

In der DDR wird der Sport direkt vom Staat unterstützt.° Man treibt Sport in den Schulen, in Fabriken, und in den zahllosen° Sportklubs. Die großen Sportfeste, oder „Spartakiaden", verbinden° sportliche Leistung° mit einem Gefühl des nationalen Stolzes.°

wird . . .unterstützt: is supported
countless
combine   achievement
pride

Die Sportszene hat leider auch ihre dunkle Seite. Die Rowdys unter den deutschen Fußballfans können manchmal genauso° verrückt und aggressiv werden wie manche Amerikaner beim 'football' oder Hockeyspiel. Und wenn man den olympischen Sport als Propagandamittel° benutzt, dann verliert er seinen idealistischen Zweck. Der Sport soll vor allem Spaß machen und die Gesundheit fördern.°

just as

means of propoganda

promote

Fragen zum Lesestück

1. Ist Max Schmeling heute in Deutschland vergessen?
2. Welche Sportler sind besonders berühmt: in der DDR, in Österreich, Liechtenstein und der Schweiz, in der BRD?
3. Ist der Sport nur Sache der Berufssportler?
4. Was machen viele Menschen nach Büro- oder Schulschluß?
5. Was gibt es sogar in kleinen deutschen Städten?
6. Was wissen Sie über den Sport in der DDR?
7. Was ist die dunkle Seite der Sportszene?
8. Was soll der Sport vor allem tun?

10 Der Sport / **261**

Vom Lesen zum Sprechen

Mehr über Sport

These pictograms were designed for the Munich Olympics in 1972. You already know much of the vocabulary needed to talk about these sports.

die Sportart, -en: type of sport

laufen
der **Läufer**, -
die **Läuferin**, -nen

boxen
der **Boxer**, -

schwimmen
der **Schwimmer**, -
die **Schwimmerin**, -nen

Fußball spielen
der **Fußballspieler**, -

schilaufen
der **Schiläufer**, -
die **Schiläuferin**, -nen

Volleyball spielen
der **Volleyballspieler**, -
die **Volleyballspielerin**,
-nen

radfahren
der **Radfahrer**, -
die **Radfahrerin**, -nen

(Eis)hockey spielen
der **Hockeyspieler**, -

Here is some additional sports vocabulary:

der **Amateur**, -e	amateur
der **Profi**, -s	professional
der **Zuschauer**, -	spectator
die **Mannschaft**, -en	team
der **Trainer**, -	coach; trainer
gewinnen, gewann, hat gewonnen	to win
trainieren	to train, practice

A. Sagen Sie, welche Sportart Ihnen Spaß macht. Warum gefällt Ihnen diese Sportart? (z.B. „Ich laufe gern Schi, weil mir die Berge gefallen.")

B. Klassendiskussion in zwei Mannschaften (Debatte):
erste Mannschaft: Der Sport soll eine Hauptrolle im täglichen Leben spielen.
zweite Mannschaft: Der Sport soll keine wichtige Rolle im täglichen Leben spielen.

C. Und wenn Sie noch Zeit haben (und Lust zum Lachen), beschreiben Sie einem Deutschen, wie man *baseball* spielt.

Mündliche Übungen

A. Persönliche Fragen

1. Haben Sie ein Fahrrad?
2. Ist es neu oder alt?
3. Hat Ihnen Ihr reicher Onkel oder Ihre reiche Tante das Fahrrad geschenkt?
4. Ist Ihr Rad schwer oder leicht?
5. Sind Sie Mitglied in einem Sportklub?
6. Sind Sie ein begeisterter Sportler oder finden Sie den Sport langweilig?
7. Spielen Sie Volleyball oder Fußball?
8. An welchen Tagen treiben Sie Sport?
9. Sind Sie lieber ein aktiver Sportler oder ein begeisterter Zuschauer?
10. Wo verbringen Sie viele freie Stunden?

B. Beschreiben Sie die Sachen im Zimmer. Benutzen Sie Adjektive!
z.B. Dort hängt ein großes Bild an der Wand.
     Dort steht ein kleiner Tisch.

C. Spiel: Beschreiben Sie die Kleider eines Studenten oder einer Studentin im Zimmer. Ihre Freunde müssen dann sagen, wen Sie beschrieben haben.
z.B.: a. Wer trägt heute seine alten Jeans und ein häßliches Hemd?
      b. Das kann nur Rick sein.

D. You are shopping in Germany with a friend who speaks no German. Relay your friend's questions and comments to a salesperson, who then disagrees, contradicts, or answers in the negative:

EXAMPLE: Teacher: Do they have anything new?
Student A: Mein Freund möchte wissen, ob Sie etwas Neues haben.
Student B: Nein, wir haben nichts Neues.

Teacher: They don't have anything nice here.
Student A: Mein Freund meint, Sie haben nichts Schönes hier.
Student B: O doch! Wir haben viel Schönes.

1. Do they have anything cheap?
2. I can't find anything interesting.
3. I'd like something small.
4. I don't find anything nice here.
5. Do they have anything simple?
6. Can we order something warm?

Schriftliche Übungen

E. Rewrite this narrative, filling in each blank with an appropriate adjective or adjectival noun. Don't forget to include the adjective endings where they are needed!

Der___ Mai war ein ____ Tag. Ich ging am Morgen im ____ ____ Wald mit meiner ____ Freundin Gabriele spazieren. Die Sonne war ____ , aber die Luft war____ . Wir hatten ein ____ Mittagessen mitgenommen. Um ein Uhr bekamen wir Hunger. Die ____ Brötchen mit Leberwurst und die ____ Äpfel waren lecker, aber wir hatten vergessen, etwas ____ zum Trinken mitzubringen. Wir wußten, daß es im Wald eine ____ Gaststätte gab, und nach einiger Zeit haben wir sie auch gefunden. Wir kauften eine ____ Flasche Wein. Die Kellnerin war eine sehr ____ Frau. Wir sprachen mit ihr über das ____ Wetter. Sie hatte auch ein ____ Kind, und wir spielten ein bißchen mit dem ____ Mädchen. Später trafen wir meinen ____ Bekannten Hannes. Er zeigte uns sein ____ Fahrrad. Am Ende dieses ____ Tages fuhren wir mit der Straßenbahn in die ____ Stadt zurück.

F. Interview: Sie sind Journalist. Für Ihre Zeitung müssen Sie eine berühmte Schiläuferin interviewen. Schreiben Sie einen kleinen Artikel über Ihr Treffen mit ihr. Wie sieht ihre Wohnung aus? Was trägt sie zum Interview? Was sind ihre Pläne? Wie trainiert sie? usw.

G. Schreiben Sie eine Seite über den Sport im Leben der Amerikaner. Benutzen Sie so viele Adjektive wie möglich.

H. Wie sagt man das auf deutsch?

1. Have you already met the new coach?
2. No, but I've heard a lot of interesting things about him. He's supposed to be a strict (man).
3. Yes, he is strict, but he's also an excellent coach.

4. They're building a new public swimming pool in our town.
5. Isn't the old one big enough any longer?
6. No. We need this second one because swimming has become so popular, especially among the young people.

7. I'm looking for a red blouse. Do you have anything pretty?
8. Of course. Here are our red blouses. This one is very nice.
9. No, that's too dark. I plan to wear it with my gray jacket.

10. Every small child in America knows the name of this famous athlete.
11. Really? No German knows him because they don't play baseball there.
12. I know. All my German relatives say that it's a boring American game.

Almanach

Sport Culture in the Two Germanies

For over a century prior to the division of Germany after World War II, sport played an important role in the life of the nation. Organized gymnastics, for example, originated in 1811 as part of the nationalistic fervor directed against the invading armies of Napoleon. By the end of the nineteenth century, a workers' sport movement (*Arbeitersportbewegung*) had been founded. This group eventually counted two million members and was to become an important ally of the Social Democratic Party (SPD) shortly before both were suppressed by Hitler in 1933. Both postwar Germanies, therefore, could look back upon a rich tradition of sport as they formulated their respective programs for encouraging mass participation in athletics and success in international competition.

Since about 1950, both the Federal Republic of Germany (FRG) and the German Democratic Republic (GDR) have viewed their sport rivalry as a symbol of a larger political competition. Although the FRG maintained its competitive supremacy at the international level during the 1950's, the GDR has since developed the world's most successful—and controversial—sport program. At the Montreal Olympic Games in 1976 East Germany's unofficial point total was second only to that of the Soviet Union, and actually greater than that of the United States—an unusual feat for a nation of only 18 million that was not permitted its own Olympic team until 1968. Sport officials in West Germany responded to this success by forming their own committees of inquiry to reorganize both mass sport (*i.e.*, „*Trimm Dich*") and high performance (*Hochleistung*) sport. There are good reasons, however, why East Germany will probably continue to prevail in international competition. The government conducts classified research in sport medicine and searches nationwide for talented athletes who are then trained in special sport schools and supported by the state.

11

Film
und
Fernsehen

More on adjectives
Ein-words used without nouns
Wann, als, wenn
Mal and its use
Erstens, zweitens, etc.
Reading: *Der neue deutsche Film*

Ein alter Film

KURT: Im Kino läuft ein alter Film aus der Weimarer Zeit[1]—ein sehr guter sogar.

STEFAN: Welcher? Alte Filme interessieren mich sehr.

KURT: Er heißt *Das Kabinett des Doktor Caligari.*[2] Kennst du ihn?

STEFAN: Oh, das ist mein Lieblingsfilm. Ich habe ihn schon mehrere Male gesehen.

Vor dem Fernseher

(Monika, eine Deutsche, und Rebecca aus den USA)

MONIKA: Was gibt's heute abend im Fernsehen?

REBECCA: Es gibt einen alten amerikanischen Western und sonst nichts Interessantes.

MONIKA: Da habe ich Pech. Ich glaube, ich gehe lieber schlafen. Gute Nacht.

REBECCA: Nacht, Monika. Ich sehe noch eine halbe Stunde fern. John Wayne auf deutsch finde ich doch zu lustig.

Die „Primadonna"

SCHAUSPIELERIN: Unmöglich, dieser Regisseur!

KAMERAMANN: Was ist los?

SCHAUSPIELERIN: Ich bin doch erkältet und jetzt soll ich die dumme Szene heute nachmittag noch einmal spielen!

KAMERAMANN: Die Szene ist doch ganz kurz, aber wenn Sie krank sind, rede ich ein Wort mit dem Regisseur.

SCHAUSPIELERIN: Ja, versuchen Sie es. Niemand versteht einen Star heutzutage.

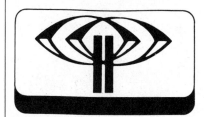

[1] The Weimar Era (1919–1933). Named after the city of Weimar, where the new constitution was drafted after the First World War.

[2] *The Cabinet of Doctor Caligari* (1919), a silent horror film directed by Robert Wiene.

Wortschatz

An Old Movie

KURT: There's an old film from the Weimar Era at the movies—a very good one, too.

STEFAN: Which one? Old movies interest me a lot.

KURT: It is called *The Cabinet of Doctor Caligari*. Do you know it?

STEFAN: Oh, that's my favorite movie. I've seen it several times.

Watching Television
(Monika, a German, and Rebecca from the US)

MONIKA: What's on TV tonight?

REBECCA: There's an old American western and nothing else interesting.

MONIKA: My bad luck. I guess I'll go to bed instead. Good night.

REBECCA: Night, Monika. I'm going to watch television for another half hour. I find John Wayne in German just too funny for words.

The Prima Donna

ACTRESS: Impossible, this director!

CAMERAMAN: What's wrong?

ACTRESS: I have a cold and now I'm supposed to play the stupid scene again this afternoon.

CAMERAMAN: The scene is pretty short, but if you're sick I'll have a word with the director.

ACTRESS: Yes, try to. Nobody understands a star nowadays.

Leicht zu merken

der **Kameramann**, die **Kameraleute**
die **Primadonna**, die **Primadonnen**
der **Western**, -

Verben

fern·sehen (sieht fern), sah fern, hat ferngesehen to watch TV
interessieren to interest
reden to speak, talk
schlafen (schläft), schlief, hat geschlafen to sleep
 schlafen gehen to go to bed
verstehen, verstand, hat verstanden to understand
versuchen to try, attempt

Substantive

das **Fernsehen** television
 im Fernsehen on television
der **Fernseher**, - TV set
Lieblings- (*prefixed to nouns*) favorite
 der **Lieblingsfilm**, **-e** favorite movie
das **Mal**, **-e** time (in the sense of occasion)
 mehrere Male several times
der **Nachmittag**, **-e** afternoon
die **Nacht**, **-e** night

Gegensätze

der **Regisseur**, **-e** director
der **Schauspieler**, - actor
die **Schauspielerin**, **-nen** actress
das **Wort** word
 die **Worte** words (in a context)
 die **Wörter** words (unconnected, as in a list, *cf.* **Wörterbuch**, dictionary)

Andere Vokabeln

dumm stupid
erkältet sick with a cold
 Ich bin erkältet. I have a cold.
krank sick
lustig funny
mehrere several
sonst otherwise
 sonst nichts nothing else
 sonst noch etwas? anything else?

Nützliche Ausdrücke

Was ist los? What's wrong? *or* What's up? What's going on?
gute Nacht good night
heute nachmittag this afternoon
Pech haben to have bad luck, be out of luck
Ich rede ein Wort mit ihm. I'll have a word with him.

dumm ≠ **klug**	stupid ≠ clever, smart

Neue Kombinationen

A. Replace the word in italics with the cue provided.

1. Ich habe den Film *noch nicht* gesehen.
   (einmal, schon oft, mehrere Male, viermal, letzte Woche, vor einem Monat)
2. *Alte Filme* interessieren mich sehr.
   (neue Ideen, deutsche Weine, alte Kirchen, unbekannte Bücher)
3. Niemand versteht *einen Star* heutzutage.
   (das Problem, seine Philosophie, diese Sprache, diesen Unsinn, die Gründe, meine Dissertation)
4. Ich *sehe* noch ein bißchen *fern*.
   (spazierengehen, einkaufen, radfahren, herumfahren)

B. A friend asks you if you did certain things. Respond that you had bad luck for one of the following reasons.

> EXAMPLE: Bist du gestern herumgefahren?
> Nein, ich hatte Pech. Es hat geregnet.
> *or:* Nein, ich hatte Pech. Ich habe mein Geld verloren.

1. Hast du das Fußballspiel gesehen?
2. Konntest du nicht eine Karte kaufen?
3. Bist du heute morgen schwimmen gegangen?
4. Haben Sie Ihre Freunde im Park getroffen?
5. Haben Sie einen Trainingsanzug gekauft?

C. Respond to the following questions with **Es gibt**..., plus appropriate information.

> EXAMPLE: Was gibt's heute abend im Fernsehen?
> Es gibt einen alten Western.

1. Was gibt's heute zum Abendessen?
2. Was gibt's heute abend im Kino?
3. Was gibt's heute nachmittag in der Altstadt?
4. Was gibt's heute zum Frühstück?
5. Was gibt's denn zum Trinken?
6. Was gibt's auf dem Flohmarkt zu kaufen?
7. Was gibt's hier zu sehen?

D. Use the cue from your teacher to ask friends if they like certain things. They answer that these are their favorites.

> EXAMPLE: Teacher: deutsche Filme
> Student A: Hast du deutsche Filme gern?
> Student B: Ja, das sind meine Lieblingsfilme.

1. diesen Roman
2. den Regisseur
3. diesen alten Star
4. diese Jahreszeit
5. österreichische Weine
6. diese Schauspielerin

Übung zur Aussprache

Starting with this chapter, the *Übung zur Aussprache* section will contain a German poem for you to read aloud. We'll begin with an anonymous twelfth-century love poem in modern translation.

Du bist mein, ich bin dein,
Des° sollst du gewiß° sein.   *of that   certain*
Du bist verschlossen°   *locked up*
In meinem Herzen,°   *heart*
Verloren ist das Schlüsselein:°   *little key*
Du mußt immer drinnen° sein.   *inside*

Zeichnung von Ludwig Richter

Grammatik

1/ More on Adjectives

A. Unpreceded Adjectives

Many noun phrases have no limiting word (i.e., no **der**-word or **ein**-word, see above, p. 249):

Deutsche Kinder lernen das früh.	*German children learn that early.*
Ich trinke gern **starkes Bier**.	*I like to drink strong beer.*

We will call the attributive adjectives in such phrases *unpreceded* adjectives. Unpreceded adjectives take the same endings as **dieser,** with two exceptions. In the masculine and neuter genitive singular, the unpreceded adjective takes the ending **-en.** The noun itself has the genitive ending **-es** or **-s.**

	masc.	*neut.*	*fem.*	*plural*
nom.	kalter Wein	kaltes Bier	kalte Milch	kalte Suppen
acc.	kalten Wein	kaltes Bier	kalte Milch	kalte Suppen
dat.	kaltem Wein	kaltem Bier	kalter Milch	kalten Suppen
gen.	kalten Weines	kalten Bieres	kalter Milch	kalter Suppen

ÜBEN WIR!

a. Substitute the new noun you will hear, changing the adjective ending and verb as necessary.

1. Alte *Filme* interessieren mich sehr.
   (Bilder, Wein, Kunst, Häuser, Märchen)
2. Haben Sie deutsches *Bier* gern?
   (Wein, Bücher, Wurst, Brot)
3. Wegen schlechten *Wetters* bleiben wir zu Hause.
   (Straßen)

b. In each sentence you will hear, change the noun phrase with **ein** to the plural and make other necessary changes.

> EXAMPLE: Wollen wir einen alten Film sehen?
> Wollen wir alte Filme sehen?

1. Das ist ein guter Film.
2. Gibt es heute abend einen amerikanischen Western?
3. Außer einem alten Film interessiert mich gar nichts.
4. Aus einer einfachen Idee kommt oft etwas Neues.
5. Manche Leute haben nie eine gute Idee.
6. Eine gute Idee ist nicht immer eine einfache Idee.

B. Adjectives of Indefinite Number

1. These adjectives are used with nouns in the plural. They are not limiting words.

wenige	few
einige	some
mehrere	several
andere	other(s)
viele	many

Without a limiting word:

Wenige alte Leute waren da. *Few old people were there.*

With a limiting word:

Die wenigen alten Leute *The few old people had fun.*
haben Spaß gehabt.

2. With nouns in the singular, the equivalent of **einige** is **etwas** (some). It takes no endings:

Geben Sie mir bitte **einige** *Please give me some rolls and*
Brötchen und **etwas** Butter. *some butter.*

3. Used by themselves, without a following noun, **wenige, einige** and **andere, viele** are pronouns referring to human beings:

Viele sagen, der Film ist *Many (people) say the film is*
interessant. *interesting.*
Wenige sagen, er ist gut. *Few (people) say it's good.*
Einige gehen ins Kino, **andere** *Some (people) go to the*
gehen lieber ins Theater. *movies, others prefer to go*
to the theater.

ÜBEN WIR!

a. Add each new word you will hear to the sentence, giving it the correct ending.

EXAMPLE: Darf ich Postkarten haben? (einige)
Darf ich einige Postkarten haben? (schön)
Darf ich einige schöne Postkarten haben?

1. Sie hat schon Filme gesehen. (mehrere, deutsch)
2. Haben Sie die Mitglieder gekannt? (andere, neu)
3. Schauspieler verstehen das nicht. (viele, jung, amerikanisch)
4. Er hat mit Menschen geredet. (wenige, interessant)
5. Regisseure interessieren mich. (einige, neu, deutsch)
6. Ich möchte Brot bestellen. (etwas, gut)
7. Das ist die Erfahrung der Arbeiter. (andere, alt)
8. Wir haben es den Kollegen gesagt. (andere, aktiv)
9. Ich kenne Restaurants in Hamburg. (einige, ausgezeichnet, international)

b. Respond to each question as in the example, replacing **Leute** with **einige** and **andere.**

> EXAMPLE: Teacher: Gehen diese Leute ins Kino?
> Student A: Einige gehen ins Kino.
> Student B: Andere gehen nicht ins Kino.

1. Kennen diese Leute den Film?
2. Kennst du diese Leute?
3. Gehst du mit diesen Leuten ins Kino?
4. Hat der Film diesen Leuten gefallen?

c. Respond to each question as in the example, using **viele** and **wenige** in your answers.

> EXAMPLE: Teacher: Wer war denn da?
> Student A: Viele waren da!
> Student B: Nein, wenige waren da!

1. Wer möchte fernsehen?
2. Wen habt ihr gesehen?
3. Mit wem habt ihr gesprochen?

C. City Names as Adjectives

Names of cities used as attributive adjectives are capitalized and simply add **-er** in all cases:

Die **New Yorker** U-Bahn ist berühmt.	*The New York subway is famous.*
Wir essen heute **Wiener** Würstchen.	*Today we're eating wieners.*
Berliner Studenten können oft kein Zimmer finden.	*Berlin students often can't find a room.*

ÜBEN WIR!

Answer as in the example:

> EXAMPLE: Kennen Sie die Restaurants in Berlin?
> Ja, ich kenne die Berliner Restaurants sehr gut!

1. Kennen Sie die Studenten in Bonn?
2. Kennen Sie die Buchhandlungen in Köln?
3. Kennen Sie die Boutiquen in Paris?
4. Kennen Sie den Flughafen in Boston?

2/ **Ein**-words Used without Nouns

You have already learned that deleting a noun from a noun phrase is the equivalent of English **one** or **ones** (see p. 254):

Ich habe ein altes Buch, und du hast **ein neues.**	*I have an old book, and you have **a new one.***

In the noun phrase above, there is still an attributive adjective (**neues**). Sometimes, however, the limiting word **ein** stands alone, without noun or attributive adjective. In this case, it takes the endings of **dieser** *even in the three cases where ein usually has no endings:*

neuter **sing.** **acc.**	Ich habe ein Buch und du hast auch **eins.**[1]	*I have a book and you have **one** too.*
neuter **sing.** **nom.**	Hier ist ein Fenster und hier ist auch **eins.**	*Here's a window and here's **one** too.*
masc. **sing.** **nom.**	Hier ist ein Tisch und hier ist auch **einer.**	*Here's a table and here's **one** too.*

When referring to a plural noun, the word **welche** is used (English: **some**):

Ich habe Bücher und du hast auch **welche.**	*I have books and you have **some** too.*

The other **ein**-words also take the full set of **dieser**-endings when they are used in this way:

Du bist kein Sportler! Du bist auch **keiner!**	*You're no athlete! You're not (one) either!*
Ist das Ihr Auto? Nein, das ist **seins.**	*Is that your car? No, it's his.*
Unser Trainer ist sehr gut. **Unserer** auch.	*Our coach is very good. Ours too.*

ÜBEN WIR!

a. Respond to each statement as in the example, substituting a form of **ein** for the noun or noun phrase.

> EXAMPLE: Ich habe ein Buch.
> Ich habe auch **eins.**

1. Ich kenne einen guten Film.
2. Bei uns gibt es ein gutes Kino.
3. Mein Bruder ist ein berühmter Regisseur.
4. Wir haben eine gute Mannschaft.
5. Wir brauchen einen guten Trainer.
6. Ich trinke nach dem Spiel kein Bier.
7. Ich bin ein begeisterter Sportler.
8. Ich kenne eine alte Primadonna.

---

[1] In neuter singular nominative and accusative, **-es** is usually shortened to **-s** when used in this way with the **ein**-words.

b. Answer the questions as in the examples.

> EXAMPLE: Ist das Karls Buch?
> Ja, das ist seins.
>
> Ist das dein Rucksack?
> Ja, das ist meiner.

1. Ist das euer Bier?
2. Waren das ihre Schuhe?
3. Ist das sein Fernseher?
4. War das Frau Brauns Zeitung?
5. Ist das dein Wagen?
6. Ist das Herrn Schmidts Büro?
7. Sind das unsere Mäntel?
8. Ist das mein Buch?

3/ Wann, als, wenn

It is important to distinguish among three German words each of which may be translated by English *when:*

A. wann = when?

Wann is always a question word, used in both direct and indirect questions:

Wann kommt der Zug an?	*When is the train arriving?*
Ich weiß nicht, **wann** der Zug ankommt.	*I don't know when the train is arriving.*

B. als = when (in the past)

Als is a subordinating conjunction referring to an event or state in the past and is almost always used with the simple past tense:

Als wir in Wien waren, haben wir Andreas besucht.	*When we were in Vienna, we visited Andreas.*

C. wenn = when, whenever, if

1. **Wenn** is a subordinating conjunction. It means "when" in reference to an event in the present or future. Since it can also mean "if," clauses with **wenn** are often ambiguous:

Wenn wir in Wien sind, werden wir Andreas besuchen.	*When (If) we're in Vienna, we'll visit Andreas.*

2. **Wenn** also means "whenever" in reference to habitual or repeated action. Again, there may be ambiguity between "whenever" and "if":

Wenn Hans nach Wien kommt, geht er ins Café.	*Whenever (If) Hans comes to Vienna, he goes to a café.*

To eliminate any ambiguity, include an adverb like **immer**:

Wenn Hans nach Wien kommt, geht er immer ins Café.	*Whenever Hans comes to Vienna, he always goes to a café.*

ÜBEN WIR!

a. (books open) Supply **als, wann,** or **wenn** as appropriate.

1. ____ darf ich fernsehen?
2. ____ deine Hausaufgaben fertig sind, darfst du fernsehen.
3. Ich weiß nicht, ____ der Film anfängt.
4. Karl kann es uns sagen, ____ er zurückkommt.
5. Wir haben viele Filme gesehen, ____ wir in München waren.
6. Das möchte ich auch tun, ____ ich nach München fahre.
7. ____ ich gestern an der Uni war, habe ich Angelika getroffen. Sie möchte auch mitkommen.
8. ____ Angelika mitkommt, ist es immer lustig.

b. Wie sagt man das auf deutsch?

1. When did you meet Claudia?
2. I met her when we were students in Vienna.
3. Whenever I'm in Vienna, I think of her.
4. I don't know when I'll go to Vienna again.

5. When I was young I hitchhiked a lot.
6. When I go to Europe, I'll do that too.
7. When are you going to Europe?
8. When I have enough money.

4/ **Mal** and Its Use

The English word *time* has two German equivalents, **die Zeit** and **das Mal**. **Zeit** denotes time in general:

Ich habe keine Zeit für Sie.	*I have no time for you.*

Mal denotes an occasion:

Das erste Mal habe ich den Film nicht verstanden.	*I didn't understand the film the first time.*
Wie viele Male hast du es versucht?	*How many times did you try it?*

Learn these idioms with **Mal**:

zum ersten (zweiten, dritten, letzten) Mal	for the first (second, third, last) time
zum x-ten Mal	for the umpteenth time
dieses Mal, diesmal	this time

The suffix **-mal** is attached to cardinal numbers to form adverbs indicating repetition:

einmal	once
zweimal	twice
zwanzigmal	twenty times
hundertmal	a hundred times
x-mal	a million times (exaggeration)
Das habe ich euch schon x-mal gesagt!	I've already told you that a million times!

ÜBEN WIR!

a. Give German equivalents for these sentences:

1. We don't have enough time.
2. This time we understand better.
3. Please give me more time.
4. He did it every time.
5. Today is my first time.
6. I need time and money.

b. Your teacher holds up a certain number of fingers, seven for example. Use this as a cue to have the following exchange:

> Student A: Er hat das siebenmal gemacht.
> Student B: Und jetzt macht er es zum achten Mal.

Now substitute other past participles to say how often various things were done: gelesen, gesehen, versucht, gesagt, angefangen.

5/ Expanding Your Vocabulary: **erstens, zweitens,** etc.

Adverbs of enumeration (in the first place, secondly, etc.) are formed in German by adding the suffix **-ens,** to the ordinal stems:

erstens	first, in the first place
zweitens	secondly
drittens	thirdly
usw.	etc.

Bücher Scherz

Mach' mal Pause, lies ein gutes Buch!

Bern, Marktgasse 25

Wortschatz zum Lesestück

Leicht zu merken

brutal
der **Dialog, -e**
der **Dokumentarfilm, -e**
emotional
europäisch
das **Exil**
die **Generation, -en**
historisch
der **Homosexuelle (ein Homosexueller), -n**
klassisch
die **Konfrontation, -en**
die **Kontinuität**
magisch
das **Manifest, -e**
die **Methode, -n**
das **Militärkonzert, -e**
monumental
das **Panorama, die Panoramen**
der **Propagandafilm, -e**
das **Studio, -s**
die **Tradition, -en**

Verben

brechen (bricht), brach, hat gebrochen to break
drehen (*trans.*) to turn (something)
  einen Film drehen to shoot a movie
glauben an (+ *acc.*) to believe in
schockieren to shock

New Simple Past Stems:
beginnen, *begann,* **hat begonnen**
laufen (läuft), *lief,* **ist gelaufen**

Substantive

der **Außenseiter, -** outsider
der **Bürger, -** citizen; bourgeois

die **Gesellschaft, -en** society; company
das **Interesse, -n** interest
  Ich habe Interesse für X. I'm interested in X.
die **Kraft, ̈e** power; energy
der **Roman, -e** novel

Andere Vokabeln

außerhalb (+ *gen.*) outside of
bereit ready
breit broad, wide
geboren born
gemeinsam shared, in common
hoch (*predicate adjective only*) high
  hoh- (*attributive form*)
  Das Gebäude ist *hoch.*
  Das ist ein *hohes* **Gebäude.**
kitschig tastelessly sentimental, kitschy
jedoch however
solid respectable; solid (citizen)
tot dead
unabhängig independent
verschieden different, various

Nützliche Ausdrücke

Wann sind Sie geboren? When were you born?
Ich bin 1966 geboren. Ich bin im Jahre 1966 geboren. I was born in 1966.
im Freien (*adverb of location*) out of doors
  Wir können im Freien grillen. We can barbecue out of doors.

Gegensätze

breit ≠ **eng**	wide ≠ narrow

Der neue deutsche Film

„Der alte Film ist tot. Wir glauben an den neuen." So lautete° das Manifest einiger junger deutscher Filmemacher aus dem Jahre 1962. Diese Nachkriegsgeneration wollte mit der Tradition brechen und war bereit, eine neue Film-sprache zu finden. Nach knapp° zwanzig Jahren sind die jungen Regisseure mit ihrer Kunst berühmt geworden.

stated

barely

Historischer Rückblick°

review

    Man darf nicht vergessen, daß der deutsche Film schon zwischen 1919 und 1932 ein hohes künstlerisches Niveau° erreicht° hatte. Aus dieser „klassischen" Zeit kennt man Namen wie Friedrich Wilhelm Murnau (*Nosferatu*, 1922), Fritz Lang (*Metropolis*, 1926; *M*, 1930), und Georg Wilhelm Pabst (*Die Dreigroschenoper*,° 1931).

artistic level
reached

"The Threepenny Opera"

Original-Foto aus *M*

entertainment	Während der Zeit des Nationalsozialismus[1] hat man nur kitschige Unterhaltungs-,° Propaganda- und Dokumentarfilme gedreht. Um politischer und rassistischer Verfol-
to escape political and racial persecution	gung zu entfliehen,° mußten viele der besten Regisseure ins Exil gehen. Einige von ihnen gingen nach Hollywood, wo zum Beispiel Billy Wilder (*Double Indemnity*, 1944; *Some Like It Hot*, 1959) und Otto Preminger (*Laura*, 1944; *Exodus*, 1960) die amerikanische Filmindustrie beeinflußten.°
influenced	Die bekannte Regisseurin Leni Riefenstahl jedoch blieb in Deutschland und drehte monumentale pro-Nazi Filme (*Olympia*, 1936–1938; *Triumph des Willens,*° 1934–1935).
"Triumph of the Will"	Nach dem Krieg war es für die deutsche Filmindustrie schwierig, wieder anzufangen. Die Kontinuität mit den
the 20's destroyed wave	Zwanziger Jahren° war zerstört.° Erst um 1960 begann die „neue Welle".°

Regisseure der neuen Welle

	Unter den jungen Regisseuren sind einige im Ausland besonders bekannt. Volker Schlöndorff (geboren 1939) hat
"The Tin Drum" made a film of	mit seiner *Blechtrommel*° (1979) den berühmten Roman von Günter Grass verfilmt.° Die Geschichte spielt in Danzig (heute Gdansk) und zeigt ein breites Panorama dieser Stadt
child-dwarf hero party rallies to disrupt	unter dem Nationalsozialismus. Der Kind-Zwerg° Oskar, der kleine Held° der Geschichte, hat die magische Kraft, Parteiversammlungen° und Militärkonzerte der Nazis mit seiner Trommel durcheinanderzubringen.°
"The Second Awakening of Christa Klages" bank robber	Die Regisseurin Margarete von Trotta (Schlöndorffs Frau) dreht Filme über Frauen und Frauenprobleme. Sie erzählte 1977 in *Das zweite Erwachen der Christa Klages*° die Geschichte einer idealistischen Bankräuberin.°

[1] National Socialism: the official name of the Nazi movement founded by
Adolf Hitler, which was in power in Germany from 1933 until 1945. The
Nazi regime was also called "Das Dritte Reich."

Rainer Werner Fassbinder

Margarete von Trotta

Günter Grass und David Bennent (Oskar) im Filmstudio

Rainer Werner Fassbinder (1946–1982) hat mit stark emotionalen Filmen über Gastarbeiter,° Homosexuelle und andere Außenseiter in Deutschland die soliden Bürger schockiert. Viele seiner letzten Filme, so zum Beispiel *Die Ehe der Maria Braun*° (1978) haben als Hauptfiguren Frauen, die° mit der modernen Gesellschaft nicht fertig werden.°

Wenn man gemeinsame Eigenschaften° der neuen westdeutschen Filme nennen will, so sind es erstens die Arbeit im Freien statt im Studio; zweitens, die leichten Dialoge über schwere Themen;° und drittens, ein Interesse für Menschen außerhalb der bürgerlichen° westdeutschen Gesellschaft. Alle jungen Regisseure arbeiten mit verschiedenen Methoden, so daß man einen gemeinsamen Stil° kaum finden kann.

foreign workers

"The Marriage of Maria Braun"
who   come to terms with
characteristics

subjects
bourgeois, middle class

style

Fragen zum Lesestück

1. Was sagten die jungen Filmemacher in ihrem Manifest?
2. Was wollten sie tun?
3. Welche Filme kennt man aus der klassischen Zeit des deutschen Films?

4. Welche Filme hat man zur Zeit des Nationalsozialis-
mus gedreht?

5. Wohin gingen viele der besten Regisseure?

6. Was für Filme drehte die Regisseurin Leni Riefenstahl?

7. Welche jungen Regisseure sind heute im Ausland besonders bekannt?

8. In welcher Stadt spielt die Geschichte der *Blechtrom-
mel*?

9. Wie hat Fassbinder die soliden Bürger schockiert?

10. Was sind die Methoden der jungen Filmemacher in der
BRD?

Vom Lesen zum Sprechen

Mehr über Filme

der **Farbfilm, -e**	movie in color
der **Horrorfilm, -e**	horror movie
der **Krimi, -s** *(short for:)*	
der **Kriminalfilm, -e**	detective film, thriller
der **Kriminalroman, -e**	detective novel, thriller
der **Schwarzweißfilm, -e**	movie in black and white
der **Science-fiction-Film, -e**	science fiction movie
der **Stummfilm, -e**	silent movie
das **Drehbuch, ¨er**	film script
die **Kamera, -s**	camera
synchronisiert	dubbed
der **Untertitel, -**	subtitle

A. Filme bei Ihnen:

1. Welche Filme spielen jetzt in Ihrer Stadt?
2. Haben Sie einige schon gesehen?
3. Welche möchten Sie sehen?
4. Was ist Ihr Lieblingsfilm?

B. Filme aus dem Ausland

1. Spielen bei Ihnen auch Filme aus anderen Ländern?
2. Sind sie synchronisiert oder haben sie Untertitel?
4. Welche Methode finden sie besser?

C. Klassendiskussion:

Besprechen Sie zusammen einen bekannten Film. Wenn einige den Film nicht gesehen haben, müssen ihn die anderen beschreiben. Hat er Ihnen gefallen? Warum oder warum nicht?

Mündliche Übungen

A. Persönliche Fragen

1. Sehen Sie alte Filme gern?
2. Kennen Sie einige alte deutsche Filme? Welche?
3. Zeigt man bei Ihnen in den Kinos alte Filme oder sehen Sie sie im Fernsehen?
4. Sehen Sie lieber Horrorfilme oder Kriminalfilme?
5. Wie viele Stunden haben Sie diese Woche schon ferngesehen?
6. Kann man bei Ihnen im Fernsehen alte Western sehen?
7. Viele sagen, Fernsehen ist schlecht für Kinder. Was meinen Sie?
8. Haben Sie einen Lieblingsregisseur?
9. Wer ist Ihr Lieblingsschauspieler, Ihre Lieblingsschauspielerin?
10. Wann sind Sie zum ersten Mal ins Kino gegangen?

B. (books open) Say what you're looking for, forming an adjective-noun combination from columns 1 and 2. Your friend responds, using an indefinite adjective from column 3.

EXAMPLE: Ich suche deutsche Zeitungen.
Hier sind einige deutsche Zeitungen.
or: Wir haben nur wenige deutsche Zeitungen.
or: Hier habe ich mehrere deutsche Zeitungen.

1	2	3
amerikanisch	Romane	wenige
kurz	Schauspieler	einige
bekannt	Worte	mehrere
gut	Menschen	andere
sportlich	Strümpfe	viele
gesund	Geschenke	
verrückt	Polizisten	
lang	Äpfel	
preiswert	Ideen	
ehrlich	Universitäten	
gelb	Sachen	
besser	Resultate	

C. *Rollenspiel.* Spielen Sie kurze Szenen mit Ihren Nachbarn:

1. Der Kameramann redet mit dem Regisseur über die „Primadonna".
2. Zwei Freunde wollen fernsehen. Beide haben verschiedene Interessen.
3. Ein Regisseur interviewt eine junge Schauspielerin für eine Rolle in seinem neuen Horrorfilm.

Schriftliche Übungen

D. Rewrite this passage, filling in each blank with an appropriate adjective. Don't forget the adjective endings.

Es war ein ____ Abend. Ich ging durch die ____ Straßen einer ____ Stadt. Weil ich ____ Hunger hatte, ging ich in ein Restaurant. Ich bestellte ein ____ Abendessen und wartete. Es waren ____ Menschen im Restaurant. Ein ____ Herr saß neben seiner ____ Frau und sprach über einen ____ Film. Er fand ihn sehr ____ .

E. Sie sind ein berühmter Filmregisseur. Jetzt haben Sie die Chance, Ihren idealen Film zu drehen. Beschreiben Sie Ihre großen Pläne. Welche Schauspieler wollen Sie haben und welche Geschichte wollen Sie erzählen? Wollen Sie ihn im Studio oder im Freien drehen? Wollen Sie einen schönen, idealistischen Film drehen, oder wollen Sie schockieren?

F. Schreiben Sie eine Seite über das Kino und das Fernsehen. Schreiben Sie z.B. über diese Fragen: Gehen Sie lieber ins Kino, oder sehen Sie lieber fern? Warum? Ist es Ihnen egal, ob sie einen Film im Kino oder im Fernsehen sehen? Darf man manche Filme nicht im Fernsehen zeigen? Warum?

G. Wie sagt man das auf deutsch?

1. This afternoon I saw a thriller on TV.
2. I had nothing else to do because I had a cold.
3. I don't often watch television and it shocked me that some movies are so brutal.
4. The movie showed crazy people in impossible situations.
5. After a half an hour six people were already dead.

6. Today I tried for the third time to see that new movie.
7. What was wrong? Did you forget your student I.D.?
8. No, I had bad luck. Too many people were there before me.
9. Yes, many people go to the movies on Saturdays. Isn't there an interesting film in the other theater?
10. Yes, but I've already seen it twice.

Almanach

A Word About German Television

The West German radio and TV corporations are, strictly speaking, neither private nor state-owned companies. They are independent, though governed by public law.

The viewer can choose among three channels: "Erstes Programm," "Zweites Programm," and "Drittes Programm." The first two networks are seen nationwide and provide political reporting, news, and general entertainment. The third network concentrates on regional programs and educational material similar to the quality of public television in the United States.

Television in West Germany is only to a small extent supported by advertising. Most of the revenue is collected from viewers, who have to register their sets and thereafter make monthly payments whether they watch the programs or not. Commercials never interrupt a program but rather are limited to short segments between broadcasts.

Here is a page from a weekly television guide:

Sonnabend, 27. September

1. Programm

10.00 Tagesschau 10.25 Hitparade im ZDF. Präsentiert von Dieter Thomas Heck 11.10 Kein Pardon für Schutzengel. Ein Toter verteidigt seine Beute 11.35 Auslandsjournal 12.20 Umschau 12.50 Presseschau 13.00 Tagesschau

13.35 **Programmvorschau**

14.05 **Tagesschau**

14.10 **Sesamstraße**

14.40 **Wenn die Heide blüht**
Deutscher Spielfilm von 1960

16.15 **ARD-Ratgeber:**
Gesundheit

17.00 **„Ich bin ein Christ ... und ich ein Muselmann"**

18.00 **Tagesschau**

18.05 **Die Sportschau**
Fußball: Bundesliga

18.57 **Die Parteien zur Wahl**

Regionalprogramme

Bayerisch. Rdf.: 13.20 Panorama Italiano 17.30 Popi 19.00 Abendschau: Aktuelles und Sport 19.15 Samstagsclub

Hessisch. Rdf.: 17.30 Kümo Henriette 19.00 Sandmännchen 19.05 Sportjournal. Berichte und Nachrichten 19.30 Hessenschau

Nordd. Rdf.: 17.30 Programmhinweise 17.31 Die unsterblichen Methoden des Franz Josef Wanninger 19.00 Berichte vom Tage 19.15 Die aktuelle Schaubude

Bremen: 17.30 Karino — Geschichte eines Pferdes 19.00 Nachrichten-Regional 19.15 Die aktuelle Schaubude

Saarländ. Rdf.: 17.30 Kümo Henriette 19.00 Sandmännchen 19.10 Daten der Woche 19.25 Aktueller Bericht

SFB: 17.30 Wie das Leben so spielt ... 19.00 Lokaltermin 19.20 Berliner Abendschau

Südd. Rdf. u. SWF: 17.30 Kümo Henriette 19.00 Sandmännchen 19.15 Abendschau

WDR: 17.30 Hier und Heute unterwegs 17.55 Intermezzo 19.00 Blickpunkt Düsseldorf 19.22 Polizeiinspektion 1

20.00 **Tagesschau**
Anschl.:
Die Parteien zur Wahl

20.15 **Noten für zwei**
Spielshow mit Roberto Blanco

21.45 **Ziehung der Lottozahlen**
Anschließend:
Tagesschau

Das Wort zum Sonntag
spricht Superintendent Fritz Harriefeld, Hamburg

22.05 **Chinatown**
Amerikanischer Spielfilm von 1974

In dem vielbeachteten Krimi von Roman Polanski wird der schlitzohrige Privatdetektiv J. J. Gittes von der eleganten Evelyn Mulwray beauftragt, ihren Mann zu überwachen. Grund: Der Leiter der städtischen Wasserwerke von Los Angeles hat angeblich ein Verhältnis mit einer anderen Frau. Doch bevor der Privatdetektiv mit Hollis Mulwray Kontakt aufnehmen kann, wird der einflußreiche Beamte ermordet. Bei den weiteren Ermittlungen Gittes stellt sich heraus, daß der Mord mit dem Bau eines Staudamms und dubiosen Landaufkäufen in benachbarten Tal zusammenhängt. Mulwray wollte den betrügerischen Bodenspekulationen nicht zustimmen. Foto: Faye Dunaway, Jack Nicholson

0.10 **Tagesschau**

2. Programm

12.00 **Programmvorschau**

12.30 **Nachbarn in Europa**

14.45 **Heute**

14.47 **Captain Future**
Die Zeitmaschine

15.10 **Mond Mond Mond**
3. Panelon und Ringelblume

15.35 **Schau zu — mach mit**
Berufsreport

15.50 **Leinen los!**
Erlebnisse eines Neulings auf See

16.35 **Die Muppets-Show**
Gaststar: John Denver

17.04 **Der große Preis**
Bekanntgabe der Wochengewinner

17.05 **Heute**

17.10 **Länderspiegel**

18.00 **Lou Grant**
Ein verflixter Tag

19.00 **Heute**

19.30 **Direkt**

20.15 **James Dean**

Im Herbst 1950 lernten sie sich bei den Proben zu einer Studenten-Aufführung von „Macbeth" kennen: William Bast und der damals noch völlig unbekannte James Dean. Die beiden wurden dicke Freunde. Dann drehte Dean drei Filme, die ihn nach seinem frühen Tod zu einer Kultfigur werden ließen. Bast schrieb die Geschichte seines Freundes nieder, der am 30. September 1955 in den Trümmern seines Rennwagens starb. Der Autor versucht zu analysieren, warum der Schauspieler heute noch ein Idol der Jugend ist. Foto: James Dean

21.50 **Heute**

21.55 **Das aktuelle Sport-Studio**

23.10 **Die Leute von der Shiloh Ranch**

0.20 **Heute**

Nachbarländer

DDR
20.00 Die Polizei klagt an — der Geheimdienst tötet. Film 21.35 Aktuelle Kamera 21.50 An der Mole von Warnemünde 22.50 Melissa, TV-Film **2. Progr.:** 19.00 Italienische Nacht, Film 21.00 Aktuelle Kamera 21.30 Brillanten für die Diktatur des Proletariats, Film

Österreich
20.15 Noten für zwei — Show mit Roberto Blanco 21.50 Sport 22.10 Silberne Rose von Montreux 1980 22.55 Nachrichten **2. Progr.:** 20.15 Das Gespenst von Canterville, nach Oskar Wilde 21.30 Wir haben alle unsere Macken, Lustspiel 22.30 Fragen des Christen 22.35 Mord ist kein Geschäft

Schweiz
19.30 Tagesschau 19.50 Das Wort zum Sonntag 20.00 Abenteuer in einem russischen Hotelzimmer, Film 21.15 Tagesschau 21.25 Sportpanorama 22.25 Petrocelli, Krimi 23.15 Tagesschau

Luxemburg
19.00 Tagesschau 19.30 Edouard VIII. 20.30 impossible ... pas français. Film mit Jean Lefebvre und Pierre Mondy 22.10 If I had a million. Film von Lubitsch mit Cary Cooper

3. Programm

BAYERN

18.55 Rundschau
19.00 Theologie in Stein
Die Kanzel des Giovanni Pisano in Pisa
19.30 **James Dean**
Ein amerikanisches Idol
Englischer Dokumentarfilm aus dem Jahr 1975
20.45 Rundschau
21.00 Das historische Stichwort
Vor 40 Jahren wurde der Dreimächtepakt zwischen Deutschland, Italien und Japan geschlossen
21.05 Aus Forschung und Lehre
Aktuelle Berichte von bayerischen Hochschulen
21.50 Hochzeit in Weltzow
Fernsehfilm aus der DDR
Nach der Erzählung von Günter de Bruyn
23.20 Rundschau

SÜDWEST

18.00 Marco
Zeichentrickfilm
18.30 Ein frommer Mann
Gespräch mit dem Befreiungstheologen Leonardo Boff
19.00 Unterwegs mit Odysseus
13. Freundliche Phäaken und unfreundliche Heimkehr
19.30 Bärenstreiche
Nenn mich nicht Willi
19.50 Orchesterprobe
Italienischer Spielfilm von 1978
Mit Balduin Baas, Clara Colosimo, Elisabeth Labi u. a. Regie: Federico Fellini
21.05 Lawrence Durrells geheimnisvolles Ägypten
22.05 **Wolfgang Amadeus Mozart**
Sinfonie C-Dur KV 338
Rundfunksinfonieorchester Saarbrücken

WDR

18.30 Schule und Medien
Aus Lehrersicht: „Treffpunkt Deutsch"
19.00 Fazit
19.15 Sport im Westen
19.55 Journal 3
20.15 Ein Leben (Wh)
Kunst und Schicksal des Tänzers Vaslav Nijinsky
Film von Donya Feuer
21.10 Fernsehspiel des Monats (August)
Jury: DIE ZEIT
Anschließend: Experimente
Schneeblind
Kurzfilm von Jochen M. Cerhak

HESSEN

17.30 Familie Hesselbach
Der Kongreß in Tokio
18.45 Ich trage einen großen Namen
Ein Ratespiel um berühmte Persönlichkeiten
19.30 Christen ohne Privilegien
Kirchlicher Alltag in Mecklenburg
20.15 Rock Follies '77
2. Das Empire
Musikalische Komödie in sechs Teilen
21.00 Nachrichten
21.10 Per Adresse: „Nassauer Hof"
Geschichte eines Wiesbadener Luxushotels
21.55 Alexander Skrjabin — Der wahnwitzige Genius

NDR, BREMEN, SFB

16.00 Roots (Wh)
Eine afrikanische Kindheit (2)
17.00 Spinnen und Weben (Wh)
17.30 Tropischer Regenwald — Ein Leben im Überfluß (Wh)
18.00 Sesamstraße
18.30 Die Stadt des Schreckens (Wh)
Ein Science-fiction-Film
19.15 Klimbim (Wh)
20.15 Mit Schirm, Charme und Melone (Wh)
Eins, zwei drei — wer hat den Ball?
21.05 Vor vierzig Jahren
Es erinnert sich: Sir Hugh C. Greene
21.35 **Tod eines Bürgers**
US-Fernsehfilm von Luther Davis
Mit Edward G. Robinson, Martin Balsam, Diane Baker u. a.
22.50 Die Geschichte vom Soldaten (Wh)
von Igor Strawinsky

12

Deutschland im 20. Jahrhundert

Reflexive verbs
Dative pronouns with parts of the body and clothing
Pronoun word order
The verb *lassen*
The noun suffix *-ismus*
Parts of the body
Reading: Besuch einer Ausstellung historischer Plakate

Seminarausflug

HERR MEINECKE *[ins Mikrofon]*: Setzen Sie sich bitte meine Damen und Herren, damit der Bus abfahren kann. Heute sehen wir uns zwei berühmte mittelalterliche Kirchen an: das Münster in Aachen[1] und den Kölner[2] Dom.

STIMME VON HINTEN: Entschuldigung, Herr Meinecke, aber wann machen wir eine Kaffeepause?

HERR MEINECKE: Keine Sorge: wir lassen uns überall Zeit. Ich sehe, Sie interessieren sich nicht sehr für Karl den Großen.[3]

STIMME: Doch, aber ich habe noch nicht gefrühstückt.

Ein Unfall
[Stefan bricht sich das Bein]

JENS: Beeil' dich! Stefan hat sich verletzt!

ANNA: Was ist denn passiert?

JENS: Ein Unfall mit dem Moped.

ANNA: Hast du einen Arzt kommen lassen?

JENS: Ja, er fürchtet, Stefan hat sich das Bein gebrochen.

[Anna besucht Stefan im Krankenhaus]

STEFAN: Ich freue mich, daß du mich besuchst.

ANNA: Fühlst du dich heute besser oder tut dir das Bein noch weh?

STEFAN: Ach, es geht. Ich kann mich schon waschen, aber ich darf mich noch nicht anziehen.

ANNA: Du sollst dir alles machen lassen, bis es dir besser geht.

STEFAN: Gut! Morgen lasse ich mich von der Krankenschwester rasieren.

[1] A **Münster** (English: minster) was originally a monastery church and later simply a large, important church. **Aachen**, in West Germany near the border with Holland, was Charlemagne's favorite residence.

[2] **Köln** (Cologne) on the Rhine River was founded by the Romans in 38 B.C.

[3] Charlemagne (A.D. 742?–814.), medieval emperor whose seat was at Aachen.

Wortschatz

A Seminar Field Trip

MR. MEINECKE [into the microphone]: Ladies and gentlemen, please sit down so that the bus can leave. Today we will take a look at two famous medieval churches: the minster in Aachen and the Cologne cathedral.

VOICE FROM THE REAR: Excuse me, Mr. Meinecke, but when do we take a coffee break?

MR. MEINECKE: Don't worry, we'll leave ourselves enough time everywhere. I see you're not very interested in Charlemagne!

VOICE: Yes I am, but I haven't had any breakfast yet.

An Accident
[Stefan Breaks His Leg]

JENS: Hurry up! Stefan's hurt himself!

ANNA: What happened?

JENS: An accident with the moped.

ANNA: Have you sent for a doctor?

JENS: Yes. He's afraid Stefan has broken his leg.

[Anna Visits Stefan in the Hospital]

STEFAN: I'm glad you are visiting me.

ANNA: Do you feel better today, or does your leg still hurt?

STEFAN: Oh, so-so. I can already wash myself, but I'm not allowed to get dressed yet.

ANNA: You should let them do everything for you until you're better.

STEFAN: Okay. I'll have the nurse shave me tomorrow.

Leicht zu merken
das **Mikrofon, -e**

Verben
sich[1] **etwas an·sehen (sieht an), sah an, hat angesehen** to take a look at something
an·ziehen, zog an, hat angezogen to put on (a piece of clothing)
sich an·ziehen to get dressed
sich beeilen to hurry up
sich freuen to be glad
frühstücken to eat breakfast
sich fühlen to feel (intrans.), have a feeling
sich interessieren für to be interested in
lassen (läßt), ließ, hat gelassen to let, leave alone; allow; cause to be done, get done
rasieren to shave (someone else) **sich rasieren** to shave (oneself)
sich setzen to sit down
sich verletzen to hurt oneself, get hurt
waschen (wäscht), wusch, hat gewaschen to wash (someone else)
sich waschen to wash (oneself)

Substantive
der **Ausflug, ·e** outing, excursion
das **Bein, -e** leg
die **Dame, -n** lady
der **Dom, -e** cathedral
die **Kaffeepause, -n** coffee break
(das) **Köln** Cologne
das **Krankenhaus, ·er** hospital
die **Pause, -n** pause, break, intermission
das **Seminar, -e** (university) seminar
der **Unfall, ·e** accident

Andere Vokabeln
damit (sub. conj.) so that
hinten (adv.) in the rear, at the back
von hinten from the rear
mittelalterlich medieval
sich (reflexive pronoun) himself, itself, herself, themselves, yourself (in the formal second person)

Nützliche Ausdrücke
meine Damen und Herren ladies and gentlemen
Das tut (mir) weh. That hurts (me).

[1] See below, p. 295, for explanation of this form.

Neue Kombinationen

A. Replace the italicized word with the one you will hear.

1. Er hatte einen Unfall *mit dem Moped.*
   (mit dem Fahrrad, auf der Straße, vor unserem Haus, in der Stadt, am Marktplatz)
2. Ich freue mich, daß du mich *besuchst.*
   (magst, brauchst, mitnimmst, gern hast, fragst)
3. Heute sehen wir uns *zwei alte Kirchen* an.
   (den Kölner Dom, das berühmte Museum, einen alten Film, einige neue Bücher)
4. Du sollst dir *alles* machen lassen.
   (das Mittagessen, deine Arbeit, einen neuen Anzug, das Frühstück, die Hausarbeit)

B. Answer the question using the English cues given.

1. Wann machen wir eine Kaffeepause?
   (at ten-thirty, before lunch, after we see the church, after we visit Aachen, shortly before eleven o'clock)
2. Warum muß er sich setzen? *(Begin your answer with* **damit**.*)*
   (so that we can begin, so the bus can leave, so he can eat something, so he can read the map)

C. People say that they want to do something. You tell them not to worry, they can do it soon.

> EXAMPLE: Entschuldigung, aber ich möchte mit dem Chef sprechen.
> Keine Sorge. Sie dürfen bald mit ihm sprechen.

1. Entschuldigung, ich möchte hier aussteigen.
2. Entschuldigung, wir möchten in den Dom gehen.
3. Entschuldigung, aber ich muß meinen Eltern helfen.
4. Entschuldigung, aber wir möchten diesen alten Film sehen.
5. Entschuldigung, aber wir möchten eine Kaffeepause machen.

Übung zur Aussprache

Bertolt Brecht (1898–1956) fled Germany in 1933 to settle temporarily in Scandinavia. The poem that follows, written in Finland during World War II, is the sixth of the short cycle "1940," the year of its conception. Practice reading the poem aloud.

Mein junger Sohn fragt mich: Soll ich
   Mathematik lernen?
Wozu,° möchte ich sagen. Daß zwei Stück   *what for?*
   Brot mehr ist als eines
Das wirst du auch so merken.°   *you'll notice anyway*
Mein junger Sohn fragt mich: Soll ich
   Französisch° lernen?   *French*
Wozu, möchte ich sagen. Dieses Reich
   geht unter.° Und   *will collapse*
Reibe° du nur mit der Hand den Bauch°   *rub stomach*
   und stöhne°   *groan*
Und man wird dich schon verstehen.
Mein junger Sohn fragt mich: Soll ich
   Geschichte lernen?
Wozu, möchte ich sagen. Lerne du nur
   deinen Kopf in die Erde stecken°   *to stick your head in the sand*
Da wirst du vielleicht übrig bleiben.°   *will . . . survive*

Ja, lerne Mathematik, sage ich
Lerne Französisch, lerne Geschichte!

Bertolt Brecht

Grammatik

1/ Reflexive Verbs

When the object of a verb refers to the same person (or thing) as its subject, the verb is called reflexive. In reflexive verbs, the object is always a pronoun, called a reflexive pronoun:

> Ich habe **mich** verletzt.   *I hurt **myself.***

A. Verbs with Accusative Reflexive Pronouns

1. The reflexive pronouns in English all end in *-self* or *-selves*, e.g., *myself, himself, themselves.* In German, the accusative reflexive pronouns are the same as the accusative personal pronouns in the first and second persons. For the third person singular and plural, as well as for the formal **Sie,** the reflexive pronoun is **sich:**

Ich habe **mich** verletzt.	*I hurt **myself.***
Du hast **dich** verletzt.	*You hurt **yourself.***
Er (es, sie) hat **sich** verletzt.	*He (it, she) hurt **himself** (**itself, herself**).*
Wir haben **uns** verletzt.	*We hurt **ourselves.***
Ihr habt **euch** verletzt.	*You hurt **yourselves.***
Sie haben **sich** verletzt.[1]	*They (you) hurt **themselves** (**yourself, yourselves**).*

2. The words **selbst** and **selber** are *adverbs* meaning **by myself, yourself, himself, ourselves,** etc.:

Ich kann das **selbst/selber** machen.	*I can do it **by myself.***

Used after reflexive pronouns, they emphasize the reflexive:

Hast du ihn verletzt?	*Did you hurt him?*
Nein, er hat **sich selbst** verletzt.	*No, he hurt **himself.***

3. In the plural, the accusative reflexive pronoun often denotes reciprocity and is the equivalent of English *each other*:

Wir treffen **uns** morgen.	*We'll meet **each other** tomorrow.*
Kennt ihr **euch?**	*Do you know **each other?***

ÜBEN WIR!

a. Substitute the new subject you will hear and make other necessary changes:

1. Ich kenne mich gut.
   (du, Monika, Georg, Sie)

---

[1] Note on spelling: **sich** is not capitalized even when it refers to the polite pronoun **Sie.**

2. Du hast dich verletzt!
   (Jens, ich, Anna, ihr, wir, diese Jungen, Sie)

3. Wir kennen uns seit Jahren.
   (ihr, diese Menschen, Karla und ich)

4. Wo treffen wir uns morgen? (sie—*plural*, ihr, Sie)

5. Sie haben sich in Bonn kennengelernt.
   (ihr, wir, Sie, diese Freunde)

b. Answer each question according to the example.

> EXAMPLE: Wen kennt er denn?
> Er kennt nur sich selbst.

1. Wen verstehst du denn?
2. Wen mag sie denn?
3. Wen hat er verletzt?
4. Wen hat er rasiert?

c. Respond as in the example.

> EXAMPLE: Ich mag dich und du magst mich.
> Ja, wir mögen uns.

1. Anna versteht Stefan und er versteht sie.
2. Du hilfst mir, und dann helfe ich dir.
3. Ich sehe dich morgen, und du siehst mich morgen.
4. Herr Mohn trifft Frau Riedel vor der Bibliothek, und sie trifft ihn auch dort.

4. Many German reflexive verbs have English equivalents that are intransitive:

German: reflexive	English: intransitive
sich anziehen	to get dressed
sich rasieren	to shave
sich setzen	to sit down
sich waschen	to get washed

German transitive verbs *require* a direct object even when that object is identical with the subject. Many English transitive verbs become *intransitive* when their subject performs an action on itself:

German		*English*	
transitive ⟶	*reflexive*	*transitive* ⟶	*intransitive*
Sie wäscht **ihren Sohn.**	Sie wäscht **sich.**	*She's washing her son.*	*She's washing.*
Er zog **das Kind** an.	Er zog **sich** an.	*He dressed the child.*	*He got dressed.*

ÜBEN WIR!

Here is an account of Stefan's first morning home from the hospital. Repeat it sentence by sentence after your teacher. Then retell the story about each of the following: the students, yourself, Jens, you and a friend, me.

1. Um sieben hat sich Stefan gewaschen.
2. Dann hat er sich rasiert.
3. Um halb acht zog er sich an.
4. Er setzte sich an den Frühstückstisch.
5. Endlich konnte er wieder alles selber machen.

5. Other German verbs must *always* be used reflexively. Their English equivalents are again intransitive:

German: reflexive	English: intransitive
sich beeilen	to hurry
sich freuen	to be happy
sich fühlen	to feel
sich interessieren für	to be interested in

ÜBEN WIR!

Respond as in the example.

> EXAMPLE: Soll ich mich beeilen?
> Ja, beeile dich!

(use **du**-form)

1. Soll ich mich waschen?
2. Soll ich mich freuen?
3. Darf ich mich setzen?
4. Muß ich mich anziehen?

(use **ihr**-form)

5. Sollen wir uns freuen?
6. Sollen wir uns schön anziehen?
7. Müssen wir uns beeilen?
8. Dürfen wir uns setzen?

(use **Sie**-form)

9. Soll ich mich anziehen?
10. Darf ich mich setzen?
11. Müssen wir uns beeilen?
12. Sollen wir uns morgen treffen?

B. Verbs with Dative Reflexive Pronouns

1. It is also possible for the subject and *indirect* object to refer to the same person:

   I'm buying **myself** a hat.

   In this case, *dative* reflexive pronouns are used. Notice that except for **mir** and **dir**, the dative reflexive pronouns are the same as the accusative reflexive pronouns:

Ich kaufe	**mir**	einen Hut.	*I'm buying **myself** a hat.*
Du kaufst	**dir**	einen Hut.	*You're buying **yourself** a hat.*
Er (sie) kauft	**sich**	einen Hut.	*He's (she's) buying **himself** (**herself**) a hat.*
Wir kaufen	**uns**	einen Hut.	*We're buying **ourselves** a hat.*
Ihr kauft	**euch**	einen Hut.	*You're buying **yourselves** a hat.*
Sie kaufen	**sich**	einen Hut.	*They're (you're) buying **themselves** (**yourself**, **yourselves**) a hat.*

2. The dative reflexive makes explicit the fact that a subject is the beneficiary of its own action:

Sie kocht **sich** ein Ei.	*She's cooking **herself** an egg.*
Bestellst du **dir** ein Bier?	*Are you ordering a beer **for yourself**?*

3. There are some German verbs that are *always* used with the dative reflexive pronoun, while their English equivalents are *not* reflexive:

German: dative reflexive	English: not reflexive
sich etwas ansehen[1]	*to take a look at, look over*
Ich wollte **mir** den Kölner Dom ansehen.	I wanted to take a look at the Cologne cathedral.
sich etwas leisten	*to afford*
Kannst du **dir** ein neues Fahrrad leisten?	Can you afford a new bicycle?
sich etwas vorstellen	*to imagine*
Ich kann **mir** die Situation nicht vorstellen.	I can't imagine the situation.

ÜBEN WIR!

a. Substitute the new subject you will hear and make other necessary changes.

1. Was möchte er sich ansehen? (wir, ihr, du, sie, die Touristen, ich, Sie)
2. Er möchte sich diese berühmte Kirche ansehen. (die Touristen, ich, wir, Sie, du, ihr, die Touristin)
3. Er konnte sich nichts Schönes vorstellen. (ich, du, wir, die Amerikaner, ihr, sie)
4. Wie konnte er sich denn diese Reise leisten? (du, ihr, wir, ich, Sie)

b. Show that the subject is doing something for himself or herself by adding the dative reflexive pronoun to these sentences:

EXAMPLE: Er kauft einen Pulli.
Er kauft **sich** einen Pulli.

1. Ich nehme eine Zeitung mit.
2. Hast du schon etwas Warmes bestellt?
3. Ich bestelle nur Wein.
4. Wir kochen etwas zu Hause.
5. Marga kocht ein Ei.
6. Ich kaufe eine Karte nach Köln.

2/ Dative Pronouns with Parts of the Body and Clothing

In contrast to English, German does not usually use the genitive or possessive adjective (**mein, dein, sein,** etc.) with parts of the body or with articles of

---

[1] Reflexive verbs are conventionally indicated in vocabularies and dictionaries by the third person **sich.** Since **sich** can be either accusative or dative, the inclusion of the direct object **etwas** indicates that the **sich** is a *dative* reflexive: **sich** (dative) **etwas** (accusative) **ansehen.**

clothing when they are being put on or taken off. Instead, it uses the dative of person:

Die Mutter wäscht **dem Kind** die Hände.	*The mother washes the child's hands.*
Sie zog **ihm** den Regenmantel an.	*She put his raincoat on for him.*

If the subject is performing the action on itself, the dative pronoun is reflexive:

Ich habe **mir** die Hände gewaschen.	*I washed my hands.*
Er zog **sich** den Regenmantel an.	*He put on his raincoat.*
Stefan hat **sich** das Bein gebrochen.	*Stefan broke his leg.*

ÜBEN WIR!

a. Substitute the new subjects you will hear and make other necessary changes.

1. Wie hat er sich das Bein gebrochen? (ich, sie, du, Sie)
2. Ich möchte mir die Hände waschen. (er, die Gäste, du, ihr, wir)
3. Du hast dir den Fuß verletzt. (er, ihr, Inge, ich)
4. Ich soll mir eine Jacke anziehen. (du, Robert, wir, ihr, die Kinder)

b. Say that people are putting on various articles of clothing, using the cue you will hear.

EXAMPLE: du/Jacke
Du ziehst dir die Jacke an.

1. ich/die Schuhe
2. Anton/Handschuhe
3. du/Hose
4. Vater/Anzug
5. ich/Hemd
6. wir/Strümpfe
7. du/Kleid
8. du/Mantel

3/ Pronoun Word Order

A. In a sentence in which the subject is not in first position, German personal and reflexive pronouns are placed as soon after the verb as possible, in this order: nominative, accusative, dative (*cf.* p. 135):

	nom.	*acc.*	*dat.*		
Wann hat	**er**	**es**	**dir**	gegeben?	*When did he give it to you?*
Gestern hat	**sie**	**es**	**sich**	angesehen.	*She took a look at it yesterday.*

B. If the subject itself is a noun or proper name not in first position, pronouns often come between the verb and the subject:

Wann hat **es dir** der Chef gegeben?	*When did the boss give it to you?*
Gestern hat **sich** Anna die Wohnung angesehen.	*Anna took a look at the apartment yesterday.*

Replace the direct object with a pronoun in these sentences.

> EXAMPLE: Gestern hat sie mir *dieses Hemd* geschenkt.
> Gestern hat sie *es* mir geschenkt.

1. Wann zieht er sich die Handschuhe an?
2. Endlich habe ich mir das Auto gekauft.
3. Warum bringt sie mir den Teller?
4. Morgen sehen wir uns den Dom an.
5. Vielleicht kannst du dir dieses Fahrrad leisten.
6. Im Winter ziehe ich mir die Handschuhe an.

4/ The Verb **lassen**

The verb **lassen** has several meanings in German:

1. to leave (something or someone), leave behind

> **Lassen** Sie uns bitte allein. *Please leave us alone.*
> **Hast** du mein Buch auf *Did you leave my book*
>   dem Tisch **gelassen?**   *on the table?*

2. to allow, let: **lassen** + infinitive

> Man **läßt** uns **gehen.** *They're letting us leave.*
> **Laß** doch die Kinder *Let the children play!*
>   **spielen!**

3. to have or order something done: **lassen** + infinitive

Here **lassen** is used to show that the subject is not performing an action himself or herself, but having it done by someone else.

> Er **läßt** den Koffer **tragen.** *He's **having** the suitcase **carried**.*

The performer of the action may be indicated in the *accusative*:

> Er läßt **seinen Freund** den Koffer *He's having **his friend** carry*
>   tragen. *the suitcase.*

The person for whom the action is performed may be indicated in the *dative*. If this person is the same as the subject, then a reflexive pronoun is used:

> Er läßt **sich** den Koffer tragen. *He's having **his** suitcase carried.*
> Wir lassen **uns** ein Haus bauen. *We're having a house built (for ourselves).*

When used with an infinitive in final position (meanings 2 and 3 above), *lassen* has a double infinitive construction in the perfect, just like the modal verbs:

> ***double infinitive***
> Man hat uns **gehen lassen** *They let us leave.*
> Ich habe den Koffer **tragen lassen.** *I had the suitcase carried.*

a. Say where things or people were left.

> EXAMPLE: Wo ist seine Jacke? (zu Hause)
> Er hat sie zu Hause gelassen.

1. Wo sind eure Kinder? (zu Hause)
2. Wo ist meine Brille? (im Auto)
3. Wo ist Ihr Referat, Frau Miller? (auf dem Schreibtisch)
4. Wo sind unsere Sachen? (im Rucksack)
5. Wo ist ihr Wagen? (in der Schweiz)
6. Wo ist seine Tochter? (bei ihrer Großmutter)

b. Substitute the new subjects you will hear.

1. *Meine Eltern* lassen mich nicht allein gehen.
   (meine Mutter, mein Vater, meine Freunde, mein Freund, meine Freundin)
2. *Er* läßt sich ein neues Haus bauen.
   (wir, Müllers, du, ihr, Herr Schaum)
3. *Wir* haben die Kinder spielen lassen.
   (ich, das Mädchen, die jungen Eltern, der Vater, du, ihr)
4. *Der Professor* hat uns ein langes Referat schreiben lassen.
   (unser Lehrer, diese zwei Lehrerinnen, Herr Lehmann)

c. Tell what you are or were allowed to do. Use the double infinitive construction in the perfect.

> EXAMPLES: Dürft ihr ins Kino?
> Ja, man läßt uns ins Kino gehen.
>
> Habt ihr um sechs gehen dürfen?
> Ja, man hat uns um sechs gehen lassen.

1. Darfst du die Kirche besuchen?
2. Hast du alles sagen dürfen?
3. Dürft ihr im Freien grillen?
4. Hast du lange schlafen dürfen?
5. Dürft ihr nach Italien trampen?
6. Habt ihr ohne Krawatte ins Konzert gehen dürfen?

d. Say that people had things done rather than doing them for themselves.

> EXAMPLE: Hast du das selber gemacht?
> Nein, ich habe es machen lassen.

1. Hast du das schöne Bild selber gemacht?
2. Hat er den Laden selbst aufgemacht?
3. Habt ihr die Wohnung selber dekoriert?
4. Hat Frau Blume den Koffer selbst getragen?
5. Hast du die Bücher selber gekauft?
6. Habt ihr den Brief selber geschickt?
7. Haben Sie dieses Referat selbst geschrieben?

5/ Expanding Your Vocabulary

A. The Noun Suffix **-ismus**

English words ending in *-ism* usually denote a system of belief, a doctrine, or a characteristic. Most have German equivalents ending in the suffix **-ismus.** These words are all *masculine* in German:

der **Antisemitismus** anti-Semitism
der **Extremismus** extremism
der **Idealismus** idealism
der **Kapitalismus** capitalism
der **Kommunismus** communism
der **Optimismus** optimism
der **Pessimismus** pessimism

What others can you guess?

B. **Körperteile**, Parts of the Body

Körperteile

1. der **Körper**, -
2. das **Haar**, -e
3. der **Kopf**, ¨e
4. das **Auge**, -n
5. das **Ohr**, -en
6. die **Nase**, -n
7. der **Mund**, ¨er
8. der **Arm**, -e
9. die **Hand**, ¨e
10. der **Finger**, -
11. der **Bauch**, ¨e
12. das **Bein**, -e
13. das **Knie**, -
14. der **Fuß**, ¨e
15. das **Gesicht**, -er
16. der **Zahn**, ¨e

Wortschatz zum Lesestück

Leicht zu merken

antidemokratisch
der **Antikommunismus**
der **Antisemitismus**
die **Demokratie, -n**
der **Direktor, -en**
die **Epoche, -n**
extrem
der **Extremismus**
die **Form, -en**
ideologisch
illegal
die **Inflation**
die **Isolation**
katastrophal
katholisch
die **Million, -en**
der **Nazi, -s**
die **Opposition**
politisch
die **Reparation, -en**
die **Republik, -en**
symbolisch

Verben

(sich) aus·drücken to
  express (oneself)
begrüßen to greet, welcome
sich entschuldigen to
  apologize
sich erholen von to recover
  from
erklären to explain
führen to lead
retten to save, rescue
**sich treffen (trifft), traf, hat
  getroffen** to meet (each
  other)
**unterbrechen (unterbricht),
  unterbrach, hat
  unterbrochen** to interrupt
**wachsen (wächst), wuchs, ist
  gewachsen** to grow
zahlen to pay
zählen to count

Substantive

die **Arbeitslosigkeit**
  unemployment
die **Ausstellung, -en**
  exhibition

die **Diktatur, -en**
  dictatorship
die **Frage, -n** question
die **Gefahr, -en** danger
  in Gefahr in danger
die **Macht, ̈e** power, might
die **Partei, -en** political party
das **Plakat, -e** poster
der **Politiker, -** politician
die **Schlange, -n** snake
der **Umstand, ̈e**
  circumstance
  unter diesen Umständen
  under these circumstances
der **Versuch, -e** attempt;
  experiment
der **Weltkrieg, -e** World War

Andere Vokabeln

allmählich gradual
arbeitslos unemployed
ausländisch foreign
bevor (*sub. conj.*) before
einiges (*sing.*) something, a
  few things
hart hard; tough; harsh
künstlerisch artistic
neulich recently
ruhig (*sentence adverb*) feel
  free to, why don't you, go
  ahead and . . .
  **Sie können mich ruhig
  unterbrechen.** Feel free to
  interrupt me.

Nützliche Ausdrücke

eine Frage stellen (+ *dat. of
  person*) to ask (someone)
  a question
  **Darf ich Ihnen eine Frage
  stellen?** May I ask you a
  question?
an die Macht kommen to
  come to power
im voraus in advance
  **Haben Sie das im voraus
  gewußt?** Did you know
  that in advance?

Besuch
einer Ausstellung
historischer
Plakate

Hessian State Museum Im Hessischen Landesmuseum° war neulich eine Ausstellung politischer Plakate aus der Weimarer Republik (1919–1933). Der Museumsdirektor führte eine Gruppe ausländischer Studenten durch die Ausstellung.

„Ich freue mich sehr, Sie heute im Museum begrüßen zu dürfen. Während Sie sich diese politischen Plakate ansehen, erkläre ich Ihnen einiges über die Geschichte der Weimarer Republik. Ich möchte mich schon im voraus ent-

that schuldigen, wenn ich etwas sage, was° Sie schon wissen. Wenn Sie eine Frage stellen möchten, dürfen Sie mich ruhig unterbrechen.

Was war das eigentlich, die Weimarer Republik? So nennen wir den deutschen Staat in der Zeit zwischen dem

accession to power Ende des ersten Weltkrieges 1918 und dem Machtantritt° Adolf Hitlers im Januar 1933. Es war Deutschlands erster

develop Versuch, eine demokratische Staatsform zu entwickeln.°

polarities Unsere Plakate zeigen die extremen ideologischen Gegensätze° dieser Epoche, aber auch wie diese Gegensätze sich oft mit ähnlichen symbolischen Bildern künstlerisch ausdrückten."

Hier unterbrach ein Student mit einer Frage: „Entschuldigung, aber wieso heißt es die ,Weimarer' Republik? War Berlin nicht die Hauptstadt?"

„Sicher. Berlin blieb die Hauptstadt, aber die Politiker trafen sich 1919 in der Stadt Weimar, um die neue de-

to ratify . . . constitution mokratische Verfassung zu beschließen.°

Diese Jahre waren eine Zeit der Arbeitslosigkeit und Inflation. Unter dem harten Versailler Friedensvertrag[1]

billion mußte Deutschland 20 Milliarden° Goldmark in Kriegsrepa-

victors rationen an die Siegermächte° zahlen. Das Resultat war eine

economic crisis schwere Wirtschaftskrise.° Dieses Plakat aus der Zeit vor

imperial eagle 1925 zeigt den deutschen Reichsadler° durch den Versailler

fettered Vertrag gefesselt.°

Allmählich erholte sich das Land von der Inflation und der Isolation. 1926 wurde Deutschland sogar Mitglied des

crashed   stock market Völkerbundes.[2] Aber 1929 stürzte° die New Yorker Börse°

---

[1] The Peace Treaty of Versailles. This treaty officially ended World War I in 1919.
[2] The League of Nations.

und die Wirtschaftskrise wurde katastrophal. Man zählte im Februar 1930 schon mehr als dreieinhalb Millionen Arbeitslose in Deutschland.

Unter diesen Umständen war die junge deutsche Demokratie in Gefahr. Es gab damals mehr als dreißig politische Parteien, und besonders die antidemokratischen konnten schnell wachsen. Auf diesem Plakat sehen Sie, wie die Hand der katholischen Zentrumspartei[3] die Oppositionsparteien erwürgt.° Hier heißt es: ‚Starke Hand rettet das Land.' 1933 aber siegte die Nationalsozialistische Deutsche Arbeiterpartei (NSDAP)—die Nazis—über alle anderen Parteien. Ihr Führer Adolf Hitler nützte den Antisemitismus und den Antikommunismus aus,° um die Ängste des Volkes zu manipulieren. Ein Plakat der Nazis zeigt den symbolischen ‚starken Mann', der° Deutschland retten soll. 1932 waren mehr als sechs Millionen Menschen arbeitslos und Hitlers Partei wurde die stärkste° im Reichstag.[4] Die politische Opposition sehen Sie noch auf diesem Plakat von 1931, wo starke Arme versuchen, das Hakenkreuz° der Nazis zu zerreißen."°

Eine Studentin stellte eine Frage: „War denn Hitler nicht illegal an die Macht gekommen?"

„Eigentlich nicht," antwortete der Museumsdirektor. „Er gewann die Mehrheit und man hat ihn auf legale Weise zum Kanzler ernannt.° Erst nachdem er Kanzler geworden war, konnte er die Republik in eine Diktatur verwandeln.° Deutschland ist also ein gutes Beispiel für die Zerstörung° einer schwachen Demokratie durch wirtschaftliche Not° und politischen Extremismus."

strangles

nützte . . . aus: *exploited*

who

strongest

swastika rip apart

appointed him chancellor through legal means
transform
destruction
economic hardship

[3] The "Center Party" consisting mainly of Catholic voters.
[4] The German Parliament.

Fragen zum Lesestück

1. Aus welcher Zeit in der deutschen Geschichte sind die Plakate dieser Ausstellung?
2. Wer sieht sich die Ausstellung an?
3. Wer führte die Studenten durch die Ausstellung?
4. Was erklärt der Direktor den Studenten?
5. Wann darf man ihn unterbrechen?
6. Welche Zeit meint man mit der Weimarer Republik?
7. War Weimar damals die Hauptstadt Deutschlands?
8. Was zeigen die Plakate?
9. Warum war die junge deutsche Demokratie in Gefahr?
10. Welche Partei siegte 1933 über alle anderen Parteien?
11. Wer war der Führer dieser Partei?

Vom Lesen zum Sprechen

Staat und Politik

Some of this vocabulary is already familiar to you:

die **Regierung, -en**	the government in power (USA: the Administration)
der **Krieg, -e**	
der **Frieden**	peace
das **Volk, ∸er**	people, nation
die **Freiheit, -en**	
die **Politik** (*sing.*)	politics; policy

Zur Diskussion

1. Ist es wichtig für Politiker, Geschichte zu kennen? Was meinen Sie?
2. Können wir etwas für unser Land aus der Geschichte der Weimarer Republik lernen? Können Sie Beispiele geben?

Mündliche Übungen

A. Persönliche Fragen

1. Haben Sie sich schon einmal verletzt?
2. Hatten Sie auch schon einmal einen Unfall?
3. Haben Sie sich schon einmal das Bein oder den Arm gebrochen?
4. Haben Sie schon einmal einen Arzt zu sich kommen lassen?
5. Sind Sie schon einmal im Krankenhaus gewesen?
6. Freuen Sie sich über Besuche, wenn Sie krank sind?
7. Lassen Sie dann gerne alles für sich machen?
8. Haben Sie in der Schule manchmal einen Ausflug gemacht?
9. Was haben Sie sich auf solchen Ausflügen gern angesehen?
10. Machen Sie viele Kaffeepausen, wenn Sie reisen?

B. Die Deutschen sagen: „Morgenstunde hat Gold im Munde." Wie sieht bei Ihnen der frühe Morgen aus? Benutzen Sie diese Wörter, um ihn zu beschreiben:

aufstehen
den Trainingsanzug anziehen
auf dem Trimm-dich-Pfad laufen
sich waschen
sich anziehen
sich die Haare kämmen
frühstücken
Kaffee trinken
sich die Zähne putzen
sich beeilen
zum Seminar gehen

Jetzt seien Sie ehrlich! Machen Sie das alles wirklich? Was machen Sie nicht?

C. Spiel: Der Lehrer fragt einen Studenten „Wo tut's Ihnen weh?" Der Student zeigt, z.B., auf seinen Fuß und sagt: „Hier tut's mir weh!" Dann sagt ein zweiter Student: „Ja, er hat sich den Fuß verletzt."

Machen Sie das mit anderen Körperteilen.

D. Spiel: Student A sagt seinem Freund (Studenten B), was er tun soll. Student B tut es. Student C sagt, was geschieht.

> EXAMPLE: A: Tom, steh mal auf!
> B: (steht auf)
> C: Er läßt Tom aufstehen.

Schriftliche Übungen

E. Use the elements given to make complete German sentences. Double slashes indicate a new clause or an infinitive phrase.

1. wir / sich treffen / halb drei / vor / Museum
2. dort / sein / interessant / Ausstellung / über / politisch / Plakat / Weimarer Republik
3. wir / vorhaben // sich ansehen / alles // um . . . zu / lernen / etwas / über / modern / Geschichte
4. wir / unterbrechen (*perfect tense*) / Museumdirektor / zweimal // um . . . zu / stellen / Fragen
5. Plakate / zeigen / die / viel / Partei / während / Zeit
6. verschieden / Parteien / ausdrücken / ihre Ideen / mit / ähnlich / Bilder

F. Rewrite the following story as a dialogue between Dr. Büchner and his patient, Mr. Lenz. Mr. Lenz is in the hospital.

Dr. Büchner kommt morgens sehr früh ins Krankenzimmer und sagt Herrn Lenz guten Morgen. Er möchte wissen, wie er sich heute fühlt, wo es ihm weh tut, ob er gut gegessen hat, ob er sonst noch etwas braucht.

Herr Lenz antwortet, daß er sich schlecht fühlt, daß es ihm überall weh tut, daß er das Essen im Krankenhaus nicht mag, und daß er einen Fernseher haben möchte. Er möchte auch wissen, wieviel Zeit er noch im Krankenhaus verbringen muß.

Der Arzt meint, Herr Lenz hat sich schon erholt und darf heute nach Hause.

G. Wie sagt man das auf deutsch?

1. Hurry up, Barbara! Our coffee break doesn't last very long.
2. You've said that a million times. I'm not that dumb.
3. Go ahead and buy yourself the black T-Shirt so that you can shock the boss.
4. Unfortunately I can't afford it this time.
5. Sit down, Jens, we want to ask you a question.
6. I can imagine what you want from me.

7. You're right. We're trying to plan an interesting outing and you have to drive.
8. I'm not interested in your plans. Please let me work.

9. It's difficult for me to understand this article about modern European history.
10. Have my sister explain the article. History is her major.

Almanach

Political Parties in West Germany

Five parties are currently represented in the West German Parliament, or *Bundestag*. These are the *CDU* (*Christlich-Demokratische Union*) with its Bavarian sister party the *CSU* (*Christlich-Soziale Union*); the *SPD* (*Sozialdemokratische Partei Deutschlands*); the *FDP* (*Freie Demokratische Partei*); and *Die Grünen*.

The *CDU* and *CSU* form the conservative end of the political spectrum, receiving consistently 45–50% of the popular vote. The *SPD* is, for the most part, a mildly reformist party dedicated to the welfare state, with only a minority supporting a program of true socialism. The *SPD* receives its 40–45% of the popular vote from industrial workers, students, and young professionals. The *FDP* is a small party receiving around 5–10% of the popular vote that has never been able to reach a majority on its own and has therefore shifted its support back and forth between the *CDU* and *SPD*. In 1983 the *CDU-CSU* and the *FDP* together formed a ruling coalition.

The present political parties represent ideologies that existed before 1933. But the authors of the constitution of the Federal Republic wanted to avoid the factionalism of the many parties that competed for power during the Weimar Republic. Thus, the constitution stipulates that a party must receive at least 5% of the vote to be represented in the *Bundestag*. As a result the political spectrum has been narrowed and fringe parties have been all but eliminated from representation in parliament.

A completely new development on the political scene is the group called *Die Grünen*, a loose federation of voters from all segments of the populace devoted to the preservation of the environment. They are outspokenly radical in their opposition to nuclear power, to Germany's role in the NATO alliance, and in their support of feminist issues. During the 1983 election, they obtained somewhat more than 5% of the vote and for the first time gained representation in the *Bundestag*.

Summary and Review

Forms

1/ Verbs

A. Perfect tense of modal verbs

1. With dependent infinitive

	auxiliary **haben**	+	double infinitive
Wir	**haben**	das nicht	**verstehen können.**
Sie	**hat**		**mitgehen dürfen.**

2. Without dependent infinitive (implicit **fahren, gehen, haben, machen, tun**):

	auxiliary **haben**	+	unumlauted **ge + stem + t**
Ich	**habe**	nach Hause	**gemußt.**
	Habt	ihr das	**gedurft?**

B. Simple past tense

1. Weak verbs

stem + -(e)te + endings			
ich	**sagte**	wir	**sagten**
du	**sagtest**	ihr	**sagtet**
er, es, sie	**sagte**	sie, Sie	**sagten**
ich	**arbeitete**	wir	**arbeiteten**
du	**arbeitetest**	ihr	**arbeitetet**
er, es, sie	**arbeitete**	sie, Sie	**arbeiteten**

2. Irregular weak verbs

	changed stem + **-te** + ending			

wissen, **wußte**

ich	**wußte**	wir	**wußten**
du	**wußtest**	ihr	**wußtet**
er, es, sie	**wußte**	sie, Sie	**wußten**

Similarly:

bringen	**brachte**	nennen	**nannte**
denken	**dachte**	verbringen	**verbrachte**
kennen	**kannte**		

and the modal verbs (no umlaut in past stem):

dürfen	**durfte**	müssen	**mußte**
können	**konnte**	sollen	**sollte**
mögen	**mochte**	wollen	**wollte**

3. **haben** and **werden** (irregular in the simple past):

ich	**hatte**	wir	**hatten**
du	**hattest**	ihr	**hattet**
er, es, sie	**hatte**	sie, Sie	**hatten**

ich	**wurde**	wir	**wurden**
du	**wurdest**	ihr	**wurdet**
er, es, sie	**wurde**	sie, Sie	**wurden**

4. Strong verbs

Changed Stem + endings

nehmen, **nahm**

ich	**nahm**	wir	**nahmen**
du	**nahmst**	ihr	**nahmt**
er, es, sie	**nahm**	sie, Sie	**nahmen**

Here are the past stems you have learned up to now:

beginnen	**begann**	gehen	**ging**
bleiben	**blieb**	halten	**hielt**
einladen	**lud . . . ein**	hängen	**hing**
fahren	**fuhr**	heißen	**hieß**
finden	**fand**	kommen	**kam**
geben	**gab**	laufen	**lief**

liegen	**lag**	sein	**war**
nehmen	**nahm**	sitzen	**saß**
scheinen	**schien**	sprechen	**sprach**
schreiben	**schrieb**	stehen	**stand**
sehen	**sah**	treffen	**traf**

C. Past perfect tense

Simple Past of the Auxiliary + Past Participle

Ich	**hatte**	das schon	**gesagt.**
Sie	**war**	vor Jahren da	**gewesen.**

D. Reflexive verbs

1. Accusative and dative reflexive pronouns

mich / mir	uns
dich / dir	euch
sich	sich

2. Reflexive pronoun is *accusative* when the subject and direct object are the same person or thing:

		reflexive	
subject		*direct object*	
Ich	habe	**mich**	verletzt.
Wir	haben	**uns**	kennengelernt.
Stefan	muß	**sich**	beeilen.

3. Reflexive pronoun is *dative* when the subject and indirect object are the same person or thing (something *else* is the direct object).

		dative	*direct*	
subject		*reflexive*	*object*	
Ich	kaufte	**mir**	einen Hut.	
Du	bestellst	**dir**	ein Bier.	
Wir	sehen	**uns**	die Kirche	an.

2/ Genitive Case

A. Genitive endings of limiting words (note also endings on nouns in the masculine and neuter singular):

masc.	*neut.*	*fem.*	*plural*
dies**es** Mann**es**	dies**es** Kind**es**	dies**er** Frau	dies**er** Leute
dies**es** Vaters	dies**es** Geschäfts		

B. Genitive case *follows* the noun it modifies:

	genitive
der Wagen	mein**es** Freundes
die Kinder	sein**er** Schwester
die Häuser	dies**er** Stadt

Exception: Proper names in the genitive *precede* the noun they modify:

Beethovens	Symphonien
Utes	Freundin
Kurts	Bekannte

C. Prepositions with genitive:

(an)statt	instead of
trotz	in spite of
während	during
wegen	because of, on account of

3/ Masculine N-nouns

		singular		plural
nom.	der	Student	die	Studenten
acc.	den	Studenten	die	Studenten
dat.	dem	Studenten	den	Studenten
gen.	des	Studenten	der	Studenten

Similarly:

der Athlet, -en, -en athlete
der Herr, -n, -en gentleman; Mr.
der Junge, -n, -n boy
der Kollege, -n, -n colleague
der Kunde, -n, -n customer
der Mensch, -en, -en person

4/ Adjective endings

A. Endings after **der**-words: **-e** and **-en**

		masc.			neut.	
nom.	der	junge	Mann	das	junge	Kind
acc.	den	jungen	Mann	das	junge	Kind
dat.	dem	jungen	Mann	dem	jungen	Kind
gen.	des	jungen	Mannes	des	jungen	Kindes

		fem.			plural	
nom.	die	junge	Frau	die	jungen	Leute
acc.	die	junge	Frau	die	jungen	Leute
dat.	der	jungen	Frau	den	jungen	Leuten
gen.	der	jungen	Frau	der	jungen	Leute

B. Endings after **ein**-words (boxed endings differ from **der**-word endings):

	masc.			neut.		
nom.	ein	junger	Mann	ein	junges	Kind
acc.	einen	jungen	Mann	ein	junges	Kind
dat.	einem	jungen	Mann	einem	jungen	Kind
gen.	eines	jungen	Mannes	eines	jungen	Kindes

	fem.			plural		
nom.	eine	junge	Frau	keine	jungen	Leute
acc.	eine	junge	Frau	keine	jungen	Leute
dat.	einer	jungen	Frau	keinen	jungen	Leuten
gen.	einer	jungen	Frau	keiner	jungen	Leute

C. Endings of unpreceded adjectives (= endings of **dieser** except in masculine and neuter genitive singular):

	masc.		neut.		fem.		plural	
nom.	kalter	Wein	kaltes	Bier	kalte	Milch	kalte	Suppen
acc.	kalten	Wein	kaltes	Bier	kalte	Milch	kalte	Suppen
dat.	kaltem	Wein	kaltem	Bier	kalter	Milch	kalten	Suppen
gen.	kalten	Weines	kalten	Bieres	kalter	Milch	kalter	Suppen

Functions

1/ Time

A. Telling time

Wieviel Uhr ist es?
Wie spät ist es?

Es ist halb elf.
Es ist 10.30 Uhr.

Es ist zwanzig nach zwei.
Es ist 2.20 Uhr.

Es ist ein Uhr.
Es ist *eins*.

Es ist Viertel vor sieben.
Es ist 6.45 Uhr.

Remember the official 24-hour time keeping system:

Es ist 22.15 Uhr.   *It's 10:15 P.M.*

B. Dates

1. Today's date:

nom.	Der wievielte ist heute?	*What's today's date?*
	Heute ist der erste Februar.	*Today is February 1st.*
	or:	
acc.	Den wievielten haben wir heute?	
	Heute haben wir den ersten Februar.	

2. On what day of the week? **am...**

Wann fliegst du ab?   **Am Donnerstag.** Aber ich bin **am Montag** wieder zu Hause.

3. On what day of the month? **am...**

Wann ist sie angekommen?   **Am fünften April.** (Am 5. April)

Wann kommen Sie zurück?   Ich komme **am zweiundzwanzigsten Oktober** zurück. (am 22. Oktober)

4. In what month? **im...**

Wann war sie in Rom?   **Im September.** Aber **im Dezember** war sie wieder zu Hause.

C. Time expressions

   1. ago = **vor** + dative

Wann war sie in Rom?	Das war **vor drei Monaten.**
Wann ist das passiert?	**Vor vielen Jahren.**
Wann machte er das?	**Vor einer Stunde.**

   2. Expressing duration

     a. accusative case = English "for" + time phrase

Ich habe **eine Stunde** gewartet.	*I waited **for one hour.***

     b. Action ending in the past:

Ich **wohnte** fünf Jahre in Berlin.	*I lived in Berlin for five years.*
Ich **habe** fünf Jahre in Berlin **gewohnt.**	

If the action has ended, German uses simple past *or* perfect + a time phrase.

     c. Action continuing in the present:

Ich wohne **schon ein Jahr** in Berlin.	*I've lived in Berlin for a year.*
Ich wohne **seit einem Jahr** in Berlin.	
Ich wohne **schon seit einem Jahr** in Berlin.	

If the action is still going on, German uses *present tense* plus **schon** or **(schon) seit** plus a time phrase.

D. Equivalents for English "when"

   1. **wann**

     a. Question word = "at what time?"

       Wann ist das geschehen?

     b. Conjunction = "at what time"

       Ich weiß nicht, **wann** das geschehen ist.

   2. **wenn**

     a. Conjunction = "when" in the present or future

       Wenn Sie uns besuchen, zeigen wir Ihnen die Stadt.

     b. Conjunction = "whenever" in past or present

       Wenn ich nach Berlin kam, haben wir uns immer gesehen.

     c. Conjunction = "if"

       Wenn ich kann, helfe ich dir gerne.

3. **als** = "when" for a single event in the past (almost always used with simple past tense)

> **Als** ich den Film sah, habe ich Angst gehabt.

2/ The verb **lassen**

A. "to leave, leave behind" (perfect tense: **hat gelassen**):

> **Lassen** Sie mich allein.
> **Hast** du deine Brille im Restaurant **gelassen?**

B. "to let, permit, allow" (perfect tense: double infinitive):

> Sie **lassen** uns heute nacht hier **schlafen.**
> Sie **haben** uns bis neun Uhr **schlafen lassen.**

C. "to cause (something to be done), have (something done)" (perfect tense: double infinitive):

> Sie **läßt** den Arzt **kommen.**
> Sie **hat** den Arzt **kommen lassen.**

A noun or pronoun in the *dative* indicates for whom the action is performed:

> Ich lasse **mir** das Essen bringen.

Word Order

1/ Joining clauses

A. Coordinating conjunctions: **aber, denn, oder, sondern, und**

Coordinating conjunctions do *not* affect word order.

Clause 1 (verb second)	+	Coordinating Conjunction	+	Clause 2 (verb second)
Ich setze mich nicht.		(sondern)		Ich gehe nach Hause.

> Ich **setze** mich nicht, sondern ich **gehe** nach Hause.

B. Subordinating conjunctions: **als, daß, nachdem, ob, weil, wenn**

Question words introducing subordinate clauses: **wann, warum, was, wem, wen, wer, wessen, wie, wo, woher, wohin**

Subordinating conjunctions (and question words when they introduce a subordinate clause) require verb-last word order.

Main Clause (verb second)	+	Subordinating Conjunction	+	Subordinate Clause (verb last)

or:

	Subordinate Clause (verb last)	+	Main Clause (verb first, i.e., in second position)

Ich weiß nicht.   (ob)   Wohnt sie in München?

Ich **weiß** nicht, ob sie in München **wohnt.**

Er aß sein Schnitzel.   Dann trank er seinen Kaffee.

Nachdem er sein Schnitzel **gegessen hatte, trank** er seinen Kaffee.

C. Infinitive phrases

1. The infinitive with **zu** comes at the end of its phrase:

   Es war schön.   Ich habe Sie endlich kennengelernt.
   Es war schön, Sie endlich **kennenzulernen.**

   Haben Sie morgen Zeit?   Ich möchte mit Ihnen sprechen.
   Haben Sie morgen Zeit, mit mir **zu sprechen?**

2. **um . . . zu** = in order to

   Ich reise nach Deutschland.   Ich möchte dort studieren.
   Ich reise nach Deutschland, **um** dort **zu studieren.**

3. **ohne . . . zu** = without (doing something)

   Ich habe ein Jahr dort gelebt.   Ich habe Ihren Sohn nicht
                                                 kennengelernt.
   Ich habe ein Jahr dort gelebt, **ohne** Ihren Sohn **kennenzulernen.**

Review of Useful Expressions

1/ Time and Place

Wie spät ist es?
   Es ist schon **halb vier.**
Wann bist du geboren?
   Ich bin **1966** geboren. Und du?
   Ich bin **im Jahre 1967** geboren.
Ist er **montags** zu Hause?
   Sicher, weil er doch **jeden Tag** zu Hause ist.
Fährst du **ab und zu** in die Schweiz?
   Ja, ich bin schon **ein paar Mal** in die Schweiz gefahren.

2/ Reactions and Opinions

Was ist los?
Darf ich eine Frage stellen?
Wie kommt es, daß wir keine Kaffeepause machen?
Es tut mir leid. Sie haben Pech.

Check Your Progress

A. Restate these sentences with modal verbs in the perfect tense, using the double infinitive or the regular past participle as appropriate.

1. Er kann dieses Wort nicht verstehen.
2. Der Professor muß es ihm sagen.
3. Die anderen Studenten wollen nach Hause.
4. Aber ich muß noch eine Stunde bleiben.
5. Darfst du ins Kino?
6. Nein, ich soll mein Referat schreiben.
7. Mußt du so viel arbeiten?
8. Ich will es.

B. Restate these sentences in the simple past tense.

1. Stefan bringt den Stadtplan mit.
2. Das wissen wir nicht.
3. Wir brauchen keinen Stadtplan, denn ich kenne die Stadt sehr gut.
4. Der Professor muß uns helfen.
5. Er nennt uns ein paar wichtige Gebäude.
6. Es wird spät, aber wir können noch im Café sitzen.
7. Ich denke, wir sollen vor fünf Uhr ins Museum.
8. Im Wintersemester kommen viele Studenten zurück.
9. Sie treffen alte Bekannte und sprechen über die Ferien.
10. Die Vorlesungen sollen bald beginnen, aber es gibt noch Zeit, Freunde einzuladen.
11. Einige fahren abends ins Kino oder nehmen den Bus in die Stadt.
12. Dort bleiben sie stundenlang, sehen sich die Schaufenster an oder gehen ins Konzert.
13. Später lesen sie Bücher und schreiben lange Referate.

C. The following sentences use perfect tense in one clause and present tense in the other to show that one action happens later than another. Move the entire sentence back one step in time by rewriting it in the past perfect and simple past.

> EXAMPLE: Da er den Artikel schon gelesen hat, kann er ihn besprechen.
> Da er den Artikel schon gelesen hatte, konnte er ihn besprechen.

1. Herr Schöngau ist am Montag angekommen und bleibt bis Donnerstag.
2. Inge kann ihren Mantel nicht finden, weil Karin ihn genommen hat.
3. Wir wissen, daß Michael das gesagt hat.
4. Da es vor zwei Stunden geregnet hat, sieht alles sehr schön aus.
5. Weiß er, ob der Zug schon abgefahren ist?
6. Sie haben viel eingekauft, weil alles so billig ist.

D. Write responses to these sentences, using the German reflexive verb cued in English.

1. Ich hörte, dein Kollege war krank.
   Gott sei Dank war das nicht ernst. Er hat (*already recovered*).
2. Das Konzert fängt in fünfzehn Minuten an.
   Schon gut! Ich (*am hurrying*).
3. Fandest du das Stück interessant?
   Nein, wer (*is interested*) denn für solchen Quatsch?
4. Es wird schön sein, meinen Vetter wieder zu sehen.
   Und er (*is glad*) sicher, euch zu besuchen.
5. Warum war Hans nicht am Bahnhof?
   Leider hat er (*hurt himself*).
6. Schade, was ist denn passiert?
   Er hat (*broken his leg*).
7. Darf ich Ihnen die neuen Fotos zeigen?
   Oh ja, ich möchte (*take a look at them*).

E. Complete these sentences, using the genitive phrase cued in English.

1. Wir nehmen (*my friends' car*).
2. Kennen Sie schon (*the end of this film*)?
3. Nein, aber (*Karl's brother*) sagte, daß es gut ist.
4. (*My teacher's house*) liegt gleich um die Ecke.
5. (*Barbara's house*) ist auch nicht weit von hier.
6. Mir gefällt (*the color of her house*) nicht.
7. Mir gefällt das Haus (*in spite of its color*).
8. (*Because of my work*) kann ich leider nicht mitkommen.
9. Ist denn (*the life of a student*) so schwer?
10. Nein, ich muß nur (*the beginning of this book*) noch einmal lesen.

F. Complete this paragraph, using the appropriate word cued in English. Don't forget the adjective endings!

Wenn man (*this*) Monat ins (*old*) Landesmuseum geht, sieht man (*a new*) Ausstellung über (*German*) Geschichte in (*our*) Jahrhundert. Dort kann man sich (*various interesting*) Plakate ansehen und (*the political*) Kunst in der Zeit der (*first German*) Demokratie studieren. Man sieht auf (*these old*) Plakaten, wie die (*extreme*) Parteien versucht haben, die Ängste (*of the German people*) zu manipulieren. Das (*first*) Bild ist ein (*good*) Beispiel für (*such ideological*) Plakate während (*this important*) Epoche. Es zeigt (*a „strong*) Mann". Natürlich sollte der (*unemployed German*) an (*a*) „Führer" denken.

G. Give German equivalents for these sentences with time expressions. Write out all numbers and dates.

1. What time is it? It's seven thirty.
2. When does the train arrive? At eight fifty-nine P.M.
3. When was he born? On the twenty-fifth of March.
4. In May the weather is always beautiful. But two years ago it rained for three weeks!
5. How long have you been working for this company? For five months.

H. Fill in the blanks with **wenn, wann,** or **als** as appropriate.

_____ ich jung war, wollte ich Fußballspieler werden. _____ mein Vater mich samstags zum Spiel mitnahm, habe ich mich immer gefreut. „_____ darf ich einen Fußball haben?" fragte ich immer. Vater sagte: „_____ du sechs bist." _____ ich aber sechs wurde, wollte ich Cowboy werden. Ich kann mich nicht mehr erinnern, _____ ich dann Arzt werden wollte. _____ ich Ihnen jetzt sage, was ich bin, glauben Sie es mir nicht: ich bin doch Fußballspieler geworden!

I. Use the verb **lassen** in the German equivalents of these sentences.

1. Please let me stay!
2. Did you leave your bags in the car?
3. She's having the meal brought to her.
4. Did you have the doctor come?
5. Leave your coat on the chair.
6. Can't we let the children play for another hour?

J. Combine the sentences, using a conjunction cued in English.

1. Er hatte manchmal ein komisches Gefühl. Er konnte nie allein sein. (*because*)
2. Das hat ihn am Anfang gestört. Er war trotzdem glücklich. (*but*)
3. Er blieb nicht die ganze Zeit in der Stadt. Er reiste viel in der Gegend herum. (*but*)
4. Es war seine Meinung. Die Industriestädte sind häßlich. (*that*)
5. Man kommt schnell aus der Stadt heraus. Man fährt mit der Bahn. (*when*)
6. Er bekam ein besseres Bild von der BRD. Er hatte verschiedene Gegenden besucht. (*after*)

K. Combine these sentences by changing the one in italics into an infinitive phrase.

EXAMPLE: Es ist sehr schön. *Wir gehen im Sommer hier schwimmen.*
Es ist sehr schön, im Sommer hier schwimmen zu gehen.

1. Wir haben keine Lust. *Wir sollen Onkel Georg besuchen.*
2. *Sie wollten etwas über die Weimarer Zeit lernen.* (um. . .zu) Sie gingen in die Ausstellung.
3. Es war sehr nett von ihr. *Sie hat mir eine Karte aus Köln geschickt.*
4. Du gehst schon weg? *Du hast Julia nicht auf Wiedersehen gesagt.* (ohne. . .zu)

Feiertage und Feste

Traditional customs remain a vital force, especially in those parts of southern Germany and Austria where a mixed economy of farming and specialized light industry combines with a strong Roman Catholic tradition. Many people live in small towns which have preserved a firm social structure, strengthened by the shared experience of celebration and ritual. Many of these ancient customs, including the celebration of Easter and Christmas, go back to pre-Christian times and were adopted and transformed by the church.

Naturally, it is not always easy to draw a line between true popular tradition and folkloristic revival, which stimulates tourism. But all these festivities offer a welcome change from the everyday routine.

Karneval in Köln.

The *Karneval* in Cologne, *Fasching* in Munich and *Fasnet* in the Black Forest region are a time of celebration and merriment. People dress in costumes and sing and dance at balls, at parties, and in the streets. Young and old join in the parades. These carnivals, which precede the Lenten season, were celebrated in the Middle Ages to drive out the demons of winter. Today they are a welcome excuse for noisy high spirits.

Fasnet in the Black Forest.

Candles, snow, and fir trees are part of the image of Christmas in both Germany and America. The season begins in Germany with the first Sunday of Advent, about four weeks before Christmas.

In many cities there is a Christmas Market (*Weihnachtsmarkt*). The *Christkindlesmarkt* in Nürnberg is especially popular. On St. Nicolas Day, December 6th, children are given small gifts and candy. Christmas itself is celebrated on Christmas Eve. It is a holiday especially for children and families, and the traditional presents beneath the tree figure prominently in the celebration.

Top left: St. Nicholas Day celebration in Küssnacht, Switzerland.
Bottom left: *Christkindlesmarkt* in Nürnberg.

Beer and wine are the centerpiece of many festivals. The Munich *Oktoberfest* means beer, of course—drunk from liter mugs under big tents put up by the major breweries. At the *Heuriger* in Gumpoldskirchen, south of Vienna, people drink the new wine at the vineyards and sing songs far into the night.

Above: *Oktoberfest* in München.
Left: At the *Heuriger*.

Historical festivals are very popular. Often the entire population of a town takes part in the festivities. In Landshut in Bavaria, the *Landshuter Hochzeit* is celebrated every four years to commemorate a princely wedding in the year 1475. The Gothic architecture of the city forms a natural backdrop for this medieval play. The *Rattenfängerspiel* ("Rat Catcher" or Pied Piper Play) in Hameln, near Hannover, harks back to a story from the year 1284, when 130 children from the town are said to have followed the Pied Piper and never returned.

Above: *Landshuter Hochzeit.*
Below: *Rattenfängerspiel.*

Façade in Austria.

OFFICIAL HOLIDAYS IN THE FEDERAL REPUBLIC

Neujahr
New Year's Day

*

Ostern
Easter

*

Tag der Arbeit
May Day

Christi Himmelfahrt
Ascension Day

*

Pfingsten
Whitsunday

Fronleichnam
Corpus Christi

*

Tag der Deutschen Einheit
German National Holiday

Allerheiligen
All Saints' Day

*

Buß- und Bettag
Day of Prayer and Repentance

Weihnachten
Christmas

*

Silvester
New Year's Eve

13

Die DDR

Comparison of adjectives and adverbs
Verbs used with prepositions
Pronouns as objects of prepositions:
    *da-*compounds and *wo-* compounds
Country names, nouns and adjectives of
    nationality
Reading: *Die Deutsche Demokratische Republik*

Die Abiturientenreise[1]

KARL: Ich möchte etwas über eure DDR-Reise hören.

JENS: Worüber soll ich dir erzählen?

KARL: Na, wie habt ihr euch darauf vorbereitet?

JENS: Wir haben die neusten Bücher über die DDR gelesen.

KARL: Hat euch das geholfen, das Land zu verstehen?

JENS: Ja, aber erst im Gespräch mit DDR-Schülern haben wir ein echtes Gefühl dafür bekommen.

Lehrerkonferenz

HERR WALSER: Was halten Sie von diesem Schüler?

HERR LENZ: Ich halte ihn für den intelligentesten der Gruppe.

HERR WALSER: Er ist auch älter als die anderen, nicht?

HERR LENZ: Ja, sein Vater ist Franzose, und er war fünf Jahre in einer französischen Schule.

HERR WALSER: Er hat sich aber schnell an unsere Schule gewöhnt.

Die guten alten Zeiten

KIND: Opa, erinnerst du dich noch an deine Jugend?

GROSSVATER: Ich erinnere mich sehr gut daran. Das war die schönste Zeit meines Lebens.

KIND: Schöner als jetzt? Aber unser Lehrer sagte, die Arbeitslosigkeit war damals viel schlimmer. Und du warst ja arbeitslos.

GROSSVATER: Stimmt auch, aber ich war damals noch jung, und das Schlimmste habe ich wohl vergessen.

[1] During the final year of school, pupils preparing for the **Abitur** (**Abiturienten**) usually travel abroad as a group during their long vacation.

Wortschatz

The School Trip

KARL: I'd like to hear something about your GDR trip.

JENS: What should I tell you about?

KARL: Well, how did you prepare yourselves for it?

JENS: We read the newest books about the GDR.

KARL: Did that help you understand the country?

JENS: Yes, but it wasn't until we talked with GDR school kids that we got a real feeling for it.

Teachers' Conference

HERR WALSER: What do you think of this pupil?

HERR LENZ: I think he's the most intelligent of the group.

HERR WALSER: He is older than the others, isn't he?

HERR LENZ: Yes, his father is a Frenchman and he was in a French school for five years.

HERR WALSER: He certainly has gotten used to our school quickly.

The Good Old Days

CHILD: Grandpa, do you still remember the time when you were young?

GRANDFATHER: I remember it very well. It was the nicest time of my life.

CHILD: Nicer than now? But our teacher said that unemployment was much worse then. And you were out of work.

GRANDFATHER: True, but I was still young then, and I've no doubt forgotten the worst of it.

Leicht zu merken
die **Konferenz**

Verben
erinnern an (+ *acc.*) to remind of

sich erinnern an (+ *acc.*) to remember

sich gewöhnen an (+ *acc.*) to get used to

halten (hält), hielt, hat gehalten für to consider, regard as, think X is. . .

halten von to think of, have an opinion of

sich vor·bereiten, bereitete vor, hat vorbereitet auf (+ *acc.*) to prepare for

Substantive
(die) **DDR** = **die Deutsche Demokratische Republik** the GDR = the German Democratic Republic

der **Franzose, -n, -n** Frenchman

die **Französin, -nen** French woman

das **Gespräch, -e** conversation

Andere Vokabeln
echt real, genuine

französisch French

Neue Kombinationen

A. Replace the italicized word with the one provided.

1. Was halten Sie von *ihm?* (ihr, meinem Plan, dem neuen Chef, seinem neuen Roman, diesem Film, unserer Stadt)

2. Sie hat sich auf *ihre Reise* vorbereitet. (die Ferien, das Semester, die Konfrontation, meinen Besuch, unser Interview)

3. Er hat sich schnell an *uns* gewöhnt. (mich, unsere Traditionen, seine neue Freiheit, das Essen bei uns, den neuen Chef)

4. Erinnerst du dich noch an *deine Jugend?* (den Krieg, unsere Schulklasse, deine erste Freundin, dein verlorenes Geld, jede Diskussion)

5. Ich halte ihn für *den besten.* (den intelligentesten, einen Besserwisser, einen guten Lehrer, einen schlechten Sportler, einen sympatischen Menschen, einen ehrlichen Politiker)

B. Ask for your neighbors' opinions. They reply that they think the opposite is true. Use **halten für** (+ *adj.*).

> EXAMPLE: Teacher: diese Diskussion / langweilig
> Student A: Hältst du diese Diskussion für langweilig?
> Student B: Nein, ich halte sie für interressant.

1. die deutsche Sprache / häßlich
2. die Politik / unwichtig
3. einen Stadtbummel / eine gute Idee
4. ihn / unkultiviert
5. das Wetter / zu kalt
6. diese Opposition / ungefährlich

C. Expand the following sentences using the English cues provided.

> EXAMPLE: Das hat mir wirklich geholfen . . . (*to write my paper*)
> Das hat mir wirklich geholfen, mein Referat zu schreiben.

1. Das hat mir wirklich geholfen . . . (*to understand the country; to understand the book; to explain the idea; to win the game*)

2. Ich erinnere mich gut daran . . . (*because I had broken my leg; because you almost hurt yourself; because I had to hurry; because an accident had happened*)

Übung zur Aussprache

Here is the text of a song by Wolf Biermann, who was born in Hamburg in 1936. His father, a dock worker and Communist, was murdered by the Nazis in the Auschwitz concentration camp. In 1953, Biermann moved to the German Democratic Republic, where he soon came into conflict with the regime. Biermann performs his own songs, accompanying himself on the guitar. He was forbidden to perform in the GDR. In 1976, on a concert tour in the Federal Republic, Biermann was deprived of his GDR citizenship. He now lives in the West. This song dates from 1968.

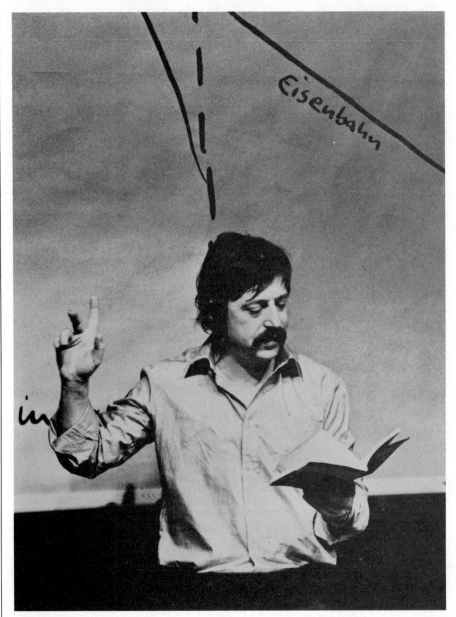

Wolf Biermann

Es senkt das deutsche Dunkel°	*darkness*
sich über mein Gemüt.°	*senkt . . . sich: descends spirit*
Es dunkelt übermächtig°	*becomes overwhelmingly dark*
In meinem Lied.°	*song*
Das kommt, weil ich mein Deutschland	
So tief zerrissen° seh	*deeply split*
Ich lieg in der bess'ren Hälfte°	*half*
Und habe doppelt Weh°	*twice the pain*

Grammatik

1/ Comparison of Adjectives and Adverbs

When adjectives or adverbs are used in comparisons, they can occur in three degrees:

Positive Degree (basic form)
Jutta läuft **schnell.**
Jörg ist so **intelligent** wie Dieter.

*Jutta runs **fast.***
*Jörg is as **intelligent** as Dieter.*

Comparative Degree (marker: **-er**)
Jutta läuft **schneller** als ich.
Jörg ist **intelligenter** als Helmut.

*Jutta runs **faster** than I.*
*Jörg is **more intelligent** than Helmut.*

Superlative Degree (marker: **-st**)
Jutta läuft **am schnellsten.**
In unserer Klasse ist Jörg **am intelligentesten.**
Jörg ist **der intelligenteste.**

*Jutta runs **fastest.***
*In our class, Jörg is **most intelligent.***
*Jörg is **the most intelligent one.***

A. Formation of the Comparative

1. To form the comparative degree of any adjective or adverb, add the marker **-er** to the basic form:

   basic form[1] + -er = comparative degree
schnell	**-er**	**schneller**	*faster*
schön	**-er**	**schöner**	*more beautiful*
intelligent	**-er**	**intelligenter**	*more intelligent*

   English adjectives longer than two syllables form their comparative with **more: beautiful → more beautiful.** German has no comparative marker parallel to English *more.* No matter how long a German adjective is, simply add **-er: intelligent — intelligenter.**

2. Attributive adjectives add the regular adjective endings after the comparative **-er** ending, for example:

   basic form + -er- + adjective ending
schnell-	**-er-**	**-en**
intelligent-	**-er-**	**-e**

   Wir fuhren mit dem **schnelleren Zug.**
   Jörg war der **intelligentere** Student.

   *We went by the **faster** train.*
   *Jörg was the **more intelligent** student.*

---

[1] Note on spelling: adjectives ending in **-el** and **-er** drop the **-e-** in the comparative: **dunkel — dunkler; teuer — teurer.**

3. **als** = *than* when used with the comparative:

Jörg ist intelligenter **als** Helmut.   *Jörg is more intelligent than Helmut.*

ÜBEN WIR!

a. Your teacher is praising Jörg, but you respond that you are *more* everything than he is.

EXAMPLE: Jörg ist intelligent.
Aber ich bin intelligenter als er.

1. Jörg ist schön.
2. Er ist ruhig.
3. Er läuft schnell.
4. Er ist ehrlich.
5. Jörg ist interessant.
6. Er denkt praktisch.
7. Er ist freundlich.
8. Er ist idealistisch.
9. Jörg steht früh auf.
10. Er zieht sich schick an.

b. In the sentence you will hear, put the attributive adjective into the comparative degree.

EXAMPLE: Die müden Kinder gingen schlafen.
Die müderen Kinder gingen schlafen.

1. Ich kenne keinen aktiven Kollegen.
2. Können Sie mir eine dunkle Bluse zeigen?
3. Ich wohnte in einer exklusiven Gegend.
4. Fangen wir mit einem leichten Problem an!
5. Der freundliche Student hieß Richard.
6. Wir wohnen jetzt bei netten Leuten.

B. Formation of the Superlative

The superlative has two different forms:

1. All adverbs form their superlative in the following way:
am ____ -(e)sten[1]

Jutta läuft **am schnellsten.**   *Jutta runs **fastest.***

German has no superlative marker like English **most.** No matter how long an adverb is, simply add **-sten:**

am intelligentesten   *most intelligently*

2. In attributive adjectives, add the regular adjective endings after the superlative **-(e)st** ending, for example:

basic form	+ -(e)st-	+ *adjective ending*
intelligent-	-est-	-er
schnell-	-st-	-en

---

[1] Note on spelling: an extra **-e-** is added when the basic form ends in **-d, -t,** or a sibilant: **am mildesten, am heißesten.**

Mein **intelligentester** Student heißt Albert.	My **most intelligent** student is named Albert.
Wir fuhren mit dem **schnellsten** Zug.	We took the **fastest** train.

3. Predicate adjectives in the superlative may occur either in the **am** ____ **-sten** form or with the definite article and regular adjective endings:

Albert ist **am intelligentesten**.	Albert is **the most intelligent**.
Albert ist **der intelligenteste**.	Albert is **the most intelligent**.
Diese Bücher sind **die interessantesten**.	These books are **the most interesting ones**.

ÜBEN WIR!

a. Your teacher is praising Christa and you respond by praising yourself in the superlative.

> EXAMPLE: Christa läuft schnell.
> Aber ich laufe am schnellsten.

1. Christa ist sportlich.
2. Sie ist sehr beliebt.
3. Sie ist sehr begeistert.
4. Christa ist immer ruhig.
5. Sie sieht immer schick aus.
6. Sie ist sehr praktisch.
7. Sie gewöhnt sich schnell an die Arbeit.

b. In the sentence you will hear, put the attributive adjective into the superlative degree.

> EXAMPLE: Ich sage dir die wichtigen Sachen.
> Ich sage dir die wichtigsten Sachen.

1. Können Sie mir die billigen Weine zeigen?
2. Sie ist das ruhige Mitglied unserer Gruppe.
3. Hier haben Sie unsere neuen Anzüge.
4. Er kam aus dem nördlichen Teil Europas.
5. Der steile Pfad führte nach links.
6. Ich kaufe die teuere Bluse.
7. Sie wohnt in der modernen Wohnung.
8. Ich habe über die neue Methode gelesen.
9. Können wir mit den wichtigen Sachen beginnen?
10. Das waren die Methoden der extremen Parteien.

C. Umlaut in Comparative and Superlative

Many one-syllable adjectives and adverbs whose stem vowels are **a, o,** or **u** (but *not* **au**) are umlauted in the comparative and superlative degrees. Here is a list of those you are already familiar with. Some occur in easy-to-remember pairs of opposites:

alt	älter	am ältesten	*old*
jung	jünger	am jüngsten	*young*
dumm	dümmer	am dümmsten	*stupid*
klug	klüger	am klügsten	*clever, smart*
kalt	kälter	am kältesten	*cold*
warm	wärmer	am wärmsten	*warm*
kurz	kürzer	am kürzesten	*short*
lang	länger	am längsten	*long*
stark	stärker	am stärksten	*strong*
schwach	schwächer	am schwächsten	*weak*
hart	härter	am härtesten	*hard, harsh*
krank	kränker	am kränksten	*sick*
oft	öfter	am öftesten	*often*
rot	röter	am rötesten	*red*
schwarz	schwärzer	am schwärzesten	*black*

ÜBEN WIR!

Respond as in the example.

EXAMPLE: Teacher: Meine Wohnung ist kalt.
Student A: Meine Wohnung ist noch kälter.
Student B: Aber meine Wohnung ist am kältesten.

1. Mein Bruder ist stark.
2. Mein Auto ist alt.
3. Mein Referat ist lang.
4. Mein Gesicht ist rot.

5. Meine Kusine ist sehr jung.
6. Mein Zimmer ist warm.
7. Mein Besuch war kurz.
8. Mein Beruf ist hart.

D. Irregular Comparatives and Superlatives

There are only a few adjectives and adverbs in German with irregular forms in the comparative and superlative. Here are the most frequent:

groß	big	**größer**	bigger	**am größten**[1]	biggest
gut	good	**besser**	better	**am besten**	best
hoch, hoh-	high	**höher**	higher	**am höchsten**	highest
nahe	near	**näher**	nearer	**am nächsten**	nearest; next
viel	much, many	**mehr**	more	**am meisten**	most
gern	gladly, like to	**lieber**	preferably, rather	**am liebsten**	most like to, like best of all to

[1] The irregularity here is that the superlative just adds **-t** rather than **-est**.

■Note how the three degrees of the adverb **gern** are used:

Ich gehe **gern** ins Kino.	*I **like to go** to the movies.*
Barbara geht **lieber** ins Theater.	*Barbara **would rather** go to the theater.*
Wir bleiben **am liebsten** zu Hause.	***Best of all**, we like to stay at home.*

Viel and its opposite **wenig** present special problems:

1. In the positive degree **viel** and **wenig** have no endings when they mean **much** or **not much** (amounts that are *un*countable). They have regular plural endings when they mean **many** or **not many** (of things that *are* countable).

not countable:

Ich esse **viel** Brot.	*I eat a lot of bread.*
Ich habe nur **wenig** Geld.	*I only have a little money.*

countable:

Sie hat **viele** Freunde.	*She has many friends.*
Ich habe **wenige** Bekannte hier.	*I have few acquaintances here.*

2. In the comparative degree (**mehr / weniger,** more / less, fewer) they *never* take adjective endings:

Er hat **weniger** Geld als ich.	*He has less money than I.*
Hat sie **mehr** Freunde als du?	*Does she have more friends than you?*

		no endings	
positive	**viel** much, a lot of	**wenig** not much, not a lot of	
		endings	
	viele many	**wenige** not many	
		no endings	
comparative	**mehr** more	**weniger** less, fewer	
		endings	
superlative	**der, das, die meist-** most	**der, das, die wenigst-** least, fewest	

■Note that the German equivalents of expressions such as *most people, most houses, most students,* etc. must have the definite article: **die** meisten Menschen; **die** meisten Häuser; **die** meisten Studenten

a. Compare the cities Hamburg, Salzburg, and Frankfurt as in the example.

> EXAMPLE: Teacher: Frankfurt ist schön. Und Hamburg?
> Student A: Hamburg ist schöner.
> Teacher: Und Salzburg?
> Student B: Salzburg ist am schönsten.

1. Salzburg ist groß. Und Frankfurt? Und Hamburg?
2. Hamburg liegt nicht hoch. Aber Frankfurt? Und Salzburg?
3. Ich fahre gern nach Frankfurt. Und Hamburg? Und Salzburg?
4. Frankfurt gefällt mir gut. Und Hamburg? Und Salzburg?
5. In Frankfurt trinkt man viel Bier. Und in Salzburg? Und in Hamburg?
6. Das hört man wenig in Salzburg. Und in Frankfurt? Und in Hamburg?

b. Respond to the sentence you will hear with a comparative, as in the example.

> EXAMPLE: Ich bin müde.
> Aber ich bin noch müder.

1. Das kann ich gut verstehen.
2. Ich trinke viel Kaffee.
3. Meine Stadt ist groß.
4. Unsere Berge sind hoch.
5. Ich esse wenig Wurst.

c. Respond to the sentence you will hear with a superlative, as in the example.

> EXAMPLE: Ist sie eine schnelle Läuferin?
> Ja, sie ist sogar die schnellste Läuferin.

1. Hat New York hohe Gebäude?
2. Ist das ein großes Problem?
3. Kennst du einen guten Pfad?
4. Kennst du viele Leute in diesem Dorf?
5. Hast du auch wenig Brot gegessen?
6. Kennst du ein nahes Hotel?

d. Respond to the sentence you hear by saying you would prefer to do something else.

> EXAMPLE: Trinken Sie gern Milch?
> Nein, ich trinke lieber Tee.

1. Gehen Sie gern ins Theater?
2. Hören Sie gern Rockmusik?
3. Lesen Sie gern Krimis?
4. Wohnen Sie gern in der Stadt?
5. Sehen Sie gern fern?
6. Spielen Sie gern Fußball?
7. Bereiten Sie sich gern auf die Deutschstunde vor?
8. Schockierst du gern deine Eltern?

e. Tell what you like to do best.

> EXAMPLE: Was machen Sie gern am Abend?
> Ich bleibe am liebsten zu Hause.

1. Was lesen sie gern?
2. Wo wohnen Sie gern?
3. Welche Fremdsprache sprechen Sie gern?
4. Welchen Sport treiben Sie gern?
5. Was essen Sie gern?
6. Was machen Sie gern im Sommer?

E. Comparisons

1. **(genau) so . . . wie** = (just, exactly) as . . . as
   The positive degree with **(genau) so . . . wie** shows equality (or, when negated, lack of equality):

Heute ist es **genau so kalt wie** gestern.	*Today is just as cold as yesterday.*
Frankfurt ist **nicht so groß wie** München.	*Frankfurt is not as large as Munich.*

2. **immer** + comparative for progressive change
   Instead of repeating the comparative to show a progressive change, German generally uses **immer:**

Das Kind wird **immer größer.**	*The child's getting **bigger and bigger.***
Die Welt wird **immer verrückter.**	*The world's getting **crazier and crazier.***

3. **je . . . desto / um so** = the . . . the

Je schneller, desto besser.	*The faster the better.*
Je länger ich lebe, **um so weniger** weiß ich.	*The longer I live, the less I know.*

   The German compound conjunction **je . . . desto / um so** is always used with a pair of comparatives. The **je**-clause has dependent word order, while **desto** or **um so** is a coordinating conjunction.

ÜBEN WIR!

a. Respond to each sentence as in the example.

> EXAMPLE: Teacher: Ist Ihr Referat genau so lang wie Hermanns?
> Nein, mein Referat ist länger als Hermanns.

1. Ist diese Kirche so hoch wie die andere?
2. Sind diese Geschichten so langweilig wie die anderen?
3. Ist das zweite Buch genau so kurz wie das erste?
4. Ist Deutsch genau so schwer wie Englisch?
5. Fährt ein Zug so schnell wie ein Bus?
6. Findest du alte Filme so interessant wie neue?

7. Findest du Kriminalfilme so schrecklich wie Horrorfilme?

8. Ist diese Generation so progressiv wie die alte?

9. Waren die Zuschauer so begeistert wie die Sportler?

10. Hattest du so viel Pech wie Hermann?

b. Now respond to the question by saying that things are alike.

> EXAMPLE: War die graue Hose billiger als die blaue?
> Nein, sie war genau so billig wie die blaue.

1. Sind die Amerikaner freundlicher als die Deutschen?

2. Kostet das Essen in der Schweiz mehr als in Deutschland?

3. Sind seine Methoden verrückter als meine?

4. Essen Sie Pommes frites lieber als Brot?

5. Sind die Berge bei Ihnen zu Hause höher als die Alpen?

6. Benutzen Sie mehr Salz als Pfeffer?

c. Respond to each sentence with **immer** + comparative to express "more and more."

> EXAMPLE: Das Fleisch ist heutzutage so teuer.
> Ja, und es wird immer teurer.

1. Dieser Schauspieler ist sehr bekannt.

2. Das Wetter ist heute so warm.

3. Ihre Tochter ist so groß geworden!

4. Jetzt sind die Tage so kurz.

5. Der Junge trinkt so viel Bier.

6. Sie sprechen sehr gut Deutsch.

d. Complete each sentence with an appropriate clause beginning with **desto** or **um so.**

> EXAMPLE: Je wärmer es wird, . . . (gern / schwimmen gehen)
> Je wärmer es wird, desto lieber gehen wir schwimmen.

1. Je höher der Berg, . . . (steil / Pfad)

2. Je extremer die Politik, . . . (unsicher / Regierung)

3. Je müder ich bin, . . . (viel / schlafen)

4. Je mehr ich lerne, . . . (wenig / wissen)

5. Je schwieriger das Buch, . . . (langsam / lesen)

6. Je berühmter die Schauspielerin, . . . (viel Geld / verdienen)

2/ Verbs Used with Prepositions

Many verbs need a prepositional phrase to complement them in certain meanings:

Ich spreche **mit ihm.**	*I'm talking **with him.***
Ich spreche **gegen ihn.**	*I'm speaking **against him.***

In these examples, English and German happen to use the same prepositions. In many cases, however, they do not, for example:

Er wartet **auf** seinen Bruder.　　　*He's waiting **for** his brother.*

You must learn the verb and the preposition used with it at the same time. When a two-way preposition (**an, auf, über,** etc.) is used with a verb, you must also learn whether it is followed by dative or accusative. **Auf** and **über** almost always take accusative case when used in a non-spatial sense.

spatial:	Er wartet **auf dem** Bahnsteig.	*He's waiting **on the** plat-form.*
non-spatial:	Er wartet **auf den** Zug.	*He's waiting **for the** train.*
spatial:	Das Bild hing **über der** Tür.	*The picture hung **above the** door.*
non-spatial:	Ich schreibe **über die-ses** Bild.	*I'm writing **about this** picture.*

Here is a list of the verbs with prepositions you have already learned:

bitten um　 to ask for

Sie bat mich um Geld.　　　*She asked me for money.*

erinnern an (+ *acc.*)　 to remind of

Sie erinnern mich an meine Tante Irene.　　　*You remind me of my aunt Irene.*

sich erinnern an (+ *acc.*)　 to remember

Erinnern Sie sich an unsere Ferien?　　　*Do you remember our vacation?*

sich gewöhnen an (+ *acc.*)　 to get used to

Ich kann mich an den neuen Chef nicht gewöhnen.　　　*I can't get used to the new boss.*

glauben an (+ *acc.*)　 to believe in

Glaubst du an diese Strategie?　　　*Do you believe in this strategy?*

sich interessieren für　 to be interested in

Interessierst du dich für moderne Kunst?　　　*Are you interested in modern art?*

teil·nehmen an (+ *dat.*)　 to take part in

Hast du an der Diskussion teilgenommen?　　　*Did you take part in the discussion?*

sich vor·bereiten auf (+ *acc.*)　 to prepare for

Wie habt ihr euch auf die Reise vorbereitet?　　　*How did you prepare for the trip?*

warten auf (+ *acc.*)　 to wait for

Wir haben lange auf ihn gewartet.　　　*We waited a long time for him.*

Here is a group of verbs whose English equivalents all contain some meaning of the verb "to think:"

denken an (+ *acc.*)   to think of,
  have in mind

Er dachte an seine Jugend.   *He was thinking of his youth.*

halten für   to consider, regard as,
  think X is . . .

Ich halte ihn für einen intelligenten   *I think he is an intelligent pupil.*
Schüler.

halten von   to think of, have an
  opinion about

Was halten Sie von ihm?   *What do you think of him?*

ÜBEN WIR!

Substitute the new prepositional objects you will hear.

  EXAMPLE: Ich warte auf **meine Freundin.** (Zug)
       Ich warte auf meinen Zug.

1. Sie bat uns um *die Milch*. (Liste, Wasser, Zeit, Bücher, Referat, Saft)
2. Wir glauben an *die Demokratie*. (Strategie, Resultat, Freiheit, Republik, Partei, Direktor)
3. Ich mußte mich auf *eine Reise* vorbereiten. (Besuch, Konzert, Gefahr, Besucher, Freunde)
4. Kannst du dich an *den Roman* erinnern? (Diskussion, Brief, Szene, Mädchen, Reise, Bücher)
5. Habt ihr an *der Diskussion* teilgenommen? (Konfrontation, Ausflug, Training, Fest, Spiel, Party, Gespräche)
6. Sie gewöhnte sich langsam an *die Gegend*. (Arbeit, Land, Metropole, Mensch, Winter, Probleme)
7. Ich halte das für *eine gute Idee*. (schwieriges Problem, lustiger Film, wichtige Tradition, bessere Methode, schöne Jacke, häßlicher Mantel)
8. Ich interessiere mich für *deutsche Filme*. (moderne Kunst, alte Bücher, amerikanischer Sport, politische Plakate, französischer Wein)
9. Was halten Sie von *meinem neuen Wagen?* (mein neuestes Meisterstück, meine begeisterten Fans, mein blauer Rock)
10. Wir warten auf *unseren Freund*. (unsere Freunde, der Zug, die Polizei, der Regen, die Zuschauer, der Rotwein, unsere Großmutter)

3/ Pronouns as Objects of Prepositions: **da**-compounds and **wo**-compounds:

A. **da**-compounds

Third person pronouns occurring after prepositions refer to people only:

Steht Christof hinter Gabriele?   *Is Christof standing behind Gabriele?*
Ja, er steht **hinter ihr.**   *Yes, he's standing **behind her.***

Spricht er oft mit den Kindern?	*Does he often speak with the children?*
Ja, er spricht oft **mit ihnen.**	*Yes, he often speaks **with them.***
Wartet ihr auf Manfred?	*Are you waiting for Manfred?*
Ja, wir warten **auf ihn.**	*Yes, we're waiting **for him.***

When referring to inanimate nouns, all these pronouns are replaced by **da-** + the preposition.

Wo steht dein Auto? Hinter dem Haus?	*Where's your car? Behind the house?*
Ja, es steht **dahinter.** (*not* hinter ihm)	*Yes, **behind it.***
Was machen wir mit diesem Schreibtisch?	*What will we do with this desk?*
Ich weiß nicht, was wir **damit** machen. (*not* mit ihm)	*I don't know what we'll do **with it.***
Wartet ihr auf den Regen?	*Are you waiting for the rain?*
Ja, wir warten **darauf.** (*not* auf ihn)	*Yes, we're waiting **for it.***

Note that if the preposition begins with a vowel, **da-** becomes **dar-:** **da + auf = darauf, da + über = darüber.**

B. **wo**-compounds

The same animate-inanimate distinction is made with question words when a preposition is involved. To ask a question about a person, Germans use the preposition + **wen** or **wem:**

Auf wen warten Sie?	***Whom** are you waiting for?*
Mit wem spielen die Kinder?	***Whom** are the children playing with?*

However, when asking about a thing, **wen** and **wem** are replaced by **wo-** + the preposition involved:

Worauf warten Sie?	***What** are you waiting for?*
Womit spielt das Kind?	***What** is the child playing with?*

Note that **wo-** changes to **wor-** if the preposition begins with a vowel: **wo- + auf = worauf; wo + unter = worunter.**

Briefmarken?

Nehmen Sie doch gleich ein paar mehr mit.
Damit Sie welche haben, wenn Sie welche brauchen.

a. Respond as in the example.

> EXAMPLE: Stand er neben dem Fenster?
> Ja, er stand daneben.

1. Fangt ihr mit der Arbeit an?
2. Gab es eine Party nach dem Film?
3. Interessieren Sie sich für Politik?
4. Hat er lange auf den Frieden gewartet?
5. Habt ihr an der Diskussion teilgenommen?
6. Haben sie über meinen Plan nachgedacht?
7. Hat sie wieder um Geld gebeten?
8. Bereitest du dich auf die Deutschstunde vor?
9. Liegt meine Krawatte unter deinem Rock?
10. Halten Sie viel von seinen Ideen?
11. Hat sie vor dem Kaufhaus gewartet?

b. Respond as in the example. How you answer will depend on whether the prepositional object is animate or inanimate.

> EXAMPLE: Sitzt Ingrid hinter Hans?
> Ja, sie sitzt hinter ihm.
>
> Sitzt Ingrid hinter dem Schreibtisch?
> Ja, sie sitzt dahinter.

1. Hast du dich an das Wetter gewöhnt?
2. Bist du mit Ursel ins Kino gegangen?
3. Erinnern Sie sich an die guten alten Zeiten?
4. Können wir über diese Fragen nachdenken?
5. Wohnst du bei Frau Lindner?
6. Sind Sie gegen diesen Politiker?
7. Waren Sie gegen seine Pläne?
8. Interessieren Sie sich für Sport?
9. Haben Sie an ihre Familie gedacht?
10. Glaubst du an Herrn Schmidts Ideen?

c. You're in a noisy room and can't hear very well. Ask your friend to repeat what has been said.

> EXAMPLE: Teacher: Wir haben auf unser Geld gewartet.
> Student A: Worauf haben sie gewartet?
> Student B: Auf ihr Geld.

1. Wir denken oft an Professor Schleppfuß.
2. Wir mußten immer auf ihn warten.
3. Man mußte sich an seine hohe Stimme gewöhnen.
4. Aber er interessierte sich für uns.
5. Er saß auf seinem Schreibtisch.

6. Und er spielte immer mit seiner Uhr.
7. Er glaubte an die Demokratie.
8. Ja, er war immer ehrlich mit uns.

4/ Expanding Your Vocabulary: Country Names, Nouns and Adjectives of Nationality

The only designation of nationality that is an adjectival noun is:

der Deutsche	the German man
ein Deutscher	a German man
die Deutsche	the German woman
eine Deutsche	a German woman
die Deutschen	the Germans
Deutsche	Germans

Some nouns of nationality are N-nouns in the masculine and add **-in** in the feminine:

Country	Adjective	Male Native	Female Native
(das) **Frankreich**	französisch	der **Franzose, -n, -n**	die **Französin, -nen**
(das) **Rußland**	russisch	der **Russe, -n, -n**	die **Russin, -nen**
(die **Sowjetunion**, die **UdSSR**)			

Other nouns of nationality have a masculine form ending in **-er** and a feminine in **-erin:**

die **USA**[1] (das) **Amerika**	**amerikanisch**	der **Amerikaner, -**	die **Amerikanerin, -nen**
(das) **England**	**englisch**	der **Engländer, -**	die **Engländerin, -nen**
(das) **Italien**	**italienisch**	der **Italiener, -**	die **Italienerin, -nen**
(das) **Österreich**	**österreichisch**	der **Österreicher, -**	die **Österreicherin, -nen**
die **Schweiz**	**schweizerisch**	der **Schweizer, -**	die **Schweizerin, -nen**

Remember that when stating a person's nationality, German does not use the indefinite article (see page 115 above):

Sind Sie Deutsche?	*Are you a German?*
Nein, ich bin Französin.	*No, I'm French.*

When an attributive adjective precedes the noun of nationality, the indefinite article *is* used:

Karla ist eine interessante Deutsche.	*Karla is an interesting German woman.*
Marie ist eine typische Französin.	*Marie is typically French.*

Most country and all city names are neuter, but the definite article is used only when they are preceded by an attributive adjective or sometimes when a particular period in the country's history is mentioned:

das schöne Frankreich	*beautiful France*
das Deutschland von heute	*the Germany of today*

---

[1] Also called **Die Vereinigten Staaten von Amerika.**

ÜBEN WIR!

Student A asks student B where he or she is from. Your teacher interjects a country. Try some short exchanges on the following model.

Student A: Wo kommen Sie her?
  Teacher: [*England*]
Student B: Ich komme aus England.
Student A: Ach, Sie sind Engländer!

Cues: Deutschland, Frankreich, Rußland, Italien, Amerika, England, Österreich, die Schweiz

Jugendtreffen in Ost-Berlin

Wortschatz zum Lesestück

Leicht zu merken
finanziell
das Ideal, -e
illegitim
kapitalistisch
kommunistisch
kritisieren
der Marxist, -en, -en
(das) Moskau
ökonomisch
der Ostblock
repressiv
resigniert
der Satellitenstaat, -en
die Sowjets
die Sowjetunion
der Sozialismus
sozialistisch
das Symbol, -e
tolerieren
transportieren
undemokratisch
unproduktiv
die Zone,-n

Verben
aus·wandern to emigrate
bilden to form
erscheinen, erschien, ist
  erschienen to appear
kosten to cost
  Das kostet mich viel.
  That costs me a lot.
leisten to accomplish
verlangen to demand,
  require; desire
sich zeigen to appear,
  emerge

Substantive
der Dichter, - poet
die Entwicklung,   -en
  development

die Grenze, -n border, limit
  an der Grenze at the
  border
die Hälfte, -n half
die Hilfe help, aid
der/die Intellektuelle, -n (*adj. noun*) intellectual
das Jahrhundert, -e century
das Lied, -er song
  der Liedermacher, - song
  writer
die Mauer, -n (free standing)
  wall
die Meinung, -en opinion
die Sicherheit, -en security;
  certainty
die Spannung, -en tension;
  suspense
der Spiegel, - mirror
die Tragik tragedy
die Wirtschaft, -en economy
das Ziel, -e goal
der Zweifel, - doubt
  ohne Zweifel without
  doubt

Andere Vokabeln
eigen- own
erstaunlich astounding,
  astonishing
freiwillig voluntary, by
  choice
ganz entire, whole
offen open
paradox paradoxical
wohl probably

Die Deutsche Demokratische Republik

German-speaking

ignorance

Von allen deutschsprachigen° Ländern ist uns im Westen die Deutsche Demokratische Republik (DDR) das unbekannteste. Die Gründe für unser Unwissen° liegen im „kalten Krieg"—in der weltpolitischen Spannung zwischen Ost und West seit dem Zweiten Weltkrieg. Die DDR ist ein sozialistisches Land, ihre Staatsform ist eine kommunistische, und sie gehört zum Warschauer Pakt.[1] Viele haben sich daran gewöhnt, sie einfach als Trabant° Moskaus abzuschreiben.° Je länger aber die zwei deutschen Staaten bestehen,° desto unproduktiver scheint diese Meinung.

satellite
to write off
continue to exist
division

Die Geschichte von der Teilung° Deutschlands ist ein Spiegel der Geschichte Europas in der zweiten Hälfte des zwanzigsten Jahrhunderts. Am Ende des Weltkriegs im

[1] Warsaw Pact: the defense alliance among the socialist countries of Eastern Europe.

Dresden

Jahre 1945 haben die vier Alliierten° Amerika, England, Frankreich, und Rußland das Deutsche Reich in vier Besatzungszonen aufgeteilt.° Diese Aufteilung sollte nur so lange dauern, bis man eine entnazifizierte° deutsche Regierung bilden konnte.

Sehr bald aber zeigte sich Mißtrauen° unter den Siegermächten. Man darf nicht vergessen, daß der Zweite Weltkrieg die Sowjetunion 20 Millionen Tote gekostet hatte. Die Russen fühlten sich also berechtigt,° in ihrer Zone hohe Reparationen zu verlangen. Ganze Fabriken baute man ab° und transportierte sie nach Rußland. Die Westdeutschen konnten aber mit großer finanzieller Hilfe durch den Marschallplan[1] ihre Industrie und Wirtschaft erstaunlich schnell wiederaufbauen.°

Im Westen meinte man, daß die Russen aus ihrer Zone einen kommunistischen Satellitenstaat machen wollten. Die Sowjets beschuldigten° die Westmächte, sich mehr für den Wiederaufbau eines kapitalistischen Wirtschaftssystems als für die Entnazifizierung zu interessieren. Die Konflikte wurden immer stärker, bis man im Mai 1949 aus den Westzonen die BRD gründete.° Im folgenden Oktober proklamierte man die DDR in der Ostzone. Beide Staaten hielten sich selbst für den einzigen Vertreter° der ganzen deutschen Nation und den anderen als illegitim.

Am Anfang jedoch blieb die Grenze zwischen Ost- und Westdeutschland relativ offen, besonders in der Hauptstadt Berlin.[2] Zwischen 1945 and 1961 wanderten zirka° 2,7 Millionen Ostdeutsche—die Hälfte von ihnen jünger als 25 Jahre—über diese Grenze nach Westen aus. 1961 unterbrach die DDR-Regierung den Auswandererstrom° durch den Bau° der Berliner Mauer. Diese Mauer ist für den Westen das berühmteste Symbol für den Bankrott° einer kommunistischen Regierung. Für die DDR aber hat sie ihren Zweck erfüllt°: seit 1961 dürfen die meisten Leute in der DDR gar nicht an eine Auswanderung nach Westen denken. So arbeiten sie—resigniert oder begeistert—an der Entwicklung ihres eigenen Landes.

Ohne Zweifel hat die DDR seit 1949 viel geleistet. Sie ist heute das zehntstärkste° Industrieland der Welt. Ihre Bürger leben in sozialer Sicherheit und, im Vergleich zu anderen Ländern des Ostblocks, in ökonomischem Wohlstand.° Ohne Zweifel ist aber die DDR auch ein repressiver Staat, wo die Regierung keine politische Opposition toleriert.

Die Situation mancher Intellektuellen und Schriftsteller in der DDR ist paradox. Als überzeugte° Marxisten bejahen° sie die Ideale und Ziele des Sozialismus, kritisieren aber das undemokratische, repressive System. Oft dürfen

allies	
divided into four occupation zones de-Nazified	
distrust	
justified **baute . . . ab:** dismanteled	
rebuild	
accused	
founded	
representative	
circa	
stream of emigrants building	
bankruptcy	
fulfilled	
tenth strongest	
prosperity	
convinced affirm	

[1] Program from 1948 to 1952 for the postwar economic recovery of Western Europe, initiated by the American Secretary of State, George C. Marshall.
[2] Berlin, although located in the middle of the Soviet Zone, was placed under four-power control in 1945. Since 1949, West Berlin has been an island within the DDR.

Berliner Mauer

moved
deprived of citizenship

divided

twice the pain

ihre Bücher nur im Westen erscheinen. Der bekannteste unter ihnen ist wohl der Dichter und Liedermacher Wolf Biermann. Er ist in Hamburg geboren und 1953 freiwillig in die DDR übersiedelt.° 1976, als er in der BRD auf einer Konzerttour war, hat ihn die DDR-Regierung ausgebürgert.° Seine Tragik hatte er schon 1968 in einem Lied über das geteilte° Deutschland ausgedrückt:

> Ich lieg' in der bess'ren Hälfte
> Und habe doppelt Weh.°

In diese „bessere Hälfte" darf er aber nicht mehr zurück.[1]

Fragen zum Lesestück

1. Warum kennen wir im Westen die DDR so wenig?
2. Wofür ist die Geschichte Deutschlands ein Spiegel?
3. In wie viele Zonen hat man Deutschland am Ende des Krieges aufgeteilt?
4. Was wollten die Russen von den Deutschen in ihrer Zone?
5. Von wem bekamen die Westdeutschen finanzielle Hilfe?
6. Wodurch unterbrach die DDR die Emigration ihrer Bürger?
7. Was bedeutet die Mauer für den Westen? Und für den Osten?
8. Was kritisieren viele Intellektuelle an der DDR?

[1] The complete text of this song is on p. 332.

Vom Lesen zum Sprechen

An der Grenze

der **Beamte, -n** (*adj. noun*)	government official (*m.*)
die **Beamtin, -nen**	government official (*f.*)
der **Zollbeamte**	customs official
der **Paß, Pässe**	passport
das **Gepäck**	baggage
der **Zoll**	customs
Haben Sie etwas zu verzollen?	Have you something to declare?
die **Zigarette, -n**	cigarette
der **Schnaps, ⁼e**	distilled spirits
die **Ware, -n**	product, goods
schmuggeln	to smuggle
wechseln	to change, exchange
Ich möchte Geld wechseln.	I'd like to exchange some money.

Useful to recall:

(das **Gepäck**) **aufmachen**
Angst haben
ehrlich sein
die Polizei
packen
der **Ausweis**
wohin, woher
Pech haben

Rollenspiel. Sie trampen mit einem Freund (oder mit einer Freundin) durch Europa. Jetzt kommen Sie an eine wichtige Grenze. Der Fahrer bittet Sie, alle Ausweise bereit zu haben, denn er will so schnell wie möglich durch den Zoll kommen. Plötzlich erinnern Sie sich an bestimmte Sachen in Ihren Rucksäcken. Sie sehen einander mit ein bißchen Angst an.

1. Autofahrer und Tramper fahren zur Grenze
2. Zwei Tramper diskutieren, was sie machen sollen
3. Zollbeamter und die Leute im Auto

Mündliche Übungen

A. Persönliche Fragen

1. Halten Sie sich für intelligenter als Ihre Freunde?
2. Sind in Ihrer Klasse Studenten aus anderen Ländern? Welche Nationalität haben sie?
3. Was war die schönste Zeit Ihres Lebens?
4. Erinnern Sie sich gut daran?
5. Warum war es damals schöner als jetzt?
6. Glauben Sie, daß die meisten Menschen ihre Jugend für die schönste Zeit ihres Lebens halten?
7. Möchten Sie gerne in die DDR reisen oder lieber in die Sowjetunion?
8. In welches Land möchten Sie am liebsten reisen?
9. Warum interessieren Sie sich für dieses Land?
10. Haben Sie Bücher darüber gelesen?

B. Vergleichen wir! Describe and compare as many people and things in your classroom as you can. Use positive, comparative, and superlative degrees, attributively as well as in the predicate:

> EXAMPLES: Jean ist größer (*taller*) als ich.
> Harry ist hier der größte.
> Nein, ich bin genau so groß wie Harry.
> Tom trägt ein schöneres Hemd als ich.
> Dieses Bild finde ich besser als deins.

C. Use the verbs listed below to ask each other questions beginning with a **wo-**compound.

> EXAMPLE: Teacher: denken an
> Student A: Woran denkst du denn?
> Student B: Ich denke an die Semesterferien.

1. warten auf
2. glauben an
3. sich erinnern an
4. sich interessieren für
5. sich vorbereiten auf
6. denken an

D. Read the following description of a conversation between Jens, a *Gymnasium* student from Saarbrücken in the FRG, and Erich, a student from Leipzig. Jens is on an *Abiturientenreise* to the GDR. Reproduce their conversation orally and feel free to improvise.

Erich sagt, daß er froh ist, einen Schüler aus der BRD kennenzulernen. Er will wissen, wie Jens und seine Gruppe hergefahren sind, was sie sehen und wissen wollen, ob sie hier Leute kennen oder Familie haben.

Jens antwortet auf Erichs Fragen und stellt seine eigenen. Er fragt, ob Erich gern Sport treibt, ob er später studieren möchte und wofür er sich interessiert, welche Fremdsprachen er lernt, und was man hier am Wochenende macht.

Worüber sprechen sie sonst?

Schriftliche Übungen

E. Der neue Kollege

Use the cues below to write a short dialogue between two workers.

1. was / du / halten / von / neu / Kollege?
2. ich / halten / ihn / für / nett / Mensch
3. er / bitten (*perfect*) / gestern / um / Hilfe
4. er / müssen / langsam / sich gewöhnen / an / Arbeit
5. wenn / er / lernen (*perfect*) / alles / / er / können / leisten / mehr als / die meisten
6. das / stimmen / / Chef / sollen / nicht kritisieren / ihn

F. Schreiben Sie ein Gespräch zwischen zwei Deutschen. Einer kommt aus der BRD, der andere aus der DDR. Sie vergleichen ihr Leben, und jeder meint, er wohnt in der besseren Hälfte.

G. Viele Amerikaner meinen, daß sie im besten und freiesten Land der Welt leben. Stimmt das? Warum meinen sie das? Was meinen Sie?

H. Wie sagt man das auf deutsch?

1. Did you participate in the discussion about the German economy?
2. No, I hadn't prepared for it.
3. If you're not interested in such things, they seem more difficult than they really are.
4. Whom are you thinking of?
5. I'm thinking of my brother in the GDR.
6. Oh, I didn't know you had a brother there. Is he older than you?
7. No, he's my younger brother. When we emigrated, he stayed there voluntarily.
8. Is that your own idea?
9. No, it's the opinion of a Frenchman. He's in my class.
10. Some people have the craziest ideas!

An der Technischen Schule für Optik in Jena

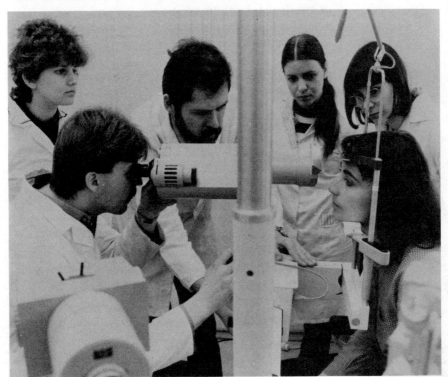

Almanach

Profile of the German Democratic Republic

Area: 108,333 square kilometers; 41,768 square miles
Population: 16.7 million or 154 people per square kilometer
The country is divided into fifteen districts, each named after its governing town.
Currency: DDR-Mark
Major cities: Berlin (East), capital (pop. 1,150,000); Leipzig; Dresden; Magdeburg

The GDR is a member of COMECON (Council for Mutual Economic Assistance), the "common market" of the socialist countries. After the Soviet Union it is the most important industrial country in COMECON. It is also a member of the Warsaw Pact, the military alliance among the Soviet Union and Bulgaria, Poland, Romania, Czechoslovakia, Hungary and the GDR. In 1973 the GDR became a member of the United Nations.

Ost-Berlin

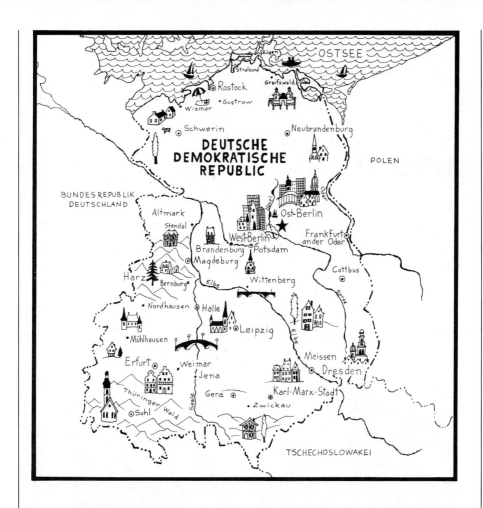

DEUTSCHE
DEMOKRATISCHE
REPUBLIK

OSTSEE

Rügen

Stralsund

Rostock

Greifswald

Gustrow

Wismar

Schwerin

Neubrandenburg

POLEN

BUNDESREPUBLIK
DEUTSCHLAND

Altmark

Stendal

Ost-Berlin

West-Berlin

Frankfurt
an der Oder

Brandenburg

Potsdam

Magdeburg

Harz

Bernburg

Elbe

Wittenberg

Cottbus

Nordhausen

Halle

Leipzig

Mühlhausen

Meissen

Erfurt

Weimar

Jena

Dresden

Gera

Karl-Marx-Stadt

Thüringer Wald

Suhl

Zwickau

Saale

TSCHECHOSLOWAKEI

Sector checkpoints Berlin (West) – East Berlin and GDR

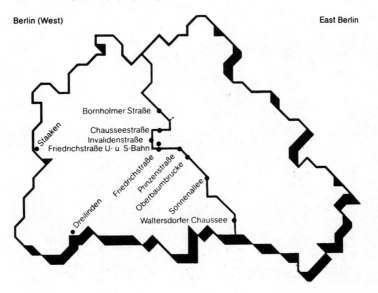

Berlin (West)

East Berlin

Bornholmer Straße

Chausseestraße

Invalidenstraße

Friedrichstraße U- u. S-Bahn

Staaken

Friedrichstraße

Prinzenstraße

Oberbaumbrücke

Sonnenallee

Dreilinden

Waltersdorfer Chaussee

14

Erinnerungen

Relative clauses
Demonstrative adjectives and pronouns
Emphatic pronouns
Exclamations and questions with *was für*
Future tense
Reading: *Zwei Denkmäler*

Das Referat

ANNA: Grüß dich, Karin. Hast du das Buch, das ich dir geliehen habe?

KARIN: Ja, das habe ich diesmal nicht vergessen.

ANNA: Gibt es sonst noch etwas, was du für dein Referat brauchst?

KARIN: Ja. Kann ich deine alte Schreibmaschine benutzen?

ANNA: Klar, die kannst du haben.

Wahre Liebe

PETRA: Wer war der Typ, mit dem Rita im Kino war?

URSULA: Meinst du den Mann, der so nervös aussah?

PETRA: Ja, *den* meine ich.

URSULA: Du wirst dich wundern. Das war Rudi, ihr Verlobter.

PETRA: Was, *die* zwei werden heiraten? Was für ein Witz!

URSULA: Ja, sie haben sich letzten Monat verlobt. Rita ist ganz glücklich, was ich nicht verstehen kann.

Das neue Stück

PAUL: Was für ein Stück spielt im Stadttheater?

LENA: Ein Stück von Franz Xaver Kroetz, dessen Werke mich immer an Büchner erinnern.[1]

PAUL: Ach ja, das ist das Stück, von dem jeder spricht.

LENA: Was nicht heißt, daß es gut ist.

[1] Franz Xaver Kroetz (b. 1946) author of realistic plays set in his native Bavaria. Georg Büchner (1813–1837), dramatist, whose three plays continue to exercise a strong influence on the theater.

Wortschatz

The Term Paper

ANNA: Hi, Karin. Do you have the book that I lent you?

KARIN: Yes, I didn't forget it this time.

ANNA: Is there anything else that you need for your paper?

KARIN: Yes. Can I use your old typewriter?

ANNA: Sure, you can have it.

True Love

PETRA: Who was the guy Rita was at the movies with?

URSULA: You mean the man who looked so nervous?

PETRA: Yes, that's the one I mean.

URSULA: You'll be surprised. That was Rudi, her fiancé.

PETRA: What? Those two are getting married? What a joke!

URSULA: Yes, they got engaged last month. Rita is quite happy, which I can't understand.

The New Play

PAUL: What kind of play is at the City Theater?

LENA: A play by Franz Xaver Kroetz, whose works always remind me of Büchner.

PAUL: Oh, yes, that's the play everyone is talking about.

LENA: Which doesn't mean that it's good.

Verben

heiraten to get married
leihen, lieh, hat geliehen to lend
sich verloben to get engaged
sich wundern to be surprised

Substantive

die **Liebe** love
die **Schreibmaschine, -n** typewriter
das **Stück, -e** play
  or: das **Theaterstück, -e**
der **Typ, -en** type; (slang) guy

Gegensätze

der/die **Verlobte, -n** (*adj. noun*) fiancé(e)
das **Werk, -e** work (of art)
der **Witz, -e** joke

Andere Vokabeln

glücklich happy
jeder (*sing. pronoun*) everyone
klar (*colloq.*) sure, of course
nervös nervous
wahr true

glücklich ≠ unglücklich   happy ≠ unhappy

THEATER-PROGRAMM

Staatstheater
Tageskasse: Mo.-Fr. 10-12 und 15.30-17.30 Uhr, Sa., 10-12 und Abendkasse 1 St. vor Beginn der Vorstellung

Nationaltheater
Vorverkauf Maximilianstraße 11
Telefon 221316
Die Zauberflöte
von W. A. Mozart
Sawallisch, Everding, Rose Gruberova, Popp, Coburn, Evangelatos, Wulkopf, Sieber, Moll, Araiza, Rootering, Brendel, Orth, Winkler, Helm, Böhme, Klarwein, Auer, Thaw, Wagner, Fröhlich, Maghfurian, 3 Tölzer Knaben
TV-Aufzeichnung
Anfang 19 Uhr, Ende ca. 22.15 Uhr

Residenztheater
Vorverkauf im Theater
Tel. 225754
Baumeister Solness
von Henrik Ibsen
Zadek, Pabst, Loepelmann, Raben, Düringer, Finckh, Sukowa, Berger, Manker, Rehberg, Strassner
Beginn 19.30 Uhr, Ende 22.15 Uhr
1. Vorst. Serie rot und freier Verkauf

Staatstheater am Gärtnerplatz
Tel. 2 60 32 32
Vorverkauf im Theater
Die lustigen Weiber von Windsor
von Otto Nicolai
Schneider, Matiasek, v. Zallinger / Dübbers, Guggemos, Hansen-Jamardo, Heyng; Böke, Brokmeier, Edelmayr, George, Köninger, Kuhn, Lichtenfeld, Starrermair, Stückmann, Tipton
Anfang: 19.30 Uhr - Ende: 22.15 Uhr

Münchner Theater für Kinder
Dachauer Str. 46
Kasse: Tel. 59 54 54 u. 59 38 58
(tägl., außer Mo. von 10-14 Uhr)
Premiere
Freitag, 23. September, 15.00 Uhr
Der Räuber Hotzenplotz

Theater am Einlaß
Am Einlaß 4, Telefon 2 60 82 80
Vorverkauf 10 bis 12 und 18 bis 20 Uhr täglich, außer So., 20.30 Uhr
Putztag
v. Ernst F. Wiedemann, mit Marianne Stein u. Peter Gebhart. Insz.: Veit Relin, Bühne: Otto Kollross

Theater 44
Schwabing, Hohenzollernstraße 20
tel. Vorbestellungen (ab 16 Uhr) 328748
Großes Haus:
täglich außer So./Mo. 20.30 Uhr:
Schloß Gripsholm
von Kurt Tucholsky
mit: Budzinsky, Kilian, Rilling, Roeder, Springmann u. a.
Regie: Hanus Burger

Kleines Haus:
So./Mo. 20.30 Uhr:
Der Star
(Ich lüge nicht. Ich male nur die Wahrheit bunt an.)
mit: Karin Neuhäuser
Regie: Günter Einbrodt
Di.-Sa. 20.30 Uhr:
Endspiel
von Samuel Beckett
Companie Molion mit: Gilming, Haerin, Klemm, Bayerwaltes und Vondrak

Neue Kombinationen

A. Replace the word in italics with the cue you will hear.

1. Wo ist das *Buch*, das ich dir geliehen habe?
   (Auto, Vorlesungsverzeichnis, Glas, Hemd, Moped, Stück)
2. Hast du eine *Schreibmaschine*, die ich benutzen darf?
   (Kamera, neue Methode, Fahrkarte, dunkle Hose, alte Uhr, Tasse)
3. Wie heißt der *Typ*, der so nervös war?
   (Student, Amateur, Sportler, nette Deutsche, Autofahrer, kleine Zollbeamte, Franzose)
4. Das ist *Herr Kroetz*, dessen Werke mir gefallen.
   (ein Schriftsteller, Bert Brecht, ein deutscher Dichter, der berühmte Professor)
5. Die zwei werden nächstes Jahr *heiraten*.
   (in die DDR fahren, Pech haben, in der Altstadt wohnen, unabhängig sein, Kaffee und Zigaretten schmuggeln)

B. Answer these questions affirmatively. Begin your response with a stressed definite article as in the example.

> EXAMPLE: Kaufst du seinen alten Wagen?
> Ja, *den* kaufe ich.

1. Kennen Sie den neuen Studenten?
2. Benutzen Sie die bessere Schreibmaschine?
3. Wollt ihr mein Geld?
4. Versteht ihr dieses schwierige Problem?
5. Hast du den kitschigen Roman gern?
6. Hat sie meinen langen Brief gefunden?
7. Ist der Freund deiner Schwester nervös?
8. Habt ihr die neuesten Bücher gelesen?

Übung zur Aussprache

Joseph von Eichendorff (1788–1857) was one of the foremost poets of the Romantic movement in Germany. Reverence for nature, longing for one's beloved, nostalgia for one's homeland are all typical themes for the Romantics. The poem "Heimweh" is from Eichendorff's story *Aus dem Leben eines Taugenichts (From the Life of a Good-for-Nothing)*, in which the hero, in Italy, yearns for Germany and his beloved.

Heimweh°

Wer in die Fremde° will wandern,°
Der muß mit der Liebsten° gehn,[1]
Es jubeln° und lassen die andern
Den Fremden alleine stehn.

homesickness

= ins Ausland *wander*
beloved
rejoice

[1] Shortened from **gehen.**

Was wisset ihr, dunkele Wipfel,°   *treetops*
Von der alten, schönen Zeit?
Ach, die Heimat hinter den Gipfeln,°   *peaks*
Wie liegt sie von hier so weit!°   *far away*

Am liebsten betracht° ich die Sterne,°   *comtemplate*   *stars*
Die schienen, wie° ich ging zu ihr,   = *als*
Die Nachtigall° hör ich so gerne,   *nightingale*
Sie sang° vor der Liebsten Tür.   *sang*

Der Morgen, das ist meine Freude!°   *joy*
Da steig° ich in stiller° Stund'   *climb*   *quiet*
Auf den höchsten Berg in die Weite,°   *distance*
Grüß dich, Deutschland, aus Herzensgrund!°   *from the bottom of my heart*

Zeichnung von Ludwig Richter

Grammatik

1/ Relative Clauses

A. A relative clause is a subordinate clause which modifies a noun in much the same way as an adjective does:

Das ist das neue Buch.	*That is the **new** book.*

main clause   relative clause
Das ist das Buch, **das du mir geliehen hast.**   *That is the book **that you loaned me.***

The relative clause **das du mir geliehen hast** modifies **Buch** just as **neu** does.

B. Relative clauses begin with a relative pronoun (English: *who(m), whose, that, which*). In German, relative pronouns have the same form as the definite article except in the dative plural (**denen** for **den**) and in the genitive (**dessen** for **des, deren** for **der**). Study the following table. Note especially the forms in boldface, which are different from the definite article.

	masc.	neut.	fem.	plur.
Relative Pronouns				
nom.	der	das	die	die
acc.	den	das	die	die
dat.	dem	dem	der	**denen**
gen.	**dessen**	**dessen**	**deren**	**deren**

C. Sentences having a relative clause can be thought of as a combination of two separate sentences sharing an identical element (either a noun or pronoun). This element in the main clause is called the *antecedent.* In the relative clause, this element is replaced by a relative pronoun that refers back to the antecedent. Here are some examples:

masc.
sing.
antecedent   *nom.*
1. Das ist **der Typ.**   **Er** war im Kino.

Das ist der Typ, **der** im Kino war.
That's the guy who was at the movies.

fem.
sing.
antecedent   *dative*
2. Kennst du **die Frau?**   Ich arbeite mit **ihr.**

Kennst du die Frau, mit **der** ich arbeite?
Do you know the woman (whom) I work with?

antecedent
3. Das ist **der Schriftsteller.**

masc. sing. genitive
Die Werke **des Schriftstellers** sind berühmt.

Das ist der Schriftsteller, **dessen** Werke berühmt sind.
That's the writer whose works are famous.

antecedent   *acc. plural*
4. Hast du **die Bücher?**   Ich habe **sie** dir geliehen.

Hast du die Bücher, **die** ich dir geliehen habe?
Do you have the books (that) I loaned you?

Notes on relative clauses:

a. The relative pronoun is *never* omitted in German, as it often is in English (examples 2 and 4 above).

b. The relative pronoun agrees in gender and number with its antecedent, but its *case* is determined by its function in the relative clause:

fem.   *fem.*
sing.   *sing.*
nominative   *dative*
Das ist **die Frau,** mit **der** ich arbeite.

c. If the relative pronoun is the object of a preposition, the preposition *precedes* it in the relative clause (example 2 above). Although in English the preposition often comes at the end of the sentence, this is *never* the case in German.

d. The relative clause, like all other subordinate clauses in German, has verb-final word order.[1]

e. The relative clause usually is placed immediately after its antecedent:

Das Buch, das du mir   *The book you lent me*
geliehen hast, hat mir   *helped me.*
geholfen.

ÜBEN WIR!

a. Repeat the sentence you will hear and give the English equivalent.

EXAMPLE: Das ist der Mann, der uns kennt.
That is the man who knows us.

1. Das ist der Mann, der hier wohnt.
2. Das ist der Mann, den ich kenne.
3. Das ist der Mann, dem wir helfen.
4. Das ist der Mann, dessen Frau ich kenne.

5. Das ist das Stück, das jetzt spielt.
6. Das ist das Stück, das er schreibt.
7. Das ist das Stück, von dem man spricht.
8. Das ist das Stück, dessen Anfang gut ist.

[1] Note on punctuation: in German, the relative clause is always preceded by a comma.

9. Das ist die Frau, die Deutsch kann.
10. Das ist die Frau, die wir brauchen.
11. Das ist die Frau, der wir Geld geben.
12. Das ist die Frau, deren Roman ich kenne.

13. Das sind die Leute, die mich kennen.
14. Das sind die Leute, die ich kenne.
15. Das sind die Leute, denen wir helfen.
16. Das sind die Leute, deren Kinder wir kennen.

b. Give the German equivalents of the English sentences you will hear.

1. That's the student who knows me.
2. That's the student I know.
3. That's the student I'm helping.
4. That's the student whose car I have.

5. That's the child who speaks English.
6. That's the child I met.
7. That's the child I'm giving milk to.
8. That's the child whose parents aren't here.

9. That's the (female) student who is studying in Berlin.
10. That's the (female) student we're looking for.
11. That's the (female) student I'm explaining the book to.
12. That's the (female) student whose family comes from France.

Ein Friseur, der ernsthaft versucht, auf
Ihre Wünsche einzugehen.
Ausgiebige Beratung
SALON KOSTARELLOS
Tel. 333 906, Mannheim-Neckarstadt
Pflügersgrundstraße 6

13. Those are the friends who eat in the mensa.
14. Those are the friends we invited.
15. Those are the friends who like the play. (use *gefallen*)
16. Those are the friends whose apartment is so large.

c. Respond to each question as in the example.

> EXAMPLE: Arbeitest du für diesen Chef?
> Ja, das ist der Chef, für den ich arbeite.

1. Sind Sie durch diese Stadt gefahren?
2. Haben Sie in diesem Hotel übernachtet?
3. Haben Sie mit diesen Amerikanern gesprochen?
4. Gingen Sie abends in dieses Restaurant?
5. Haben Sie zusammen an diesem Tisch gegessen?
6. Bereiten Sie sich auf diese Reise vor?
7. Lesen Sie Bücher über dieses Land?
8. Interessieren Sie sich für dieses System?
9. Können Sie sich an diese Musik gewöhnen?
10. Mußten Sie lange auf diesen Paß warten?

d. Join together the two sentences you will hear by making the second one a relative clause.

> EXAMPLE: Ich kenne die Frau. Du meinst sie.
> Ich kenne die Frau, die du meinst.

1. Hast du die Schreibmaschine? Sie gehört mir.
2. Nein, ich habe eine Schreibmaschine. Sie gehört Rita.

3. Ist das der Witz? Horst hat ihn erzählt.
4. Ja, er erzählt Witze. Man muß über seine Witze lachen.

5. Das ist ein Werk. Sie hat es letztes Jahr geschrieben.
6. Meinst du das Buch? Es ist jetzt sehr berühmt.

7. Ist das der Mann? Sie haben ihm geholfen.
8. Nein, ich habe einem anderen Mann geholfen. Er war viel älter.

9. Kennst du die Studenten? Sie wohnen in der Altstadt.
10. Natürlich, das sind die Studenten. Ich esse in der Mensa mit ihnen.

11. Wie heißt der Junge? Sein Vater ist Professor.
12. Er hat einen russischen Namen. Ich kann mich nie daran erinnern.

13. Ist die Frau nett? Du wohnst bei ihr.
14. Ja, das ist eine Frau. Ihre Kinder sind nicht mehr zu Hause.

15. Das ist ein Stück. Sein Inhalt ist bekannt.
16. Das ist das Stück. Ich weiß nicht viel davon.

D. The Relative Pronoun **was**

1. A relative clause following the antecedents **etwas**, **nichts**, **viel**, **wenig**, and **alles** begins with **was** in German.

Gibt es sonst noch **etwas, was** Sie brauchen?	*Is there anything else (that) you need?*
Nein, Sie haben **nichts, was** ich brauche.	*No, you have nothing (that) I need.*
Alles, was er sagt, ist falsch.	*Everything (that) he says is wrong.*

2. **Was** must also begin a relative clause whose antecedent is a neuter adjectival noun (see above, pp. 255–56).

Was war **das Interessante, was** du mir zeigen wolltest?	*What was the interesting thing (that) you wanted to show me?*
Ist das **das Beste, was** Sie haben?	*Is that the best (that) you have?*

3. **Was** also begins a relative clause whose antecedent is an entire clause (English uses *which*).

Rita ist glücklich, was ich nicht verstehen kann.	*Rita is happy, which I can't understand.*

ÜBEN WIR!

a. Replace the neuter adjectival noun in each sentence with nouns formed from the cued adjectives you will hear.

> EXAMPLE: Ist das das Beste, was Sie haben? (billig)
> Ist das das Billigste, was Sie haben?

1. Das war das Wichtigste, was er sagte.
(schwierig, lustig, dumm, verrückt)
2. Ist das das Neueste, was du gesehen hast?
(wichtig, schön, interessant, nett)

b. Respond to each question as in the example.

> EXAMPLE: Hat er etwas Interessantes?
> Ja, er hat etwas, was ich interessant finde.

1. Sagt er etwas Wichtiges?
2. Hat das Restaurant etwas Gutes?
3. Hat das Museum wenig Modernes?
4. Sagen sie etwas Typisches?
5. Siehst du etwas Schönes?

c. Join the two sentences you will hear into one. The second will become a relative clause beginning with **was** and refer to the entire first clause.

> EXAMPLE: Rita ist glücklich. Ich kann das nicht verstehen.
> Rita ist glücklich, was ich nicht verstehen kann.

1. Sie haben sich verlobt. Ich finde das dumm.
2. Er möchte bald heiraten. Ich halte das für extrem.
3. Sie möchte lieber warten. Das ist intelligent.
4. Sie laden mich nicht ein. Ich kann es nicht verstehen.

E. The Indefinite Pronouns **wer** and **was**.

The question words **wer** and **was** may begin subordinate clauses and signal indefiniteness (*cf.* English *whoever, anyone who, whatever, anything that*) or an unnamed antecedent (*cf.* English *the one who, the thing that*).

Wer noch keine Karte hat, soll um halb acht kommen.	*Anyone who doesn't have a ticket yet should come at 7:30.*
Nehmen Sie, **was** Sie wollen.	*Take whatever you want.*
Wer das gesagt hat, war intelligent.	*Whoever said that was intelligent.*
Was mich stört, ist diese dumme Frage.	*The thing that bothers me is this stupid question.*

ÜBEN WIR!

a. Restate the following sentences for a friend who hasn't understood them, changing them to indefinite statements beginning with **wer.**

> EXAMPLE: Teacher: Wenn Sie Hunger haben, können Sie essen.
> Student A: Was hat sie gesagt?
> Student B: Wer Hunger hat, kann essen.

1. Wenn Sie schlafen wollen, können Sie jetzt gehen.
2. Wenn Sie gern Bier trinken, sollen Sie es hier kaufen.
3. Wenn Sie sich für Kunst interessieren, können Sie ins Museum.
4. Wenn Sie gute Witze kennen, sollen Sie sie erzählen.

b. Respond to the question, using **was** in your answer.

> EXAMPLE: Was trinkst du gern, Weißwein oder Rotwein?
> Was ich gern trinke ist Weißwein.

1. Was essen Sie gern, Tomaten oder Gurken?
2. Was baut man hier, eine neue Uni oder ein neues Krankenhaus?
3. Was verstehen Sie nicht, dieses Wort oder die ganze Geschichte?
4. Was haben Sie noch nicht gelesen, das Ende der Geschichte oder den Anfang?
5. Was wollten Sie mir noch sagen, Ihren Namen oder etwas anderes?
6. Was hast du vergessen, die Einkaufsliste oder dein Geld?

2/ Demonstrative Adjectives and Pronouns

A. Demonstrative adjectives point out what is being talked about. The adjective **dieser . . . hier** points to something or someone close by, while **der . . . da**[1] points to something or someone farther away. The words **hier** and **da** are optional:

Gefällt Ihnen **dieser** Hut **hier?**	*Do you like this hat?*
Nicht besonders. Darf ich **den** Hut **da** sehen?	*Not especially. May I see that hat there?*

---

[1] Stressed **der** has largely replaced the **der**-word **jener** (that) in contemporary spoken German.

B. Used without nouns, **dieser** and **der** are demonstrative pronouns and mean **this one** and **that one.** As demonstrative pronouns, **der, das, die** have the same forms as the relative pronoun (see table, p. 361 above) and are stressed:

Hier sind zwei Schreib-maschinen.	*Here are two typewriters.*
Diese hier kostet nicht viel, aber **die da** ist viel besser.	*This one here doesn't cost much but that one is much better.*
Wollen wir mit diesen Menschen sprechen?	*Shall we speak with these people?*
Nein, ich spreche lieber mit **denen.**	*No, I'd rather talk with those.*

3/ Emphatic Pronouns

Stressed **der, das, die** (with the forms of the relative pronoun) are used instead of the personal pronoun (**er, es, sie**) to add emphasis. These stressed pronouns are often placed in first position at the beginning of the sentence:

Meinst du den nervösen Mann?	*Do you mean the nervous man?*
Ja, **den** meine ich.	*Yes, **he's** the one I mean.*
Gehen wir doch mit Horst und Karl!	*Let's go with Horst and Karl.*
Nein, mit **denen** gehe ich nicht.	*No. I'm not going with **them.***

ÜBEN WIR!

a. A salesman in a store is giving you choices. If he offers *this* thing, say that you want *that* thing.

> EXAMPLE: Darf ich Ihnen *diesen* Anzug zeigen?
> Nein, zeigen Sie mir bitte *den* da.

1. Möchten Sie sich diese Hose ansehen?
2. Gefällt Ihnen dieses Hemd hier?
3. Nehmen Sie diese Jeans hier?
4. Darf ich Ihnen diese Jacke zeigen?
5. Wollen Sie diese Schuhe hier kaufen?

b. Confirm the accuracy of the sentence you will hear, using the emphatic pronoun in initial position as in the example.

> EXAMPLE: Meinen Sie diesen Mann?
> Ja, *den* meine ich.

1. Wollen Sie diesen Roman lesen?
2. Brauchen Sie diese Zeitung?
3. Treiben Sie mit Ihren Kollegen Sport?
4. Haben Sie es diesem netten Mann gegeben?
5. Haben Sie es der amerikanischen Touristin empfohlen?

4/ Exclamations and Questions with **was für**

A. **Was für** + noun phrase is used to introduce both exclamations of the type "What a beautiful day!" and questions asking "What kind of . . . ?"

The **für** in **was für** is *not* the preposition **für** that requires the accusative. The case of the noun following **was für** depends on its use in the sentence.

B. Exclamations: **was für** + nominative

> *nominative*
> **Was für** ein Witz!   *What a joke!*

> *nominative*
> **Was für** ein netter Mensch!   *What a nice person!*

C. Questions

> *nominative*
> **Was für** ein Chef ist Herr Motz?[1]   *What kind of boss is Mr. Motz?*

> *accusative*
> **Was für** einen Wagen habt ihr?   *What sort of car do you have?*

In prepositional phrases think of **was für** as being inserted into the phrase without changing the grammar:

> Ihr wohnt **in einem Haus.**

> **In** ⬜ was für ⬜ **einem Haus** wohnt ihr?   *What sort of house do you live in?*
> ↑

> Sie haben **mit Menschen** geredet.

> **Mit** ⬜ was für ⬜ **Menschen** haben Sie geredet?   *What kind of people did you talk to?*
> ↑

ÜBEN WIR!

a. Respond to each sentence with an exclamation, as in the example.

> EXAMPLE: Schönes Wetter, nicht?
> Ja, was für schönes Wetter!

1. Das ist eine schöne Tradition, nicht wahr?
2. Es ist ein warmer Nachmittag, nicht?
3. Wir haben interessante Gebäude gesehen, oder?
4. Das ist ein langweiliges Stück, nicht wahr?

---

[1] When the following noun is nominative or accusative, **was für** may be separated: **Was** ist Herr Motz **für** ein Chef? **Was** habt ihr **für** einen Wagen?

b. Use **was für** to ask for more information, as in the example.

> EXAMPLE: Horst hat sich mit einer Studentin verlobt.
> Mit was für einer Studentin hat er sich verlobt?

1. Ich kaufe mir eine neue Kamera.
2. Wir wollen heute einen Film sehen.
3. Jörg hat das Essen gekocht.
4. Er gehört zu einer Mannschaft.
5. Ich war gerade in einem Konzert.
6. Da kommt dieser Typ.

5/ Future Tense

A. Formation: **werden** + infinitive

The future is a compound tense, consisting of an inflected form of the auxiliary **werden** plus a dependent infinitive in final position.

ich **werde schlafen** I will sleep	wir **werden schlafen**	we will sleep
du **wirst schlafen** you will sleep	ihr **werdet schlafen**	you will sleep
er, es, sie **wird schlafen** he, it, she will sleep	sie, Sie **werden schlafen**	they, you will sleep

▶ **Werden** as the future auxiliary corresponds to **will** in English. Do not confuse it with the modal **wollen:**

Er **wird** schlafen.	*He **will** sleep.*
Er **will** schlafen.	*He **wants to** sleep.*

The infinitive of a modal verb in the future *follows* its own dependent infinitive, exactly the reverse of English:

Wir werden es einfach **tun müssen.**	*We will simply **have to do** it.*
Das wirst du nicht **essen können.**	*You won't **be able to eat** that.*

B. Use

1. German usually uses *present tense* to express future meaning, especially when a time expression makes that meaning clear:

> Er kommt morgen.   *He's coming tomorrow.*

Future tense makes the future meaning explicit and is more frequent in the absence of an expression showing future time:

> Er wird sicher zurückkommen.   *He will surely return.*

2. The future tense, often with an adverb like **wohl** (*probably*) or **sicher** (*surely*), is frequently used to express present probability or likelihood:

Sie werden sicher schon im Büro sein.	*They're surely at the office already.*
Das wird wohl so sein.	*That's probably true.*

ÜBEN WIR!

a. Substitute the new subjects you will hear.

> EXAMPLE: Er wird zurückkommen. (ich)
> Ich werde zurückkommen.

1. Sie wird das glauben. (er, wir, ihr, die Schüler, du)
2. Werden Sie daran teilnehmen? (er, ihr, die Deutschen, wir, du, Ute)
3. Sie werden es bald erfahren. (ich, wir, du, Marie, ihr, die Politiker, Georg)
4. Wir werden das besprechen müssen. (er, du, ihr, ich, die Professoren, Christine)

b. Respond in the future tense, as in the example.

> EXAMPLE: Hat er schon gefrühstückt?
> Nein, aber er wird bald frühstücken.

1. Hat es schon geregnet?
2. Hast du das schon versucht?
3. Seid ihr schon schigelaufen?
4. Hat er einige Tage in der Schweiz verbracht?
5. Haben Sie Deutsch lernen müssen?
6. Haben Sie ein Wort mit ihm reden können?
7. Hat Susi euch schon eingeladen?
8. Hast du schon daran teilgenommen?

Wortschatz zum Lesestück

Leicht zu merken

die **Emigration**

Verben

hinein·gehen, ging hinein, ist hineingegangen to go into, enter

holen to get, fetch

vor·kommen, kam vor, ist vorgekommen (+ *dat. of person*) to seem to

Es kommt mir vor . . . It seems to me . . .

New Simple Past Stem:
verlieren, *verlor*, hat verloren

Substantive

die **Absicht, -en** intention

das **Denkmal, ¨er** monument

die **Erde** earth, ground

die **Erinnerung, -en** recollection, remembrance

Das ist mir noch in Erinnerung. = Daran kann ich mich noch erinnern.

die **Erzählung, -en** story

die **Freude, -n** joy

die **Größe** greatness; size

das **Schiff, -e** ship

der **Stein, -e** stone

Andere Vokabeln

beinahe almost

einzig single

fern(e) far away, distant

grausam terrible, gruesome; cruel

hinein (*directional prefix*) in (away from speaker)

jüdisch Jewish

niemals = nie

tief deep

Nützliche Ausdrücke

am Ende at the end

Das geht mir nicht aus dem Kopf. = Das kann ich nicht vergessen.

werden aus to become of

Was ist aus ihm geworden? What's become of him?

Zwei Denkmäler

Anna Seghers was born in Mainz in 1900. She studied art history and sinology and married the Hungarian Lászlo Radványi in 1926. Because of her membership in the Communist Party she was forced to flee Germany in 1933. She sought asylum in France and Mexico and much of her writing in exile reflects the turbulent existence of a refugee and committed antifascist. In 1947 she moved to East Germany, where she remains a leading literary figure. This short reflective recollection shows her personal involvement with the city of her youth. Here she focuses on two symbolic "monuments"—one of grand, cultural significance, the other of individual suffering on a human scale.

In der Emigration° begann ich eine Erzählung, die der Krieg unterbrochen hat. Ihr Anfang ist mir noch in Erinnerung. Nicht Wort für Wort, aber dem Sinn nach.° Was mich damals erregt° hat, geht mir auch heute nicht aus dem Kopf. Ich erinnere mich an eine Erinnerung.

In meiner Heimat, in Mainz am Rhein, gab es zwei Denkmäler, die ich niemals vergessen konnte, in Freude und Angst, auf Schiffen, in fernen Städten. Eins ist der Dom. Wie ich als Schulkind zu meinem Erstaunen° sah, ist er auf Pfeilern° gebaut, die tief in die Erde hineingehen—damals kam es mir vor, beinahe so hoch wie der Dom hochragt.° Ihre Risse sind auszementiert worden,° sagte man, in vergangener° Zeit, da, wo das Grundwasser° Unheil stiftete.° Ich weiß nicht, ob das stimmt, was uns ein Lehrer erzählte: Die romanischen° und gotischen° Pfeiler seien haltbarer° als die jüngeren.

Dieser Dom über der Rheinebene° wäre° mir in all seiner Macht und Größe geblieben, wenn ich ihn auch° nie wiedergesehen hätte.° Aber ebensowenig° kann ich ein anderes Denkmal in meiner Heimatstadt vergessen. Es bestand nur aus° einem einzigen flachen Stein, den man in das Pflaster° einer Straße gesetzt hat. Hieß die Straße Bonifaziusstraße? Hieß sie Frauenlobstraße? Das weiß ich nicht mehr. Ich weiß nur, daß der Stein zum Gedächtnis° einer Frau eingefügt wurde,° die im ersten Weltkrieg durch Bombensplitter umkam,° als sie Milch für ihr Kind holen wollte. Wenn ich mich recht° erinnere, war sie die Frau des jüdischen Weinhändlers° Eppstein. Menschenfresserisch,° grausam war der erste Weltkrieg, man begann aber erst an seinem Ende mit Luftangriffen° auf Städte und Menschen.

Marginal glosses (left column):

here: in exile

the sense of it
excited

astonishment
columns, pillars
looms up
cracks have been patched
past groundwater caused damage

romanesque gothic were more durable
Rhine plain would have
wenn . . . auch: even if
hadn't ever seen it again no more easily
bestand . . . aus: consisted of
pavement

in memory
had been set in
was killed by shrapnel
rightly
wine merchant cannibalistic

air raids

Mainzer Dom

Darum hat man zum Gedächtnis der Frau den Stein ein-
gesetzt, flach wie das Pflaster, und ihren Namen ein-
graviert.°

    Der Dom hat die Luftangriffe des zweiten Weltkriegs
irgendwie überstanden,° wie auch° die Stadt zerstört worden
ist.° Er ragt° über Fluß und Ebene. Ob der kleine flache
Gedenkstein° noch da ist, das weiß ich nicht. Bei meinen
Besuchen habe ich ihn nicht mehr gefunden.

    In der Erzählung, die ich vor dem zweiten Weltkrieg zu
schreiben begann und im Krieg verlor, ist die Rede von° dem
Kind, dem die Mutter Milch holen wollte, aber nicht
heimbringen° konnte. Ich hatte die Absicht,° in dem Buch
zu erzählen, was aus diesem Mädchen geworden ist.

engraved

survived   **=obwohl**
was destroyed *looms*
commemorative stone, tablet

the story is about

=nach Hause bringen *intention*

Fragen zum Lesestück

1. Woran erinnert sich Anna Seghers noch?
2. Wo ist sie geboren?
3. Was konnte sie niemals vergessen?

4. Über was für Denkmäler schreibt sie?

5. An wen sollte der Stein erinnern?

6. Beschreiben Sie diese zwei Denkmäler!

7. Hat Anna Seghers den Stein wieder gefunden?

8. Wann begann sie die Erzählung zu schreiben?

9. Was wollte sie in dem Buch erzählen?

Vom Lesen zum Sprechen

„Das geht mir nicht aus dem Kopf"

These new words will be useful in talking about your past:

die **Gegenwart**	present (time)
die **Vergangenheit**	past
der **Geburtsort**	place of birth
um·ziehen, zog um, ist umgezogen	to move (residence)
wieder·sehen (sieht wieder), sah wieder,	
hat wiedergesehen	to see again

Here are some words and phrases you already know that will also be useful:

alte Freunde
anders werden
die **Erfahrung, -en**
sich erinnern an
geboren
die **Heimatstadt**
woher

Zur Diskussion

1. Anna Seghers erinnert sich an ihre Heimatstadt und findet darin „zwei Denkmäler", die für sie eine große Bedeutung haben. Jetzt denken Sie über Ihre Jugend nach. Erinnern Sie sich an etwas Konkretes—wie an ein Gebäude oder einen Stadtteil—was Ihnen nicht aus dem Kopf geht? Erzählen Sie über diese wichtigen Erinnerungen.

2. Leben Sie noch in der Stadt, wo Sie geboren sind, oder sind Sie umgezogen? Gefällt es Ihnen besser in dem Ort, wo Sie jetzt wohnen? Besuchen Sie manchmal Ihren Geburtsort? Was wollen Sie dort wiedersehen? Was ist anders geworden?

3. Für einige Menschen scheint die Vergangenheit immer schöner als die Gegenwart. Wie kann man das erklären?

Mündliche Übungen

A. Persönliche Fragen

1. Geben Sie ein Buch, das Sie sich geliehen haben, schnell zurück?

2. Was für Dinge leihen Sie Ihren Freunden nicht gern?

3. Helfen Ihnen Ihre Freunde, wenn Sie ein Referat schreiben?

4. Werden Sie eine Schreibmaschine kaufen, oder besitzen Sie schon eine?

5. Wem gehörte die Schreibmaschine, die Sie letztes Mal benutzt haben?

6. Haben Sie Freunde, die verlobt sind?

7. Wann werden sie heiraten?

8. Glauben Sie, daß man mit 18 Jahren heiraten soll?

9. Gehen Sie im Winter oft ins Theater?

10. Was für Stücke gefallen Ihnen am besten?

11. Was ist Ihr Lieblingsstück?

12. Wie hieß das letzte Stück, das Sie gesehen haben?

B. Answer the following questions using relative clauses.

> EXAMPLE: Gehst du oft in dieses Restaurant?
> Ja, das ist das Restaurant, in das ich oft gehe.

1. Gehen Sie mit diesen Leuten ins Kino?

2. Haben Sie diesen Film gesehen?

3. Spielt dieser Film heute abend?

4. Hat Ihnen diese Schauspielerin gefallen?

5. Wollen Sie später in diesem Café essen?

6. Möchte Inge den Sohn dieses Bäckers heiraten?

7. Spricht er immer von diesem Mädchen?

8. Werden sie in dieser Stadt leben?

9. Gehört ihnen dieses Auto?

10. Ziehen diese Leute um?

11. Sind die Kinder dieser Leute schon groß?

12. Werden Sie diese Leute oft besuchen?

13. Interessieren Sie sich für diese Erzählung?

14. Kennen Sie schon das Ende dieser Erzählung?

C. Respond to the questions using a relative clause that makes sense.

> EXAMPLE: Was für ein Haus suchen Sie?
> Ich suche ein Haus, das groß genug ist.

1. Was für Erinnerungen haben Sie?
2. Was für eine Stadt ist Ihre Heimatstadt?
3. Was für Freunde hatten Sie damals?
4. Was für einen Menschen soll man heiraten?
5. In was für einem Land möchten Sie leben?
6. Mit was für Menschen wollen Sie Ihre Zeit verbringen?
7. Was für Witze habt ihr erzählt?
8. Mit was für einem Typ verlobt sie sich?
9. Was für Theaterstücke siehst du gern?

D. Wie wird es sein?

1. Use the future tense to read your neighbor's palm.

> EXAMPLE: Du wirst lange leben.
> Du wirst viermal heiraten und zehn Kinder bekommen.

2. Sind Sie Optimist oder Pessimist?
Speculate about life ten years from now. Use future tense.

> EXAMPLE: In zehn Jahren werden wir (nicht) besser leben.
> Die Welt wird freier sein.
> Ich fürchte, die Politiker werden einen neuen Krieg anfangen.

Schriftliche Übungen

E. Combine each pair of sentences, using a relative pronoun.

> EXAMPLE: Ich bringe dir das Buch zurück. Du hast es mir gestern geliehen.
> Ich bringe dir das Buch zurück, das du mir gestern geliehen hast.

1. Der Dichter schreibt Briefe an seine Freunde. Sie wohnen noch in seiner Heimatstadt.
2. Er ist in einer kleinen Stadt geboren. Sie liegt in den Bergen.
3. In seiner Jugend lebte er unter sympathischen Menschen. Er erinnert sich oft an sie.
4. Die Schriftstellerin will die Erzählung zu Ende schreiben. Den Anfang der Erzählung hat sie vor Jahren geschrieben.
5. Der Krieg hat ihre Arbeit unterbrochen. Er war erst 1945 zu Ende.
6. Die Mutter wollte während des Ersten Weltkriegs Milch holen. Die Geschichte erzählt von ihr.
7. Der berühmte Dom in Mainz ist sehr hoch. Man kann ihn schon von ferne sehen.

8. Das andere Denkmal war ein kleiner flacher Stein. Das hat sie gesucht aber nicht gefunden.

F. Answer each question with a sentence containing a relative clause.

> EXAMPLE: Mit was für Menschen verbringen Sie gern Ihre Ferien?
> Ich verbringe meine Ferien gern mit Menschen, mit denen ich Sport treiben kann.

1. Was für Erzählungen lesen Sie gern?
2. Was für eine Regierung hat Ihr Land?
3. Mit was für einer Dame habe ich Sie gestern abend gesehen?
4. Was für einen Film hat der junge Regisseur gedreht?
5. In was für einer Gesellschaft lebt man am besten?
6. Was für Romane finden Sie interessant?
7. Was für Zeitungen lesen Sie am liebsten?
8. Mit was für Menschen möchten Sie arbeiten?

G. Anna Seghers wollte vor vielen Jahren eine Geschichte über das Kind schreiben, dessen Mutter Milch holen wollte.

1. Schreiben Sie den Anfang dieser Geschichte (zirka eine Seite). *oder:*
2. Schreiben Sie das Ende dieser Geschichte. Was ist aus dem Kind geworden? Woran erinnert sich dieser Mensch heute?

H. Wie sagt man das auf deutsch?

1. Where is the man who was here twenty minutes ago?
2. He will come back right away. (use future)
   He had to help an old woman who hurt herself.
3. I have to tell him something that is very important.

4. Do you see the child playing over there?
5. Yes. What a beautiful little girl!
6. That's the girl whose mother is a famous actress.

7. Do you know the man she's marrying?
8. It seems to me that I've heard his name, but I can't remember his face.
9. He's the guy who always looks so nervous.
10. Oh, you mean *him! He's* her fiancé?

Almanach

Four Modern Women Writers

Ingeborg Bachmann (1926–1973)

Ingeborg Bachmann was born in Klagenfurt, Austria, the country where she also attended university. Though she initially won fame for her lyric poetry, Bachmann also wrote radio plays and short stories as well as an opera libretto and a novel.

Angelika Mechtel (b. 1943)

Angelika Mechtel was born in Dresden, though she now resides near Munich. She has written poetry, short stories, radio plays, and novels critical of modern West German society and the role of women within it.

Ingeborg Drewitz

Sarah Kirsch (b. 1935)

Sarah Kirsch was born in Limlingerode in the Harz region (now GDR). She now lives in the West. She is primarily a lyric poet, whose verse is characterized by intensity of language and precise, pictorial images. Her love poetry is striking for its combination of melancholy and single moments of recollected joy.

Ingeborg Drewitz (b. 1923)

Ingeborg Drewitz is a native of Berlin, the city where she still resides. She has published dramas, short stories, radio plays, and novels, and has also worked extensively as a journalist. Her partly autobiographical novel *Gestern war heute* (1978) tells the story of three generations of women whose personal lives reflect political and social developments in 20th-century Berlin.

Below: Angelika Mechtel

Above: Sarah Kirsch
Right: Ingeborg Bachmann

15

Österreich

Present tense of the general subjunctive
More time expressions
The suffix *-lang* and parts of the day
Reading: *Zwei Österreicher stellen sich vor*

Ein gemütliches Hotel

[*Herr Martens zeigt seinem Nachbarn Herrn Hofer seine Ferienfotos.*]

HERR HOFER: Ich möchte gern wissen, wie Sie das gemütliche Hotel gefunden haben.

HERR MARTENS: Ein Kollege hat mir davon erzählt, als er hörte, daß ich nach Tirol[1] fahren wollte. Ich wünschte, wir könnten nächstes Jahr einige Monate dort wohnen.

HERR HOFER: Dann müßten Sie aber Ihre Stelle aufgeben!

Zwei Studentinnen in Wien

CLAUDIA: Könnten wir nicht nach Grinzing zum Heurigen[2] fahren?

ESTHER: Das wäre schön! Wie fahren wir am besten?

CLAUDIA: Entweder mit der Straßenbahn oder mit einem Taxi.

ESTHER: Nehmen wir die Straßenbahn, und wenn es dann spät wird, können wir mit dem Taxi zurückfahren.

Auf einer Bergtour

RICHARD: Wenn wir nur schon bei der Hütte[3] wären! Ich würde so gern etwas essen.

URSULA: Leider haben wir weder Schokolade noch Tee mitgenommen.

RICHARD: Das war aber dumm von uns. Wenn ich etwas zu trinken hätte, ginge es mir besser.

URSULA: Es kann nicht mehr weit sein. An dem Baum da vorne sehe ich ein Schild.

[1] **Tirol** (English: the Tyrol) is an alpine province in the west of Austria, bordered by the Federal Republic, Switzerland, and Italy. Capital: Innsbruck.

[2] **Heurige** are taverns in the neighborhood of Vienna, each one originally belonging to a vineyard and serving wine (called *Heuriger*) pressed the previous October (**heuer** = "this year"). Grinzing is a suburb of Vienna.

[3] Hiking clubs in the Alps maintain a system of "huts" (some the size of hotels) where hikers can stay overnight and get simple hot meals.

LIENZER HÜTTENWANDERUNGEN

A Cozy Hotel

[*Mr. Martens is showing his vacation pictures to his neighbor, Mr. Hofer.*]

MR. HOFER: I'd like to know how you found that cozy hotel.

MR. MARTENS: A colleague told me about it when he heard that I wanted to go to the Tyrol. I wish we could stay there for a few months next year.

MR. HOFER: But then you'd have to give up your job!

Two Students in Vienna

CLAUDIA: Couldn't we go to a *heuriger* in Grinzing?

ESTHER: That would be nice! What's the best way to go?

CLAUDIA: Either by streetcar or taxi.

ESTHER: Let's take the streetcar, and if it gets late we can ride back in a taxi.

On a Hiking Trip

RICHARD: If only we were already at the hut! I'd really like something to eat.

URSULA: Unfortunately, we brought along neither chocolate nor tea.

RICHARD: That was really dumb of us! If I had something to drink I'd feel better.

URSULA: It can't be very much farther. I see a sign on the tree up ahead.

Wortschatz

Leicht zu merken

das **Foto, -s**

Verben

auf·geben (gibt auf), gab auf, hat aufgegeben to give up

wünschen to wish

sich etwas wünschen to wish for something

Substantive

der **Baum, ⸚e** tree
die **Hütte, -n** hut
das **Schild, -er** sign

Gegensätze

da vorne ≠ da hinten	up ahead ≠ back there

Andere Vokabeln

entweder . . . oder either . . . or

gemütlich comfortable, cozy, congenial

vorne in the front

weder . . . noch neither . . . nor

Nützlicher Ausdruck

da vorne up ahead

On these pages: Straßenschilder in Salzburg

Neue Kombinationen

A. Replace the italicized words with the cue you will hear.

1. Ich wüßte gern, wie Sie *dieses Hotel* gefunden haben.
   (soviel Geld, ihr Haus, eine Wohnung, meine Brille, die Hütte, das Museum)
2. Ich wünschte, wir wären schon *bei der Hütte.*
   (zu Hause, in West-Berlin, am Flughafen, in Wien, im Ausland, auf dem Schiff, in den Bergen)
3. Ich würde gern *etwas essen.*
   (etwas trinken, in der Hütte übernachten, ein Wort mit dir reden, vor acht Uhr aufstehen, viele Fremdsprachen lernen, die Ausstellung sehen)
4. Wenn wir nur etwas zu *trinken* hätten!
   (lesen, sagen, essen, erzählen, kochen, verkaufen)
5. Wir haben weder *Schokolade* noch *Tee.*
   (Geld . . . Zeit, Salz . . . Pfeffer, Interesse . . . Lust, Freunde . . . Bekannte, Wein . . . Bier)

B. Respond positively to the following suggestions using **das wäre** and the adjective cued.

> EXAMPLE: Fahren wir heute nach Grinzing! (toll)
> Ja, das wäre toll!

1. Machen wir eine Bergtour zusammen! (nett)
2. Fahren wir zusammen ins Ausland! (schön)

3. Reden wir mit dem berühmten Star! (interessant)

4. Bleiben wir zwei Nächte in der Hütte! (vernünftig)

5. Essen wir in diesem kleinen Restaurant! (gemütlich)

C. Now use the same pattern to reject the following suggestions.

>EXAMPLE: Sollen wir hier aussteigen? (dumm)
>Nein, das wäre dumm!

1. Wollen wir nach dem Essen schwimmen gehen? (unvernünftig)

2. Können wir zusammen um die Welt trampen? (gefährlich)

3. Sollen wir diesen Schnaps schmuggeln? (illegal)

4. Wollen wir heiraten? (extrem)

5. Können wir dieses Mal in einem eleganten Hotel übernachten? (zu teuer)

Übung zur Aussprache

The Austrian poet Ernst Jandl was born in Vienna in 1925. He has been a *Gymnasium* teacher since 1949. In the following poem, he shows that it is possible to tell a whole story using only one vowel. Reading it aloud will be a good review of the German long and short **o**!

ottos mops°	*mutt*
ottos mops trotzt°	*won't obey*
otto: fort° mops fort	*go away*
ottos mops hopst° fort	*hops*
otto: soso	
otto holt koks°	*coal briquettes*
otto holt obst	
otto horcht°	*listens*
otto: mops mops	
otto hofft	
ottos mops klopft°	*knocks*
otto: komm mops komm	
ottos mops kommt	
ottos mops kotzt°	*pukes*
otto: ogottogott	

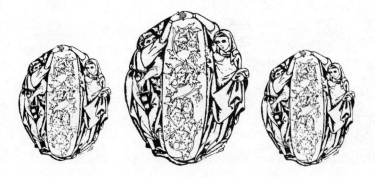

Grammatik

1/ Present Tense of the General Subjunctive[1]

A speaker may have various attitudes toward what he is saying. On the one hand, he can present something as fact. On the other, he can present it as merely hypothetical, conjectural, or as contrary to fact. There are two different sets of verb forms in German and English for these two possibilities, called the *indicative* and the *subjunctive* "moods" (from Latin *modus:* manner, mode, way).

Up to now, you have been using the *indicative* to talk about what is definite, certain, and real:

>Barbara **ist** nicht hier.   *Barbara **isn't** here.*
>Ich **glaube** das.   *I **believe** that.*

The *subjunctive* is used to talk about hypothetical, uncertain, or unreal situations, and also to make polite statements and requests:

>Wenn Barbara nur hier **wäre**!   *If only Barbara **were** here!*
>Wenn ich das nicht **glaubte** . . .   *If I **didn't believe** that . . .*

English *present* subjunctive is signalled by *past-tense* forms or by *would* + a verb[2]:

>If they *lived* nearby, we *would visit* them.
>   (condition contrary to fact)
>If only I *had* more time!
>   (wish contrary to fact)
>I *would like* to know that.
>   (polite request)

Note that the words *lived* and *had* in the above examples are past in *form*, but present in *meaning:*

>If he *lived* nearby . . . (right now)
>If only I *had* more time! (right now)

A. Formation of the Present Subjunctive

The present tense of the general subjunctive in German is also based on past indicative forms.

1. Weak Verbs

The present subjunctive of weak verbs is identical with their simple past indicative:

wenn ich wohn	**te**	if I lived		wenn wir wohn	**ten**	if we lived
wenn du wohn	**test**	if you lived		wenn ihr wohn	**tet**	if you lived
wenn er wohn	**te**	if he lived		wenn sie wohn	**ten**	if they lived

---

[1] There is also a special subjunctive in German which we will introduce in Chapter 18.
[2] The only separate subjunctive form in English is *were* in *I were* and *he were.*

Make wishes contrary to the facts you will hear. Use **nur,** put the verb at the end, and eliminate **nicht.**

> EXAMPLE: Er wohnt nicht hier.
> Wenn er nur hier wohnte!

1. Sie kauft das nicht.
2. Er beeilt sich nicht.
3. Das dauert nicht länger.
4. Ich erhole mich nicht.
5. Sie setzen sich nicht.
6. Die Krankenschwester macht die Tür nicht zu.
7. Hans bestellt nicht genug Bier.
8. Sie besuchen mich nicht.
9. Meine Großeltern wohnen nicht bei uns.
10. Inge zeigt uns die Sachen nicht.

2. Strong Verbs

The present subjunctive of strong verbs is also based on their past indicative forms, but these forms are changed according to the following three-step procedure:

a. Take the simple past stem of the verb:

fahren **fuhr-**   gehen **ging-**   laufen **lief-**   sein **war-**

b. Add an umlaut to the stem vowel whenever possible:

führ-   ging-   lief-   **wär-**

c. Add the following personal endings:

ich **wär** e	I would be		wir **wär** en	we would be
du **wär** est	you would be		ihr **wär** et	you would be
er, es, sie **wär** e	he, it, she would be		sie, Sie **wär** en	they, you would be

Note the difference between the present subjunctive endings and the past indicative endings of strong verbs:

present subjunctive	past indicative
ich ging **e**	ich ging
du ging **est**	du ging **st**
er ging **e**	er ging
wir ging **en**	wir ging **en**
ihr ging **et**	ihr ging **t**
sie ging **en**	sie ging **en**

■ Only the **wir** and the plural **sie** endings are the same.

Here are some strong verbs you already know. Learn their simple past stems so that you can form their present subjunctive.

infinitive	3rd sing. present	simple past	perfect
an·fangen	(fängt an)	**fing an**	hat angefangen
aus·steigen[1]		**stieg aus**	ist ausgestiegen
fallen[2]	(fällt)	**fiel**	ist gefallen
lesen	(liest)	**las**	hat gelesen
liegen		**lag**	hat gelegen
tun		**tat**	hat getan

ÜBEN WIR!

Make wishes contrary to the facts you will hear.

> EXAMPLE: Meine Gäste gehen nicht nach Hause.
> Wenn sie nur nach Hause gingen!

1. Mein Sohn läuft nicht schnell.
2. Die Sonne scheint heute nicht.
3. Robert kommt nicht vor zwölf.
4. Sie geht nie mit mir spazieren.
5. Ich bin nicht alt genug.
6. Das Kind schläft nicht länger.
7. Wir bekommen nichts Schönes.
8. Laura findet ihre Brille nicht.
9. Meine Uhr geht nicht mehr.
10. Sie fahren nicht nach Amerika.
11. Er fängt nicht an.
12. Die Wohnung gefällt ihr nicht.
13. Das tut sie nicht gern.
14. Hier steigen sie nicht aus.

3. Modal Verbs

To form the present subjunctive of modal verbs, take the past indicative, *including endings,* and add an umlaut to the stem vowel of those verbs that have an umlaut in their infinitive:

infinitive
dürfen   to be allowed
past indicative
ich durfte   I was allowed

---

present subjunctive

ich	**dürfte**	I would be allowed	wir	**dürften**	we would be allowed
du	**dürftest**	you would be allowed	ihr	**dürftet**	you would be allowed
er, es, sie	**dürfte**	he, it, she would be allowed	sie, Sie	**dürften**	they, you would be allowed

---

[1] similarly: **ein·steigen, stieg ein**
[2] similarly: **gefallen, gefiel**

past indicative		present subjunctive	
ich konnte	I was able to	ich **könnte**	I could, would be able to
ich mochte	I liked	ich **möchte**	I would like to
ich mußte	I had to	ich **müßte**	I would have to

Note that the present subjunctive of **sollen** and **wollen** is *not* umlauted, and so looks just like the past indicative:

		past indicative	present subjunctive
ich	**sollte**	I was supposed to	I ought to
ich	**wollte**	I wanted to	I would want to

ÜBEN WIR!

a. Make wishes contrary to the facts you will hear.

> EXAMPLE: Sie kann kein Englisch.
> Wenn sie nur Englisch könnte!

1. Ich kann kein Französisch.
2. Ludwig muß nach Hause.
3. Wir dürfen nicht länger bleiben.
4. Du willst nicht nach Grinzing.
5. Ihr könnt nicht mitfahren.
6. Unsere Freunde müssen bald umziehen.
7. Ich darf es noch nicht sagen.
8. Sie wollen nicht helfen.

b. Listen to your teacher say each sentence, then say whether it is past indicative or present subjunctive.

1. Durfte er das machen?
2. Dürfte er das machen?
3. Das könnten wir heute besprechen.
4. Das konnten wir heute besprechen.
5. Sie müßte das wissen.
6. Sie mußte das wissen.
7. Mochte er Fisch?
8. Möchte er Fisch?

Now, with open books, repeat each sentence aloud and give the English equivalent.

4. Irregular Verbs: **haben, werden, wissen**

To form the present subjunctive of the irregular verbs **haben, werden,** and **wissen,** take the past indicative, *including endings,* and add an umlaut to the stem vowel:

past indicative		present subjunctive	
ich hatte	I had	ich **hätte**	I would have
ich wurde	I became	ich **würde**	I would become
ich wußte	I knew	ich **wüßte**	I would know

ÜBEN WIR!

Make wishes contrary to the facts you will hear.

1. Ich weiß das nicht.
2. Paul hat keine guten Freunde.
3. Du wirst wieder krank.
4. Wir wissen seinen Namen nicht.
5. Ich habe keine Zeit.
6. Wir haben Hunger.

5. Present subjunctive with **würde**

Present subjunctive can also be formed by using the present subjunctive of the auxiliary verb **werden** plus an infinitive in final position:

ich **würde kommen**	I would come	wir **würden kommen**	we would come
du **würdest kommen**	you would come	ihr **würdet kommen**	you would come
er, es, sie **würde kommen**	he, it, she would come	sie, Sie **würden kommen**	they, you would come

There is no difference in meaning between the following clauses:

Wenn er **käme** . . .
Wenn er **kommen würde** . . . } *If he would come . . .*

The **würde** subjunctive replaces the present subjunctive especially in the weak verbs where these look just like the past indicative:

Ich sagte das nicht.
becomes
Ich würde das nicht sagen.   *I wouldn't say that.*

Spoken German also avoids using the present subjunctive of many strong verbs by replacing it with the **würde** subjunctive (but not in the frequently used verbs **sein, haben, wissen** and the modals):

Wenn du Wein tränkest . . .
becomes
Wenn du Wein trinken   *If you would drink wine*
  würdest . . .   *. . .*

ÜBEN WIR!

Substitute the new subjects you will hear.

1. Wenn er nur bald kommen würde!
   (du, die Post, ihr, die Kinder)
2. Ich würde lieber hier bleiben.
   (wir, die Arbeiter, Marie, du, Sie, Leo, ihr)
3. Was würden Sie machen?
   (er, du, ihr, ich, die Politiker, wir)
4. Ich würde warten.
   (wir, Paul, die Kinder, Angelika)

B. Use of the General Subjunctive

1. Conditions Contrary to Fact: If x were true, then y would be true.

   A dependent **wenn**-clause states the condition contrary to fact:

   | Wenn wir jetzt in Deutschland wären, . . . | *If we were in Germany now . . .*

   | Wenn ich mehr Geld hätte, . . . | *If I had more money . . .*

   The main clause draws the unreal conclusion:

Wenn wir jetzt in Deutschland wären, | würden wir sehr schnell Deutsch lernen. |

If we were in Germany now we would learn German very quickly.

Wenn ich mehr Geld hätte, | brauchte ich nicht so viel zu arbeiten. |

If I had more money I wouldn't need to work so much.

Conditions may begin with either the **wenn**-clause or the conclusion:[1]

> Wenn wir in Deutschland wären, würden wir sehr schnell Deutsch lernen.
> Wir würden sehr schnell Deutsch lernen, wenn wir in Deutschland wären.

It is important to keep in mind that not all conditions are contrary to fact. When they are not, use the indicative rather than the subjunctive. Notice the different implications:

indicative

Wenn der Junge schon achtzehn **ist, darf** er den Film sehen.   *If the boy is already eighteen he may see the movie.*

(*Implication:* I don't know whether he is eighteen or not. He may be.)

---

[1] In formal written German, the **wenn** is sometimes omitted from the **wenn**-clause. Its verb is then placed at the beginning of the clause. Compare the similar structure in English:
Hätte er das Geld, würde er mehr kaufen.   *Had he the money, he would buy more.*

subjunctive

Wenn der Junge schon
  achtzehn **wäre, dürfte** er
  den Film sehen.

*If the boy were already
  eighteen he would be
  allowed to see the movie.*

(*Implication:* I know he's not eighteen so he may not see
the movie.)

ÜBEN WIR!

a. (*Books open*) Here are the facts. Restate the information, saying what
would happen if the facts were otherwise.

> EXAMPLE: Wir können nicht schwimmen. Es ist so kalt.
>   Wir könnten schwimmen, wenn es nicht so kalt wäre.

1. Wir brauchen ein Auto. Es ist so weit.
2. Ich mache es nicht. (*use* **würde**) Ich habe keine Lust.
3. Wir lesen dieses Buch nicht. (*use* **würde**) Es ist so dumm.
4. Sie können nicht hineingehen. Der Dom ist geschlossen.
5. Wir müssen jetzt zu Fuß gehen. Er fährt nicht weiter. (*use* **würde**)
6. Ich kann dir den Witz nicht erklären. Du verstehst kein Englisch. (*use* **würde**)
7. Ich bestelle nichts. (*use* **würde**) Ich habe keinen Hunger.
8. Er liest das Buch nicht. (*use* **würde**) Er interessiert sich nicht dafür.

b. (*Books open*) Now begin with the **wenn**-clause.

> EXAMPLE: Er läßt uns nicht gehen. Wir bleiben hier. (*use* **würde**)
>   Wenn er uns gehen ließe, würden wir nicht hier bleiben.

1. Du läufst nicht schnell genug. (*use* **würde**) Du gewinnst nicht. (*use* **würde**)
2. Ich habe kein Geld. Ich kann nicht zahlen.

3. Die Sonne scheint. Wir gehen spazieren.

4. Wir haben keinen Wagen. Wir müssen nach Italien trampen.

5. Ich bin so müde. Ich will nicht mehr lesen. (*use* **würde**)

6. Er weiß meinen Namen nicht. Er kann mir nicht danken.

7. Er kommt nicht mehr vorbei. Wir sehen uns nicht mehr. (*use* **würde**)

8. Ihr übernachtet nicht bei uns. (*use* **würde**) Wir können nicht zusammen frühstücken.

2. Wishes Contrary to Fact

    a. A wish contrary to fact is simply the **wenn**-clause of a contrary-to-fact condition, with an added **nur**, or **doch nur**:

        Wenn ich doch nur kommen könnte!   *If only I could come!*
        Wenn wir nur einen Wagen hätten!   *If only we had a car!*

ÜBEN WIR!

You will hear the facts. Make a wish that they were otherwise. Use **nur** or **doch nur.**

    EXAMPLE: Es regnet heute.
                Wenn es heute nur nicht regnete!

1. Ich bin so müde.
2. Ich muß jetzt schlafen.
3. Das wichtige Buch kann ich nicht mehr lesen.
4. Ich kann mich auf das Seminar nicht vorbereiten.
5. Morgen habe ich nichts zu sagen.
6. Der Professor weiß es.

    b. Another way to express a wish contrary to fact is to use the following expressions:

        Ich **wollte,** sie wäre hier.
        Ich **wünschte,** sie wäre hier.   *I wish she were here.*

    ■ *Both* clauses are in the subjunctive.
    ■ This construction never has a *daß* following the comma.

ÜBEN WIR!

a. You will hear the facts. Wish that they were otherwise. Begin with „Ich wollte, . . .“

    EXAMPLE: Vater fühlt sich nicht besser.
                Ich wollte, Vater fühlte sich besser.

1. Leider sind nicht alle meine Erinnerungen schön.
2. Ich bin so oft allein.
3. Und nächstes Jahr muß ich wieder umziehen.
4. Meine alten Freunde schreiben nicht oft.
5. Vielleicht erinnern sie sich nicht an mich.
6. Leider kann ich sie nächstes Jahr nicht besuchen.

b. Now begin with „Ich wünschte, . . ."

1. Mir tun die Füße weh.
2. Hier können wir uns nicht setzen.
3. Wir haben noch weit zu gehen.
4. Jetzt fängt es an zu regnen.
5. Du bist so pessimistisch.
6. Leider kann ich kein Schild sehen.
7. In der Hütte bekommen wir nichts Warmes zu essen.
8. Nächsten Sommer machen wir wieder eine Bergtour.

3. Hypothetical Statements and Questions

German uses subjunctive to make hypothetical utterances, where English uses *would, could,* or *ought to:*

Du **solltest** es dir überlegen.	You **ought** to think it over.
Dann **müßten** Sie Ihren Job aufgeben.	Then you **would have** to give up your job.
Könnten wir nach Grinzing hinausfahren?	**Could** we drive out to Grinzing?
Das **wäre** toll!	That **would be** fantastic!
Ich **würde** das **machen.**	I **would do** that.

ÜBEN WIR!

Change the statements of fact to hypothetical statements of what *would, could,* or *ought to* be the case on an outing in Grinzing. Use present subjunctive with **sein, haben,** and the modals and the **würde**-form with other verbs.

EXAMPLE: Wir sollen zusammen ein Glas Wein trinken.
Wir sollten zusammen ein Glas Wein trinken.

1. Wir sollen nach Grinzing hinausfahren.
2. Ich habe den ganzen Nachmittag frei.
3. Du kannst dein Buch mitbringen.
4. Wir müssen erst um fünf wieder nach Hause.
5. Es ist so schön, einen Ausflug zu machen.
6. Wir haben Zeit, alles zu besprechen.
7. Wir trinken Wein und essen Brot und Käse.
8. Wir treffen dort viele Bekannte.

4. Polite Requests

German uses the subjunctive to make polite requests. These are sometimes in the form of questions (could you help me please?) and sometimes in the form of statements (I would like a beer.). German adds **gern** to such statements.

Könnten Sie mir helfen?	Could you help me?
Würden Sie mir bitte die Koffer tragen?	Would you please carry my bags?
Ich **hätte gern** ein Bier.	I would like a beer.
Ich **wüßte gern,** wo man das findet.	I'd like to know where you find that.

a. Make these questions more polite by changing them to subjunctive.

> EXAMPLE: Können Sie mir bitte ein Kleid zeigen?
> Könnten Sie mir bitte ein Kleid zeigen?

1. Können Sie mir bitte sagen, wann der Zug nach Berlin abfährt?
2. Haben Sie Zeit, eine Tasse Kaffee mit mir zu trinken?
3. Darf ich mich hier setzen?
4. Tragen Sie mir bitte die Koffer? (*use* **würde**)
5. Ist es möglich, eine Zeitung zu kaufen?
6. Können Sie mir meinen Platz zeigen?

b. Make these direct questions more polite by changing them into subjunctive statements with **gern.**

> EXAMPLE: Wissen Sie, wie spät es ist?
> Ich wüßte gern, wie spät es ist.

1. Haben Sie ein Zimmer mit Fernseher.
2. Haben Sie einen französischen Weißwein?
3. Wissen Sie, wann das Museum zumacht?
4. Wissen Sie, wo man Zigaretten kaufen kann?

2/ More Time Expressions

When no preposition is involved, time phrases telling when, how long, and how often something happens are in the accusative (see p. 231 above: accusative for duration). Here are some frequently used ones:

jeden Tag (Morgen, Nachmittag, Abend, Montag, Dienstag, Monat, Sommer, usw.)	every day (morning, afternoon, evening, Monday, Tuesday, month, summer, etc.)
jede Stunde (Woche)	every hour (week)
jedes Jahr (Semester)	every year (semester)
Ich gehe **jeden Tag** spazieren.	*I go for a walk every day.*
Jede Woche besuchen wir unsere Großmutter.	*Every week we visit our grandmother.*
den ganzen Tag (Morgen, Nachmittag, Abend, Monat, Sommer, usw.)	the whole day (morning, afternoon, evening, month, summer, etc.)
die ganze Stunde (Woche)	the whole hour (week)
das ganze Jahr (Semester)	the whole year (semester)
Horst war **den ganzen Monat** krank.	*Horst was sick the whole month.*
Er hat **das ganze Jahr** nicht gearbeitet.	*He didn't work for the whole year.*
nächsten Montag (Monat, Sommer, usw.)	next Monday (month, summer, etc.)

| nächste Woche | next week |
| nächstes Jahr (Semester) | next year (semester) |

| Wir treffen uns **nächsten Sommer** in Tirol. | *We're meeting in the Tyrol next summer.* |
| **Nächstes Semester** studiere ich in Innsbruck. | *Next semester I'm studying in Innsbruck.* |

ÜBEN WIR!

a. Use a time expression with **jeder** to tell how often you do things.

> EXAMPLE: Wie oft essen Sie Fisch?
> Ich esse jeden Freitag Fisch.

1. Wie oft rasieren Sie sich?
2. Wie oft fahren Sie in die Berge?
3. Wie oft besuchen Sie Ihre Großmutter?
4. Wie oft gehen Sie ins Kino?

b. Use a time expression with **ganz** to tell how long things lasted.

> EXAMPLE: Wie lange haben Sie gelesen?
> Ich habe den ganzen Tag gelesen.

1. Wie lange war Barbara krank?
2. Wie lange waren Sie in Tirol?
3. Wie lange sind Sie in München geblieben?
4. Wie lange haben Sie mit Frau Krämer gesprochen?

c. Use a time expression with **nächst-** to tell when things will happen.

> EXAMPLE: Wann kommt Herr Peters zurück?
> Er kommt nächsten Freitag zurück.

1. Wann heiratet Barbara?
2. Wann wirst du in Konstanz studieren?
3. Wann triffst du Friedrich?
4. Wann fahrt ihr wieder in die Schweiz?

3/ Expanding Your Vocabulary: The Suffix **-lang** and Parts of the Day

A. To make the German equivalents of the English adverbial phrases **for days**, **for hours**, etc., add the suffix **-lang** to the plural of the noun:

stunden**lang**	for hours
tage**lang**	for days
wochen**lang**	for weeks
monate**lang**	for months
jahre**lang**	for years

■ These words are adverbs and are *not* capitalized.

ÜBEN WIR!

Say how long you did things, using an adverb ending in **-lang.**

> EXAMPLE: Wie lange haben Sie Französisch studiert?
> Ich habe jahrelang Französisch studiert.

1. Wie lange haben Sie mit Herrn Braun gesprochen?
2. Wie lange haben Sie im Café gesessen?
3. Wie lange hat er nichts gesagt?
4. Wie lange waren Sie krank?
5. Wie lange hat Brigitte in Wien studiert?
6. Wie lange haben Sie auf mich gewartet?

B. German uses the following expressions for parts of the day:

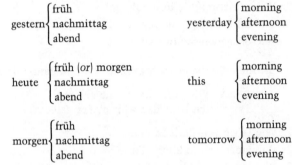

gestern	früh / nachmittag / abend	yesterday	morning / afternoon / evening
heute	früh (or) morgen / nachmittag / abend	this	morning / afternoon / evening
morgen	früh / nachmittag / abend	tomorrow	morning / afternoon / evening

In addition, learn:

| vorgestern | the day before yesterday |
| übermorgen | the day after tomorrow |

ÜBEN WIR!

Use one of the expressions for parts of the day to say when you did or will do the following things.

> EXAMPLE: (gestern) Wann haben Sie Kaffee getrunken?
> Ich habe gestern früh Kaffee getrunken.

(gestern)
1. Wann haben Sie Ihre Freunde besucht?
2. Wann sind Sie einkaufen gegangen?
3. Wann haben Sie Ihre Hausaufgaben gemacht?
4. Wann sind Sie ins Kino gegangen?

(heute)
5. Wann sind Sie zur Uni gefahren?
6. Wann gehen Sie wieder nach Hause?
7. Wann besuchen Sie Herrn Hofer?
8. Wann gehen Sie ins Konzert?

(morgen)
9. Wann gehen Sie ins Museum?
10. Wann werden Sie an den See fahren?
11. Wann gehen Sie radfahren?
12. Wann werden Sie das neue Stück sehen?

Im Wiener Kaffeehaus

Wortschatz zum Lesestück

Leicht zu merken

analysieren
die Couch
die Dynastie, -n
existieren
der Humor
kulturell
literarisch
die Literatur
die Melancholie
die Mentalität
die Monarchie, -n
der Patient, -en, -en
der Pianist, -en, -en/die
   Pianistin, -nen
die Psychoanalyse

Verben

auf·wachsen (wächst auf),
   wuchs auf, ist aufge-
   wachsen to grow up

aus·bilden to train, educate
   sich ausbilden lassen
   als to be trained as
erwarten to expect
fehlen to be lacking, be
   absent
fragen nach to ask about,
   inquire about
sich konzentrieren auf
   (+ acc.) to concentrate on
los·gehen, ging los, ist
   losgegangen to start, get
   underway; to start popping
regieren to rule, reign
tanzen to dance
träumen to dream
vor·stellen to introduce
   sich vorstellen to
   introduce oneself

Substantive

die Art, -en kind, type

die Gemütlichkeit
   easy-going manner;
   comfort, coziness
der Künstler, - artist
das Lebenstempo pace of life
der Psychologe, -n, -n
   psychologist

Andere Vokabeln

bescheiden modest
ernst serious
   etwas ernst nehmen to
   take something seriously
inzwischen since then, in
   the meantime
stolz auf (+ acc.) proud of
wunderbar wonderful
zunächst (adv.) first (of all)

Nützlicher Ausdruck

eine Zeitlang for a while

Salzburg

Zwei Österreicher stellen sich vor

Marie-Therese Werdenberg, Musikstudentin in Salzburg

„Ich heiße Marie-Therese Werdenberg und bin Musikstudentin. Also, wenn Sie mich nach meinem Land fragen, weiß ich nicht, wo ich anfangen soll. Obwohl ich in Wien geboren und aufgewachsen bin, lasse ich mich hier in Salzburg als Pianistin ausbilden. Salzburg ist noch gemütlicher als Wien. Ich studiere hier, weil ich mich besser auf meine Musik konzentrieren kann. Im Sommer geht es natürlich mit den Festspielen[1] los, aber dann fahre ich zu Freunden in die Berge.

Salzburg ist Mozarts Geburtsort und hat eine alte Tradition als Musikstadt. Aber in ganz Österreich ist die Musik immer wichtig gewesen: Haydn, Schubert, Bruckner, Mahler und Schoenberg sind alle in Österreich geboren, während die deutschen Komponisten° Beethoven und Brahms in Wien gelebt und gearbeitet haben. Ach, und ohne Johann Strauß würde die Welt wohl keinen Walzer° tanzen.

Aber ich sollte nicht nur über Musik reden. In Wien gab es um die Jahrhundertwende° ein besonders reges° kulturelles Leben. Hugo von Hofmannsthal und Arthur Schnitzler haben mit ihren literarischen Werken ein Spiegelbild° dieser Zeit geschaffen.° In der Malerei° arbeiteten Künstler wie Oskar Kokoschka und Gustav Klimt. Sigmund Freud begründete° die Psychoanalyse. Man könnte noch viele Namen nennen. Es wäre kaum übertrieben° zu sagen, Wien sei° die Geburtsstadt des zwanzigsten Jahrhunderts."

Dr. Ulrich Kraus, Psychologe aus Wien

„Mein Name ist Ulrich Kraus. Ich bin Psychologe. Mit meinen Patienten und ihren Identitätskrisen° habe ich mehr als genug zu tun; erwarten Sie also nicht von mir, daß ich den Durchschnittsösterreicher° auf die Couch lege und analysiere. Ich könnte aber versuchen, diesen Menschen— den *homo austriacus*—ein bißchen zu beschreiben.

---

[1] The **Salzburger Festspiele** (Salzburg Festival), an annual summer festival of drama and classical music.

composers

waltz

at the turn of the century   vibrant

reflection
created   painting

founded
exaggerated
was

identity crises

average Austrian

An der Wiener Hofburg

Zunächst etwas Geschichte: Ich möchte Sie daran erinnern, daß wir Österreicher die Erben° einer sehr alten Tradition sind. Die Habsburger Dynastie, die jahrhundertelang währte,° regierte über Deutsche, Ungarn, Tschechen, Polen, Italiener, Serben, und eine Zeitlang sogar über Mexikaner.[1] Die Sonne ging nicht unter° über diesem Reich.

Inzwischen haben wir eingesehen°—vielleicht etwas wehmütig°—daß unser kleines Land heute eine bescheidene politische Rolle spielt. Aber der Kontrast zwischen Vergangenheit und Gegenwart hat zu unserem Humor und unserer Selbstironie beigetragen.° Manchmal habe ich das Gefühl, wir Österreicher sind unglücklich über unseren verlorenen Glanz°, aber wir sind wenigstens glücklich, daß

heirs

lasted

ging . . . unter: *set*
realized
sadly

contributed to our ironic self-image

glory

[1] The Habsburgs ruled the Austrian Empire from 1278 to 1918. The empire included Germans, Hungarians, Czechs, Poles, Italians and Serbs. In 1864 Archduke Maximilian, brother of the Austrian emperor, was made Emperor of Mexico. He was executed in 1867 by republican troops.

wir unglücklich sind. Verstehen Sie diese Art von Melancholie, die sich selbst nicht ganz ernst nimmt?

Die Deutschen sind stolz auf ihren Fleiß,° darüber reden
wir Österreicher weniger. Wir sprechen und träumen lieber
von großen Taten,° als sie zu vollbringen.° Ich glaube, die
berühmten Wiener Kaffeehäuser, wo man stundenlang vor
einem Mokka[1] sitzen kann, könnten ohne diesen Hang zum
Philosophieren° nicht existieren. Darum nennen wir
Österreich manchmal das Land des Konjunktivs:° ,Alles
würde hier besser gehen, wenn wir nur . . .,' oder ,Das wäre
möglich, wenn . . .' Das Leben ist bei uns noch relativ gemütlich und diese Gemütlichkeit ist fast ein österrei-
chischer Begriff.°"

industriousness

deeds   perform

tendency to philosophize
subjunctive

concept

Fragen zum Lesestück

1. Was studiert die Studentin in Salzburg?
2. Wo ist sie geboren und aufgewachsen?
3. Warum studiert sie in Salzburg und nicht in Wien?
4. Nennen Sie ein paar berühmte österreichische Komponisten.
5. Welche deutschen Komponisten haben in Österreich
   gelebt und gearbeitet?
6. Warum meint die Studentin, daß man nicht nur über
   die Musik reden sollte, wenn man über Österreich
   spricht?
7. Was wissen Sie über Wien um 1900?
8. Was ist Ulrich Kraus von Beruf?
9. Warum möchte er den Durchschnittsösterreicher nicht
   analysieren?
10. Über welche Völker regierte die Habsburger Dynastie?
11. Sind die Österreicher anders als die Deutschen?
12. Was tun die Wiener gern im Kaffeehaus?

---

[1] A strong, aromatic coffee served in demitasse cups, named after a city in
Arabia. The drink was introduced into Vienna during the Turkish siege of
the city in 1683. Viennese cafés serve dozens of different styles of coffee,
each with its own name.

Vom Lesen zum Sprechen

Wie stellt man sich vor?

You already know that the verb **vorstellen** means "to imagine" when used with a dative reflexive pronoun:

Ich kann **mir** das gut vorstellen.	*I can well imagine that.*
Stell **dir** mal vor!	*Just imagine!*

Vorstellen also means "to introduce" and requires an *accusative* reflexive if one is introducing oneself:

Darf ich **mich** vorstellen?	*May I introduce myself?*
Ich möchte Ihnen meine Frau vorstellen.	*I would like to introduce my wife to you.*

As you have learned, German students use the **du**-form with each other. Older Germans, however, use the **Sie**-form. When meeting a German adult who is not a student, you should use the **Sie**-form unless the German offers the **du**-form.

Here is how two German businessmen might introduce themselves to each other. First names are often avoided altogether:

—Darf ich mich vorstellen? Ich heiße Müller.	*May I introduce myself? I'm Mr. Müller.*
—Mein Name ist Schölz. Guten Tag, Herr Müller.	*I'm Mr. Schölz. How do you do, Herr Müller.*
[*They shake hands.*]	

Pretend that you are all business people at a convention. Introduce yourselves to each other. Don't forget to shake hands! Germans shake hands both when they meet and when they part.

Mündliche Übungen

A. Persönliche Fragen.

1. Kennen Sie ein gemütliches Hotel? Warum finden Sie es gemütlich?
2. Wo würden Sie am liebsten wohnen?
3. Wohin gehen Sie, wenn Sie guten Wein trinken wollen?
4. Wohin gehen Sie, um eine Tasse Kaffee zu trinken?
5. Würden Sie stundenlang im Kaffeehaus sitzen, oder wäre Ihnen das zu langweilig?
6. Möchten Sie gern eine Bergtour machen, oder lieber etwas weniger Sportliches?
7. Wo kann man in Amerika die schönsten Bergtouren machen?
8. Wenn Sie eine Bergtour machen wollten, was würden Sie in den Rucksack packen?

B. Was würdest du tun?

Your teacher will describe a situation. Ask your neighbor what he or she would do if that situation were different. Keep asking and see how far you can go, then reverse roles for the next situation.

EXAMPLE: Teacher: Du bist nicht krank.
           Student A: Was würdest du tun, wenn du krank wärest?
           Student B: Wenn ich krank wäre, würde ich nach Hause
                      gehen.
           Student A: Und dann?
           Student B: Dann würde ich . . .

1. Du bist nicht sehr reich.   4. Du hast einen Fernseher.
2. Du wohnst nicht in Wien.   5. Du bist Student.
3. Du hast viel zu essen.   6. Du mußt diesen Sommer arbeiten.

C. Answer each set of questions using the subjunctive.

  1. Es ist möglich, daß Sie nächstes Jahr nach Österreich reisen. Sie können
     schon ein bißchen tentativ planen.
     a. Was sollte man mitbringen?
     b. Was könnte man zu Hause lassen?
     c. Was müßte man dort unbedingt sehen?

  2. Denken Sie über einen Beruf nach, für den Sie sich vielleicht interessieren
     würden, z.B. Journalist, Lehrer, Arzt, Bäcker, Politiker, Tischler, Pianist.
     a. Wo sollte man sich am besten für diesen Beruf ausbilden lassen?
     b. Wo könnte man nachher Arbeit finden?
     c. Was für Probleme gäbe es in diesem Beruf?
     d. Was wäre das Schönste an diesem Beruf?

D. *Rollenspiel:* Read the description of each situation, then act them out with a
partner, using the subjunctive whenever possible to be polite.

  1. Kellner und Gast im Restaurant
     The waiter asks what the customer would like to order. The customer
     asks if they have a good soup today. The waiter asks if he would rather
     have a cold or a hot soup. He says he would actually most like to simply
     drink a glass of beer.
  2. Zollbeamter und Autofahrerin
     The customs official asks if she has anything to declare. She says no,
     nothing. He asks if she would please show him her luggage. She says it
     would be a pleasure. She would like to know, by the way, how one gets
     to Salzburg as quickly as possible. He says that his colleague could tell her
     that.
  3. Psychologin und Patient
     The psychologist asks her patient if they shouldn't get started. He says
     yes, but first he would like to ask a question. She asks what kind of
     question that would be. He asks if she would have the time to have dinner
     with him tonight. She says that she's sorry, but she can't do that. When
     he's well again, they could dine together.

Schriftliche Übungen

E. Using the English cues in parentheses, provide the word or phrase needed.

(*Many years ago*), (*when*) noch relativ wenige Touristen nach Österreich kamen, hat man eine Anekdote über eine reiche Amerikanerin erzählt, die (*one*

month) in Tirol verbrachte. Sie wohnte in einem gemütlichen Hotel in den Bergen, wo die Menschen im Dorf sie sehr interessant fanden. (*Each morning when*) sie frühstückte, bestellte sie nur ein bescheidenes Essen: ein weich gekochtes [soft boiled] Ei und zwei Stück Brot. (*The whole day*) verbrachte sie draußen im Freien, (*whenever*) das Wetter gut war, und aß Obst und Käse aus ihrem Rucksack, (*when*) sie Hunger hatte. (*When*) die Dame endlich wieder nach Hause wollte, sagte sie dem Wirt [innkeeper] (*on Sunday*), sie würde (*day after tomorrow*) abfahren. (*On Tuesday*) bestellte sie nach dem Frühstück die Rechnung [bill]. Zunächst las sie die Rechnung und sagte eine Zeitlang nichts. Darauf stand „300 Kronen[1] für 28 Eier". Es stimmte, sie hatte (*for weeks every morning*) ein weiches Ei gegessen, aber sie konnte sich nicht erinnern, (*when*) sie in ihrem Leben so teure Eier gegessen hatte. Sie ließ sofort den Wirt kommen und verlangte eine Erklärung [explanation]. „(*When*) ich (*every day*) ein Ei aß" sagte sie, „wußte ich nicht, daß sie bei Ihnen so selten [rare] sind." Der Wirt antwortete: „Ja, wissen Sie, gnädige Frau [Madame], die Eier sind bei uns nicht so selten, aber Amerikanerinnen sehr." Sie lachte, bezahlte die Rechnung und versprach [promised], (*next year*) wiederzukommen. „Amerikanerinnen sind ja dann nicht mehr so selten," meinte sie noch.

F. You will read the facts in the indicative. Write conditional sentences telling what would be the case if these facts were not true. Begin some sentences with the **wenn**-clause and some with the conclusion.

> EXAMPLE: Sie wohnen nicht mehr in Wien. Sie können keinen guten Kaffee finden.
> Wenn sie noch in Wien wohnten, könnten sie guten Kaffee finden.
> *or:* Sie könnten guten Kaffee finden, wenn sie noch in Wien wohnten.

1. Das Konzert fängt in fünf Minuten an. Herr Schaf hat keine Zeit, noch ein Bier zu trinken.
2. Die Pianistin kommt aus Wien. Sie spielt so viel Schoenberg. (*use* **würde**)
3. Diese Art von Musik gefällt Herrn Schaf nicht. Er muß vor dem Konzert viel Bier trinken.
4. Frau Schaf liebt moderne Musik. Ihr Mann darf nicht zu Hause bleiben.
5. Es ist für ihn aber kein Problem, weil er während des Konzerts schlafen kann.
6. Herr Schaf liebt seine Frau. Er bleibt nicht zu Hause vor dem Fernseher.
7. Nach dem Konzert gehen sie essen. Herr Schaf ist glücklich.
8. Herr Schaf weiß, daß es wochenlang keine Konzerte mehr gibt. Er fühlt sich wohl. (*use* **würde**)

G. Stellen Sie sich vor, Sie könnten für eine Woche die Welt regieren. Was würden Sie von den Völkern der Erde verlangen? Was müßten die Menschen machen? Schreiben Sie eine Seite darüber.

H. Was würden Sie sich wünschen, wenn Sie dreimal etwas wünschen könnten? Nennen Sie Gründe.

> EXAMPLE: Ich würde mir mehr Geld wünschen, weil ich mir ein größeres Haus kaufen könnte.

---

[1]Crowns, an old unit of currency.

I. Wie sagt man das auf deutsch?

1. Would you like to go dancing with us on Saturday night?
2. That would be great, but unfortunately I have to concentrate on my work.
3. I can't imagine that you take your work so seriously.
4. You're surprised? If you had a test on Monday you wouldn't go dancing either.
5. If you can find a modest but cozy hotel, you should stay there for at least one week.
6. The people we met in Austria were so nice that we're going back next year.
7. I wish I could sit and dream for hours in a Viennese café.
8. You could either spend a semester or a whole year there to see if the comfortable pace of life still exists.
9. And then I could become a poet and give up my job, couldn't I?
10. Nonsense! You can spend time in Austria without becoming a poet!

Johann Strauss Denkmal

𝕬lmanach

Profile of Austria

Area: 83,850 square kilometers; 32,375 square miles
Population: 7.6 million or 91 people per square kilometer
Austria consists of nine states (Bundesländer).
Currency: Schilling. 1 Schilling = 100 Groschen
Major cities: Vienna, capital (pop. 1,700,000); Graz, Linz, Salzburg, Innsbruck.

Austria is officially neutral though its economic ties are primarily with the West. Aside from basic industries such as machinery, iron and steel, textiles and chemicals, tourism provides an important source of income.

Austria plays a vital role in the United Nations and Vienna has become a center of communication between East and West. With the opening of the "UN-City" in 1979, Vienna became the third seat of the UN. It is also the headquarters for OPEC (Organization of Petroleum Exporting Countries).

Das Lied vom lieben Augustin

(1679)

Ei, du lie-ber Au-gu-stin, 's Geld is hin, 's Mensch is hin, ei, du lie-ber Au-gu-stin, al-les is

hin! Wollt' noch vom Geld nix sag'n. hätt' i nur 's Mensch beim du lie-ber

Au-gu-stin, al-les is hin!

Wien

16

Die Schweiz

Past tense of the general subjunctive
Subjunctive with *als ob* (as if)
Wanting *X* to do *Y*
indem (by ——ing)
Past participles as adjectives
Directional prefixes: *hin-* and *her-*
Reading: *Zwei Schweizer stellen ihre Heimat vor*

Auf einem Studentenkongreß in Zürich

CLAUDIA: Ich dachte, dein Freund Klaus würde auch hier sein.

MATTHIAS: Er ist zur großen Abrüstungsdemo in Frankfurt gefahren. Wenn er Zeit gehabt hätte, wäre er wohl mit uns gekommen.

CLAUDIA: Ich wäre auch gern zur Demo gefahren, wollte aber lieber am Kongreß teilnehmen.

MATTHIAS: Weißt du, Klaus findet unsere Diskussionen zu theoretisch. Er meint, man kann die Dinge nur ändern, indem man demonstriert.

Geldwechsel

MARKUS: Du siehst aus, als ob etwas Schlimmes passiert wäre. Was ist los?

RICHARD: Na ja, ich will nicht, daß du glaubst, ich denke immer nur ans Geld, aber der Schweizer Franken[1] ist schon wieder gestiegen.

MARKUS: Zu blöd! Wir hätten unser Geld doch vorgestern wechseln sollen.

RICHARD: Nun, die paar verlorenen Pfennige sind nicht so wichtig, aber wenn die Mark immer tiefer sinkt, wird man schon etwas deprimiert.

[1] The Swiss Franc

At a Student Convention in Zürich

CLAUDIA: I thought your friend Klaus would be here too.

MATTHIAS: He went to the big disarmament demonstration in Frankfurt. If he had had time, he probably would have come with us.

CLAUDIA: I would have liked to go to the demonstration too, but I preferred to participate in the convention.

MATTHIAS: You know, Klaus finds our discussions too theoretical. He thinks one can only change things by demonstrating.

Changing Money

MARKUS: You look as though something bad had happened. What's wrong?

RICHARD: I don't want you to get the idea I'm always thinking about money, but the Swiss Franc has gone up again.

MARKUS: Darn it all! We should have changed our money the day before yesterday.

RICHARD: The few lost pennies aren't so important, but when the mark keeps falling lower and lower you get a little depressed.

Markt vor dem
Basler Rathaus

Wortschatz

Leicht zu merken

die **Demonstration, -en**
demonstrieren
theoretisch

Verben

ändern to change (*trans.*)
sinken, sank, ist gesunken
  to sink; fall; go down
steigen, stieg, ist gestiegen
  to climb; rise, go up

Substantive

die **Abrüstung** disarmament
die **Demo, -s** short for
  Demonstration

der **Kongreß, Kongresse**
  convention
der **Pfennig, -e** (100 **Pfennige**
  = 1 **Mark**) penny

Andere Vokabeln

als ob as if, as though
blöd stupid
deprimiert depressed
indem (*sub. conj.*) by . . .ing
na ja well

Nützliche Ausdrücke

Zu blöd! Darn it all! Oh
  heck!

Neue Kombinationen

Replace the italicized word(s) with the cue you will hear.

A. 1. Ich wäre auch nach Frankfurt *gefahren*.
       (gereist, geflogen, gewandert, gegangen)
   2. Wenn er *Zeit* gehabt hätte, wäre er mitgekommen.
      (Lust, Geld, Interesse, einen Wagen, Ferien, keinen Unfall)
   3. Wir hätten unser Geld *vorgestern* wechseln sollen.
      (letzte Woche, heute morgen, vor ein paar Tagen, früher, gestern abend, am Donnerstag)
   4. Man kann die Dinge nur ändern, indem man *demonstriert*.
      (diskutiert, nachdenkt, kritisiert, anderen Menschen hilft, Geschichte versteht)
   5. Sie sieht aus, als ob *etwas Schlimmes* passiert wäre.
      (etwas Nettes, etwas Lustiges, etwas Grausames, etwas Interessantes, etwas Erstaunliches)

B. Say that you thought or hoped certain things would happen.

> EXAMPLE: Klaus wird hier sein.
>   Ich dachte / Ich hoffte, Klaus würde hier sein.

   1. Diese Diskussion wird nicht theoretisch sein.
   2. Nichts Schlimmes wird passieren.
   3. Du wirst dein Geld morgen wechseln.
   4. Er wird nächste Woche nach Frankfurt fahren.
   5. Meine Freunde werden daran teilnehmen.

Übung zur Aussprache

Eugen Gomringer was born in Bolivia, to Swiss parents, in 1925. His typically polyglot Swiss background is reflected in the fact that he has written poems in German, Swiss German dialect, French, English, and Spanish. Gomringer is a leading exponent of concrete poetry (**konkrete Poesie**), which rejects metaphor, radically simplifies syntax, and considers the printed page a visual as much as a linguistic experience. The following poem consists entirely of nouns followed by relative clauses in strict parallelism. The reader is required to work out their interrelationships for himself. Pay particular attention to the verb tenses as you read this poem aloud.

nachwort°   *afterword*

das dorf, das ich nachts hörte
der wald, in dem ich schlief

das land, das ich überflog°   *flew across*
die stadt, in der ich wohnte

das haus, das den freunden gehörte
die frau, die ich kannte

das bild, das mich wach hielt°   *kept awake*
der klang,° der mir gefiel   *sound*

das buch, in dem ich las
der stein, den ich fand

der mann, den ich verstand
das kind, das ich lehrte°   *taught*

der baum, den ich blühen° sah   *bloom*
das tier, das ich fürchtete

die sprache, die ich spreche
die schrift,° die ich schreibe   *writing*

Erstbesteigung des Matterhorns

Grammatik

1/ Past Tense of the General Subjunctive

A. Formation

1. The German subjunctive, unlike the indicative, has only one past tense. It consists of the present subjunctive of the auxiliary verb (a form of **hätten** or **wären**) plus the past participle:

ich	**hätte**	gewartet	I would have waited
du	**hättest**	gewartet	you would have waited
er, es, sie	**hätte**	gewartet	he, it, she would have waited
wir	**hätten**	gewartet	we would have waited
ihr	**hättet**	gewartet	you would have waited
sie, Sie	**hätten**	gewartet	they, you would have waited
ich	**wäre**	gekommen	I would have come
du	**wärest**	gekommen	you would have come
er, es, sie	**wäre**	gekommen	he, it, she would have come
wir	**wären**	gekommen	we would have come
ihr	**wäret**	gekommen	you would have come
sie, Sie	**wären**	gekommen	they, you would have come

▶ English uses the word *would* in both the present and past subjunctive. German uses **würden** *only* in the present subjunctive, *not* in the past:

> ***Present:*** Er **würde** mitkommen. He *would* come along.
> ***Past:*** Er **wäre** mitgekommen. He *would have* come along.

ÜBEN WIR!

a. Substitute the new subjects you will hear.

1. Das hätte nichts geändert. (ich, wir, Herr Schaf, du, ihr, eine Demo)
2. Alles wäre anders geworden. (ich, die Gesellschaft, alle Menschen, du, wir)
3. Wenn der Kongreß nur nicht so theoretisch gewesen wäre! (die Diskussion, du, die Professoren, wir, der Plan)
4. Dann hätten wir nicht demonstriert. (ich, der Typ, ihr, die Studenten, du)

b. Change the sentences you will hear from perfect indicative to past subjunctive, then give the English equivalent.

1. Hans hat es gekauft.
2. Ich bin schigelaufen.

3. Wir haben gerne geholfen.
4. Diese Studenten haben das gewußt.
5. Ihr habt es früher gesehen.
6. Du bist nicht lange geblieben.
7. Der Kongreß hat nichts geändert.
8. Mechthild ist krank geworden.

c. Give German equivalents for these sentences.

1. I would have come too.
2. Bernd wouldn't have waited.
3. You would have known that, Prof. Berger.
4. You probably would not have stayed, Frank.
5. We wouldn't have bothered you.
6. That would have cost too much.
7. You wouldn't have been happy, children.
8. They would have showed us the house.
9. I would have stood there for hours.
10. That would have been boring.

2. Modal verbs form their past subjunctive with **hätten** plus a double infinitive:

Ich **hätte** 30 Mark **wechseln sollen.**	*I should have changed 30 marks.*
Das **hättest** du nicht **wissen können.**	*You couldn't have known that.*

English equivalents begin with *would have, could have,* or *should have:*

Ich hätte kommen dürfen.	*I **would have** been allowed to come.*
Ich hätte kommen können.	*I **could have** come.*
Ich hätte kommen müssen.	*I **would have** had to come.*
Ich hätte kommen sollen.	*I **should have** come.*
Ich hätte kommen wollen.	*I **would have** wanted to come.*

In subordinate clauses containing a double infinitive, the inflected auxiliary must come *before* the double infinitive. This is the only case in German where the inflected verb is not in final position in a subordinate clause:

Er sagte mir, daß ich 30 Mark **hätte** wechseln sollen.

Ich fragte, wie ich das **hätte** wissen sollen.

ÜBEN WIR!

a. Substitute the new subjects you will hear.

1. Ich hätte 30 Mark wechseln sollen. (du, Markus, wir, ihr, die Studenten)

2. Wie hätten wir die Antwort wissen können? (die Studenten, du, ich, Mechthild, ihr)

3. Ihr hättet fragen sollen (ich, wir, die Studenten, Markus, du)

4. Du hättest nicht aufgeben sollen. (Markus, die Arbeiter, der beste Sportler, die Patientin, der Pianist)

b. Change the sentences you will hear to past subjunctive, then give the English equivalent.

1. Wir haben letzten August eine Reise machen dürfen.
2. Ich habe in die Schweiz fahren wollen.
3. Meine Frau hat ans Meer reisen sollen.
4. Ich habe in der Stadt bleiben müssen.
5. Wir haben sowieso nicht fahren können.

c. Now give German equivalents for the sentences you will hear.

1. We could have flown.
2. We would have had to buy tickets.
3. Frank should have come along.
4. He wouldn't have wanted to come along.
5. He wouldn't have been allowed to come along.

B. Use

Past subjunctive is used to represent hypothetical, uncertain or contrary-to-fact situations in the past and to make unfulfillable wishes about the past:

> *indicative fact:* Er **hatte** keine Zeit. Er **ist** nicht **mitgekommen**.
> *subjunctive condition contrary to fact:* Wenn er Zeit **gehabt hätte**, **wäre** er **mitgekommen**.
>
> *indicative fact:* Ich **habe** das nicht **gesagt**.
> *subjunctive unfulfillable wish:* Wenn ich das doch nur **gesagt hätte**!
>
> *indicative fact:* Ich wußte das nicht.
> *subjunctive hypothetical statement:* Ich **hätte** es aber **wissen sollen**.

ÜBEN WIR!

a. Here are the facts. Make wishes contrary to the facts in the past subjunctive.

1. Use **Wenn** . . . **(doch) nur** . . .

> EXAMPLE: Horst war so deprimiert.
> Wenn er doch nur nicht so deprimiert gewesen wäre!

a. Der Professor sprach so theoretisch.
b. Ich habe seine Vorlesung nicht verstanden.

c. Irmtraud war nicht da.

d. Ich habe das wichstigste Buch nicht gelesen.

2. Use **Ich wünschte** . . .

> EXAMPLE: Ich bin nicht ausgestiegen.
> Ich wünschte, ich wäre ausgestiegen.

e. Ich habe die nette Frau nicht kennengelernt.

f. Ich habe mich nicht vorgestellt.

g. Es waren so viele Menschen da.

h. Ich hatte nicht genug Zeit.

b. (*Books open*) Here are the facts. Make conditions contrary to the facts in the past subjunctive. Begin your sentence with the main clause.

> EXAMPLE: Er hatte keine Zeit. Er ist nicht mitgekommen.
> Er wäre mitgekommen, wenn er Zeit gehabt hätte.

1. Der Franken ist nicht gestiegen. Wir haben kein Geld verloren.

2. Wir haben es nicht gewußt. Wir haben kein Geld gewechselt.

3. Wir haben keine Zeitung gelesen. Wir haben es nicht wissen können.

4. Wir sind nicht in die Schweiz gefahren. Die Ferien waren nicht teuer.

5. Wir haben nicht demonstriert. Wir haben nichts geändert.

6. Er war nicht in Zürich. Er war nicht auf dem Kongreß.

7. Ich habe nichts davon gewußt. Ich war nicht kritisch.

c. Your friends all had an interesting summer. Say that you would have liked to do what they did. Use **gern** and past subjunctive.

> EXAMPLE: Klaus ist nach Frankfurt gefahren.
> Ich wäre auch gern nach Frankfurt gefahren.

1. Jutta hat in England gearbeitet.

2. Marlies hat an einem Studentenkongreß teilgenommen.

3. Georg ist in die DDR gereist.

4. Max hat eine Bergtour gemacht.

5. Hannes ging jeden Tag schwimmen.

6. Thomas ist oft ins Theater gegangen.

d. Here are the facts. Make a hypothetical statement about what *would, could,* or *should* have happened, using the modal verb you will hear and **aber.**

> EXAMPLE: Er hat keinen Brief geschrieben. (sollen)
> Er hätte aber einen Brief schreiben sollen.

1. Er hat sich nicht entschuldigt. (sollen)

2. Wir haben kein Bier bestellt. (können)

3. Sie haben nicht viel verdient. (müssen)

4. Sie hat sich nicht gesetzt. (dürfen)

2/ Subjunctive with **als ob** (as if)

The subordinating conjunction **als ob** (as if, as though) must be followed by a verb in the subjunctive. **Als ob** clauses are preceded by introductory phrases in the indicative such as **Du siehst aus . . .** , **Es ist . . .** , and **Du tust . . .** (*You act . . .*).

Du siehst aus, **als ob** du krank **wärest.**	*You look as though you're sick.*
Es war, **als ob** wir uns immer **gekannt hätten.**	*It was as if we had always known each other.*
Er tut, **als ob** das alles **wäre.**	*He acts as if that were all.*

The **ob** in **als ob** may be left out, and then the subjunctive verb must follow **als** immediately.

Du siehst aus, als **wärest** du krank.
Es war, als **hätten** wir uns immer gekannt.
Er tut, als **wäre** das alles.

ÜBEN WIR!

a. Here are the facts. Say that it was *as if* the opposite had been true. Use **als ob**.

> EXAMPLE: Wir haben uns nicht immer gekannt.
> Aber es war, als ob wir uns immer gekannt hätten.

1. Ich habe nicht 24 Stunden gearbeitet.
2. Ich habe nicht 12 Stunden geschlafen.
3. Sie ist nicht deprimiert gewesen.
4. Ich habe diese Gegend nicht gekannt.
5. Sie haben uns nicht vergessen.

Repeat the preceding exercise using **als** instead of **als ob**. Remember to place the subjunctive verb form right after the **als**.

> EXAMPLE: Wir haben uns nicht immer gekannt.
> Aber es war, als hätten wir uns immer gekannt.

b. Your teacher tells you certain things about himself or herself. Say that the teacher *looks* as though the opposite were true.

> EXAMPLE: Ich bin nicht krank!
> Aber Sie sehen aus, als ob Sie krank wären.

1. Ich habe nicht viel Geld!
2. Ich bin unglücklich.
3. Ich komme nicht aus Österreich.
4. Ich arbeite nicht zu viel.
5. Ich bin kein netter Mensch.
6. Ich habe keinen Hunger.

Repeat the preceding exercise using **als** instead of **als ob.** Remember to place the subjunctive verb form right after the **als.**

> EXAMPLE: Ich bin nicht krank!
> Aber Sie sehen aus, als wären Sie krank.

3/ Wanting X to Do Y

To express the idea that a person wants something to happen or be done, English uses a direct object and an infinitive phrase.[1]

	direct object	*infinitive phrase*
She would like	*the rain*	*to stop.*
I don't want	*him*	*to think that.*

German uses a **daß**- clause following **wollen** or **möchte** to say the same thing:

Sie möchte,	**daß der Regen aufhört.**
Ich will nicht,	**daß er das glaubt.**

ÜBEN WIR!

a. You're breaking in a new employee at work who has a lot of questions. Answer each one as in the example. Begin your answer with **Der Chef will, daß** . . .

> EXAMPLE: Müssen wir um acht im Büro sein?
> Ja, der Chef will, daß wir um acht im Büro sind.

1. Müssen wir den ganzen Tag hier bleiben?
2. Müssen wir mit den Kunden immer freundlich sein?
3. Dürfen wir erst um zehn eine Kaffeepause machen?
4. Müssen wir diese alten Schreibmaschinen benutzen?
5. Müssen wir auch am Samstag arbeiten?
6. Sollen wir uns immer schick anziehen?

b. Now say what you would like to happen at the demonstration. Begin with **Ich möchte, daß** . . .

> EXAMPLE: Der Regen soll aufhören.
> Ich möchte, daß der Regen aufhört.

1. Die Sonne soll scheinen.
2. Ihr sollt alle mal ruhig sein.
3. Paul soll jetzt reden.
4. Die Demonstration soll nicht zu groß werden.
5. Ihr sollt das nicht vergessen.
6. Man soll uns nicht für extrem halten.

c. Give German equivalents for these English sentences.

1. He wants me to help him.

---

[1] Note that in English, the direct object of the main verb is also the subject of the infinitive. In German, the entire **daß**- clause is the direct object.

2. I want you to go away.

3. We would like everything to stay quiet.

4. They would like their country to become democratic.

5. Do you want me to do that?

6. I don't want you to change anything.

4/ indem (by ——ing)

The subordinating conjunction **indem** introduces a clause that shows the means by which something is accomplished. The English equivalent uses the phrase *by ——ing:*

Mann kann die Dinge nur ändern, **indem man demonstriert.**

You can only change things by demonstrating.

Man lernt am schnellsten Deutsch, **indem man Deutschland besucht.**

You learn German most quickly by visiting Germany.

ÜBEN WIR!

Answer each question as in the example, using the cue to form an **indem** clause.

EXAMPLE: Wie ändert man die Dinge. (demonstrieren)
Man ändert die Dinge, indem man demonstriert.

1. Wie erholt man sich von der Arbeit? (viel schlafen)

2. Wie bereitet man sich auf das große Spiel vor? (viel trainieren)

3. Wie wird man Arzt? (jahrelang studieren)

4. Wie wird man glücklich? (anderen helfen)

5. Wie schmuggelt man am besten Schnaps? (ihn an der Grenze trinken.)

6. Wie lernt man einander am besten kennen? (viel zusammen sein)

5/ Past Participles as Adjectives

The past participles of verbs are often used as attributive adjectives. They take the regular adjective endings:

Die **verlorenen** Pfennige sind nicht wichtig.

The lost pennies are not important.

Sie aß ein weich **gekochtes** Ei.

She ate a soft-boiled egg.

ÜBEN WIR!

Answer as in the example.

EXAMPLE: Hat man diese Zigaretten geschmuggelt?
Ja, das sind die geschmuggelten Zigaretten.

1. Hat man diesen Schwimmer gerettet?

2. Fürchtet man diesen Politiker?

3. Hat man diese Koffer gepackt?

4. Hat man diesen Krieg vergessen?

5. Hat man dieses Haus renoviert?

6. Hat man dieses Geld verloren?

7. Hat man diese Waren exportiert?

8. Hat man diese Fenster geschlossen?

6/ Directional Prefixes: **hin-** and **her-**

Look at the following English sentences:

> May we go out?
> He came out.
> Come in!
> Let's go in.

The German equivalents of these sentences employ the verbs **gehen** and **kommen** with separable prefixes that include the directional indicators **hin-** (motion away from speaker) and **her-** (motion toward the speaker):

		Separable Prefixes					
motion away	hin-	+	-ein-[1]	+	-gehen	=	to go in
from speaker			-aus-				to go out
motion toward	her-	+	-ein-	+	-kommen	=	to come in
speaker			-aus-				to come out

When someone knocks at the door, Germans simply say: **Herein!** = *Come in!*

---

[1] The preposition **in** is replaced by **ein** in these prefixes.

The prefixes **hin-** and **her-** *must* be used when the direction of motion is not indicated by a prepositional phrase like **ins Haus** or **aus dem Haus**.

Even when a prepositional phrase is used, the directional prefixes may also be used:

Er ist aus dem Haus **herausgekommen.**
Sie ging in die Kirche **hinein.**

ÜBEN WIR!

(*Books open*) Complete these sentences according to the English cues.

You're standing outside the house:
1. Gehen wir (*in*)!
2. Karl, komm doch (*out*)!
3. Anna ist vor einer Minute (*gone in*).
4. Bald kommen die Kinder aus dem Haus (*out*).

You're standing inside the house:
5. Kommt Grete bald (*in*)?
6. Es ist so schön, ich möchte jetzt (*go out*).
7. Wir sollten alle (*go out*).
8. (*Come in*)!

Wortschatz zum Lesestück

Leicht zu merken

arrogant
die **Barriere, -n**
(das) **Chinesisch**
der **Dialekt, -e**
ethnisch
heterogen
konservativ
die **Natur**
neutral
die **Neutralität**
offiziell
das **Projekt, -e**
das **Prozent**
radikal
romantisch
skeptisch
die **Stabilität**

Verben

sich etwas überlegen reflect
upon, think over
**zu·geben (gibt zu), gab zu, hat
zugegeben** to admit,
confess

Gegensätze

Substantive

die **Ausnahme, -n** exception
das **Drittel, -** third
das **Hochdeutsch** High
German; the standardized
German language
die **Kritik** criticism
die **Muttersprache** mother
tongue
die **Schwierigkeit, -en**
difficulty
der **Weg, -e** path, way

Andere Vokabeln

deutschsprachig
German-speaking
etwa approximately, about
herüber (*directional prefix*)
over here (toward speaker)
  herüber·schauen look
over (here)
miteinander with each other
verantwortlich responsible

heterogen ≠ homogen	heterogeneous ≠ homogeneous
konservativ ≠ progressiv	conservative ≠ progressive
verantwortlich ≠ unverantwortlich	responsible ≠ irresponsible

Zwei Schweizer stellen ihre Heimat vor

Dr. Anton Vischer, Rechtsanwalt aus Basel, 45 Jahre alt

„Im meinem Beruf bin ich für die ausländischen Investitionen° mehrerer Firmen verantwortlich. Wohin ich auch° in der Welt reise, höre ich die alten Klischees über meine Heimat. Alle denken sofort an unsere berühmte Schweizer Schokolade, an die Uhren, den Käse oder an die Schweizer-Garde° im Vatikan—als ob das alles wäre. Ich möchte, daß andere wissen, was für eine politische Ausnahme die Schweiz in Europa bildet. Ja, seit dem 13. Jahrhundert hat sie eine demokratische Verfassung.° Sie gehört also zu den ältesten Demokratien der Welt. In beiden Weltkriegen ist die Schweiz neutral geblieben, und sie hat sich ihre Neutralität und ihre politische Stabilität bis heute bewahrt.° Wir sind auch ein sehr heterogenes Land und gerade die verschiedenen ethnischen Gruppen und Sprachen waren lange Zeit Barrieren zu der Vereinigung° der Kantone.[1]

Ich gebe zu, einige schauen etwas skeptisch auf unsere konservative Gesellschaft herüber. Aber die Stimmen unserer besten Schriftsteller wie Max Frisch und Friedrich Dürrenmatt, sowie° unsere radikale Jugend, zeigen, daß soziale Kritik in der Schweiz einen Platz hat.

Jemand fragte mich einmal, ob ich stolz bin, Schweizer zu sein. Ich habe ‚ja' geantwortet, aber ich hätte mich etwas genauer ausdrücken können. Inzwischen scheint mir diese Antwort etwas arrogant. Es war ja Zufall,° daß meine Eltern in der Schweiz waren, als ich zur Welt kam.° Ich würde heute sagen, ich bin froh, Schweizer zu sein, denn meine Heimat ist das schönste Land, das ich kenne. Vielleicht bin ich für viele meiner Landsleute° typisch, weil meine Lebensweise° so eng mit der Alpenlandschaft verbunden° ist. Da ich meine Freizeit immer auf Bergtouren verbringe, kenne ich die Wege, Wälder und Seen des Engadins[2] besonders gut. Wissen Sie, für mich ist die Natur weit mehr als schöne Kulisse.° Diese Berge bedeuten nicht nur politische

investments
wohin . . .auch: *wherever*

Swiss Guards

constitution

preserved

unification

as well as

by chance
was born

compatriots
way of life connected

backdrop

---

[1] Switzerland is composed of twenty-three cantons, each with considerable autonomy.
[2] The Engadine valley in the southern canton of Grisons (Graubünden), with its high altitude and dry climate, is famous for its winter sports and spas.

und persönliche Freiheit, sondern auch seelische Erholung.° Ist das zu romantisch? Aber ich bin ja ein ganz praktischer Mensch."

Nicole Wehrli, Dolmetscherin° aus Biel, 24 Jahre alt

„Ich bin in der zweisprachigen° Stadt Biel, die auf französisch Bienne heißt, direkt an der Sprachgrenze der französischen und der deutschen Schweiz aufgewachsen. Bei uns hört man manchmal auf der Straße Gespräche, wo die Menschen beides—Französisch *und* Deutsch—miteinander reden. In der Schule habe ich dann Latein,° Englisch und Italienisch gelernt. Ich wünschte nur, ich hätte mit Chinesisch früher begonnen, denn das ist jetzt mein neues Projekt.

Die Eidgenossenschaft[1] ist wohl ein Unikum,° denn sie ist ein viersprachiges Land,° das nur zu zwei Dritteln

[1] Confederation, i.e., *Confoederatio Helvetica:* official designation for the Swiss republic.

deutschsprachig ist. Die Sprachbarrieren sind oft ein großes Problem. Achtzehn Prozent der Bevölkerung° hat Französisch als Muttersprache, zwölf Prozent sprechen Italienisch und etwa ein Prozent Rätoromanisch.[1] Das ‚Schwyzerdütsch‘[2] können die meisten Deutschen nicht verstehen, und die Romanisch sprechenden° Schweizer auch nicht. Wenn die Kinder das Hochdeutsch erst in der Schule lernen müssen, haben sie oft Schwierigkeiten wie bei einer Fremdsprache. Die geschriebene und offizielle Sprache in den Schulen bleibt Hochdeutsch, aber nach dem Unterricht gebrauchen Lehrer und Schüler den Dialekt, wenn sie miteinander reden."

population

Romance-speaking

«Mi Wält!»

Aus der schweizer satirischen Zeitschrift „Nebelspalter"

[1] Rhaetoromansh, or simply Romansh, is a Romance language—a remnant of the original Roman occupation in the alpine territories—spoken by c. 40,000 rural Swiss in the canton of Grisons. Long under threat of extinction, it was at last declared one of the four national languages in 1938.
[2] Swiss-German dialect.

Fahrplan Horaire Orario

Davos
St. Moritz
Pontresina
ab Bern
23. V. – 25. IX. 1982

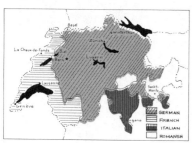

Dieser Fahrplan enthält die wichtigsten Züge. Weitere Verbindungen finden Sie im offiziellen Kursbuch.

Cet horaire contient les meilleures correspondances. Vous trouverez d'autres relations dans l'indicateur officiel.

Questo orario contiene i treni più importanti. Troverete ulteriori collegamenti nell'orario ufficiale.

SBB CFF FFS

Languages of Switzerland

GERMAN
FRENCH
ITALIAN
ROMANSH

Fragen zum Lesestück

1. Welchen Beruf hat Dr. Vischer?
2. Welche Klischees hört er über die Schweiz, wenn er im Ausland ist?
3. Beschreiben Sie Herrn Vischers Meinung über seine Heimat.
4. Beschreiben Sie die Stadt, wo Nicole Wehrli aufgewachsen ist.
5. Welche Sprachen hört man dort auf der Straße?
6. Wie viele Einwohner der Schweiz sind deutschsprachig?
7. Würden Sie den Dialekt verstehen, den die meisten deutschsprachigen Schweizer sprechen?
8. Wo müssen die Kinder Hochdeutsch lernen? Was für Probleme haben sie damit?

Vom Lesen zum Sprechen

Klischees

Dr. Anton Vischer sprach von den Klischees, die er immer wieder über seine Heimat hört. Sie kennen wohl auch Klischees über Ihr eigenes Land und auch über andere Länder. Hier sind ein paar nützliche Wörter für eine Diskussion über Klischees: Sie haben schon gelernt:

das **Klischee, -s**

die **Meinung, -en**

Lernen Sie auch:

der **Ausländer, -** foreigner
klischeehaft (*adj.*) cliché, stereotyped
  eine klischeehafte Meinung stereotyped opinion
objektiv objective
subjektiv subjective
das **Urteil, -e** judgment
das **Vorurteil, -e** prejudice
die **Wahrheit, -en** truth

Zur Diskussion:

1. Welche Klischees haben Sie schon über Ihre Heimat gehört? Was halten Ausländer z.B. für „typisch amerikanisch"?
2. Nennen Sie einige Klischees über die deutschsprachigen Länder (BRD, DDR, Österreich, die Schweiz). Woher kommen diese Klischees? Haben Sie welche in diesem Buch gefunden? Seien Sie kritisch!
3. Was ist eigentlich ein Klischee? Wo hört das Klischee auf, und wo fängt die Wahrheit an?

Mündliche Übungen

A. Persönliche Fragen

1. Haben Sie schon einmal an einem Studentenkongreß teilgenommen?
2. Was für Probleme werden auf einem Studentenkongreß diskutiert?
3. Würden Sie solche Diskussionen zu theoretisch finden?
4. Würden Sie lieber zu einer Abrüstungsdemo oder zu einem Kongreß gehen?
5. Glauben Sie, daß man die Dinge ändern kann, indem man diskutiert, oder soll man lieber etwas tun? Warum?
6. Haben Sie schon einmal Geld gewechselt? Wo war das?
7. Was würden Sie tun, wenn Sie im Ausland wären und der Dollar fallen würde?

B. Tell what you wish had been different, using attributive adjectives.

    EXAMPLE: Was für einen Wagen hätten Sie gern gehabt?
                 Ich hätte gern einen **schnellen** Wagen gehabt.

1. Was für ein Hotel hätten Sie sich gewünscht?

2. Mit was für Menschen wärest du am liebsten aufgewachsen?

3. Mit welchem Freund hätten Sie lieber getanzt?

4. Auf welchen Schriftsteller hätte ich mich konzentrieren sollen?

5. Was für Humor hätte Ihnen am besten gefallen?

6. Welchen Mantel hätte ich am besten anziehen sollen?

7. In welches Geschäft wären Sie lieber gegangen?

8. Durch welche Länder wärest du am liebsten getrampt?

C. Speculate on what you *would* have done, if . . .
Was hätten Sie gemacht, wenn . . .

. . . Sie dieses Semester nicht studiert hätten?

. . . Sie in einem zweisprachigen Land geboren wären?

. . . Sie letztes Jahr eine Million Dollar gewonnen hätten?

. . . Sie vor fünfhundert Jahren gelebt hätten?

. . . Sie Beethoven gewesen wären?

D. 1. Student A says what he or she did last night. Student B says what Student A *could* have done.

    EXAMPLE: A: Ich habe ein Buch gelesen.
                  B: Aber du hättest ins Konzert gehen können.

2. Now student B says what Student A *should* have done.

    EXAMPLE: A: Ich ging mit meinem Freund einkaufen.
                  B: Aber du hättest dich auf die Prüfung vorbereiten sollen.

E. Construct sentences using the following elements. Add words as needed.

    1. man / können / Chinesisch / lernen / / indem / täglich /üben

    2. wenn / man / Dialekt / zu Hause / sprechen / / es / geben / manchmal / Schwierigkeiten / Hochdeutsch

    3. Wanderer / gehen / stundenlang / durch / Wald / / bis / nach / Italien / hinüberschauen / können

    4. wenn / ich / überlegen / / müssen / zugeben / daß / Demonstration / vernünftig

    5. ich / möchten / / daß / wir / Freitag / entweder . . . oder / miteinander schwimmen gehen / am Flohmarkt / sich treffen

F. Rewrite as dialogues the conversations summarized below.

    1. You ask Dr. Vischer if he's proud of his home, Switzerland. He answers that he would have said yes years ago, but now he would express himself more cautiously. One should be happy to be Swiss, but not always proud of it. He thinks this must be similar in other countries.

    2. An acquaintance at college asks what you did all summer. You say you were taking a long trip in Europe. Your friend says he would have liked to do that too, but he had to work. You say that that's a shame. He could have travelled with you. You would have liked to travel together with him.

G. Schreiben Sie eine Seite über eine dieser zwei Fragen.

    1. Kennen Sie Amerikaner, deren Muttersprache nicht Englisch ist? Was für Schwierigkeiten hätten Sie in einem Land, wo Englisch nicht die erste Sprache ist?

    2. Gibt es Sprachbarrieren in Ihrer Stadt? Beschreiben Sie einige.

H. Wie sagt man das auf deutsch?

    1. Maria looks as if she hadn't slept enough.

    2. Yes, she should not have worked the whole night.

    3. And she always wants me to help her, too.

    4. How could we change the opinions of these skeptical people?

    5. We can change them by holding open discussions.

    6. Nonsense! We should have demonstrated years ago.

    7. You're an interesting person, Klaus. You look as though you were very conservative but you're really radical.

    8. And you have too many stereotyped ideas. I should never have come along with you.

    9. I'm looking for my lost suitcases. Have you seen them?

    10. They were standing behind these closed doors the whole day.

Almanach

Profile of Switzerland

Area: 41,293 square kilometers; 15,943 square miles
Population: 6.3 million, or 153 people per square kilometer
Currency: Swiss franc; 1 sfr. = 100 Rappen or Centimes
Major cities: Berne, capital (pop. 162,000), Zürich (largest city, pop. 420,000), Basel, Geneva, Lausanne
Switzerland has one of the highest per capita incomes in the world as well as one of the highest standards of living. The rivers of the Alps provide inexpensive hydroelectric power. The mountains also attract countless tourists, thus creating Switzerland's main service industry.

Switzerland has not sent its troops into foreign wars since 1515. It adheres to its neutrality even to the extent of staying out of the United Nations and the Common Market. It is, however, a member of several special UN agencies. The second headquarters of the UN are in Geneva, which is also the seat of the Red Cross and of the World Council of Churches.

Bern

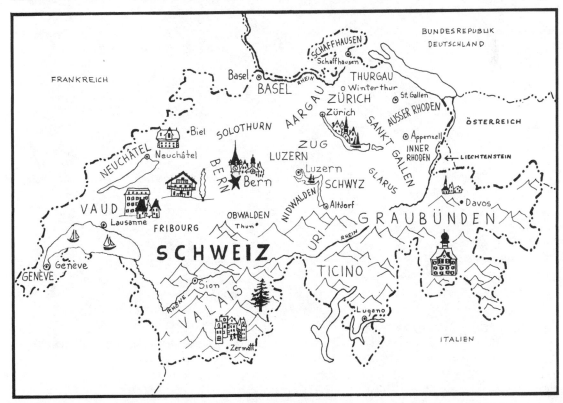

17

Gastarbeiter in Deutschland

Passive voice
Substitutes for passive voice
Impersonal passive
The present participle
The flavoring particle *ja*
Reading: *Leben im gelobten Land*

Wo liegt die Heimat?

[Gespräch mit Sonja, Schülerin aus einer Gastarbeiter-familie]

INTERVIEWER: Es ist kaum zu glauben, daß Sie Ausländerin sind. Sie sprechen ja perfekt Deutsch.

SONJA: Kein Wunder! Ich bin schließlich hier geboren und bin jetzt in der 8. Klasse Gesamt-schule.[1]

INTERVIEWER: Aber Ihre Familie ist doch aus Spanien, nicht wahr? Wo fühlen Sie sich eigentlich zu Hause?

SONJA: Komisch, aber das läßt sich nicht leicht sagen. Ich möchte schon hier bleiben, aber ich weiß sehr gut, daß ich nicht überall in Deutschland akzeptiert werde.

Geburtstagsfeier

MICHAEL: Man hat mir gesagt, du hast heute Ge-burtstag. Ich gratuliere!

HELGA: O vielen Dank! Aber es soll ein Geheimnis bleiben, wie alt ich werde.

MICHAEL: Du bleibst sowieso ewig jung! Der Geburtstag muß aber gefeiert werden.

HELGA: Soll das heißen, ich werde endlich von dir eingeladen?

MICHAEL: Höchste Zeit, nicht wahr? Ich kenne ein Lo-kal, wo bis zwei Uhr morgens getanzt wird.

---

[1] See above, p. 76, for information on German schools.

Zum Geburtstag
die besten Wünsche

Where Is Your Home?

[Conversation with Sonja, a school student from the family of a foreign worker]

INTERVIEWER: I can hardly believe that you're a foreigner. You speak perfect German.

SONJA: No wonder! I was born here, after all, and now I'm in the eighth grade of a unified school.

INTERVIEWER: But your family is from Spain, isn't it? Where do you actually feel at home?

SONJA: It's funny, but that's not easy to say. I'd like to stay here, but I know very well that I won't be accepted everywhere in Germany.

A Birthday Celebration

MICHAEL: They told me today is your birthday. Congratulations!

HELGA: Oh thanks a lot! But how old I am is supposed to stay a secret.

MICHAEL: You're forever young, anyway! But we have to celebrate your birthday.

HELGA: Is that supposed to mean that you're finally asking me out?

MICHAEL: High time, isn't it? I know a place where they dance until 2:00 A.M.

Wortschatz

Leicht zu merken

akzeptieren
der **Interviewer, -**
perfekt

Verben

feiern to celebrate, have a party
gratulieren (+ *dat.*) to congratulate
  Ich gratuliere Ihnen!
  Congratulations to you!
heißen (*here*) to mean

Substantive

die **Feier, -n** celebration, party
der **Gastarbeiter, -** foreign worker
der **Geburtstag, -e** birthday
  Ich habe Geburtstag. It's my birthday.

das **Geheimnis, -se** secret
das **Lokal, -e** pub, tavern, bar
(das) **Spanien** Spain

Andere Vokabeln

ewig eternal, forever
ja (flavoring particle, see p. 443)
komisch funny; peculiar
morgens in the morning (**mittags, nachmittags, abends, nachts**) (at noon, in the afternoon, in the evening, at night)
schließlich finally; after all

Nützliche Ausdrücke

höchste Zeit! high time!
kein Wunder! no wonder!

Neue Kombinationen

A. Replace the italicized words with the ones you will hear.

1. *Dein Geburtstag* muß gefeiert werden.
   (das Semesterende, der Frühling, sein Besuch, dein neuer Job)
2. Werde ich endlich von dir *eingeladen?*
   (verstanden, besucht, gefragt)
3. Es ist kaum zu *glauben!*
   (verstehen, trinken, bekommen, machen, essen)
4. Ich hoffe, daß ich überall *akzeptiert* werde. (verstanden, vorgestellt, erwartet, gebraucht)
5. Ich kenne ein kleines Lokal, wo *getanzt* wird.
   (gut gegessen, Jazz gespielt, Wein getrunken)

B. On the right are some idiomatic expressions you have heard. Decide which are appropriate responses to the sentences on the left.

Leider konnte ich das Lokal nicht finden.	Höchste Zeit!
Heute habe ich Geburtstag.	Ich gratuliere!
Das ist ein Geheimnis, weißt du!	Kein Wunder!
Du sprichst perfekt Deutsch.	Schade!
Morgen früh wasche ich mir die Haare.	Komisch!
Hoffentlich akzeptiert man unsere Tochter.	Gerne!
Möchten Sie, daß wir Ihren Geburtstag feiern?	Quatsch!
Da hast du die zehn Mark, die du mir geliehen hast.	Doch!
Das Theaterstück geht mir wirklich nicht aus dem Kopf.	Ohne Zweifel!
Glaubst du, deine Freunde erinnern sich noch an mich?	Erstaunlich!
	Sicher!
	Wunderbar!
	Endlich!
	Hoffentlich!
	Gott sei Dank!
	Gute Idee!
	Toll!
	Keine Sorge!

Now add a short follow-up response to each exchange.

> EXAMPLE: Leider konnte ich das Lokal nicht finden.
> Kein Wunder! Es existiert nicht mehr.

Übung zur Aussprache

The Turkish writer and poet Aras Ören was born in Istanbul in 1939. Since 1969 he has lived in West Berlin. "Emines Los" (Emine's Destiny) is part of a long verse narrative, "Die Fremde ist auch ein Haus" (Abroad is Also a House, 1980, translated by Gisela Kraft), about a Turkish **Gastarbeiter** family in West Berlin. Here fifteen-year-old Emine ponders her probable future.

Emines Los

Bald tagt° es,   *dawns*
in Berlin wird es früh hell
zu dieser Jahreszeit, etwa um drei Uhr.

Was war los mit Emine?
Daß sie eben° noch fünfzehn und fast   *just*
   schon
sechzehn ist? Ach, ihr habt keine
   Ahnung°   *idea*
(ihr gleichaltrigen° Deutschen in der   *of the same age*
   Schule),
die ihr° mit eurem Geküsse° angebt,°   *you who   necking   show off*
euch mal kindisch benehmt, mal
   hemmungslos,   ***euch . . . neugierig:** sometimes act*
mal neugierig°, mal mit allen Wassern   *childish, sometimes uninhibited,*
   gewaschen.   *sometimes inquisitive*

   In mir wuchs ein Berg
   zwischen Haus und Straße.
   Auf der Straße war das Haus weit
      fort,°   *away*
   im Haus war die Straße weit fort.
   Das Haus, das sind drei Zimmer
   aus vier Wänden.
   Im Kissen°, das ich sticken° mußte,   *cushion   embroider*
   steckt meine Geduld, mein Traum,   ***steckt . . . Hoffnung:** my patience*
      meine Hoffnung.°   *is contained, my dream, my hope*

   Wenn ich groß bin, kann ich nicht
      Ärztin werden,
   nicht Beamtin, nur ein Kissen,
   und auf dem Kissen eine Stickerei°,   *embroidery*
   während ich in den Gebäuden der
      Fremde°   *of the foreign country*
   Fußböden wische° wie meine Mutter.   *mop*

Aras Ören

Grammatik

1/ Passive Voice

Compare the following sentences:

Die meisten Studenten lesen diese Zeitung.	*Most students read this newspaper.*
Diese Zeitung wird von den meisten Studenten gelesen.	*This newspaper is read by most students.*

Both sentences say essentially the same thing, but the first is in the *active voice* while the second is in the *passive voice*.

In active sentences, the grammatical subject and the agent or the performer of the action are the same:

Die Studenten lesen.　　*The students read.*

In passive sentences, the grammatical subject is the object of the action:

Die Zeitung wird gelesen.　　*The newspaper is read.*

A passive sentence is the transformation of an active sentence with a transitive verb. Note how the direct object of the active sentence becomes the subject of the passive sentence.

Active: **Die meisten Studenten** lesen **diese Zeitung.**

Passive: **Diese Zeitung** wird **von den meisten Studenten** gelesen.

A. Formation

1. The passive voice in English consists of the verb *to be* plus a past participle:

active	passive		
		aux.	*part.*
He sees.	He	*is*	*seen.*
We never do that.	That	*is* never	*done.*

The German passive uses the auxiliary **werden** plus a past participle located at the end of the clause:

active	passive		
		aux.	*part.*
Er sieht.	Er	**wird**	**gesehen.**
Wir machen das nie.	Das	**wird** nie	**gemacht.**

Passive Voice

passive infinitive:		**gesehen**	werden	to be	*seen*
present:	Er wird	**gesehen.**		He is	*seen.*
past:	Er wurde	**gesehen.**		He was	*seen.*
future:	Er wird	**gesehen**	werden.	He will be	*seen.*
perfect:	Er ist	**gesehen**	**worden.**	He has been	*seen.*
			or	He was	*seen.*
past perfect:	Er war	**gesehen**	**worden.**	He had been	*seen.*

- ■ The normal past participle of **werden, geworden,** is contracted to **worden** in the perfect tenses of the passive.
- ■ Remember the auxiliary for **werden** is **sein** (er **ist** gesehen worden).
- ■ In both English and German, it is the auxiliary that is conjugated (**werden** / *be*). The past participle is invariable through all tenses (**gesehen** / *seen*).

▶ Be careful not to confuse the three uses of **werden:**

werden as main verb	= become; get
Sie **wird** alt.	*She's* **getting** *old.*
werden + infinitive	= future tense
Sie **wird** sehen.	*She* **will** *see.*
werden + past participle	= passive voice
Sie **wird** gesehen.	*She* **is** *seen.*

ÜBEN WIR!

a. Substitute the new subjects you will hear.

1. Hannah wird eingeladen.
   (ich, wir, du, die neuen Kollegen, ihr, Herr Braun)
2. Seine Pläne wurden oft kritisiert.
   (mein Chef, wir, die Regierung, ihr, ich, du, seine Theaterstücke)
3. Sind Sie überall akzeptiert worden?
   (du, der neue Mitarbeiter, ihr, ich, wir)
4. Ich wurde nur toleriert.
   (wir, ihr, die Gastarbeiter, du, dieser Mensch)

b. Change the sentences you will hear from active to passive, being careful to use the same tense as in the active sentence.

EXAMPLE: Man verstand uns nicht.
　　　　　Wir wurden nicht verstanden.

(present tense)
1. Man beginnt das Spiel um neun.
2. Man verkauft viel Bier.
3. Man kritisiert die Spieler.
4. Man beschreibt das Spiel morgen in der Zeitung.
   (simple past tense)
5. Er schrieb den Roman im Jahre 1927.

6. Man las den Roman überall.
7. Man besprach den Roman in der Zeitung.
8. Man kaufte andere Romane nicht.

(*future tense*)

9. Was wird man über diese Frage sagen?
10. Man wird die Worte der Politker nicht glauben.
11. Man wird keine neuen Wohnungen bauen.
12. Man wird die Dinge ändern.

(*perfect tense*)

13. Man hat die alte Wohnung verkauft.
14. Man hat Lebensmittel eingekauft.
15. Man hat den Brief an Onkel Kurt geschickt.
16. Man hat Onkel Kurt eingeladen.

2. Modal verbs are followed by a passive infinitive.

Passive with a Modal Verb

present	Das muß	**geändert werden.**		That has	*to be changed.*
past	Das mußte	**geändert werden.**		That had	*to be changed.*
future	Das wird	**geändert werden**	müssen.	That will have	*to be changed.*
perfect	Das hat	**geändert werden**	müssen.	That had	*to be changed.*
past perfect	Das hatte	**geändert werden**	müssen.	That had had	*to be changed.*

Remember that the modals take the double infinitive construction in the perfect tenses. In the passive voice, this double infinitive includes the *passive* infinitive. Compare:

	double infinitive	
Er hat gestern	**arbeiten** müssen.	*He had to work yesterday.*
Es hat gestern	**geändert werden** müssen.	*It had to be changed yesterday.*

▶ The auxiliary for all modals is **haben.** Note the difference from the passive without a modal:

Das **ist** geändert worden.	*That has been changed.*
Das **hat** geändert werden müssen.	*That had to be changed.*

ÜBEN WIR!

a. Substitute the new subjects you will hear.

1. *Der Plan* soll geändert werden.
   (mein Referat, alles, eure Meinung, unsere Reisepläne)
2. *Mein Auto* mußte verkauft werden.
   (unsere Wohnung, alle seine Bücher, das alte Hause, die Äpfel)

b. Change the sentences you will hear from active to passive, being careful to use the same tense as in the active sentence.

(present)

1. Wir müssen die Wohnung verkaufen.
2. Wir sollen mehr Wein kaufen.
3. Du darfst deine Freunde nicht einladen.
4. Man muß Oma nach Hause bringen.
5. Du darfst das Wort nicht in meinem Haus sagen!

(past)

6. Man mußte die Läden schließen.
7. Man mußte mehr Polizisten holen.
8. Man durfte keine Demo halten.
9. Man mußte das Fenster zumachen.
10. Man durfte nichts kochen.

B. Use of Passive Voice

The passive voice is used to emphasize that something is being acted upon. Most passive sentences make no mention of the agent performing the action.

Diese Häuser wurden sehr schnell gebaut.	*These houses were built very quickly.*
Das wird oft gesagt.	*That's often said.*

When an animate agent *is* expressed, **von** + dative is used.[1]

Diese Häuser wurden **von Gastarbeitern** sehr schnell gebaut.	*These houses were built very quickly by foreign workers.*
Das wird **von vielen Menschen** gesagt.	*That is said by many people.*

ÜBEN WIR!

Restate the following sentences in the passive. Express the agent with **von**.

EXAMPLE: Meine Freundin liest jetzt den Roman.
Der Roman wird jetzt von meiner Freundin gelesen.

1. Michael hat mich eingeladen.
2. Fast alle Studenten belegen diesen Kurs.
3. Am Samstag feiert meine Familie Opas Geburtstag.
4. Deutsche Schüler tragen gern Jeans und Pullis.
5. Unser Professor empfiehlt diesen Roman.
6. Alle Schüler in der Schweiz müssen eine Fremdsprache lernen.
7. Seine Frau hat diese Photos gemacht.
8. Die Lehrlinge sollten den Laden schließen.

---

[1] When the agent is some impersonal force, **durch** + accusative is used. See below, Lesestück, p. 445, line 30.

2/ Substitutes for Passive Voice

There are several frequently used substitutes for the passive voice in German. Like the passive, they emphasize the object being acted upon.

A. **sich lassen** + infinitive $\qquad$ = **können** + passive

Diese Arbeit **läßt sich machen.** $\qquad$ Diese Arbeit **kann gemacht werden.**
Das **läßt** sich nicht leicht **sagen.** $\quad$ Das **kann** nicht leicht **gesagt werden.**

B. **sein + zu** + infinitive $\qquad$ = **können** + passive or
$\qquad\qquad\qquad\qquad\qquad\qquad\qquad$ **müssen** + passive

Dieser Wein **ist** überall **zu** $\qquad$ Dieser Wein **kann** überall
$\quad$ **finden.** $\qquad\qquad\qquad\qquad\qquad$ **gefunden werden.**
Das Referat **ist** bis Dienstag $\qquad$ Das Referat **muß** bis Dienstag
$\quad$ **zu schreiben.** $\qquad\qquad\qquad\qquad$ **geschrieben werden.**

C. The most frequent passive substitute is the pronoun **man.** You are already familiar with this construction:

Man hat mir das **gesagt.** $\qquad$ Das **ist** mir **gesagt worden.**
Man akzeptiert mich hier $\qquad$ Ich **werde** hier **nicht akzeptiert.**
nicht.

ÜBEN WIR!

a. In the sentences you will hear, replace the passive with **sich lassen.**

> EXAMPLE: Dieses Wort kann übersetzt werden.
> Dieses Wort läßt sich übersetzen.

1. Die Kinder können nicht gefunden werden.
2. Der Chef kann nicht oft gesehen werden.
3. Diese Arbeit kann auch morgen gemacht werden.
4. Das Problem kann beschrieben werden.
5. Diese Sprache kann schnell gelernt werden.

b. Restate the following sentences using **sein + zu.**

> EXAMPLE: Man kann diesen Wein nicht finden.
> Dieser Wein ist nicht zu finden.

1. Man kann Chinesisch nicht in einem Jahr lernen.
2. Unsere Wohnung kann leicht geputzt werden.
3. Diese Suppe kann man nicht essen!
4. Das muß bald gemacht werden.
5. Man muß hier viel ändern.

3/ Impersonal Passive

One German passive construction has no English equivalent. It is used to say that some human activity is going on, without mentioning who performs it.

There is no expressed subject at all and the verb is *always* in the third person singular:

Hier **wird** bis zwei Uhr morgens **getanzt.**   *There's dancing here until 2:00 A.M.*

An der Uni **wird** oft über Politik **diskutiert.**   *There's often discussion of politics at the university.*

If no other element occupies first position in the sentence, an impersonal **es** is used to fill it. This **es** is not a real subject and disappears if any other element occupies first position:[1]

Es wird hier bis zwei Uhr morgens getanzt.

Es wird oft an der Uni über Politik diskutiert.

ÜBEN WIR!

a. Replace **man** with an impersonal passive construction. Begin with **Es** . . .

EXAMPLE: Man ißt hier viel.
Es wird hier viel gegessen.

1. Man geht am Wochenende oft spazieren.
2. Man fängt im Laden früh an.
3. Man arbeitete damals schwer.
4. Man fragte nicht viel.

b. Now begin the personal passive with something other than **es.**

EXAMPLE: Hier ißt man viel.
Hier wird viel gegessen.

1. Morgen liest und schreibt man viel.
2. Jetzt kauft man ein.
3. Gestern tanzte man bis zwei Uhr früh.
4. In unserer Stadt baut man immer mehr.

4/ The Present Participle

A. Formation

To form the present participle (English: **-ing**) of a German verb, add **-d** to the infinitive:

schlafend	sleeping
feiernd	celebrating
denkend	thinking
lesend	reading

---

[1] Similarly, when verbs with dative objects (see above, p. 109) are used in the passive voice, their objects *remain* in the dative and the passive is in the third-person singular, with an impersonal **es** in first position if no other element occupies it:

active   Man hilft mir oft.   *They often help us.*

passive   Mir wird oft geholfen. } *I'm often helped.*
           Es wird mir oft geholfen. }

B. Use

The German present participle is *not* used as a verbal noun. (No Smoking = **Rauchen** verboten). German uses the infinitive for this purpose: see p. 140 above.

The present participle *is* used:

1. as an attributive adjective with the standard adjective endings:[1]

Wir wollen das **schlafende** Kind nicht stören.	*We don't want to disturb the sleeping child.*

2. occasionally as an adverb:

Sie sah mich **fragend** an.	*She looked at me questioningly.*

ÜBEN WIR!

Add the present participle as an adjective to the sentence you will hear.

> EXAMPLE: Haben Sie das Stück gesehen? (schockierend)
> Haben Sie das schockierende Stück gesehen?

1. Jeder Mensch weiß das. (denkend)
2. Wir können die Preise nicht mehr bezahlen. (steigend)
3. Was meinen die Politiker? (führend)
4. Der starke Verkehr ist ein Problem. (wachsend)
5. Die Urlaubspläne freuten sie. (überraschend)
6. Bitte stören Sie meinen Zimmerkameraden nicht. (schlafend)

5/ The Flavoring Particle **ja**

Unstressed **ja** is frequently used as a flavoring particle in German. It sometimes connotes wonder, surprise, or admiration:

> Sie sprechen ja perfeckt Deutsch!   *You speak perfect German!*

Sometimes it connotes protestation:

> Aber ich bin ja gar keine Ausländerin!   *But I'm not a foreigner at all.*

Usually **ja** comes immediately after the inflected verb.

---

[1] Remember that the *past* participle can also be used as an attributive adjective. See page 419 above.

Wortschatz zum Lesestück

Leicht zu merken

der **Ozean**, -e
die **Religion**, -en
renovieren

Verben

berichten to report
klagen to complain
mieten to rent
ziehen, zog, ist gezogen to
move (to a new home town,
area)
  **ein·ziehen, zog ein, ist
  eingezogen** to move in

Substantive

die **Krankheit**, -en sickness;
disease
der **Mieter**, - renter; tenant
die **Möglichkeit**, -en
possibility
die **Stelle**, -n (here) passage
in a book

Gegensätze

der **Türke**, -n, -n Turk (*m.*)
die **Türkin**, -nen Turk (*f.*)
die **Türkei** Turkey

Andere Vokabeln

anständig decent
einigermaßen somewhat, to
some extent
erstaunt surprised,
astounded
irgendwann sometime or
other
menschlich like a human
being, human; humane
nämlich namely
türkisch Turkish
verwandt mit related to
vorerst for the time being
zwar . . . aber to be sure . . .
but

Nützlicher Ausdruck

nach und nach gradually

anständig ≠ unanständig	decent ≠ indecent
menschlich ≠ unmenschlich	human ≠ inhuman

Max von der Grün

Leben
im gelobten
Land°

Promised Land

*Im Jahre 1982 arbeiteten fast 2 Millionen Gastarbeiter in
der Bundesrepublik. Diese Arbeiter stellen ein ernstes so-
ziales Problem dar.° Sie wurden zwar für die deutsche Wirtschaft gebraucht, die Deutschen haben sie aber nie wirklich akzeptiert. Max von der Grün, 1926 in Bayreuth geboren, von 1951 bis 1963 Bergmann,° jetzt freier Schriftsteller
in Dortmund, berichtete 1975 über das Leben eines tür-
kischen Gastarbeiters in seinem Buch* Leben im gelobten
Land, *aus dem wir einige Stellen hier abdrucken.°
Zunächst spricht der Arbeiter Osman Gürlük selbst:*

stellen. . .dar: *to present*

miner

reprint

„Diese Kälte° hier in Deutschland macht mich krank; ich
habe immer noch Heimweh, heute manchmal noch stärker
als vor fünf Jahren; Heimweh ist eine Krankheit, und diese
Krankheit ist nur in der Türkei zu heilen;° aber in
Anatolien[1] gibt es für mich keine Arbeit, keinen Verdienst,°
keine Möglichkeit, irgendwann einmal nach oben zu kommen,° wie ein Mensch zu leben, mit Haus und geregeltem
Einkommen:° ich muß vorerst in Deutschland bleiben, muß
mit dieser Krankheit leben; in dieser Kälte; die Kälte hier in
Deutschland, das sind die Menschen."

cold

cure
wages

to get ahead
regular income

Osman Gürlük lebt heute mit seiner Frau und der
dreijährigen° Tochter Ißek in einer Zweieinhalbzimmer-
wohnung im Dortmunder Norden, in einem Viertel, das
ausschließlich° von Türken bewohnt° wird. Die Deutschen
sagen: Türkenviertel. Die deutschen Mieter sind nach und
nach, als immer mehr Türken in das Viertel kamen, in andere Stadtteile gezogen, in Neubauten.° Das „Türkenviertel" besteht ausschließlich aus Altbauten, die von den
Eignern° heute nur noch notdürftig° renoviert werden, weil
die Häuser irgendwann einmal abgerissen° werden durch
die geplante Stadtsanierung°. . .

three-year-old

exclusively   inhabited

new buildings

owners   minimally
torn down
urban renewal

Die Türken in der Bundesrepublik haben es von allen
Gastarbeitern am schwersten: sie sind weder Europäer,
noch gehören sie einer christlichen° Religion an° und ihre
Mentalität ist nicht mit der unseren verwandt. Um einigermaßen menschlich leben zu können, müssen sie dreitausend Kilometer entfernt° von ihrer Heimat arbeiten.

Christian **gehören. . .an:**
be a member of

away, removed

Dazu sagt Osman Gürlük: „Ich will nicht klagen, ich
bin nur immer wieder darüber erstaunt, daß dreitausend
Kilometer mehr sind als nur dreitausend Kilometer; wahrscheinlich ist es leichter, den Ozean zu durchschwimmen,

---

[1] Anatolia, the eastern part of Turkey.

they put up with us

compatriots = **verstehen**

als deutschen Arbeitern klar zu machen, daß wir Türken nichts anders wollen als sie auch, nämlich arbeiten, um anständig leben zu können; wir sind geduldet,° und das auch nur, so lange wir gebraucht werden; das müssen meine Landsleute° begreifen° lernen."

Fragen zum Lesestück

1. Wie viele Gastarbeiter arbeiteten 1982 in der Bundesrepublik?
2. Warum sind diese Arbeiter ein schwieriges Problem für die deutsche Gesellschaft?
3. Wo kommt der Gastarbeiter Osman Gürlük her?
4. Wie wird Heimweh von Osman Gürlük genannt?
5. Wo wäre diese Krankheit zu heilen?
6. Was gibt es in der Türkei nicht für ihn?
7. Meint er das Wetter, wenn er von Kälte spricht?
8. Wo wohnt Osman Gürlük heute? Wie groß ist seine Familie?
9. Wie sieht das Viertel aus, in dem er wohnt?
10. Warum haben es die Türken am schwersten von allen Gastarbeitern?
11. Was möchte Osman Gürlük den deutschen Arbeitern klarmachen?

Vom Lesen zum Sprechen

Wohnen und Wohnungen

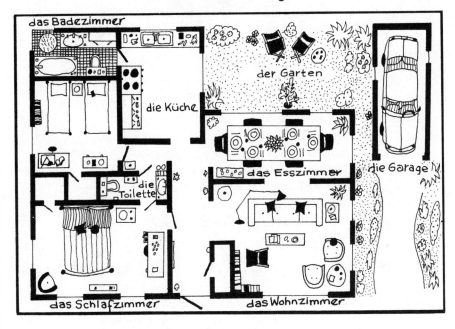

Lernen Sie auch:

das **Bett, -en**	bed
ins Bett gehen	to go to bed
die **Lampe, -n**	lamp
die **Möbel** (*pl.*)	furniture
Sie haben schöne Möbel.	You have nice furniture.

Zur Diskussion

1. Wie wohnen Sie zu Hause? Beschreiben Sie das Haus oder die Wohnung Ihrer Familie.
2. Wie wohnen Sie als Student? Beschreiben Sie Ihr Zimmer.
3. Stellen Sie sich Ihr ideales Haus vor. Was würden Sie sich wünschen?

Mündliche Übungen

A. Persönliche Fragen

    1. Wann haben Sie Geburtstag?

    2. Sagen Sie Ihren Freunden, wie alt Sie sind, oder ist es ein Geheimnis?

    3. Finden Sie, daß Geburtstage gefeiert werden müssen?

    4. Wie feiert man einen Geburtstag in Ihrer Familie?

    5. Gehen Sie in Lokale oder zu Parties, wo viel getanzt wird?

    6. Kennen Sie Ausländer, die perfekt Englisch sprechen?

    7. Wann lernt man eine Sprache am schnellsten?

8. Warum ist es schwierig, einen Ausländer ohne Vorurteile zu akzeptieren?

9. Könnten Sie sich in einem anderen Land zu Hause fühlen? Was würde Ihnen besonders fehlen?

10. Welches Land würden Sie zur zweiten Heimat wählen, wenn Sie wählen müßten? Warum?

B. Say who does (or did) the following things.

> EXAMPLE: Von wem wird die Wurst verkauft?
> Sie wird vom Metzger verkauft.

1. Von wem werden die beiden Tramper mitgenommen?
2. Von wem wurde Ihnen die deutsche Grammatik erklärt?
3. Von wem wird das Essen im Restaurant gebracht?
4. Von wem wird der Filmregisseur kritisiert?
5. Von wem wurde dir dieser neue Roman empfohlen?
6. Von wem wurde das Spiel gewonnen?
7. Von wem wurde *Hamlet* geschrieben?
8. Von wem wurden Sie gebeten, das Auto zu waschen?

C. Tell the "life story" of the following objects in the passive voice, using the cues as an aid.

1. die Zeitung:
   Journalisten / geschrieben
   morgens auf der Straße / gekauft
   zwischen sieben und halb acht / gelesen
   im Zug / gelassen
   von einem alten Mann / gefunden und gelesen

2. der Roman:
   Schriftsteller / geschrieben
   Buchhandlung / gekauft
   zu Hause / gelesen
   einem Freund / geliehen
   vom Freund / verloren

3. die Wurst:
   Metzger / gemacht
   Kunde / gekauft
   im Wasser / gekocht
   zum Mittagessen / gegessen

4. die Postkarte:
   in Italien / gekauft
   Barbara / geschrieben
   zur Post / gebracht
   nach Hause / geschickt
   Familie / gelesen

5. der Tisch:
   Schreiner / gemacht
   im Möbelgeschäft / gekauft
   nach Hause / gebracht
   neben das Bett / gestellt

D. *Rollenspiel:* Invent brief dialogues between the following people to fit the situations given.

1. Eine Geburtstagsfeier: Helga und Renate
   Helga hat Geburtstag. Sie spricht mit ihrer Zimmerkameradin darüber.

Wein und Lebensmittel müssen gekauft werden. Das Zimmer sollte etwas schöner aussehen. Von wem wird es dekoriert? Und die Gäste? Von wem werden Helgas Freunde eingeladen? Es muß noch vieles gemacht werden, bevor sie ankommen. Was muß noch besprochen werden?

2. Im Zug: Herr Deschner und David Christensen

David kommt aus den Vereinigten Staaten und reist mit dem Zug durch Europa. Irgendwo zwischen Kiel und Bremen wird er von einem Deutschen, der ihm gegenüber sitzt, begrüßt. Der Mann scheint sehr sympathisch zu sein. Nach einem netten Gespräch über Davids Reisepläne und über Herrn Deschners Beruf als Computer-Programmierer, wird David von Herrn Deschner zum Mittagessen eingeladen. David dankt Herrn Deschner und antwortet, daß er gern mit ihm essen würde, aber in fünfzehn Minuten aussteigen muß.

Schriftiche Übungen

E. Rewrite the following newspaper article, using the passive or passive substitutes. Do *not* change the tenses.

Heute morgen um 1.00 Uhr fand ein Polizeibeamter einen schwerverletzten Mann in der Kleiststraße. Man brachte den Mann sofort ins Krankenhaus, wo die Ärzte ihn noch retten konnten. Die Polizei hat ein Küchenmesser neben dem Mann gefunden. Einen Ausweis hat man nocht nicht gefunden. Die Polizei hat den Verletzten noch nicht identifizieren können.

F. Schreiben Sie mal darüber!

1. In seinem Bericht über sein „Leben im gelobten Land" sprach der Türke Osman Gürlük über sein Leben als Außenseiter in der BRD. Beschreiben Sie in Ihren eigenen Worten seine Gefühle in dieser Situation.

2. Stellen Sie sich vor, Sie kämen aus einer kleinen Stadt, wo die meisten Menschen sich gut kennen. Eine ausländische Arbeiterfamilie zieht in die nächste Wohnung ein. Was für Schwierigkeiten hätten Sie in dieser Situation?

3. Gibt es Gastarbeiter in Ihrer Heimat oder überhaupt in Amerika? Wie ist die Situation im Vergleich zu Europa?

G. Wie sagt man das auf deutsch?

1. Last week an Italian family moved into our building (**Haus**).
2. Do you think they'll be accepted by the other tenants?
3. Why not? Their children already play with ours every day.

4. If Professor Kling were more humane, we wouldn't have to read this book.
5. If you hadn't celebrated with Ulla last night, you would have had time to read it.

6. How was the train trip from Kiel to Bremen?
7. Not bad. When I got on, I met a friendly guy.
8. Really?
9. Yes, I was invited to lunch and during lunch, he told me about his job.

Almanach

Foreign Workers in German-Speaking Countries

	West Germany	Switzerland	Austria
Turks	1,546,000		27,000
Yugoslavs	637,000		88,000
Italians	624,000	417,000	2,000
Greeks	299,000		
Spaniards	177,000	101,000	200
	3,283,000	518,000	117,200

The above figures refer to foreign workers and, except for Austria, their dependents; they do not include other foreigners.

Tragutin Trumbetas

Where the foreign workers are employed:

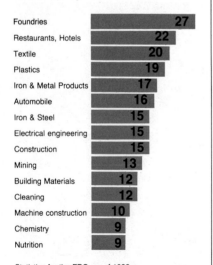

Foundries	27
Restaurants, Hotels	22
Textile	20
Plastics	19
Iron & Metal Products	17
Automobile	16
Iron & Steel	15
Electrical engineering	15
Construction	15
Mining	13
Building Materials	12
Cleaning	12
Machine construction	10
Chemistry	9
Nutrition	9

Statistics for the FRG, as of 1982.

18

Die
Frau

Subjective use of modal verbs
Indirect quotation and special subjunctive
Extended modifiers
Reading: *Gedanken über die Emanzipation
der Frau*

Kind oder Beruf?

MARGARETHE: Was wird aus meinem Beruf, wenn wir ein Kind bekommen?

HEINRICH: Hoffentlich kann eine Frau heutzutage beides haben.

MARGARETHE: Mag sein, aber mein Chef sagt, es sei schwierig, eine so gut bezahlte Stelle wie meine wieder zu bekommen.

HEINRICH: Aber du brauchst die Stelle nicht aufzugeben. Du könntest doch am Anfang halbtags arbeiten, nicht?

MARGARETHE: Ich müßte den Chef fragen, ob das möglich ist.

HEINRICH: Dann könnten wir mit der Kinderkrippe auskommen, und ich helfe auch mehr im Haushalt.

Eheprobleme

ALICE: Morgen, Ute. Hast du Feuer?

UTE: Klar . . . aber seit wann rauchst du wieder? Was ist denn?

ALICE: Ach, ich bin k.o. Ich war die halbe Nacht bei Rita und fürchte, ihre Ehe ist kaputt.

UTE: Ist das wahr? Aber sie und Rudi sollen doch so glücklich sein.

ALICE: Ich war auch überrascht. Ich dachte, bei ihnen wäre alles in Ordnung.

Wortschatz

Child or Career?

MARGARETHE: What's going to happen to my career if we have a child?

HEINRICH: I would hope a woman can have both nowadays.

MARGARETHE: Maybe, but my boss says it's hard to get such a well-paid position as mine again.

HEINRICH: But you don't have to give up your job. You could work half days in the beginning, couldn't you?

MARGARETHE: I'd have to ask the boss if that's possible.

HEINRICH: Then we could get along by using the day-care center, and I'll help more with the housework, too.

Marital Problems

ALICE: Morning, Ute. Got a light?

UTE: Sure . . . but since when are you smoking again? Is anything wrong?

ALICE: Oh, I'm exhausted. I was at Rita's half the night, and I'm afraid her marriage is on the rocks.

UTE: Is that true? But she and Rudi are supposed to be so happy.

ALICE: I was surprised too. I thought everything was fine with them.

Verben

aus · kommen, kam aus, ist ausgekommen to get by, get along
bezahlen to pay (for)
rauchen to smoke
überraschen to surprise

Substantive

die **Ehe, -n** marriage
der **Haushalt** household; housekeeping
die **Kinderkrippe, -n** day-care center
die **Ordnung, -en** order, orderliness
in Ordnung in order; fine, o.k.

Andere Vokabeln

beides (*sing.*) both (things)
halbtags (*adv.*) half days
halbtags arbeiten to work part-time
kaputt broken, ruined, wrecked; exhausted

Nützliche Ausdrücke

Haben Sie Feuer? Have you got a light?
(Das) mag sein. maybe, that may be
Was ist denn? What's wrong? What do you want?

Neue Kombinationen

A. Replace the italicized word with the word you will hear.

1. Ich fürchte, *ihre Ehe* ist kaputt.
   (mein Fahrrad, Ihr Auto, der Fernseher, euer Telefon)
2. Ich dachte, bei ihnen wäre *alles in Ordnung*.
   (alles kaputt, es zu spät, heute eine Geburtstagsparty)
3. Ich dachte, *bei ihnen* wäre alles in Ordnung.
   (bei dir, zu Hause, im Büro, in der Firma, mit deiner Freundin)
4. Du brauchst *deine Stelle* nicht aufzugeben.
   (deine Ferien, deinen Job, dein Studium, deine alten Freunde, deine Pläne, deinen Traum)
5. Sie sollen doch so *glücklich* sein.
   (reich, stolz, vorsichtig, ernst, künstlerisch, sportlich, schick, gesund)

B. Respond to the sentences on the left with an appropriate idiomatic answer from the right hand column.

Im Moment rauche ich zuviel.	Das wäre nett!
Hast du gehört, wir haben einen neuen Chef?	Ich war auch überrascht.
	Natürlich.
Gehen wir zusammen schilaufen?	Ja, bitte schön!
Gibt es hier eine Kinderkrippe?	Was ist denn?
Wollen sie viele Kinder bekommen?	Lieber nicht.
Möchten Sie etwas zu trinken?	Bist du verrückt?

Übung zur Aussprache

Here is part of a poem by a young German woman who expresses her wish to receive equal treatment in job training, especially in areas which have been traditionally reserved for men.

Ich bin, wenn es gestattet° ist, ein Mädchen   *permitted*
Normal im Kopf, und denken kann ich auch
Will lernen, was mir Spaß macht, genau wie du
Und nicht, was grade Sitte° ist und Brauch°   *custom fashion*
Wofür ich mich interessiere, darauf kommt es an°   *that's what's important*
Das ist genauso, wie beim Mann

Ich möchte Schreinerin werden
Doch du sagst, das wäre nichts für mich
Die Arbeit, die wär viel zu schwer
Für Mädchen, so körperlich°   *physical*
An's Fließband° kann ich gehen   *assembly line*
Doch Hobeln,° das ist zu schwer   *planing*
Da stell mir doch mal einer
Diese Logik her°   ***stell . . . her:*** *(here) explain*

Uschi Flacke

Grammatik

1/ Subjective Use of Modal Verbs

The modal verbs are sometimes used to show the speaker's subjective attitude toward what he is saying. By and large, this subjective use parallels English.[1]

mögen expresses possibility:

Das **mag** sein.	*That **may** be.*

müssen expresses strong probability:

Diese Menschen **müssen** Ausländer sein.	*These people **must** be foreigners.*

sollen expresses hearsay:

Sie **sollen** so glücklich sein.	*They **are supposed** to be so happy.*
Sie **soll** eine gute Lehrerin sein.	*She's **supposed** to be a good teacher.*

können expresses fairly strong possibility (sometimes = English **may**):

Sie **kann** morgen schon hier sein.	*She **may** be here as early as tomorrow.*
Kann das Richard sein?	***Can** that be Richard?*

wollen casts doubt on someone else's claim:

Er **will** ein reicher Geschäftsmann sein.	*He claims to be a rich businessman.*

The subjective use of **wollen** has no parallel in English.

ÜBEN WIR!

a. Give English equivalents for the following sentences and say whether the modal verb is used subjectively or objectively.

1. Kann das Utes Wagen sein?
2. Nein, das muß ein anderer sein.
3. Wieso? Sie wollte sich doch einen roten Wagen kaufen.
4. Mag sein. Wir müssen Ute fragen.
5. Ja, sie soll um drei wieder da sein.
6. Dann müssen wir zusammen in die Vorlesung.

[1] The subjective modals also parallel English in the way they form their past tense. Note the difference between objective and subjective.

Objective:	Er **mußte** am Montag in Wien **sein.**	*He had to be in Vienna on Monday.*
Subjective:	Er **muß** am Montag in Wien **gewesen sein.**	*He must have been in Vienna on Monday.*

7. Wollen wir ein Glas Bier trinken? Drüben sitzt Rudi.

8. Was trägt er denn für eine Krawatte? Und das will ein eleganter Mann sein!

b. Give German equivalents for these sentences.

1. She is supposed to be very famous.

2. That may be.

3. Roland must know a lot about music.

4. He claims to know everything about music.

5. It may be that their marriage is wrecked.

6. But they were supposed to be so happy!

2/ Indirect Quotation and Special Subjunctive

A. There are two basic ways to report what someone has said: directly or indirectly. You can quote directly, repeating the original speaker's exact words:

Bernd sagte: „Ich muß heute in die Bibliothek."

It is much more common, however, to report speech in indirect quotation:

Bernd sagte, { er muß heute in die Bibliothek. / daß er heute in die Bibliothek muß.

A statement in indirect quotation may either have no conjunction at the beginning and have verb-second word order, or it may be a subordinate **daß**-clause with verb-last word order.

In the spoken language, many Germans have come to use the indicative for indirect quotation, as in the examples above.

Sometimes German speakers use general subjunctive to distinguish indirect quotation:

Bernd sagte, er **müßte** heute in die Bibliothek.

Sometimes German speakers prefer to use the *special* subjunctive, described below, for indirect quotation. In many cases, special and general subjunctive are interchangeable for this purpose. In formal, written German (for example, in a newspaper report), indirect quotation *must* be in the special subjunctive.

B. Special Subjunctive

As mentioned above, German has a special subjunctive for indirect quotation, used especially in journalistic prose.

1. Formation

a. The present-tense endings of the special subjunctive are the same as those of the general subjunctive (**-e, -est, -e; -en, -et, -en**), but they are attached to the *unchanged infinitive stem* of the verb:

laufen			
ich	laufe (liefe)	wir	laufen (liefen)
du	laufest	ihr	laufet
er	laufe	sie	laufen (liefen)

können			
ich	könne	wir	können (könnten)
du	könnest	ihr	könnet
er	könne	sie	können (könnten)

wissen			
ich	wisse	wir	wissen (wüßten)
du	wissest	ihr	wisset
er	wisse	sie	wissen (wüßten)

The forms crossed out in the above paradigms are identical with the indicative and therefore must be replaced by general subjunctive (in parentheses).

The only verb with an irregular special subjunctive is **sein:**

ich	sei	wir	seien
du	seiest	ihr	seiet
er	sei	sie	seien

b. The future special subjunctive is formed thus:

	special subjunctive of werden		*infinitive*
Sie	**werde**	morgen	**wiederkommen.**

c. The past special subjunctive is formed thus:

	special subjunctive of auxiliary		*past participle*
Sie	**habe**	das	**gewußt.**
Er	**sei**	dort	**gewesen.**

2. Use

You will encounter special subjunctive most often in the third person singular, introduced by a verb of saying or asking in the indicative:

Frau Donatz sagt, sie **müsse** leider gehen. Sie **fahre** morgen früh ab und **wisse** nicht, wann sie zurückkommen **werde.**

Mrs. Donatz says that unfortunately, she has to go. She's leaving tomorrow and doesn't know when she'll be back.

In spoken German, special subjunctive is most often used with high-frequency verbs like **sein, haben,** and the modals. You should be able to recognize it and know that it is used for indirect quotation.

C. Tenses in Indirect Quotation

In English, the tense of the introductory verb of saying influences the tense of the indirect quotation:

Direct Quotation
"I have to go to the library"

Indirect Quotations

introductory verb in the present } She **says** she **has** to go to the library.

introductory verb in the past } She **said** she **had** to go to the library.

▶ In German, the tense of the introductory verb of saying has *no influence* on the tense of the indirect quotation. If the tense of the direct quotation is *present,* use *present* subjunctive or indicative for the indirect quotation. If it was *future,* use *future.* If it was *any past tense,* use *past* subjunctive or any past indicative:

Direct Quotation: *present*
"Ich **muß** in die Bibliothek."

Indirect Quotation: *present*

Sie sagt,
Sie sagte, } sie **muß**
müßte in die Bibliothek.
müsse

Studentinnen in einem Braunkohle-Bergwerk (lignite mine) bei Cottbus

Direct Quotation: *past*

"Ich habe das nicht gewußt."

Indirect Quotation: *past*

$$\left.\begin{array}{l}\text{Er sagt,}\\\text{Er sagte,}\end{array}\right\} \text{er } \begin{array}{l}\textbf{hat}\\\textbf{hätte}\\\textbf{habe}\end{array} \text{das nicht gewußt.}$$

D. Thoughts in Indirect Quotation

Indirect quotation in the subjunctive can be used to report not only what was actually said out loud, but even what was only *thought* or *believed*, especially if that thought or belief turned out to be wrong:

Ich dachte, alles **wäre** in Ordnung.	*I thought everything was fine.*
Er glaubte, daß sie mitkommen **würde.**	*He thought she would come along.*

ÜBEN WIR!

a. Grete says the following things to you. Tell someone else what she said. Use the indicative.

> EXAMPLE: „Ich habe ein Problem."
> Sie sagte mir, daß sie ein Problem hat.

1. „Ich bin diese Woche sehr nervös."
2. „Hans und ich sollen heiraten."
3. „Aber ich will trotzdem weiter arbeiten."
4. „Hans will, daß ich zu Hause bleibe."
5. „Im Juni sind wir zusammen nach Spanien getrampt."
6. „Es hat wirklich Spaß gemacht."
7. „Wir haben viel Schönes gesehen."
8. „Jetzt ist das Leben wieder langweilig geworden."

b. Now report what Holger said to you. Say each sentence twice, using general subjunctive the first time and special subjunctive the second time.

> EXAMPLE: „Ich kann keine Stelle finden."
> Er sagte, er könnte keine Stelle finden.
> Er sagte, er könne keine Stelle finden.

1. „Ich habe überall gesucht."
2. „Vielleicht gibt es Arbeit in der Stadt."
3. „Ich will aber nicht umziehen."
4. „Barbara hat mir geholfen."
5. „Sie hat einen guten Job als Verkäuferin bekommen."
6. „Sie will eigentlich Programmiererin werden."
7. „Aber man ist glücklich, überhaupt Arbeit zu haben."
8. „Ich werde schon etwas finden."

E. Questions and Commands in Indirect Quotation

1. A yes / no question becomes an **ob**-clause in indirect quotation:

> „Hast du Geld bei dir?"
> Sie möchte wissen, **ob** ich Geld bei mir habe.

2. Information questions become subordinate clauses introduced by the question word: Notice that verb-final word order is used:

> „Wo ist der Bahnhof?"
> Er fragte, **wo** der Bahnhof ist.

3. Commands become statements with the verb **sollen,** with or without **daß:**

> „Kaufen Sie das nicht!
>
> Sie sagt, $\begin{cases} \text{ich } \textbf{sollte} \text{ das nicht kaufen.} \\ \text{daß ich das nicht kaufen } \textbf{sollte.} \end{cases}$

ÜBEN WIR!

Report these conversations in indirect quotation.

1. Karla: „Hast du Feuer?"
2. Rita: „Natürlich, aber rauch doch nicht so viel!"
3. Karla: „Warum soll ich nicht rauchen?"
4. Rita: „Es ist ungesund."

5. Vater: „Kommst du mit dem Geld aus?"
6. Tochter: „Nein! Gib mir doch mehr!"
7. Vater: „Wofür brauchst du denn so viel?"
8. Tochter: „Ich möchte ein Moped kaufen."

3/ Extended Modifiers

Look at the following phrases:

diese neue Schauspielerin	*this new actress*
diese beliebte neue Schauspielerin	*this popular new actress*
diese sehr beliebte neue Schauspielerin	*this very popular new actress*

Both German and English can extend noun phrases by inserting a series of adjectives and adverbs between a limiting word (**diese,** this) and its noun (**Schauspielerin,** actress). In German, however, there is no limit to the length of such a series:

diese bei jungen Menschen sehr beliebte neue Schauspielerin	*this new actress, very popular with young people*
diese bei jungen Menschen in Deutschland sehr beliebte neue Schauspielerin	*this new actress, very popular with young people in Germany*

diese heute bei jungen
  Menschen in Deutschland
  sehr beliebte neue
  Schauspielerin

this new actress, very popular
with young people in
Germany today

Such extended modifiers are encountered primarily in written German and their use or avoidance is a matter of stylistic preference.

The extended modifier is basically a substitute for a relative clause:

    diese bei jungen Menschen beliebte Schauspielerin =
    diese Schauspielerin, **die** bei jungen Menschen beliebt ist

Extended modifiers often contain a present or past participle functioning as an adjective (see above, pp. 419 and 443):

    beginnend, *beginning*
    die in zwei Tagen **beginnenden**
      Ferien

the vacation that begins in two
days

    bezahlt, *paid*
    eine so gut **bezahlte** Stelle

such a well-paid job

ÜBEN WIR!

(*Books open*) Read these sentences aloud and change the extended modifiers to relative clauses, as in the example.

    EXAMPLE: Die in Hamburg geborene Schriftstellerin wohnt heute in Berlin.
               Die Schriftstellerin, die in Hamburg geboren ist, wohnt heute in Berlin.

1. Ihr erstes, im Ausland kaum gekanntes Buch machte sie in Deutschland berühmt.
2. Ihre zwei Jahre jüngere Schwester ist Schauspielerin in Düsseldorf.
3. In Berlin wohnt sie in einem alten, von Touristen nie besuchten Viertel.
4. Aus allen Teilen Deutschlands bekommt sie Briefe von ihren zum größten Teil jungen Lesern.
5. Man erwartet von ihr Antworten auf viele heute immer ernster werdende Probleme.

Wortschatz zum Lesestück

Leicht zu merken

biologisch
die **Emanzipation**
die **Feministin, -nen**
ideal
industriell
die **Konversation, -en**
psychologisch
stereotyp (*adj.*)

Verben

erledigen   to manage, take
   care of
erziehen, erzog, hat erzogen
   to raise, bring up (children)
sich kümmern um   to take
   care of; be concerned with
öffnen   to open

Substantive

das **Alter**   age (of a person)
die **Beziehung, -en**   relation,
   connection
der **Erfolg, -e**   success
der **Fall, ̈e**   case
   in dem Fall   in that case
die **Frauenemanzipation**
   women's liberation
das **Geschlecht, -er**   sex,
   gender

Gegensätze

das **Gesetz, -e**   law
die **Gleichberechtigung** (*sing.*)
   equal rights
das **Papier, -e**   paper
der **Unterschied, -e**
   difference

Andere Vokabeln

deutlich   clear
gesellschaftlich   social
gleichberechtigt   enjoying
   equal rights
   eine gleichberechtigte Frau
   a woman enjoying equal
   rights
gleichzeitig   simultaneously,
   at the same time
hauptsächlich   mainly, for
   the most part
niedrig   low
ordentlich   orderly
sauber   clean
schuld an (+ *dat.*)   guilty of;
   to blame for

Nützliche Ausdrücke

im Laufe (+ *gen.*)   in the
   course of
im Alter von   at the age of
Sie ist in meinem Alter.
   She's my age.

deutlich ≠ undeutlich	clear ≠ unclear
niedrig ≠ hoch	low ≠ high
ordentlich ≠ unordentlich	orderly ≠ disorderly, messy
sauber ≠ schmutzig	clean ≠ dirty

Gedanken über die Emanzipation der Frau

Die Rolle der Frau in der Gesellschaft ist in Deutschland wie fast überall in der Welt zu einem heißdiskutierten Thema° geworden. Die Diskussion kreist zugleich um° soziale wie psychologische Fragen: um gleichen Lohn für gleiche Arbeit, um die Berufswahl,° um das Selbstbewußtsein° der Frau und um die Beziehungen zwischen den Geschlechtern.

Das alte Klischee von „Kinder, Kirche, Küche", mit dem man früher den Bereich° der deutschen Frau zu beschreiben glaubte, trifft heute nur noch selten zu.° Anderseits° meinen viele Feministinnen, es habe sich nicht viel geändert. Die Frauenemanzipation hat als Ziel, Klischees und Vorurteile zu bekämpfen,° und den Frauen neue Wege zu öffnen.

Schuld an der zweitrangigen Stellung° der Frau ist nicht der biologische Unterschied zwischen den Geschlechtern, sondern die traditionelle gesellschaftliche Rolle, aus der jetzt viele Frauen auszubrechen versuchen. Weil früher Mädchen fast ausschließlich° auf ihre Rolle als Mutter und Hausfrau vorbereitet wurden, lernten sie im jungen Alter, wie die „ideale" Frau zu sein hatte: bescheiden, ordentlich, sauber und kinderlieb.°

Dieses traditionelle Bild hatte sich im Laufe der Zeit als selbstverständlich und normal etabliert.° So schrieb zum Beispiel Martin Luther[1] im sechzehnten Jahrhundert:

> *Weiber° tragen Kinder und ziehen sie auf°, regieren das Haus und teilen ordentlich aus°, was der Mann hineinschafft.° . . . Daraus erscheint, daß das Weib geschaffen ist zur Haushaltung,° der Mann aber zur Politik, . . . zu Kriegen und Gerichthändeln°. . . .*

Die „Arbeitsteilung"° Luthers zeigt, wie die Ausschließung° der Frau aus dem öffentlichen Leben zur gottgegebenen° Weltordnung erhoben° wurde.

Im industriellen Zeitalter° aber wurde es immer deutlicher, daß die Industrie die Arbeitskraft° der Frau braucht. Es waren natürlich nur die ungebildeten° und armen Frauen,

---

Margin glosses:

- *hotly-discussed topic* · *centers on*
- *both*
- *career choice*
- *self-esteem*
- *domain*
- **trifft. . .zu:** *applies*
- *on the other hand*
- *fight, combat*
- *second-rate status*
- *exclusively*
- *affectionate with children*
- *established*
- *women (archaic)* · **ziehen. . .auf:** *raise*
- **teilen. . .aus:** *distribute*
- *brings home*
- *created for keeping house*
- *court disputes*
- *division of labor* · *exclusion*
- *God-given*
- *raised*
- *era*
- *labor*
- *uneducated*

---

[1] Martin Luther (1483–1546), religious reformer and one of the founders of Protestantism.

die in den gefährlichen und ungesunden Fabriken arbeiten mußten, weil ihre Familien sonst verhungert° wären. Trotz gleicher Leistungen° erhielten° sie nicht den gleichen Lohn wie der Mann. Die Damen der Oberschicht,° auf der anderen Seite, durften zu Hause Herrin° sein, wo es ihre Aufgabe war, die Kinder zu erziehen und mit leichter Konversation, ein bißchen Klavierspiel und oberflächlicher Bildung° gesellschaftliche Unterhaltung° zu bieten.

starved
output   received
upper class
mistress

superficial learning
entertainment

Und wie ist es heute?
    Juristisch° ist die Gleichberechtigung der deutschen Frau längst festgelegt.° Artikel 3 des Grundgesetzes[2] der Bundesrepublik lautet:°

legally
long-since established
reads

    1. *Alle Menschen sind vor dem Gesetz gleich.*
    2. *Männer und Frauen sind gleichberechtigt.*

Ähnlich liest man in der Verfassung° der Deutschen Demokratischen Republik, Artikel 20:

Constitution

[2] The "basic law" or constitution of the Federal Republic of Germany.

Polizistin der bayerischen Polizei

1. . . . Alle Bürger sind vor dem Gesetz gleich.
2. Mann und Frau sind gleichberechtigt. . . .
   Die Förderung° der Frau, besonders in der be-
   ruflichen Qualifizierung,° ist eine gesellschaftliche
   und staatliche Aufgabe.°

advancement
professional training
duty of the state

Aber ist diese offizielle Gleichberechtigung von Mann und Frau, obwohl sie auf dem Papier steht, tatsächlich schon realisiert?° Man findet heute noch Fälle in der BRD, bei denen Frauen für gleiche Arbeit einen niedrigeren Lohn bekommen als die Männer, und in der DDR sind Frauen noch hauptsächlich in niederen Lohngruppen. Dazu kommen noch der Haushalt und die Familie, wo berufstätige° Frauen oft die ganze Hausarbeit erledigen, obwohl sie einen normalen Arbeitstag haben. In solchen Fällen hat die Frau eine neue Rolle übernommen,° ohne die alte ganz aufzugeben. In der DDR, wo 80% der Frauen arbeiten, ist dieses Problem besonders akut.°

realized

employed

assumed

acute

Nichtsdestoweniger° ist eine Wandlung° im Leben der Frauen festzustellen.° Jungen Frauen in beiden deutschen Staaten stehen heute viel mehr Türen offen als vor fünfzig Jahren. Gleichzeitig lernen diese Frauen, die trotz aller Schwierigkeiten errungenen Leistungen° der früheren Frauengenerationen zu schätzen.° Es gibt auch Männer, die sich mehr um Kinder und Familie kümmern möchten, und nicht nur um Beruf und Erfolg. Die Emanzipation der Frau bedeutet also viel mehr als nur bessere Berufschancen° für Frauen. Im besten Fall könnten sich beide Geschlechter von ihren alten, stereotypen Rollen befreien.°

nevertheless change
can be observed

achievements gained
appreciate

job opportunities

liberate

Fragen zum Lesestück

1. Was sind die wichtigsten Fragen in der Diskussion über die Rolle der Frau?
2. Was hat die Frauenemanzipation als Ziel?
3. Meinen Sie, daß der biologische Unterschied zwischen den Geschlechtern schuld an der Situation der Frau ist?
4. Wie sollte die ideale Frau in früheren Zeiten sein?
5. Was meinte Luther zu der Rolle der Frau und des Mannes?
6. Was bedeutete die Entwicklung der Industrie für die Frauen aus der Arbeiterklasse?
7. Welche Rolle sollte eine reiche Dame damals spielen?
8. Was sagen die Gesetze der BRD und der DDR über die Gleichberechtigung von Mann und Frau?
9. Warum ist die Gleichberechtigung, die auf dem Papier steht, noch nicht realisiert?
10. Welche Möglichkeiten haben die jungen Frauen von heute, die die Frauen vor 50 Jahren nicht hatten?

Vom Lesen zum Sprechen

Unterschiede

Here is some familiar vocabulary:

> **ähnlich**
> **anders als**
> **gleichberechtigt**
> der **Kontrast**
> **aussehen wie**

Here are some new, useful words and phrases:

ähnlich sehen (+ *dat.*)	to look like
Sie sieht ihrer Mutter ähnlich.	She looks like her mother.
die Ähnlichkeit, -en	similarity
gleich	identical, same; equal
Wir haben das gleiche Problem.	We have the same problem.
Vor dem Gesetz sind alle Menschen gleich.	Under the law all persons are equal.

Zur Diskussion:

Besprechen Sie einige Unterschiede und Ähnlichkeiten:

1. zwischen dem Stadtleben und dem Dorfleben
2. zwischen der Zeitung und dem Fernsehen
3. zwischen einem Gastarbeiter und einem Touristen
4. in der Erziehung (*upbringing*) von Mädchen und Jungen.

Mündliche Übungen

A. Persönliche Fragen

Für Studentinnen:

1. Glauben Sie, es wird später für Sie möglich sein, Kinder zu haben und in Ihrem Beruf zu arbeiten?
2. Gibt es genug Kinderkrippen, oder müßten Sie die ersten Jahre zu Hause bleiben?
3. Möchten Sie überhaupt arbeiten, wenn Sie kleine Kinder haben?

Für Studenten:

4. Würden Sie Ihrer Frau bei der Hausarbeit helfen, wenn Sie kleine Kinder hätten?
5. Würden Sie erwarten, daß Ihre Frau dann zu Hause bleibt, oder möchten Sie lieber, daß sie weiter arbeitet?
6. Meinen Sie, die Frauen haben es schwer, nach einigen Jahren zu Hause wieder eine gut bezahlte Stelle zu bekommen?

B. At a cocktail party you meet an embarassingly boastful boor (played by your teacher). You discuss his (or her) claims with another guest. Student A reports what has been said; student B expresses doubts about its truth, using **wollen.**

> EXAMPLE: Teacher: Ich kenne die besten Künstler.
> Student A: Er sagt, er kennt die besten Künstler!
> Student B: Was? Er will die besten Künstler kennen?

1. Ich bin seit Jahren für die Frauenemanzipation.
2. Ich bin mit einem berühmten Filmstar verwandt.
3. Ich kenne alle Gastarbeiter in meiner Fabrik.
4. Ich übernachte nur in den besten Hotels.
5. Ich besitze fünf Gebäude in Florida.

C. Your teacher gives you an order which you don't hear. Ask your neighbor what the teacher said.

> EXAMPLE: Teacher: Machen Sie bitte das Fenster auf!
> Student A: Was hat er (oder sie) denn gesagt?
> Student B: Er (sie) hat gesagt, du sollst das Fenster aufmachen.

1. Rauchen Sie nicht während der Stunde!
2. Machen Sie den Fernseher doch nicht kaputt!
3. Seien Sie bitte ruhig!
4. Berichten Sie uns über Ihre Arbeit!
5. Benutzen Sie nicht so viel Papier!
6. Bezahlen Sie bitte die Rechnung!

D. *Rollenspiel:* Lesen Sie diese Szenen durch, dann spielen Sie die Szenen mit einem Nachbarn.

1. *Nach der Vorlesung.*
Tanja sieht Harald nach der Vorlesung. Sie fragt ihn, ob er heute abend Lust hätte, mit ihr zu einer tollen Party zu gehen. Sie habe nämlich ein neues Motorrad und sie könnten zusammen hinfahren. Er antwortet, er müsse leider nein sagen, weil er zu viel zu tun habe. Tanja ist erstaunt und will wissen, was denn so wichtig sei. Harald antwortet, er müsse sich heute abend die Haare waschen und möchte sich sowieso nicht auf ihrem Motorrad erkälten. Tanja sagt, er solle nicht so blöd sein. Er solle doch Freitag abend nicht allein zu Hause sitzen. Außerdem sei es nicht Winter. Harald sagt endlich ja.

2. *6.00 Uhr abends.*
Frau Berger kommt aus dem Büro nach Hause. Sie grüßt ihren Mann an der Haustür und fragt, was er für einen Tag gehabt habe. Er sähe so müde aus, meint sie. Er hilft ihr aus dem Mantel und antwortet, daß er einen harten Tag mit den Kindern gehabt habe. Sie seien nicht in die Schule gegangen, weil beide erkältet wären. Weil der Fernseher kaputt war, habe er ihnen den ganzen Tag Märchen erzählen müssen. Frau Berger fragt, ob das denn bedeute, daß es kein Abendessen gäbe. Sie habe nämlich großen Hunger, weil sie zu Mittag nichts gegessen habe. Es sei im Büro zu viel los gewesen. Er sagt, er hofft, sie könnten einen Babysitter kommen lassen und ins Restaurant gehen.

Schriftliche Übungen

E. Make complete German sentences using the elements provided. You may have to add to words.

1. ich / denken (*simple past*) // Freundin / heute / würden / sein / hier
2. interessieren / für / modern / Literatur?
3. mein / Eltern / wollen // daß / ich / schreiben / jede Woche
4. wenn / Sie / nur / deutlicher / sprechen / können!
5. du / sparen / Geld // indem / heute statt morgen / wechseln
6. Barbara / sagen / mir // ihr / Geburtstagsfeier / sollen / Geheimnis / bleiben
7. hoffentlich / können / du / an / unser / Lebenstempo / gewöhnen
8. (*whole sentence: contrary to fact*) wenn / ich / am Anfang / halbtags / arbeiten / können // haben / für / Kinder / mehr / Zeit

F. Im Fernsehen gab es letzte Woche ein Gespräch zwischen einem Interviewer und einer berühmten Feministin, Elisabeth Schmidt-Dengler. Lesen Sie diesen Bericht über das Interview und schreiben Sie das Gespräch, das die beiden gehabt haben.

Der Interviewer fragt Frau Schmidt-Dengler, wie lange sie wohl noch für die Emanzipation der Frau kämpfen müsse? Das sei schwer zu sagen, meinte sie. Der Kampf werde einfach nicht aufgegeben, bis alle Frauen gleichberechtigt sind. Der Interviewer unterbrach und sagte, daß die Gleichberechtigung ja schon seit Jahren im Grundgesetz stehe. Frau Schmidt-Dengler lachte und sagte, ja, das stimme, und das sei auch wichtig. Anderseits seien das Grundgesetz und die Wirklichkeit leider oft zwei verschiedene Dinge. Die Frauenemanzipation dürfe nicht nur auf dem Papier stehen. Man müsse auch das traditionelle Denken über die Rolle von Mann und Frau ändern. Der Interviewer dankt Frau Schmidt-Dengler für das Gespräch.

G. Schreiben Sie eine Seite über eine dieser Fragen:

1. Für Frauen: Was würde in Ihrem Leben anders sein, wenn Sie ein Mann wären?
2. Für Männer: Was würde in Ihrem Leben anders sein, wenn Sie eine Frau wären?

H. Wie sagt man das auf deutsch?

1. She asked me for a light.
2. I told her she shouldn't smoke.
3. She said it was difficult to give up although it was unhealthy.
4. Did you hear that there is a new French restaurant around the corner?
5. Yes. The food is supposed to be excellent, but the prices could be lower.
6. Rudi claims to know a lot about French cuisine (die französische Küche), and he thinks it's good.
7. How long have you had your job?
8. I've been working for this company for three years, but I'm looking for something better.
9. How come? Don't you like it there?
10. Yes, I do, but I'm not being paid enough.

Almanach

The Women's Movement

Summary and Review

Forms

1/ Verbs

A. Future tense: inflected form of **werden** + infinitive

		auxiliary		*infinitive*
Ich	**werde**	das am Montag		**erledigen.**
Sie	**wird**	dich nicht		**verstehen.**

B. General subjunctive

1. Present tense of general subjunctive

   a. Weak verbs: present subjunctive has the same form as past indicative:

wenn ich **wohnte**	if I lived	wenn wir **wohnten**	if we lived
wenn du **wohntest**	if you lived	wenn ihr **wohntet**	if you lived
wenn sie **wohnte**	if she lived	wenn sie **wohnten**	if they lived

   b. Strong verbs: present subjunctive =

   simple past stem (**fuhr-**)

   +

   umlaut whenever possible (**führ-**)

   +

   subjunctive endings:

wenn ich **führe**	if I drove	wenn wir **führen**	if we drove
wenn du **führest**	if you drove	wenn ihr **führet**	if you drove
wenn er **führe**	if he drove	wenn sie **führen**	if they drove

c. Modal verbs: present subjunctive =

past indicative (**ich sollte, ich durfte**)

\+

unlaut when infinitive has umlaut
(**ich sollte, ich dürfte**):

ich **dürfte**	*I would be allowed*	ich **müßte**	*I would have to*
ich **könnte**	*I could*	ich **sollte**	*I ought to*
ich **möchte**	*I would like to*	ich **wollte**	*I would want to*

d. **haben, werden, wissen:**   present subjunctive =

past indicative (**ich hatte, wurde, wußte**)

\+

umlaut (**ich hätte, würde, wüßte**):

wenn ich **hätte**	if I had	wenn wir **hätten**	if we had
wenn du **hättest**	if you had	wenn ihr **hättet**	if you had
wenn sie **hätte**	if she had	wenn sie **hätten**	if they had
wenn ich **würde**	if I became	wenn wir **würden**	if we became
wenn du **würdest**	if you became	wenn ihr **würdet**	if you became
wenn er **würde**	if he became	wenn sie **würden**	if they became
wenn ich **wüßte**	if I knew	wenn wir **wüßten**	if we knew
wenn du **wüßtest**	if you knew	wenn ihr **wüßtet**	if you knew
wenn sie **wüßte**	if she knew	wenn sie **wüßten**	if they knew

e. Present subjunctive with **würde:**

present subjunctive of **werden** + infinitive			
ich **würde kommen**	I would come	wir **würden kommen**	we would come
du **würdest kommen**	you would come	ihr **würdet kommen**	you would come
er **würde kommen**	he would come	sie **würden kommen**	they would come

2. Past tense of general subjunctive:

present subjunctive of **sein** or **haben** + *past participle*	
Ich **hätte** auf dich **gewartet.**	*I **would have waited** for you.*
Wir **wären** gestern abend **gekommen.**	*We **would have come** yesterday evening.*

3. Past subjunctive with a modal verb:

present subjunctive of haben + *double infinitive*

Ihr **hättet** länger **warten sollen**.	You **should have waited** longer.
Sie **hätten** auch **mitkommen dürfen**.	They **would have been allowed** to come along too.

C. Special subjunctive (for indirect quotation)

1. Present tense of special subjunctive:

present stem + subjunctive endings

Hans sagte, er **wisse** das schon.	Hans said he already **knew** that.
Marie meint, daß sie das verstehen **könne**.	Marie says she **can** understand that.

2. Future tense of special subjunctive:

present special subjunctive of werden + *infinitive*

Laura fragte, ob er bald **zurückkommen werde**.	Laura asked if he **would come back** soon.

3. Past tense of special subjunctive:

present special subjunctive of haben *or* sein + *past participle*

Richard sagt, er **habe** das nicht **getan**.	Richard says he **didn't do** that.
Marie fragte, ob er schon **angekommen sei**.	Marie asked if he **had** already **arrived**.

D. Passive voice

1. Basic conjugation:

inflected form of **werden** + past participle			
passive infinitive:		gesehen werden	to be seen
present:	Er wird	gesehen.	He is seen.
past:	Er wurde	gesehen.	He was seen.
future:	Er wird	gesehen werden.	He will be seen.
perfect:	Er ist	gesehen worden.	He has been seen. or He was seen.
past perfect:	Er war	gesehen worden.	He had been seen.

2. Passive with a modal verb:

inflected modal + passive infinitive			
present:	Das muß geändert werden.		That must be changed.
past:	Das mußte geändert werden.		That had to be changed.
future:	Das wird geändert werden	müssen.	That will have to be changed.
perfect:	Das hat geändert werden	müssen.	That had to be changed.
past perfect:	Das hatte geändert werden	müssen.	That had had to be changed.

3. Impersonal passive construction (for human activities):

The verb is *always* third person singular. There is no expressed subject.

> Hier **wird** oft **getanzt.**   ***There's*** *often **dancing*** *here.*

Impersonal **es** begins the sentence if no other element occupies first position:

> **Es** wird hier oft getanzt.

4. Substitutes for passive voice

   a. **sich lassen** + *infinitive* = **können** + *passive*

> Das **läßt sich machen.** = Das **kann gemacht werden.**

   b. **sein** + **zu** + *infinitive* = **können** *or* **müssen** + *passive*

> Dieses Buch **ist** nicht **zu verstehen.** = Dieses Buch **kann** nicht **verstanden werden.**
> Das **ist** sofort **zu erledigen.** = Das **muß** sofort **erledigt werden.**

   c. **man**

> **Man sagt** das nicht. = Das **wird** nicht **gesagt.**

E. Verbs used with prepositions

bitten um   to ask for
denken an (+ *acc.*)   to think of, have in mind
erinnern an (+ *acc.*)   to remind of
sich erinnern an (+ *acc.*)   to remember
fragen nach   to ask about, inquire about
sich gewöhnen an (+ *acc.*)   to get used to
glauben an (+ *acc.*)   to believe in
halten für   to consider, regard as, think X is
halten von   to think of, have an opinion about
sich interessieren für   to be interested in
sich konzentrieren auf (+ *acc.*)   to concentrate on
sich kümmern um   to take care of, be concerned with

teil·nehmen an (+ *dat.*)   to take part in
sich vor·bereiten auf (+ *acc.*)   to prepare for
warten auf (+ *acc.*)   to wait for

2/ Pronouns

A. **da-** and **wo-**compounds

Used instead of **preposition + pronoun** when the prepositional object is an inanimate noun:

animate noun object ⟶	*pronoun object*
Er fragte **nach meiner Mutter.**	Er fragte **nach ihr.**
Sie interessiert sich **für Goethe.**	**Für wen** interessiert sie sich?

inanimate noun object ⟶	**da-** *or* **wo-***compound*
Er fragte **nach der Post.**	Er fragte **danach.**
Sie interessiert sich **für Geschichte.**	**Wofür** interessiert sie sich?

B. Relative pronouns

1. Basic forms[1]

	masculine	*neuter*	*feminine*	*plural*
nominative	der	das	die	die
accusative	den	das	die	die
dative	dem	dem	der	denen
genitive	dessen	dessen	deren	deren

2. Rules for use

a. The relative pronoun refers to an antecedent that precedes it.
b. The relative pronoun agrees with its antecedent in *number* and *gender.*
c. The *case* of the relative pronoun is determined by its use in the relative clause.
d. Only a preposition may precede the relative pronoun in the relative clause.
e. The relative clause has verb-final word order.

antecedent	*relative pronoun*	
Das ist **der Film,**	**der**	jetzt läuft.
	an **den**	ich mich nicht erinnern konnte.
	von **dem**	sie sprachen.
	dessen	Anfang mir so gut gefällt.

---

[1] Remember that the demonstrative and emphatic pronouns (see p. 367 above) have the same form as the relative pronoun.

3. **was** is the relative pronoun when the antecedent is:

    a. **etwas, nichts, viel, wenig, alles**
    Das war **alles, was** sie sagte.

    b. a neuter adjectival noun
    Das war **das Schönste, was** ich gesehen habe.

    c. an entire clause
    Sie wollen jetzt schlafen, was ich sehr vernünftig finde.

3/ Adjectives and Adverbs

A. Present participles as adjectives

1. Formation of present participle:

infinitive	+	**-d**		
schlafen	**-d**	→	**schlafend**	*sleeping*
demonstrieren	**-d**	→	**demonstrierend**	*demonstrating*

2. As an adjective, the present participle takes the usual adjective endings:

Stört das **schlafende** Kind nicht!	*Don't disturb the **sleeping** child!*
Er blieb bei den **demonstrierenden** Studenten.	*He stayed with the **demonstrating** students.*

B. Past participles as adjectives

Past participles may also be used as adjectives with the usual endings:

infinitive	*past participle*	*participle as adjective*
erziehen	erzogen	Das ist ein gut **erzogenes** Kind.
renovieren	renoviert	Unsere **renovierte** Wohnung gefällt uns sehr.
schreiben	geschrieben	Ich konnte deinen im Zug **geschriebenen** Brief kaum lesen.

C. Comparison of adjectives and adverbs

1. Basic forms:

positive degree	*comparative degree* (+ -er)	*superlative degree* (am -(e)sten)
glücklich	glücklicher	am glücklichsten
interessant	interessanter	am interessantesten

2. With adjective endings:

eine glückliche	Ehe	*a happy marriage*
eine **glücklichere**	Ehe	*a happier marriage*
die **glücklichste**	Ehe	*the happiest marriage*

	interessante	Ideen	*interesting ideas*
	interessantere	Ideen	*more interesting ideas*
die	**interessantesten**	Ideen	*the most interesting ideas*

Note the two possibilities in the superlative:

Diese Ideen sind **am interessantesten.**
Diese Ideen sind **die interessantesten.**

3. Adjectives and adverbs with umlaut in the comparative and superlative:

old	alt	älter	am ältesten
young	jung	jünger	am jüngsten
stupid	dumm	dümmer	am dümmsten
clever	klug	klüger	am klügsten
cold	kalt	kälter	am kältesten
warm	warm	wärmer	am wärmsten
short	kurz	kürzer	am kürzesten
long	lang	länger	am längsten
tough	hart	härter	am härtesten
sick	krank	kränker	am kränksten
often	oft	öfter	am öftesten
red	rot	röter	am rötesten
black	schwarz	schwärzer	am schwärzesten
strong	stark	stärker	am stärksten

4. Irregular comparatives and superlatives

big	groß	größer	am größten
good	gut	besser	am besten
high	hoch, hoh-	höher	am höchsten
near	nahe	näher	am nächsten
much	viel	mehr	am meisten
gladly	gern	lieber	am liebsten

5. **viel** and **wenig**

positive degree	*without adjective endings* **viel** = much, a lot of **wenig** = not much, not a lot of
	with adjective endings **viele** = many **wenige** = not many
comparative degree	*no adjective endings* **mehr** = more **weniger** = less
superlative degree	*with adjective endings* **der, das, die meist-** = most **der, das, die wenigst-** = least, fewest

Functions

1/ Comparing

A. **so . . . wie** = as . . . as (with positive degree):

Die zweite Geschichte war nicht **so interessant wie** die erste.	*The second story was not **as interesting as** the first.*

B. **als** = than (with comparative degree):

Jetzt sind die Preise **höher als** letztes Jahr.	*Now the prices are **higher than** last year.*

C. **immer** + comparative degree indicates progressive change:

Im Frühling werden die Tage **immer länger** und die Nächte **immer kürzer**.	*In the spring the days get **longer and longer** and the nights **shorter and shorter**.*

D. **je . . . desto / um so** = the . . . the (with comparative degree)

Je früher, um so besser.	*The sooner the better.*
Je mehr man sich konzentriert, **desto mehr** versteht man.	*The more one concentrates, the more one understands.*

Note that **je** requires verb-last word order, while **desto / um so** requires verb-second word order.

2/ Making wishes and conditions contrary to fact: subjunctive mood

A. Conditions contrary to fact:

$$\overbrace{\textbf{Wenn} \ldots (\textit{subjunctive verb}),}^{\textit{condition}} \qquad \overbrace{(\textit{subjunctive verb}) \ldots}^{\textit{conclusion}}$$

or:

$$\overbrace{\ldots (\textit{subjunctive verb}) \ldots,}^{\textit{conclusion}} \qquad \overbrace{\textbf{wenn} \ldots (\textit{subjunctive verb}).}^{\textit{condition}}$$

Wenn Sie es mir beschreiben könnten, würde ich es verstehen.	*If you could describe it to me I would understand it.*
Natürlich würde ich euch helfen, wenn ich Zeit hätte.	*Of course I would help you if I had time to.*

B. Wishes contrary to fact:

1. **Wenn . . . doch nur . . .** (*subjunctive verb*)!

Wenn ich doch nur mehr Geld hätte!	*If only I had more money!*

2. **Ich wünschte,**
   Ich wollte, } . . . *(subjunctive verb)* . . . .

Ich wünschte, ich könnte etwas Besseres berichten.	*I wish I could report something better.*
Sie wollte, sie hätte das früher gewußt.	*She wishes she had known that earlier.*

3/ Describing with **als ob** (as though) + subjunctive:

Es war,
Er tut, } **als ob** . . . *(subjunctive verb)*.
Sie sah aus,

or

Es war,
Er tut, } **als** *(subjunctive verb)* . . . .
Sie sah aus,

Sie sehen aus, als ob sie wenig geschlafen hätten.	*They look as though they hadn't slept much.*
Sie spricht Deutsch, als ob es ihre Muttersprache wäre.	*She speaks German as though it were her native language.*
Du tust, als wärest du noch krank.	*You act as though you were still sick.*

4/ Polite requests: subjunctive mood

German uses present subjunctive for polite requests. Note the difference in tone between indicative and subjunctive:

Können Sie nicht aufhören?	*Can't you stop?*
Könnten Sie bitte aufhören?	*Could you please stop?*
Haben Sie ein Zimmer frei?	*Do you have a room free?*
Hätten Sie ein Zimmer frei?	*Would you have a room free?*

5/ Indirect quotation

A. Spoken German uses *indicative, general subjunctive,* or *special subjunctive:*

introductory clause	*indirect quotation*
Erich sagte,	daß er sehr glücklich **ist.**
Erich sagte,	daß er sehr glücklich **wäre.**
Erich sagte,	daß er sehr glücklich **sei.**

B. Written German uses *special subjunctive:*

Erich sagte,	daß er sehr glücklich **sei.**

C. The tense of the indirect quote is the same as the tense of the direct quote from which it derives:

	Direct Quotation		Indirect Quotation	
present:	„Ich **bin** müde."	→	Luise sagte, sie **sei** müde.	*present*
past:	„Ich **war** müde."	}	Luise sagte, sie **sei** müde	
perfect:	„Ich **bin** müde **gewesen**."		**gewesen**.	*past*
future:	„Ich **werde** müde **sein**."	→	Luise sagte, sie **werde** müde **sein**.	*future*

D. Yes/no questions in indirect quotation begin with **ob**:

„Hast du Zeit?" → Sie fragte, **ob** ich Zeit hätte.

E. Commands in indirect quotation use the verb **sollen**:

„Denk nicht daran!" → Johann sagte, ich **sollte** nicht daran denken.

6/ Indicating direction

A. Away from the speaker: **hin**

hineingehen: Es wird mir allmählich kalt. Ich möchte hineingehen. *I'm gradually getting cold. I'd like to go inside.*

Gehen Sie hinein und warten Sie dort auf mich. *Go inside and wait for me there.*

hinausgehen: Gehen wir hinaus und machen wir einen Spaziergang. *Let's go out and take a walk.*

HINEINGEHEN

HINEINGEHEN

HINAUSGEHEN

HEREINKOMMEN

HEREINKOMMEN

HERAUSKOMMEN

B. Toward the speaker: **her**

hereinkommen: Kommt herein, wenn es euch zu kalt wird. *Come in if it gets too cold for you.* Kommen Sie bitte herein und setzen Sie sich. *Come in and sit down.*

herauskommen: Willst du nicht herauskommen und mit uns spazierengehen? *Don't you want to come outside and take a walk with us!*

7/ Subjective use of modal verbs

A. Possibility: **mögen**

Die Arbeit mag hart sein, aber sie muß trotzdem gemacht werden.

The work may be hard but it has to be done anyway.

B. Strong probability: **müssen**

Sie muß schon in Europa sein.

She must be in Europe already.

C. Hearsay: **sollen**

Sie sollen eine glückliche Ehe haben.

They are supposed to have a happy marriage. or: *Word has it that they have a happy marriage.*

D. Fairly strong possibility: **können**

Er kann noch berühmt werden.

He may yet become famous.

E. Doubting a claim: **wollen**

Was? Dieser Politiker will ehrlich sein?

What! This politician claims to be honest!

8/ Time expressions

A. The accusative case is used in expressions of definite time when no prepositions are involved:

jeden Tag	every day
die ganze Woche	all week
den ganzen Monat	all month
letztes Semester	last semester
nächsten Herbst	next autumn

B. Parts of the day

gestern abend	last night
heute nachmittag	this afternoon
morgen früh	tomorrow morning
vorgestern	the day before yesterday
übermorgen	the day after tomorrow

C. Time phrases with **-lang**

	stundenlang	for hours
	tagelang	for days
	jahrelang	for years
but:	eine Zeitlang	for a time

Ich mußte stundenlang warten, bevor ein Bus endlich hielt.	*I had to wait for hours before a bus finally stopped.*

Review of Useful Expressions

1/ Time and place

Da vorne steht unser Auto.	*Our car is **up ahead**.*
Dort, **am Ende** der Straße?	*There, **at the end** of the street?*
Es ist **höchste Zeit,** daß wir gehen.	*It's **high time** we were going.*
Aber ich möchte gern **eine Zeitlang** bleiben.	*But I'd like to stay **a while**.*
Im Laufe des Semesters habe ich viele Bekannte kennengelernt.	***In the course of** the semester I met a lot of friends.*
Die Leute wurden **nach und nach** freundlicher.	***Gradually** the people became friendlier.*

2/ Traveling

Kann man hier **Geld wechseln?**	*Can one **change money** here?*
Zuerst bitte ich Sie, **Ihren Koffer aufzumachen.**	*First I'll ask you to please **open your suitcase**.*
Aber ich habe ja **nichts zu verzollen.**	*But I have **nothing to declare**.*
Das **mag sein,** aber Sie müssen ihn trotzdem aufmachen.	*That **may be** but you have to open it all the same.*

3/ was für = What kind of?

The case of the noun following **was für** is determined by its use in the sentence:

Was für ein Mensch war Ihre Großmutter?	*What kind of person was your grandmother?*
In was für einem Restaurant wollt ihr denn essen?	*In what sort of restaurant do you want to eat?*

Was für can also introduce exclamations (in the nominative):

Was für ein komischer Typ!	*What a funny guy!*
Was für nette Freunde!	*What nice friends!*

4/ Wanting *x* to do *y*

German uses **möchte** or **wollen** followed by a **daß**-clause:

Wollen Sie, daß ich später vorbeikomme?	*Do you want me to come by later?*
Nein, ich möchte, daß wir jetzt kurz zusammen reden.	*No, I'd like us to talk briefly together right now.*

5/ by . . . ing (something): **indem**

To express how an action is accomplished, German uses a clause introduced by **indem:**

Man wird ein guter Sportler, indem man täglich trainiert.	*You become a good athlete by training daily.*

Check Your Progress

A. Restate the following sentences in the passive. Keep the same tense as the active sentence.

> EXAMPLE: Max baut sich dieses Haus.
> Dieses Haus wird von Max gebaut.

1. Karl hat diesen Brief geschrieben.
2. Die Stadt baut hier eine neue Schule.
3. Professor Müller hält die Vorlesung.
4. Die Studenten mußten die Bücher selber kaufen.
5. Mein Freund sollte das Foto machen.

B. Restate these sentences in as many ways as you can using substitutes for the passive.

> EXAMPLE: Diese Frage kann nicht verstanden werden.
> Diese Frage ist nicht zu verstehen.
> Man kann diese Frage nicht verstehen.
> Diese Frage läßt sich nicht verstehen.

1. Das kann heute leider nicht erledigt werden.
2. Das ganze Buch muß bis Donnerstag gelesen werden.
3. Das ist oft gesagt worden.

4. Diese Arbeit kann sehr leicht gemacht werden.

5. Dieses Problem wird überall diskutiert.

C. Restate the following sentences using the appropriate subjective modal.

> EXAMPLE: Es ist unglaublich, daß sie Ausländer sind.
> Sie können keine Ausländer sein.

1. Ich bin sicher, daß die Regierung in dem Land repressiv ist.

2. Man sagt, die Preise seien dort niedriger.

3. Es ist möglich, daß das stimmt.

4. Vielleicht ist er schon dreißig.

5. Sie sagt, sie sei eine gute Künstlerin, aber ich glaube ihr nicht.

D. Replace the verb shown in parentheses with an adjective formed from its present or past participle.

> EXAMPLES: An der Grenze werden (schmuggeln) Waren gesucht.
> An der Grenze werden geschmuggelte Waren gesucht.
> Neben (rauchen) Menschen sitze ich nicht gern.
> Neben rauchenden Menschen sitze ich nicht gern.

1. Ich kann bei (schließen) Fenstern nicht schlafen.

2. Gott sei Dank habe ich das (verlieren) Geld wieder gefunden.

3. Der (übersetzen) Roman läßt sich hoffentlich leichter lesen.

4. Das ist ein (überraschen) Resultat.

5. Die im Ausland (kaufen) Waren müssen verzollt werden.

6. Der (abfahren) Zug wird langsam schneller.

E. Restate each sentence, putting the adjective or adverb into the comparative and then into the superlative.

> EXAMPLE: Unsere Schwester ist *eine gute* Schülerin.
> Unsere Schwester ist *eine bessere* Schülerin.
> Unsere Schwester ist *die beste* Schülerin.

1. Ich trinke *gern* deutschen Wein.

2. Die Menschen, die in diesem Viertel wohnen, sind *arm*.

3. Zum Frühstück esse ich *viel* Brot.

4. Das ist ja *ein starker* Schnaps.

5. Sie arbeitet an *großen* Projekten.

6. Schmidts haben *viele* Kinder.

7. Mein Mantel ist *warm*.

8. *Viele* Menschen verstehen mich nicht.

9. Wir fanden diese Geschichte *interessant*.

10. Du bist *ein kluges* Kind.

F. Provide the German prepositional phrase cued in English. Note that in some cases the English equivalent may not contain a preposition.

1. Wie lange warten Sie schon (*for something new*)?

2. Glauben Sie noch (*in this government*)?

3. Nein, ich kann mich noch zu gut (*the old government*) erinnern.

4. Wir müssen uns (*for the test*) vorbereiten.

5. Kannst du dich bei diesem Wetter (*on your work*) konzentrieren?

6. Ich kümmere mich gar nicht (*with the test*).

7. Willst du (*in the demonstration*) teilnehmen?

8. Nein, ich interessiere mich nicht (*in such problems*).

9. Ich kann mich nicht (*to your opinion*) gewöhnen.

10. Rolf hat gestern (*about you*) gefragt.

11. Was? Denkt er noch (*of me*)?

12. Natürlich. Er bat mich (*for your photo*).

13. Was halten Sie (*of him*)?

14. Ich halte ihn (*to be a very good student*).

15. Er erinnert mich (*of his parents*).

G. Answer the following questions affirmatively. Replace the prepositional phrase with a **da**-compound or the personal object with a pronoun.

> EXAMPLE: Bereiten Sie sich auf Ihre Reise vor?
> Ja, wir bereiten uns darauf vor.
> *or:* Erinnern Sie sich noch an meine ältere Kusine?
> Ja, ich erinnere mich noch an sie.

1. Haben Sie nach dem Preis einer Theaterkarte gefragt?

2. Glaubst du noch an den Erfolg unserer Arbeit?

3. Kannst du dich an diesen Besserwisser gewöhnen?

4. Hat Sabrina nach Ihrem jüngeren Vetter gefragt?

5. Halten Sie viel von diesem neuen Gesetz?

6. Habt ihr auch an die anderen Studenten gedacht?

H. Fill in the blanks with the appropriate relative pronoun.

1. Wie heißt der Chef, für ____ du arbeitest?

2. Er heißt Herr Martens, und sein Sohn, mit ____ ich gut befreundet bin, heißt Knut.

3. Ist das nicht der Junge, ____ (*whose*) Bild in der Zeitung war?

4. Jawohl, die Fußballmannschaft, für ____ er spielt, hat gerade gewonnen.

5. 1980 war das letztes Jahr, ____ ich in Deutschland verbracht habe.

6. Was waren die wichtigsten Erfahrungen, ____ du dort gemacht hast?

7. Die Seminare, an ____ ich teilgenommen habe, waren alle besonders interessant.

8. Die Professorin, bei ____ ich ein Seminar über Goethe belegte, hat mir viel geholfen.

9. Die Deutschen, ____ im Studentenheim wohnten, waren auch sehr sympathisch.

10. Ja, das war etwas, ____ ich nie vergessen werde.

I. You will read the facts. Use the subjunctive to write conditional sentences contrary to these facts (change negations to positive statements). Begin each sentence with the **wenn**-clause or the conclusion clause as indicated. Watch tenses!

> EXAMPLE: Er rauchte nicht viel. Er war nicht oft krank. (wenn)
> Wenn er viel geraucht hätte, wäre er oft krank gewesen.

1. Du kannst nicht halbtags arbeiten. Wir haben nicht genug Geld. (wenn)
2. Sie hat den Laden nicht früh genug geöffnet. Wir haben nichts gekauft. (conclusion)
3. Er ist nicht freundlich. Man kommt nicht gut mit ihm aus. (wenn)
4. Man hat das Haus noch nicht renoviert. Wir können nicht einziehen. (conclusion)
5. Ich habe ihr nicht gratuliert. Ich wußte nicht, daß sie Geburtstag hat. (wenn)

J. You will read the facts. Use subjunctive to write wishes contrary to these facts. Use **Wenn . . . doch nur . . .**, **ich wünschte . . .**, or **ich wollte . . .** as indicated. Watch tenses!

> EXAMPLE: Wir haben nicht genug Zeit. (wenn . . . doch nur . . .)
> Wenn wir doch nur genug Zeit hätten!

1. Wir sind noch nicht angekommen. (wenn . . . doch nur)
2. Heute morgen haben wir die Wohnung nicht sauber gemacht. (ich wünschte)
3. Hier gibt es keine Kinderkrippe. (ich wollte)
4. Die Demonstration hat nichts geändert. (wenn . . . doch nur)
5. Die Preise sind gestiegen. (wenn . . . nur)

K. Respond to each sentence by saying that the persons under discussion only *look* as though something were the case. Write two responses to each sentence, using first **als ob** and the subjunctive, and then **als** and the subjunctive.

> EXAMPLE: Ist Rolf wirklich so deprimiert?
> Nein, er sieht nur aus, als ob er deprimiert wäre.
> Nein, er sieht nur aus, als wäre er deprimiert.

1. Sind diese Menschen wirklich so ordentlich?
2. Haben deine Freunde wirklich so viel Geld?
3. Ist Jutta wirklich so konservativ geworden?
4. Kommt Frank wirklich gerade aus den Ferien zurück?

L. Make these requests more polite by putting them into the subjunctive.

1. Können Sie mir helfen?
2. Darf ich eine Frage stellen?
3. Werden Sie morgen vorbeikommen?
4. Haben Sie ein Zimmer mit Bad?
5. Wann soll ich das für Sie machen?

M. Wie sagt man das auf deutsch?

1. I'd like you to move into your new apartment tomorrow afternoon.
2. What sort of house did you live in earlier?

3. Did you get up before eight o'clock this morning?
4. I always want my roommate to bring me my breakfast.
5. When I have something brought to me, I never forget to say "thank you."
6. My roommate asked me if I had broken my leg.
7. Unfortunately, he didn't want to help me this morning. What a friend!
8. When he came in at seven-thirty he disturbed me.

Ach!
Sie sind
ein Deutscher?

Uwe Johnson was born in 1934 in the eastern province of Mecklenburg (now in the GDR). He began school under the Third Reich, and completed his formal education under the Soviet occupation. Because of Johnson's critical stance toward the government of the GDR, his first novel Mutmaßungen über Jakob *(Speculations about Jacob, 1959) was not accepted by publishers in East Germany. Johnson moved to West Berlin in 1959 and has lived in various cities in the West ever since, including New York, where he conceived his tetralogy* Jahrestage—*a panorama of America in the late 1960's interwoven with memories of the past. Johnson moved to the Isle of Sheppey (Kent, England) in 1974 and, after a brief residence in the FRG returned to England.*

stranger island
mouth of the Thames
inhabitants
recognize

expects
geht . . .müßig: *saunters*
somewhere else
mainland county

Ein Fremder° besucht die Insel° Sheppey in der Mündung der Themse,° er geht dort spazieren auf den Straßen der Stadt Sheerness-on-Sea. Es ist eine kleine Stadt, die Bewohner° kennen einander. Woran erkennen° sie den Fremden? Er kauft einen Stadtplan, er muß seinen Weg suchen. Er sieht mehr die Häuser an als die Leute, er erwartet° kein Gespräch mit Bekannten. Er geht an einem Werktag müßig,° er ist ein Besucher von auswärts.° Woher kann er kommen? Vom Festland,° aus London, aus einer anderen Grafschaft.° Dann ist er ein Engländer wie die Einheimischen,° er gehört zu ihnen. Er kann mit der Fähre° aus Holland gereist sein, dann ist er ein Tourist, Touristen sind willkommen in Sheerness. Wann werden die Leute von Sheerness es genau wissen? Wenn er den Mund aufmacht.

Der Fremde hält den Mund.° Er hat gelächelt,° als der Verkäufer ihm den Stadtplan in die Hand gab, denn der Verkäufer hat gelächelt. Ihm wurde ein freundliches Wort gesagt über das Sommerwetter, er hat nur einverstanden genickt.° Kann er kein Englisch? Er kann sich verständigen° in dieser Sprache. Aber er weiß, woher er kommt. Er hat in der Tasche einen deutschen Paß. Der Krieg mit den Deutschen ist dreißig Jahre her und vorbei,° er denkt an diesen Krieg. Auf dieser Insel gab es den Flugplatz° Eastchurch, den haben die Deutschen bombardiert; es gibt Tote bei Luftangriffen,° und es wird sie geben im Gedächtnis° der Bürger von Sheerness. Über diese Insel hinweg schossen° die Deutschen ihre Raketenbomben nach London; die Bewohner der Insel werden sich erinnern an das tödliche Pfeifen.°

Dieser Deutsche war damals ein Kind, sein Vater war nicht bei der Luftwaffe° der Deutschen; er bleibt ein Deutscher, einer von den Feinden.° Er erwartet kein Willkommen auf dem Broadway von Sheerness. Er erschrickt,° als eine Dame ihn anspricht,° denn nun muß er antworten, sie wird ihn erkennen als einen Deutschen, sie wird sich abwenden° von ihm, das wird sein wie ein Schlag° ins Gesicht.

—Entschuldigen Sie, mein Herr: sagt die Dame. Er antwortet, wie er es gelernt hat in der Schule, das gibt Worte, eins davon wird deutsch klingen.° Aber das Gesicht der Frau bleibt vorfreudig,° und sie fragt: Sind Sie es?

Im Englischen kann das heißen: Bist du es? So hat er es gehört in der Stimme° der Frau.

—Ich bin es nicht, gnädige Frau:° sagte der Fremde in den vielen Worten, die die Schule wollte, and all die nationale Mühsal° mit dem britischen *th* kommt heraus. Der Blick° der Dame bittet ihn um etwas, und sie sagt:

—Wenn du es bist, so ist dein Name Charlie Baker, und du warst auf dem Flughafen Eastchurch, und dann mußtest du nach Schottland, und ich bin—du weißt, wer ich bin.

Der Fremde weiß das Jahr 1940, das Jahr der ersten Bomben. In den Augen der Frau sieht der Deutsche aus wie jemand,° der war achtzehn Jahre alt im Krieg, und weil er sie verlassen° hat, soll er wiedergekommen sein. Sie glaubt dem Fremden nicht seine sechs Jahre von damals, sie überhört° seine germanische Aussprache, denn er soll ein Charlie Baker sein, der blickte° wie er, der ging wie er. Sie war ein angenehmes° Mädchen vor dreißig Jahren, und Charlie war ein Dummkopf, denn sie hat dreißig Jahre lang gewartet auf ihn. Nun muß der Fremde die Wahrheit sagen, für ihn und für sich.

—Es tut mir so leid: sagte die Frau. —Sie sind ein Gast° des Landes, Sie sind bei uns in den Ferien. Und da bin ich

Glosses:
locals
ferry

remains silent   smiled

nodded in agreement   make himself understood

over and done with
airfield

air raids   memory
shot

deadly whistling

air force
enemies
is startled
addresses

turn away   slap

sound
expectant

voice
Madam

difficulty   expression

someone
left
doesn't hear

looked (at her)
pleasant

guest

annoy   usual
stop

forgive

takes his leave

sadly   politely

und belästige° Sie; es ist nicht üblich° bei uns, daß wir einen Fremden anhalten° auf der Straße. Sie müssen mir glauben! Denn wir hatten einen Flughafen Eastchurch, da arbeitete ein junger Mann, der war wie Sie . . . Werden Sie mir verzeihen?°

Der Deutsche weiß nun nur noch wenige Worte, als er Abschied nimmt° von Charlie Bakers Mädchen, und es sind die falschen Worte.

—Manche kommen einmal zurück: antwortet sie traurig,° und höflich° sagt sie: Seien Sie willkommen auf der Insel Sheppey! Seien Sie willkommen in England!

Zur Diskussion:

In dieser kleinen Geschichte von Uwe Johnson hat der Fremde im Ausland Schwierigkeiten. Er fühlt sich als Repräsentant Deutschlands und seiner Geschichte im zwanzigsten Jahrhundert, obwohl er vor 30 Jahren zu jung war, um am Krieg teilzunehmen. Aber die Frau, mit der er spricht, akzeptiert ihn als Mensch und Gast in ihrem Land und scheint keine Vorurteile gegen Deutsche zu haben.

Stellen Sie sich vor, Sie wären im Ausland. Würden Sie sich als Repräsentant Ihres Heimatlandes und seiner Regierung fühlen? In welchen Situationen gäbe es Barrieren wegen Ihrer Nationalität? In welchen Situationen würde Ihre Nationalität keine Rolle spielen?

Schriftliche Übung:

Sie sind ein älterer Bürger der Stadt Sheerness-on-Sea. Heute morgen sprachen Sie auf der Straße mit einem sympathischen Fremden, den Sie für einen alten Freund hielten. Beschreiben Sie Ihre eigenen Gedanken und die Reaktionen des anderen in dieser Situation.

AUFBRUCH ZUR MODERNE IN DER KUNST

It is no exaggeration to say that German influence in American art, design, and architecture has been very strong. The Bauhaus art school, which was founded in Weimar in 1919 by the architect Walter Gropius, is a particularly interesting case in point. Let us take a closer look at the Bauhaus and some of the revolutionary ideas and trends in art prevailing in Germany at the time of its foundation.

The Bauhaus

The goal of the Bauhaus was the integration of art and life. Craftsmen and artists worked together to make buildings and the objects of daily life both functional and beautiful. They worked not for an elite

Lyonel Feininger

Cathedral, 1919, by Lyonel Feininger. Woodcut, printed in black, $7\frac{1}{16} \times 4\frac{13}{16}''$. Collection, The Museum of Modern Art, New York. Gift of Mrs. Julia Feininger.

Mies van der Rohe 1886-1969 Illinois Inst Tech Chicago

Architecture USA 20c

Walter Gropius 1883-1969 Gropius House Lincoln MA

Architecture USA 20c

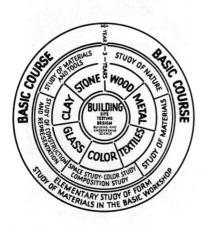

but rather, with the help of industrial production, for the population as a whole.

Famous artists taught at the Bauhaus: the painters Wassily Kandinsky, Paul Klee, Oskar Schlemmer, Lyonel Feininger, Josef Albers, and Laszlo Moholy-Nagy, and the architects Mies van der Rohe, Walter Gropius, and Marcel Breuer—to name but a few.

In 1933, most of the Bauhaus faculty emigrated to the USA to escape the Nazi persecution of avantgarde artists. They continued their work in America, where some founded the New Bauhaus of Chicago under the leadership of Moholy-Nagy. Josef Albers became professor at Black Mountain College and later at Yale. Gropius and Breuer taught at Harvard. Gropius built the Harvard Graduate Center and the Pan-Am Building in New York. Mies van der Rohe gained fame at the Illinois Institute of Technology and built highrises on Chicago's Lake Shore Drive and the Seagram Building in New York.

Below: *Bauhaus Stairway*, 1932, by Oskar Schlemmer. Oil on canvas, $63\frac{7}{8} \times 45''$. Collection, The Museum of Modern Art, New York. Gift of Philip Johnson.

Chair, 1925, by Marcel Breuer. Bauhaus-Archiv.

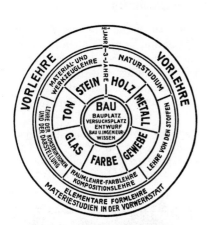

The Bauhaus Curriculum.

Jugendstil in Deutschland. Set of stamps issued by the German Federal Postal System in 1976 to commemorate the seventy-fifth anniversary of the first Jugendstil exhibition.

Jugendstil

Along with Impressionism, *Jugendstil*—the German counterpart to art nouveau—spread through Germany and Austria around 1900. This decorative style, with its sinuous lines and motifs from nature, took its name from the left-liberal journal *Jugend*. The *Jugendstil* movement aimed at the artistic and intellectual rejuvenation of the conservative Germany of the time. While 19th-century architecture had imitated historical styles, the *Jugendstil* artists designed houses from the floorplan to the furniture and the pictures on the walls in their new style. In an increasingly industrialized society,

they emphasized the importance of the craftsman and the creative artist. These ideas influenced the Bauhaus and expressionist artists who followed them.

Expressionism

The expressionist painters used their brushes and paints above all to express their emotions; the subject of a painting was only a motif for the artistic experience. The work of art became a highly personal expression of the artist, who painted out of an inner impulse.

In 1905, the painters Ernst Ludwig Kirchner, Erich Heckel, Otto Mueller, and Karl Schmidt-Rottluff founded the *Brücke* (Bridge), a community of artists in Dresden. They were later joined for a time by Emil Nolde. These artists expressed their emotions through the use of ecstatic colors and expressive deformations. The graphic arts, especially the woodcut, gained an importance almost equal to that of painting.

Above: *Fischdampfer*, 1910, by Emil Nolde.
Below: *Die Maler der Brücke*, 1925, by Ernst Ludwig Kirchner.

„Bilder sind geistige Lebewesen (spiritual beings). Die Seele des Malers lebt in ihnen."

Nolde

In 1911, a group of artists in Munich founded the *Blauer Reiter* (Blue Rider). Wassily Kandinsky and Franz Marc published an almanac in which they publicized their ideas about modern art. From 1911 to 1913, Kandinsky's paintings became more and more abstract, until color, form, and line were almost totally nonobjective. Paul Klee, Alexey von Jawlensky, August Macke, Gabriele Münter, and Lyonel Feininger also belonged to the group.

Above: *Diagonale*, by Wassily Kandinsky.
Below: *Um den Fisch*, 1926, by Paul Klee.

„Ein Kunstwerk ist eine Welt für sich, nicht eine Imitation der Natur."

Jawlensky

Besides the artists of the *Brücke* and the *Blauer Reiter*, other painters and sculptors were associated more or less closely with the expressionist movement: Ernst Barlach, Wilhelm Lembruck, Käthe Kollwitz, Georg Grosz, Max Beckmann, the Austrian Oskar Kokoschka, and the Swiss Ferdinand Hodler. Käthe Kollwitz and Georg Grosz used especially the graphic arts as a weapon of social criticism and an indictment of German society between the wars.

Above left: *Todesengel*, 1927, by Ernst Barlach.
Above right: *Republican Automatons*, 1920, by George Grosz. Watercolor, $23\frac{5}{8} \times 18\frac{5}{8}''$. Collection, The Museum of Modern Art, New York. Advisory Committee Fund.
Below right: *Die Eltern*, 1933, from "Kriege" by Käthe Kollwitz.

Answer Keys

Check Your Progress #1, pp. 162–64

A. 1. Barbara möchte schon nach Berlin. 2. Die Studenten wollen noch ein bißchen bleiben. 3. Was trägst du am Freitag? 4. Wohnt deine Kusine noch zu Hause? 5. Liest du diese Geschichte? 6. Stehen seine Eltern noch so früh auf? 7. Weiß Gisela, wie er heißt? 8. Wartet er bis zehn?

B. 1. hat beschrieben 2. hat gefallen 3. hat gebeten 4. hat begonnen 5. hat geantwortet 6. hat besessen 7. hat gelegt 8. hat aufgehört 9. ist vorbeigekommen 10. hat geholfen 11. hat getroffen 12. hat studiert 13. hat gedankt 14. ist geworden 15. ist spazierengegangen 16. hat kennengelernt 17. hat gedacht 18. ist geblieben

C. 1. die, Schulen 2. der, Pläne 3. das, Kinos 4. der, Schuhe 5. die, Sprachen 6. der, Freunde 7. die, Freundinnen 8. der, Brüder 9. die, Schwestern 10. die, Diskussionen 11. der, Söhne 12. die, Töchter 13. das, Häuser 14. die, Zeitungen 15. die, Partys 16. der, Menschen 17. der, Stühle 18. die, Frauen 19. der, Lehrer 20. die, Lehrerinnen

D. 1. seit, an 2. bei 3. im 4. mit, auf, zur 5. nach, in, nach 6. auf, außer

E. 1. Wohin fliegt er? 2. Woher kommt sie? 3. Stimmt das nicht? 4. Hast du keine Zeit für mich? 5. Wer hat das immer gesagt? 6. Wem gehört die Landkarte? *or* Was gehört deinem Vetter? 7. Wann sollen wir das machen? 8. Wo sind die Kinder? *or* Bei wem sind die Kinder?

F. 1. lauf 2. seht 3. besuch 4. mach 5. lies 6. nimm; iß

G. 1. seit 2. brauche heute abend nicht zu arbeiten. 3. Ihnen kein 4. hat es uns nicht gefallen. 5. mir keinen Spaß mehr. 6. keine Freunde kennengelernt.

H. 1. Nein, ich bin noch nicht k.o. 2. Nein, er wohnt nicht mehr bei seiner Tante. 3. Nein, sie ist keine Studentin mehr. *or* Sie ist nicht mehr Studentin. 4. Nein, Inge macht das Abitur noch nicht. *or* Das Abitur macht Inge noch nicht. 5. Nein, wir haben noch keine Kinder. 6. Nein, ich schreibe ihm keine Briefe mehr. 7. Nein, du brauchst nicht mehr hier zu bleiben. 8. Nein, bei uns gibt es keinen Schnee mehr.

I. 1. Am Fenster dürft ihr nicht spielen. 2. Das Geld hat er endlich seiner Schwester gegeben. 3. Mir hat der Beruf immer gefallen. 4. Drei Jahre arbeitest du als Lehrling und verdienst wenig. 5. Heute gibt es die "wilden Germanen" natürlich nicht mehr. 6. Seine Kollegen aus der Fabrik sind seine Freunde.

J. 1a. den Kindern ein Märchen; 1b. es ihnen 2a. meinem Freund den Artikel; 2b. ihn mir 3a. den Studenten ein Beispiel; 3b. es ihnen

Check Your Progress #2, pp. 318–20

A. 1. Er hat dieses Wort nicht verstehen können. 2. Der Professor hat es ihm sagen müssen. 3. Die anderen Studenten haben nach Hause gewollt.

4. Aber ich habe noch eine Stunde bleiben müssen.   5. Hast du ins Kino gedurft?   6. Nein, ich habe mein Referat schreiben sollen.   7. Hast du so viel arbeiten müssen?   8. Ich habe es gewollt.

B. 1. Stefan brachte den Stadtplan mit.   2. Das wußten wir nicht.   3. Wir brauchten keinen Stadtplan, denn ich kannte die Stadt sehr gut.   4. Der Professor mußte uns helfen.   5. Er nannte uns ein paar wichtige Gebäude.   6. Es wurde spät, aber wir konnten noch im Café sitzen.   7. Ich dachte, wir sollten vor fünf Uhr ins Museum.   8. Im Wintersemester kamen viele Studenten zurück.   9. Sie trafen alte Bekannte und sprachen über die Ferien.   10. Die Vorlesungen sollten bald beginnen, aber es gab noch Zeit, Freunde einzuladen.   11. Einige fuhren abends ins Kino oder nahmen den Bus in die Stadt.   12. Dort blieben sie stundenlang, sahen sich die Schaufenster an oder gingen ins Konzert.   13. Später lasen sie Bücher und schrieben lange Referate.

C. 1. Herr Schöngau war am Montag angekommen und blieb bis Donnerstag.   2. Inge konnte ihren Mantel nicht finden, weil Karin ihn genommen hatte.   3. Wir wußten, daß Michael das gesagt hatte.   4. Da es vor zwei Stunden geregnet hatte, sah alles sehr schön aus.   5. Wußte er, ob der Zug schon abgefahren war?   6. Sie hatten viel eingekauft, weil alles so billig war.

D. 1. mich nicht erinnern   2. sich schon erholt   3. beeile mich   4. interessiert sich   5. freut sich   6. sich verletzt   7. sich das Bein gebrochen   8. sie mir ansehen

E. 1. das Auto (*or* den Wagen) meiner Freunde   2. das Ende dieses Filmes   3. Karls Bruder   4. Das Haus meines Lehrers (*or* meiner Lehrerin)   5. Barbaras Haus   6. die Farbe ihres Hauses   7. trotz seiner Farbe   8. Wegen meiner Arbeit   9. das Leben eines Studenten (*or* einer Studentin)   10. den Anfang dieses Buches

F. diesen; alte; eine neue; deutsche; unserem; verschiedene interessante; die politische; ersten deutschen; diesen alten; extremen; des deutschen Volkes; erste; gutes; solche ideologischen; dieser wichtigen; einen starken; arbeitslose Deutsche; einen

G. 1. Wieviel Uhr ist es? (*or* Wie spät ist es?) Es ist halb acht (*or* sieben Uhr dreißig).   2. Wann kommt der Zug an? Um zwanzig Uhr neunundfünfzig.   3. Wann ist er geboren? Am fünfundzwanzigsten März.   4. Im Mai ist das Wetter immer schön. Aber vor zwei Jahren hat es drei Wochen (*or* drei Wochen lang) geregnet.   5. Wie lange arbeitest du schon für diese Firma (*or* bei dieser Firma)? Seit fünf Monaten (*or* schon seit fünf Monaten *or* schon fünf Monate).

H. als; wenn; wann; wenn; als; wann; wenn

I. 1. Bitte, lassen Sie mich bleiben.   2. Haben Sie Ihre Koffer im Auto gelassen? (*or* Ließen Sie Ihre Koffer im Auto?)   3. Sie läßt sich das Essen bringen.   4. Haben Sie den Arzt kommen lassen? (*or* Ließen Sie den Arzt kommen?)   5. Lassen Sie Ihren Mantel auf dem Stuhl.   6. Können wir die Kinder nicht noch eine Stunde spielen lassen?

J. 1. Er hatte manchmal ein komisches Gefühl, weil er nie allein sein konnte.   2. Das hat ihn am Anfang gestört, aber er war trotzdem glücklich.   3. Er blieb nicht die ganze Zeit in der Stadt, sondern reiste viel in der Gegend herum.   4. Es war seine Meinung, daß die Industriestädte häßlich sind.   5. Man kommt schnell aus der Stadt heraus, wenn man mit der Bahn fährt.   6. Er bekam ein besseres Bild von der BRD, nachdem er verschiedene Gegenden besucht hatte.

K. 1. Wir haben keine Lust, Onkel Georg zu besuchen.   2. Um etwas über die Weimarer Zeit zu lernen, gingen sie in die Ausstellung.   3. Es war sehr nett von ihr, mir eine Karte aus Köln zu schicken.   4. Du gehst schon weg, ohne Julia auf Wiedersehen zu sagen?

Check Your Progress #3, pp. 483–87

A. 1. Dieser Brief ist von Karl geschrieben worden.   2. Hier wird eine neue Schule von der Stadt gebaut.   3. Die Vorlesung wird von Professor Müller gehalten.   4. Die Bücher mußten von den Studenten selber gekauft werden.   5. Das Foto sollte von meinem Freund gemacht werden.

B. 1. Das kann man heute leider nicht erledigen. Das ist heute leider nicht zu erledigen. Das läßt sich heute leider nicht erledigen.   2. Das ganze Buch muß man bis Donnerstag lesen. Das ganze Buch ist bis Donnerstag zu lesen. 3. Das hat man oft gesagt.   4. Diese Arbeit kann man sehr leicht machen. Diese Arbeit ist sehr leicht zu machen. Diese Arbeit läßt sich sehr leicht machen.   5. Dieses Problem diskutiert man überall.

C. 1. Die Regierung in dem Land muß repressiv sein.   2. Die Preise sollen dort niedriger sein.   3. Das kann stimmen. *or* Das mag stimmen.   4. Er kann schon dreißig sein. *or* Er mag schon dreißig sein.   5. Sie will eine gute Künstlerin sein, aber ich glaube ihr nicht.

D. 1. geschlossenem   2. verlorene   3. übersetzte   4. überraschendes   5. gekauften   6. abfahrende

E. 1. lieber, am liebsten   2. ärmer, am ärmsten *or* die ärmsten   3. mehr, das meiste Brot   4. ein stärkerer, der stärkste   5. größeren, den größten 6. mehr, die meisten   7. wärmer, am wärmsten   8. Mehr, Die meisten   9. interessanter, am interessantesten *or* die interessanteste   10. ein klügeres, das klügste

F. 1. auf etwas Neues   2. an diese Regierung   3. an die alte Regierung   4. auf die Prüfung   5. auf deine Arbeit   6. um die Prüfung   7. an der Demonstration   8. für solche Probleme   9. an deine (Ihre, eure) Meinung   10. nach dir (Ihnen)   11. an mich   12. um dein (Ihr) Foto   13. von ihm   14. für einen sehr guten Studenten   15. an seine Eltern

G. 1. Ja, ich habe danach gefragt.   2. Ja, ich glaube noch daran.   3. Ja, ich kann mich an ihn gewöhnen.   4. Ja, sie hat nach ihm gefragt.   5. Ja, ich halte viel davon.   6. Ja, wir haben an sie gedacht.

H. 1. den   2. dem   3. dessen   4. die   5. das   6. die   7. denen   8. der 9. die   10. was

I. 1. Wenn du halbtags arbeiten könntest, hätten wir genug Geld.   2. Wir hätten etwas gekauft, wenn sie den Laden früh genug geöffnet hätte.   3. Wenn er freundlich wäre, käme man gut mit ihm aus. *or* würde man gut mit ihm auskommen.   4. Wir könnten einziehen, wenn man das Haus schon renoviert hätte.   5. Wenn ich gewußt hätte, daß sie Geburtstag hat, hätte ich ihr gratuliert.

J. 1. Wenn wir doch nur schon angekommen wären!   2. Ich wünschte, wir hätten heute morgen die Wohnung saubergemacht.   3. Ich wollte, es gäbe hier eine Kinderkrippe.   4. Wenn die Demonstration doch nur etwas geändert hätte!   5. Wenn die Preise doch nur nicht gestiegen wären.

K. 1. Nein, sie sehen nur aus, (a) als ob sie ordentlich wären. (b), als wären sie ordentlich.   2. Nein, sie sehen nur aus, (a) als ob sie viel Geld hätten. (b), als hätten sie viel Geld.   3. Nein, sie sieht nur aus, (a) als ob sie konservativ geworden wäre. (b), als wäre sie konservativ geworden.   4. Nein, er sieht nur aus, (a) als ob er gerade aus den Ferien zurückkäme. (b), als käme er gerade aus den Ferien zurück.

L. 1. Könnten Sie mir helfen?   2. Dürfte ich eine Frage stellen?   3. Würden Sie morgen vorbeikommen?   4. Hätten Sie ein Zimmer mit Bad?   5. Wann sollte ich das für Sie machen?

M. 1. Ich möchte (*will*), daß Sie morgen nachmittag in Ihre neue Wohnung einziehen.   2. In was für einem Haus haben Sie früher gewohnt?   3. Sind Sie heute früh (heute morgen) vor acht Uhr aufgestanden?   4. Ich will, daß mein Zimmerkamerad (meine Zimmerkameradin) mir immer das Frühstück bringt.   5. Wenn ich mir etwas bringen lasse, vergesse ich nie, danke zu sagen.   6. Mein Zimmerkamerad (meine Zimmerkameradin) fragte mich, ob ich mir das Bein gebrochen hätte.   7. Leider wollte er mir heute morgen (heute früh) nicht helfen. Was für ein Freund!   8. Als er um halb acht hereinkam, störte er mich.

Appendix 1

Strong and Irregular Verbs

The following list contains the principal parts of all the strong and irregular verbs in *Neue Horizonte*. With a few exceptions, only the basic stem verbs are listed, e.g., **fahren, bringen, kommen.** Verbs formed by adding a prefix, e.g., **radfahren, verbringen, ankommen,** change their stems in the same way as the basic verb. Five strong verbs not introduced in *Neue Horizonte* have been added to make the list more complete. They have been marked with an asterisk (*).

infinitive	3rd person sing. present	simple past	perfect	English
anrufen		rief an	hat angerufen	call up
beginnen		begann	hat begonnen	begin
bitten		bat	hat gebeten	ask for, request
bleiben		blieb	ist geblieben	remain, stay
brechen	bricht	brach	hat gebrochen	break
bringen		brachte	hat gebracht	bring
denken		dachte	hat gedacht	think
dürfen	darf	durfte	hat gedurft	may, be allowed
einladen	lädt ein	lud ein	hat eingeladen	invite
empfehlen	empfiehlt	empfahl	hat empfohlen	recommend
essen	ißt	aß	hat gegessen	eat
fahren	fährt	fuhr	ist gefahren	drive; go (by vehicle)
fallen	fällt	fiel	ist gefallen	fall
fangen	fängt	fing	hat gefangen	catch
finden		fand	hat gefunden	find
fliegen		flog	ist geflogen	fly
geben	gibt	gab	hat gegeben	give
gehen		ging	ist gegangen	go; walk
*geschehen	geschieht	geschah	ist geschehen	happen
gewinnen		gewann	hat gewonnen	win
haben	hat	hatte	hat gehabt	have
halten	hält	hielt	hat gehalten	stop; hold
hängen[1]		hing	hat gehangen	hang
heißen		hieß	hat geheißen	be called; mean
helfen	hilft	half	hat geholfen	help
kennen		kannte	hat gekannt	know, be acquainted with

[1] When it is transitive, **hängen** is weak: **hängte, hat gehängt.**

infinitive	3rd person sing. present	simple past	perfect	English
kommen		kam	ist gekommen	come
können	kann	konnte	hat gekonnt	be able, can
lassen	läßt	ließ	hat gelassen	leave; let; allow to
laufen	läuft	lief	ist gelaufen	run
leihen		lieh	hat geliehen	lend
lesen	liest	las	hat gelesen	read
liegen		lag	hat gelegen	lie
mögen	mag	mochte	hat gemocht	like
müssen	muß	mußte	hat gemußt	must, have to
nehmen	nimmt	nahm	hat genommen	take
nennen		nannte	hat genannt	name
*rufen		rief	hat gerufen	call
scheinen		schien	hat geschienen	shine; seem
schlafen	schläft	schlief	hat geschlafen	sleep
schließen		schloß	hat geschlossen	close
schreiben		schrieb	hat geschrieben	write
schwimmen		schwamm	ist geschwommen	swim
sehen	sieht	sah	hat gesehen	see
sein	ist	war	ist gewesen	be
*singen		sang	hat gesungen	sing
sinken		sank	ist gesunken	sink; fall
sitzen		saß	hat gesessen	sit
sollen	soll	sollte	hat gesollt	should
sprechen	spricht	sprach	hat gesprochen	speak
stehen		stand	hat gestanden	stand
steigen		stieg	ist gestiegen	climb; rise
*sterben	stirbt	starb	ist gestorben	die
tragen	trägt	trug	hat getragen	carry; wear
treffen	trifft	traf	hat getroffen	meet
trinken		trank	hat getrunken	drink
tun		tat	hat getan	do
vergessen	vergißt	vergaß	hat vergessen	forget
verlieren		verlor	hat verloren	lose
wachsen	wächst	wuchs	ist gewachsen	grow
waschen	wäscht	wusch	hat gewaschen	wash
werden	wird	wurde	ist geworden	become
*werfen	wirft	warf	hat geworfen	throw
wiegen		wog	hat gewogen	weigh
wissen	weiß	wußte	hat gewußt	know (a fact)
wollen	will	wollte	hat gewollt	want to
ziehen		zog	hat/ist gezogen	pull; move

Appendix 2

Table of Equivalent Weights and Measures

Weight

1 Gramm	= 0.03 ounces
1Pfund (500 Gramm)	= 1.1 pounds
1 Kilogramm *oder* Kilo (1000 Gramm)	= 2.2 pounds

1 ounce	= 28 Gramm
1 pound	= 0,45 Kilo
1 U. S. ton (2,000 lbs)	= 900 Kilo

Liquid Measure

¼ Liter = 0.53 pints
½ Liter = 1.06 pints
1 Liter = 1.06 quarts

1 pint   = 0,47 Liter
1 quart = 0,95 Liter
1 gallon = 3,8 Liter

Distance

1 Zentimeter (10 Millimeter) = 0.4 inches
1 Meter (100 Zentimeter)   = 39.5 inches *or* 1.1 yards
1 Kilometer (1000 Meter)   = 0.62 miles

1 inch   = 2,5 Zentimeter
1 foot   = 0,3 Meter
1 yard   = 0,9 Meter
1 mile   = 1,6 Kilometer

Temperature

0° Celsius (Centigrade) = 32° Fahrenheit
100° Celsius   = 212° Fahrenheit

$$°C = \frac{10(°F - 32)}{18} \qquad °F = \frac{18\ °C}{10} + 32$$

German-English Vocabulary

The following list contains all the words introduced for active use in *Neue Horizonte* except for the personal pronouns (see p. 21) and the cardinal and ordinal numbers (see pp. 48, 66, and 257). Words glossed in the readings are not included. The first active occurrence of a word is shown by the chapter number (or the abbreviation *intro.* if the word occurs in the Introduction) followed by one of these letters: D = dialogues, G = grammar, R = reading or *Vom Lesen zum Sprechen* (**ähnlich** similar, 3R, first occurs in the Reading for Chapter 3).

For all words stressed on a syllable other than the first, an acute accent mark follows the stressed syllable (**akzeptie′ren**). This accent mark is *not* used in German spelling.

Strong and irregular verbs are listed with their principal parts. Present-tense stem-vowel change is shown by the inclusion of the third-person singular form in parentheses following the infinitive: **nehmen (nimmt), nahm, hat genommen.**

Separable prefixes are indicated by a raised dot between prefix and verb stem (**ab·fahren**). This dot is *not* used in German spelling.

A preposition used with a verb follows all its principal parts: **bitten, bat, hat gebeten *um.***

Adjectival nouns are indicated thus: **der/die Angestellte, -n** (*adj. noun*).

Masculine N-nouns and irregular nouns like **Name** are indicated by inclusion of the genitive singular ending preceding the plural ending: **der Kolle′ge, -n, -n.**

Adjectives followed by a hyphen may only be used attributively (i.e., they *must* have an adjective ending): **eigen-.**

Umlauted and irregular comparative and superlative forms of adjectives and adverbs are indicated in parentheses after the positive form: **arm (*ärmer*).**

The symbol ~ indicates repetition of the key word. Under the key word **Abend, am ~ = am Abend.**

The following abbreviations are used:

acc.	accusative	*intrans.*	intransitive
adj.	adjective	*m.*	masculine
adj. noun	adjectival noun	*neut.*	neuter
adv.	adverb	*pers.*	person
colloq.	colloquial	*pl.*	plural
dat.	dative	*prep.*	preposition
f.	feminine	*sing.*	singular
fam.	familiar	*sub. conj.*	subordinating conjunction
gen.	genitive	*trans.*	transitive

A

ab und zu now and then, 7R

der **Abend, -e** evening, 7R

  am ~ in the evening

das **Abendessen, -** supper, evening meal, 8D

  zum ~ for supper

abends in the evenings, 5R

aber but, 1D; (flavoring particle, 2G)

ab·fahren (fährt ab), fuhr ab, ist abgefahren to drive away; depart, leave, 7D

das **Abitur'** final secondary school examination, 5D

die **Abrüstung** disarmament, 16D

die **Absicht, -en** intention, 14R

ach oh; ah, 2D

aggressiv' aggressive, 10R

ähnlich similar, 3R

  ~ sehen (+ dat.) to look like, 18R

die **Ähnlichkeit, -en** similarity, 18R

aktiv' active, 10R

akzeptie'ren to accept, 17D

alle (pl.) all; everyone, 2D

allein' alone, 7R

alles (sing.) everything, 8R

allgemein general, 10R

allmäh'lich gradual, 12R

die **Alpen** (pl.) the Alps, 4R

als when, 9D; than, 13G

  ~ ob as if, as though, 16D

also well, 1D; thus, 4R

alt (älter) old, 2R

das **Alter** age (of a person), 18R

  im ~ von at the age of

  Sie ist in meinem ~. She's my age.

die **Alternati've, -n** alternative, 2R

die **Altstadt, ̈-e** old city center, 9D

der **Amateur', -e** amateur, 10R

(das) **Ame'rika** America, 3R

der **Amerika'ner, -** American (m.), 1R

die **Amerika'nerin, -nen** American (f.)

amerika'nisch American, 3R

die **Ame'rikareise, -n** trip to America, 3R

an (+ dat. or acc.) at, alongside of, to, toward, 6G

analysie'ren to analyze, 15R

andere others, 11G

ändern to change (trans.), 16D

anders different, 3R

der **Anfang, ̈-e** beginning, start, 9R

  am ~ at first, at the beginning

an·fangen (fängt an), fing an, hat angefangen to begin, start, 5D

der/die **Angestellte, -n** (adj. noun) employee, 10G

die **Anglis'tik** English studies, 7R

die **Angst, ̈-e** fear, 3R

  ~ haben to be afraid

an·kommen, kam an, ist angekommen to arrive, 6R

sich etwas an·sehen (sieht an), sah an, hat angesehen to take a look at something, 12D

an·rufen, rief an, hat angerufen to call up, 5G

anständig decent, 17R

anstatt' (+ gen.) instead of, 7G

antidemokra'tisch antidemocratic, 12R

der **Antikommunis'mus** anticommunism, 12R

der **Antisemitis'mus** antisemitism, 12R

die **Antwort, -en** answer, 6R

antworten (+ dat. of person) to answer (a person), 6R

an·ziehen, zog an, hat angezogen to put on (clothing), 12D

  sich ~ to get dressed, 12D

der **Anzug, ̈-e** suit, 3R

der **Apfel, ̈** apple, 8R

der **Appetit'** appetite

  guten ~! "good appetite" (said before a meal), 8R

der **April'** April, 1G

die **Arbeit, -en** work, 2R

arbeiten to work, 1D

der **Arbeiter, -** worker (m.), 5R

die **Arbeiterin, -nen** worker (f.)

arbeitslos unemployed, 12R

die **Arbeitslosigkeit** unemployment, 12R

die **Architektur'** architecture, 6R

arm (ärmer) poor, 10D

der **Arm, -e** arm, 12G

arrogant' arrogant, 16R

die **Art, -en** kind, type, 15R

der **Arti'kel, -** article, 2D

der **Arzt, ̈-e** doctor (m.), 5R

die **Ärztin, -nen** doctor (f.)

der **Aspekt', -e** aspect, 9R

der **Athlet', -en, -en** athlete, 10R

der **Atom'krieg, -e** nuclear war, 3R

auch also, too, 1D

auf (+ dat. or acc.) on; at, 2D; on top of, onto, 7G

auf·geben (gibt auf), gab auf, hat aufgegeben to give up, 15D

auf·hören (mit etwas) to cease, stop, 5D

auf·machen to open, 5D

auf·stehen, stand auf, ist aufgestanden to stand up; get up, 5D

auf·wachsen (wächst auf), wuchs auf, ist aufgewachsen to grow up, 15R

das **Auge, -n** eye, 12G

der **August'** August, 1G

aus (+ dat.) out of; from (native country or city), 5D

aus·bilden to train, educate, 15R

  sich ~ lassen als to be trained as

aus·drücken to express, 12R

  sich ~ to express oneself

der **Ausflug, ̈-e** outing, excursion, 12D

aus·geben (gibt aus), gab aus, hat ausgegeben to spend, 6R

ausgezeichnet excellent, 8D

aus·kommen, kam aus, ist ausgekommen to get by, get along, 18D

das **Ausland** foreign countries, 7R

  im ~ abroad

der **Ausländer, -** foreigner (m.), 16R

die **Ausländerin, -nen** foreigner (f.), 16R

ausländisch foreign, 12R

die **Ausnahme, -n** exception, 16R

aus·sehen (sieht aus), sah aus, hat ausgesehen to appear, look, 5R

der **Außenseiter, -** outsider, 11R

außer (+ dat.) except for; besides, in addition to, 5G

außerhalb (+ gen.) outside of, 11R

aus·steigen, stieg aus, ist ausgestiegen to get out (of a vehicle), 7R

die **Ausstellung, -en** exhibition, exhibit, 12R

aus·wandern to emigrate, 13R

der **Ausweis, -e** identification card, I.D., 6R

das **Auto, -s** car, 2R

die **Autobahn, -en** expressway, limited-access high-speed highway, 7D

der **Autofahrer, -** driver, 7R

der **Autostop** hitchhiking, 7R

per ~ reisen to hitchhike

B

der **Bäcker, -** baker, 5D

das **Badezimmer, -** bathroom, 17R

die **Bahn** railroad, railway system, 7R

der **Bahnhof, ⁼e** railroad station, 7R

bald soon, 2D

die **Bana'ne, -n** banana, 8R

die **Barrie're, -n** barrier, 16R

der **Bauch, ⁼e** stomach, belly, 12G

bauen to build, 6R

der **Baum, ⁼e** tree, 15D

der **Beam'te, -n** (adj. noun) government official (m.), 13R

die **Beam'tin, -nen** government official (f.)

bedeu'ten to mean, 1R

sich **beei'len** to hurry up, 12D

begeis'tert enthusiastic, 10D

begin'nen, begann, hat begonnen to begin, 6R

begrü'ßen to greet, welcome, 12R

bei (+ dat.) in; at; near, 5G

beide (pl.) both (persons), 6D

beides (sing.) both (things), 18D

das **Bein, -e** leg, 12D

beinahe almost, 14R

das **Beispiel, -e** example, 5R

zum ~ for example, 1R

bekannt' known, well known, 10R

der/die **Bekann'te, -n** (adj. noun) acquaintance, friend, 10G

bekom'men, bekam, hat bekommen to receive, get, 4D

bele'gen to register for, to take (a course), 6D

beliebt' popular, 10R

benut'zen to use, 10R

bereit' ready, 11R

der **Berg, -e** mountain, 3D

berich'ten to report, 17R

der **Beruf', -e** profession, vocation, 5R

berühmt' famous, 10R

beschei'den modest, 15R

beschrei'ben, beschrieb, hat beschrieben to describe, 4R

besit'zen, besaß, hat besessen to possess, own, 2R

beson'ders especially, 3R

besser better, 3R (see **gut**)

der **Besserwisser, -** know-it-all, 7D

bestel'len to order, 8D

besu'chen to visit, 3D

das **Bett, -en** bed, 17R

ins ~ gehen to go to bed

bevor' (sub. conj.) before, 12R

bezah'len to pay (for), 18D

die **Bezieh'ung, -en** relation, connection, 18R

die **Bibliothek', -en** library, 6R

das **Bier** beer, 4R

der **Biertrinker, -** beer drinker, 4R

das **Bild, -er** picture; image, 5R

bilden to form, 13R

billig inexpensive, cheap, 6R

die **Biologie'** biology, 6R

biolo'gisch biological, 18R

bis until; by, 1D

~ **zu** (+ dat.) until, up to, 5G

ein **bißchen** a little; a while, 3D

bitte (sehr) please; you're welcome, 3R; here you are, 8D

bitten, bat, hat gebeten um to ask (for), request, 6R

blau blue, 10G

bleiben, blieb, ist geblieben to remain, stay, 2R

blöd stupid, 16D

zu ~! darn it all!

die **Bluse, -n** blouse, 3R

der **Boden, ⁼** ground; floor, 7D

die **Boutique** (pronounced: Butik'), -en boutique, 5R

boxen to box, 10R

der **Boxer, -** boxer, 10R

die **Bratwurst, ⁼e** frying sausage, 8D

brauchen to need, 2D

braun brown, 10G

die **BRD** (see **Bundesrepublik Deutschland**), 2R

brechen (bricht), brach, hat gebrochen to break, 11R

breit broad, wide, 11R

der **Brief, -e** letter, 6R

die **Brille** (sing.) glasses, 3R

bringen, brachte, hat gebracht to bring; take (someone somewhere), 7D

das **Brot, -e** bread, 8D

das **Brötchen, -** roll, 8R

die **Brücke, -n** bridge, 9R

der **Bruder, ⁼** brother, 2D

brutal' brutal, 11R

das **Buch, ⁼er** book, 1R

die **Buchhandlung, -en** bookstore, 9R

der **Bummel** stroll, walk, 9D

einen ~ **machen** to go for a stroll

die **Bundesrepublik (Deutschland)** the Federal Republic of Germany, 2R

der **Bürger, -** citizen; bourgeois, 11R

das **Büro', -s** office, 1D

der **Bus, -se** bus, 7R

die **Butter** butter, 8R

C

das **Café', -s** café, 9R

charakteris'tisch characteristic, 4R

der **Chef** (pronounced Scheff), **-s** boss, 5R
die **Chemie'** chemistry, 6R
der **Chemiker, -** chemist (m.), 5R
die **Chemikerin, -nen** chemist (f.)
(das) **Chine'sisch** Chinese, 16R
circa (pronounced zirka) circa, 4R
die **Couch** couch, 15R

D

da there; here, 2D; (sub. conj.) since, because, 9R
~ **vorne** up ahead, 15D
damals then (in the past), in those days, 9D
die **Dame, -n** lady, 12D
  meine Damen und Herren ladies and gentlemen, 12D
damit' so that, 12D
der **Dank** thanks, gratitude
  vielen ~ many thanks, 2D
danke thanks, thank you; no thanks, 1D
danken (+ dat.) to thank, 6D
dann then, 1D
darum therefore, for that reason, 3R
daß (sub. conj.) that, 9D
dauern to last, take time, 9D
die **DDR** (see **Deutsche Demokratische Republik**)
die **Deutsche Demokratische Republik** the German Democratic Republic, 13D
dein (2nd pers. fam. sing.) your, 2D
dekorie'ren to decorate, 5R
die **Demokratie', -n** democracy, 12R
die **Demo, -s** (short for **die Demonstration**) demonstration
die **Demonstration', -en** demonstration, 16D
demonstrie'ren to demonstrate, 16D
denen whom (dat. pl. relative pronoun), 14G

denken, dachte, hat gedacht to think, 1R
~ **an** (+ acc.) to think of, 7D
das **Denkmal, -̈er** monument, 14R
denn (flavoring particle: adds emphasis to questions), 2D
deprimiert' depressed, 16D
deren whose (f. sing. gen. and gen. pl. relative pronoun), 14G
dessen whose (m. and neut. sing. relative pronoun), 14G
desto (see **je . . . desto/um so**)
deutlich clear, 18R
(das) **Deutsch** German (language), 3R
deutsch (adj.) German, 2R
  auf ~ in German, 1R
der/die **Deutsche, -n** (adj. noun) German, 1R
(das) **Deutschland** Germany, 1R
deutschsprachig German-speaking, 16R
der **Dezem'ber** December, 1G
d.h. (see **heißen**)
der **Dialekt', -e** dialect, 16R
der **Dialog', -e** dialogue, 11R
der **Dichter, -** poet, 13R
(der) **Dienstag, -e** Tuesday, intro.
dienstags on Tuesdays, 10D
dieser, -es, -e this, (pl.) these, 5D
diesmal this time, 11G
die **Diktatur', -en** dictatorship, 12R
das **Ding, -e** thing, 7R
direkt direct, 6R
der **Direk'tor, Direkto'ren** director, 12R
die **Diskussion', -en** discussion, 2R
die **Dissertation', -en** dissertation, 6D
doch yes (I *do*, I *am*, etc.: contradictory); (flavoring particle), 3D
der **Dokumentar'film, -e** documentary film, 11R
der **Dom, -e** cathedral, 12D
die **Donau** the Danube River, 4R
(der) **Donnerstag, -e** Thursday, intro.

donnerstags on Thursdays, 10D
das **Dorf, -̈er** village, 5D
dort there, 3R
~ **drüben** over there, 3D
draußen outside, 1D
das **Drehbuch, -̈er** film script, 11R
drehen (trans.) to turn, 11R
  einen Film ~ to shoot a movie, 11R
dritt- third, 10G
das **Drittel, -** third, 16R
drüben over there, 3D
dumm (dümmer) stupid, 11D
dunkel dark, 4R
durch (+ acc.) through, 4G
dürfen (darf), durfte, hat gedurft may, be allowed, 3D
der **Durst** thirst
  Ich habe ~. I'm thirsty. 8D
die **Dynastie', -n** dynasty, 15R

E

echt real, genuine, 13D
die **Ecke, -n** corner, 8R
  an der ~ on the corner
egal' of no concern, indifferent
  Das ist mir ~ I don't care. 5D
die **Ehe, -n** marriage, 18D
ehrlich honest, 3R
~ **gesagt** honestly, to be honest, 9R
das **Ei, -er** egg, 8R
eigen- own, 13R
eigentlich actually, in fact, 3R
die **Eile** hurry
  in ~ in a hurry, 1D
eilig in a hurry, quick, 10D
der **Eindruck, -̈e** impression, 9R
einfach simple, 5R
einige (pl.) some, 8R
einigermaßen somewhat, to some extent, 17R
einiges (sing.) something, a few things, 12R

ein·kaufen to shop for; go shopping, 5R

die Einkaufsliste, -n shopping list, 8D

ein·laden (lädt ein), lud ein, hat eingeladen to invite, 8D

einmal once, 4D

eins one, 1R

ein·steigen, stieg ein, ist eingestiegen to get into (a vehicle), board, 7R

einverstanden agreed; in agreement, 5D

ein·ziehen, zog ein, ist eingezogen to move in, 17R

einzig single, 14R

das Eis ice; ice cream, 8R

das (Eis)hockey ice hockey, 10R

die Elek'trotechnik electrical engineering, 6R

der Elek'trotechniker, - electrician; electrical engineer (m.), 5R

die Elek'trotechnikerin, -nen electrician; electrical engineer (f.), 5R

elf eleven, 1D

die Eltern (pl.) parents, 2D

die Emanzipation' emancipation, 18R

die Emigration' emigration, 14R

emotional' emotional, 11R

empfeh'len (empfiehlt), empfahl, hat empfohlen to recommend, 8D

das Ende, -n end, 6R
~ Februar (at) the end of February
am ~ at the end

endlich finally, 1D

eng narrow, 11R

(das) England England, 13G

der Engländer, - Englishman, 13G

die Engländerin, -nen English woman, 13G

englisch English, 13G

(das) Englisch English (language), 3R

sich entschul'digen to apologize, 12R

Entschul'digung pardon me, excuse me, 1D

entweder . . . oder either . . . or, 15D

die Entwick'lung, -en development, 13R

die Epo'che, -n epoch, 12R

die Erde earth, ground, 14R

erfah'ren (erfährt), erfuhr, hat erfahren to experience; find out, learn, 10R

die Erfah'rung, -en experience, 7R
eine ~ machen to have an experience

der Erfolg', -e success, 18R

erfül'len to fulfill, 13R

sich erho'len (von) to recover (from), 12R

sich erin'nern (an + acc.) to remember, 13D

die Erin'nerung, -en memory, 14R

sich erkäl'ten to catch a cold

erkäl'tet sick with a cold, 11D

erklären to explain, 12R

erle'digen to manage, take care of, 18R

ernst serious, 15R

erschei'nen, erschien, ist erschienen to appear, 13R

erst not until; only, 6D

erst- first, 10G

erstaun'lich astounding, astonishing, 13R

erstaunt' surprised, astounded, 17R

erwar'ten to expect, 15R

erzäh'len to tell, recount, 7R

die Erzäh'lung, -en story, 14R

erzieh'en, erzog, hat erzogen to raise, bring up (children), 17R

essen (ißt), aß, hat gegessen to eat, 6R

das Essen food, 2R

das Eßzimmer, - dining room

ethnisch ethnic, 16R

etwa approximately, about, 16R

etwas something; somewhat; some, 5D

(das) Europa Europe, 4R

europä'isch European, 11R

ewig eternal, forever, 17D

das Exil' exile, 11R

existie'ren to exist, 15R

exklusiv' exclusive, 10R

extrem' extreme, 12R

der Extremis'mus extremism, 12R

F

die Fabrik', -en factory, 5R

das Fach, ⁻er subject, area of study, 6R

fahren (fährt), fuhr, ist/hat gefahren to drive; go (by vehicle), 2D
~ mit to go by, 7R

die Fahrkarte, -n ticket (for bus, train, streetcar, etc.), 7R

das Fahrrad, ⁻er bicycle, 7R

die Fahrt, -en trip, journey, 5R

der Fall, ⁻e case, 18R

falsch incorrect, false, intro.

die Fami'lie, -n family, 2R

der Fan, -s (sports) fan, 10R

die Farbe, -n color, 10G

der Farbfilm, -e movie in color, 11R

fast almost, 2R

der Februar February, 1G

fehlen to be lacking, be absent, 15R

feiern to celebrate, have a party, 17D

die Feier, -n celebration, party, 17D

die Feminis'tin, -nen feminist, 18R

das Fenster, - window, intro.

die Ferien (plural) school vacation, 6R

fern(e) far away, distant, 14R

fern·sehen (sieht fern), sah fern, hat ferngesehen to watch TV, 11D

das Fernsehen television, 11D
im ~ on television, 11D

der Fernseher, - television set, 11D

das Fest, -e festival, 10R

das Feuer, - fire, 8R
Haben Sie ~? Have you got a light? 18D

die Figur', -en figure, 10R

der Film, -e film, movie, 6R

finanziell' financial, 13R

finden, fand, hat gefunden to
find, 2R
der Finger, - finger, 12G
die Firma, Firmen firm,
company, 5R
der Fisch, -e fish, 8R
fit in shape, 3D
flach flat, 4R
die Flasche, -n bottle, 7D
das Fleisch meat, 8R
fliegen, flog, hat/ist geflogen
to fly, 1D
der Flohmarkt, ¨e flea market, 9D
der Flughafen, ¨ airport, 7R
das Flugzeug, -e airplane, 5R
die Form, -en form, 12R
formell' formal, 1R
das Foto, -s photograph, 15D
die Frage, -n question, 12R
  eine ~ stellen to ask a
  question, 12R
fragen to ask, 1R
  ~ nach to ask about, inquire about, 15R
(das) Frankreich France, 13G
der Franzo'se, -n, -n Frenchman, 13D
die Franzö'sin, -nen French
woman, 13D
franzö'sisch French, 13D
die Frau, -en woman; wife;
Mrs., 1D
die Frauenemanzipation
women's liberation, 17R
das Fräulein, - young (unmarried) lady; Miss, 8D
frei free, 6R
  im Freien out of doors,
  11R
die Freiheit, -en freedom, 7R
(der) Freitag, -e Friday, intro.
freitags on Fridays, 10D
freiwillig voluntarily, by
choice, 13R
die Freizeit leisure time, 5R
fremd strange; foreign, 3R
die Fremdsprache, -n foreign
language, 3R
die Freude, -n joy, 14R
freuen to please, 6R
  Das freut mich. I'm glad.
sich freuen to be glad, 12D
der Freund, -e friend (m.), 2D
die Freundin, -nen friend (f.),
3D
freundlich friendly, 1R
der Frieden peace, 12R

froh glad, happy, 7R
früh early, 3D
der Frühling, -e spring, 4R
das Frühstück, -e breakfast,
8R
frühstücken to eat breakfast,
12D
sich fühlen to feel (intrans.),
have a feeling, 12D
führen to lead, 12R
für (+ acc.) for, 1D
furchtbar terrible, 6R
fürchten to fear, 3R
der Fuß, ¨e foot, 6R
  zu ~ on foot
der Fußball soccer, 10D
der Fußballplatz, ¨e soccer
field, 10D
der Fußgänger, - pedestrian,
9R
die Fußgängerzone, -n pedestrian mall, 9R

G

die Gabel, -n fork, 8R
ganz entire, whole, 13R
  ~ gut pretty good; pretty
  well, 1D
gar nicht not at all, 3R
die Gara'ge, -n garage, 17R
der Garten, ¨ garden; yard,
17R
der Gast, ¨e guest, 7R
der Gastarbeiter, - foreign
worker, 17D
die Gaststätte, -n restaurant
with moderate prices, 8D
das Gebäu'de, - building, 9R
geben (gibt), gab, hat gegeben to give, 2R
  es gibt (+ acc.) there is,
  there are, 2R
gebo'ren born, 11R
  Wann sind Sie geboren?
  When were you born? 11R
  Ich bin (im Jahre) 1966
  geboren. I was born in
  1966. 11R
gebrau'chen to use, 8R
der Geburts'ort place of
birth, 14R
der Geburts'tag, -e birthday,
17D

Ich habe Geburtstag. It's
my birthday.
die Gefahr', -en danger, 12R
gefähr'lich dangerous, 7R
gefal'len (gefällt), gefiel, hat
gefallen (+ dat. of person)
to please, appeal to, 5D
  Das gefällt mir. I like that.
das Gefühl', -e feeling, 7R
gegen (+ acc.) against, 4G
die Gegend, -en region, part
of the country, 9R
gegenü'ber (+ dat.) across
from, 9D
die Gegenwart present
(time), 14R
das Geheim'nis, -se secret,
17D
gehen, ging, ist gegangen to
go; walk, 1D
  Wie geht es Ihnen? (Wie
  geht es dir?) How are you?
  intro.
  Wie geht's? How are you?
  (short form), 1D
gehö'ren (+ dat. of person)
to belong to (possession),
5R
  gehören zu to be a part of,
  8R
gelb yellow, 10G
das Geld money, 2R
gemein'sam shared, in common, 11R
das Gemü'se, - vegetable
gemüt'lich comfortable,
cozy, congenial, 15D
genau' exact, 13G
  genau so . . . wie just as
  . . . as, 13G
die Generation', -en generation, 11R
genug' enough, 3D
genü'gend sufficient, 15R
die Geographie' geography,
7D
das Gepäck' baggage, 13R
gera'de just (now), 2D; exactly, 5R
die Germanis'tik German
studies, 6R
gern (lieber, am liebsten)
gladly, with pleasure, 4D
  Ich lese gern. I like to read.
das Geschäft', -e business;
store, 5R
die Geschäfts'frau, -en business woman, 5R

der **Geschäfts′mann, die Geschäftsleute** businessman, 5R

das **Geschenk′, -e** present, 10D

die **Geschich′te, -n** story; history, 6R

das **Geschlecht′, -er** sex, gender, 18R

die **Geschwis′ter** (pl.) siblings, 2R

die **Gesell′schaft, -en** society; company, 11R

gesell′schaftlich social, 18R

das **Gesetz′, -e** law, 18R

das **Gesicht′, -er** face, 12G

das **Gespräch′, -e** conversation, 13D

gestern yesterday, 6D

~ **abend** last night, 15G

~ **früh** yesterday morning, 15G

gesund′ (gesünder or **gesunder)** healthy, 10R

die **Gesund′heit** health, 10R

gewin′nen, gewann, hat gewonnen to win, 10R

sich **gewöh′nen an** (+ acc.) to get used to, 13D

das **Glas, ̈er** glass, 8D

glauben to believe; think, 7D

glauben an (+ acc.) to believe in, 11R

gleich right away, 4D; identical, same; equal, 18R

gleichberechtigt enjoying equal rights, 18R

die **Gleichberechtigung** (sing.) equal rights, 18R

gleichzeitig simultaneous, 18R

glücklich happy, 14D

der **Gott, ̈er** God

um Gottes willen! for heaven's sake! 7D

Gott sei Dank! thank goodness! 4G

das **Gramm** gram, 8D

200 Gramm 200 grams

gratulie′ren (+ dat.) to congratulate, 17D

Ich gratuliere Ihnen! Congratulations to you!

grau grey, 10G

grausam terrible, gruesome; cruel, 14R

die **Grenze, -n** border, limit, 13R

an der ~ at the border, 13R

grillen to grill, 8R

groß (größer, am größten) big, 2D

die **Größe** greatness, size

die **Großeltern** (pl.) grandparents, 2R

die **Großmutter, ̈** grandmother, 2R

die **Großstadt, ̈** large city (over 500,000 inhabitants), 9R

der **Großvater, ̈** grandfather, 2R

grün green, 10G

der **Grund, ̈e** reason, 9R

die **Gruppe, -n** group, 1R

Grüß dich! Hi!, Hello! (in Southern Germany, to a person addressed with *du*), 1D

Grüß Gott! Hello! (in Southern Germany and Austria), 1D

grüßen to greet, say hello, 1D

die **Gurke, -n** cucumber; pickle, 8R

gut (besser, am besten) good; well, 1D

ganz ~ pretty good; pretty well, 1D

das **Gymna′sium, Gymnasien** secondary school (prepares pupils for university), 3R

H

das **Haar, -e** hair, 12G

haben (hat), hatte, hat gehabt to have, 2D

gern ~ to like, 4D

halb (adj. and adv.) half, 10D

halbtags (adv.) half days, 18D

~ **arbeiten** to work part-time

die **Hälfte, -n** half, 13R

halten (hält), hielt, hat gehalten to stop; hold, 3D

~ **für** to consider, regard

as, think X is, 13D

~ **von** to think of, have an opinion about, 13D

die **Haltestelle, -n** streetcar or bus stop, 7R

die **Hand, ̈e** hand, 6D

der **Handschuh, -e** glove, 3R

die **Handtasche, -n** purse, 3R

hängen to hang (trans.), 7D

hängen, hing, hat gehangen to hang, be hanging (intrans.), 7G

hart (härter) hard; tough; harsh, 12R

häßlich ugly, 1D

Haupt- (noun prefix) main, 8R

die **Hauptmahlzeit** main meal

das **Hauptfach, ̈er** academic major, 6R

hauptsächlich mainly, for the most part, 18R

die **Hauptstadt, ̈e** capital city, 7D

das **Haus, ̈er** house, 1R

nach Hause home (as destination of motion), 2D

zu Hause at home, 2D

die **Hausarbeit** housework, 2R

die **Hausaufgabe, -n** homework assignment, 3R

die **Hausfrau, -en** housewife, 2R

der **Haushalt** household; housekeeping, 18D

die **Heimat** native place or country, homeland, 9R

die **Heimatstadt** native city, 9R

heiraten to get married, 14D

heiß hot, 4D

heißen, hieß, hat geheißen to be called, 2D; to mean, 17D

Er heißt Max. His name is Max.

das heißt (d.h.) that is (i.e.), 5R

helfen (hilft), half, hat geholfen (+ dat. of person) to help, 5D

hell light, bright, 4R

das **Hemd, -en** shirt, 3R

her (see **woher**)

heraus′ (prefix) out (of something), 9R

heraus'·kommen, kam heraus, ist herausgekommen (+ **aus**) to come out of, get out of, 9R

der **Herbst, -e** fall, autumn, 4R

im ~ in the fall, 4R

der **Herr, -n, -en** gentleman; Mr., 1D

herrlich marvelous, wonderful, 9R

herü'ber (directional prefix) over here (toward the speaker), 16R

herü'ber·schauen to look over here

herum' (adv. and prefix) around, 9R

herum'·reisen to travel around, 9R

heterogen' heterogeneous, 16R

heute today, intro.

~ abend tonight, this evening, 1D

~ früh this morning, 15G

~ morgen this morning, 9D

~ nachmittag this afternoon, 11D

heutzutage nowadays, 10D

hier here, 1R

die **Hilfe** help, aid, 13R

hin (prefix) there (marks motion away from speaker), 9R

~ und her back and forth, 5R

hinein' (directional prefix) in (away from speaker), 14R

hinein'·gehen, ging hinein, ist hineingegangen to go into, 14R

hin·fahren (fährt hin), fuhr hin, ist hingefahren to drive there, 9R

hinten in the rear, at the back, 12D

von ~ from the rear, 12D

hinter (+ dat. or acc.) behind, 6G

histo'risch historical, 11R

hoch, hoh- (**höher, am höchsten**) high, 11R

das **Hochdeutsch** High German (standard form of German), 16R

hoffen to hope, 10R

hoffentlich I hope, 4D

höflich polite, 7R

hoh- (see **hoch**)

holen to get, fetch, 14R

homogen' homogeneous, 16R

der **Homosexuel'le, -n** (adj. noun) homosexual, 11R

hören to hear, 3R

der **Horizont', -e** horizon, 7R

der **Horrorfilm, -e** horror film, 11R

die **Hose, -n** trousers, pants, 3R

das **Hotel', -s** hotel, 4D

hübsch pretty, attractive, handsome, 5R

das **Hühnchen, -** chicken, 8R

der **Humor'** humor, 15R

der **Hunger** hunger, 8D

Ich bekomme ~ . I'm, getting hungry.

Ich habe ~ . I'm hungry.

der **Hut, ̈e** hat, 3R

die **Hütte, -n** hut, 15D

I

das **Ideal', -e** ideal, 13R

ideal' ideal, 18R

idealis'tisch idealistic, 10R

die **Idee', -n** idea, 4D

ideolo'gisch ideological, 12R

illegal' illegal, 12R

illegitim' illegitimate, 13R

immer always, 1R

~ noch (see **noch**)

~ mehr (preceding comparative) more and more, 1D

in (+ dat. or acc.) in, into, 1D

ins = in das

im = in dem

indem (sub. conj.) by . . . ing, 16D

die **Industrie', -n** industry, 9R

industriell' industrial, 13R

die **Industrie'stadt, ̈e** industrial city, 9R

die **Inflation'** inflation, 12R

der **Inhalt, -e** content(s), 8R

der/die **Intellektuel'le, -n** (adj. noun) intellectual, 13R

interessant' interesting, 3D

das **Interes'se, -n** interest, 11R

Ich habe ~ für X. I'm interested in X. 11R

interessie'ren to interest, 11D

sich ~ für to be interested in, 12D

international' international, 3R

das **Interview', -s** interview, 7R

der **Interview'er, -** interviewer, 17D

inzwi'schen in the meantime, 15R

irgendwann sometime or other, 17R

die **Isolation'** isolation, 12R

(das) **Ita'lien** Italy, 7R

der **Italie'ner, -** Italian (m.), 13G

die **Italie'nerin, -nen** Italian (f.), 13G

italie'nisch Italian, 13G

J

ja yes, 1D; (flavoring particle, 17D)

die **Jacke, -n** jacket, 3R

das **Jahr, -e** year, 5D

die Zwanziger Jahre the twenties, 11D

die **Jahreszeit, -en** season, 4R

das **Jahrhun'dert, -e** century, 13R

der **Januar** January, 1G

jawohl' yes (emphatic), yes indeed; that's right, 8D

je . . . desto or **um so** the (+ comparative) the (+ comparative), 13G

je mehr, desto besser the more the better

die **Jeans** (pl.) bluejeans, 3R

jeder, -es, -e (pl.: **alle**) each, every (pl.: all), 5G

jeder (sing. pronoun) everyone, 14D

jedoch' however, 11R

jemand someone, somebody, 8D

jetzt now, 3D

der **Joghurt** yoghurt, 8R

der **Journalist'**, **-en**, **-en** journalist (m.), 5R

die **Journalis'tin**, **-nen** journalist (f.), 5R

jüdisch Jewish, 14R

die **Jugend** (sing.) youth; young people, 1R

die **Jugendherberge**, **-n** Youth Hostel, 7R

(das) **Jugosla'wien** Yugoslavia, 8R

der **Juli** July, 1G

jung (jünger) young, 2R

der **Junge**, **-n**, **-n** boy, 2D

der **Juni** June, 3D

Jura law (as an academic major), 6R

K

der **Kaffee** coffee, 8D

die **Kaffeepause**, **-n** coffee break, 12D

kalt (kälter) cold, 4D

die **Kamera**, **-s** camera, 11R

der **Kameramann**, **⁻er** cameraman, 11D

kämmen to comb, 12G

kämpfen to battle, fight, 4R

kapitalis'tisch capitalistic, 13R

kaputt' broken, ruined, wrecked; exhausted, 18D

die **Karte**, **-n** card; ticket; map, 4D

die **Kartof'fel**, **-n** potato, 8R

der **Käse** cheese, 8R

katastrophal' catastrophic, 12R

katho'lisch Catholic, 12R

kaufen to buy, 5D

das **Kaufhaus**, **⁻er** department store, 9R

der **Kaufmann**, **Kaufleute** businessman, 5R

kaum hardly, barely, 7D

kein, **-e** not a, not any, no, 3D

der **Kellner**, **-** waiter, 5R

die **Kellnerin**, **-nen** waitress, 5R

kennen, kannte, hat gekannt to know, be acquainted with, 2D

kennen·lernen to get to know, meet, 5D

das **Kilo** (short for das **Kilogramm**)

das **Kilogramm'**, **-e** kilogram, 8R

der **Kilome'ter**, **-** kilometer, 5R

das **Kind**, **-er** child, 1D

die **Kinderkrippe**, **-n** day-care center, 18D

das **Kino**, **-s** movie theater; the movies, 4D

ins ~ to the movies

die **Kirche**, **-n** church, 9R

kitschig tastelessly sentimental, kitschy, 11R

klagen to complain, 17R

klar clear, 5D; sure, of course (colloq.), 14D

die **Klasse**, **-n** class; grade, 1R

die **Klassendiskussion**, **-en** class discussion, 3R

klassisch classical, 11R

das **Kleid**, **-er** dress (pl. = dresses or clothes), 3R

die **Kleidung** clothing, 3R

klein small, little, 2D

das **Klima** climate, 4R

das **Klischee'**, **-s** cliché, 2R

klischee'haft cliché (adj.), stereotyped, 16R

das **Klosett'** lavatory, 17R

der **Klub**, **-s** club, 10D

klug (klüger) clever, smart, 11D

das **Knie**, **-** knee, 12G

k.o. (pronounced *kah oh*) exhausted (slang), 5D

kochen to cook, 2R

der **Koffer**, **-** suitcase, 7D

der **Kolle'ge**, **-n**, **-n** colleague, fellow worker, 5R

(das) **Köln** Cologne, 12D

die **Kolonie**, **-n** colony, 4R

komisch funny; peculiar, 17D

kommen, kam, ist gekommen to come, 1D

~ aus to be from (native country or city), 5D

die **Kommunikation'** communication, 10R

kommunis'tisch communistic, 13R

die **Konferenz'**, **-en** conference, 13D

der **Konflikt'**, **-e** conflict, 2R

die **Konfrontation'**, **-en** confrontation, 11R

konfrontie'ren to confront, 9R

der **Kongreß'**, **Kongresse** convention, 16D

können (kann), konnte, hat gekonnt can, be able, 3D

konservativ' conservative, 16R

der **Kontakt'**, **-e** contact, 5R

der **Kontrast'**, **-e** contrast, 4R

die **Konversation'**, **-en** conversation, 18R

sich **konzentrie'ren auf** (+ acc.) to concentrate on, 15R

das **Konzert'**, **-e** concert, 6R

der **Kopf**, **⁻e** head, 12G

Das geht mir nicht aus dem Kopf. I can't forget that. 14R

der **Körper**, **-** body, 12G

kosten to cost, 6D

Das kostet mich viel. That costs me a lot. 13R

kostenlos free of charge, 6R

die **Kraft**, **⁻e** power; energy, 11R

krank (kränker) sick, 11D

das **Krankenhaus**, **⁻er** hospital, 12D

der **Krankenpfleger**, **-** nurse (m.), 5R

die **Krankenschwester**, **-n** nurse (f.), 5R

die **Krankheit**, **-en** sickness, disease, 17R

die **Krawat'te**, **-n** necktie, 3R

die **Kreide** chalk, intro.

der **Krieg**, **-e** war, 3R

der **Krimi**, **-s** (short for **Kriminalfilm** or **Kriminalroman**), 11R

der **Kriminal'film**, **-e** detective film, thriller, 11R

der **Kriminal'roman**, **-e** detective novel, thriller, 11R

die **Kritik'** criticism, 16R

kritisie'ren to criticize, 13R

die **Küche**, **-n** kitchen; cuisine, 8R

der **Kuchen**, **-** cake, 8R

kühl cool, 4R

kulturell' cultural, 15R

sich **kümmern um** to take care of; be concerned with, 18R

der **Kunde**, **-n**, **-n** customer, 5R

die **Kunst, ⁼e** art, 8R
die **Kunstgeschichte** art history, 6R
der **Künstler, -** artist, 15R
künstlerisch artistic, 12R
der **Kurs, -e** course, 6R
kurz (kürzer) short, 6R
die **Kusi′ne, -n** cousin (f.), 2R

L

lachen to laugh, 3R
der **Laden, ⁼** shop, store, 5D
die **Lampe, -n** lamp, 17R
das **Land, ⁼er** country, 4R
die **Landschaft, -en** landscape, 4R
lang(e) (länger) long; for a long time, 6R
langsam slow, 3D
langweilig boring, 3D
lassen (läßt), ließ, hat gelassen to leave (something or someone), leave behind; let, allow; cause to be done, have done, 12D
der **Lauf** run; course
im Laufe (+ gen.) in the course of, 18R
laufen (läuft), lief, ist gelaufen to run; to go on foot, walk (colloq.), 3D
der **Läufer, -** runner, 10R
leben to live, be alive, 5R
das **Leben** life, 4R
die **Lebensmittel** (pl.) groceries, 8R
das **Lebenstempo** pace of life, 15R
die **Leberwurst, ⁼e** liverwurst, 8D
lecker tasty, delicious, 8R
legen to lay, put down, 6D
der **Lehrer, -** teacher (m.), intro.
die **Lehrerin, -nen** teacher (f.), intro.
der **Lehrling, -e** apprentice, 5D
leicht light (in weight); easy, 5R
leid (in the phrase:) **Das tut mir leid.** I'm sorry. 6G
leider unfortunately, 3D

leihen, lieh, hat geliehen to lend, 14D
leisten to accomplish, 13R
sich etwas ~ können to be able to afford something, 12G
lernen to learn, 3R
lesen (liest), las, hat gelesen to read, 2D
letzt- last, 10D
die **Leute** (pl.) people, 2D
die **Liebe** love, 14D
lieber preferably, rather (cf. **gern**), 8R
Lieblings- (noun prefix) favorite, 11D
der **Lieblingsfilm** favorite movie
am liebsten most like to, like best of all to (cf. **gern**), 8G
das **Lied, -er** song, 13R
der **Liedermacher, -** song writer, 13R
liegen, lag, hat gelegen to lie, 4R
die **Linguis′tik** linguistics, 6R
links to the left; on the left, 6R
die **Liste, -n** list, 8D
litera′risch literary, 15R
die **Literatur′** literature, 15R
der **Löffel, -** spoon, 8R
der **Lohn, ⁼e** wages, 5R
das **Lokal′, -e** pub, tavern, bar, 17D
los (in the phrase:) **Was ist los?** What's wrong or What's up? What's going on?, 11D
los·gehen, ging los, ist losgegangen to start, get underway; to start popping, 15R
die **Luft** air, 4R
die **Lust** desire
~ haben (etwas zu tun) to want (to do something), 3D
lustig funny, 11D

M

machen to make; do, 1D
Das macht nichts. That doesn't matter., 3D

die **Macht, ⁼e** power, might, 12R
an die ~ kommen to come to power, 12R
das **Mädchen, -** girl, 5R
magisch magical, 11R
die **Mahlzeit, -en** meal, 8R
der **Mai** May, 1G
das **Mal, -e** time (in the sense of occasion), 1D
zum ersten ~ for the first time, 11G
zum x-ten ~ for the umpteenth time, 11G
ein paar ~ a couple of times, 7R
mal (flavoring particle), 4D
man (impersonal pronoun) one, 1R
mancher, -es, -e many a, (in the plural:) some, 10R
manchmal sometimes, 2R
das **Manifest′, -e** manifesto, 11R
der **Mann, ⁼er** man; husband, 2R
die **Mannschaft, -en** team, 10R
der **Mantel, ⁼** overcoat, 3R
das **Märchen, -** fairy tale, 4R
die **Mark** the German mark
die Deutsche Mark (DM) the German Mark, 6R
der **Marktplatz, ⁼e** market square, 9D
die **Marmela′de, -n** jam, 8R
der **Marxist′, -en, -en** Marxist, 13R
der **März** March, 1G
die **Mathematik′** mathematics, 6R
die **Mauer, -n** (free standing) wall, 13R
der **Mecha′niker, -** mechanic, 5R
die **Medizin′** study or field of medicine, 6R
das **Meer** sea, 4R
mehr more, 2R
nicht ~ no longer
mehrere several, 11D
mein, -e my, 2D
meinen to mean, 2D; to be of the opinion, think, 3R
die **Meinung, -en** opinion, 13R
meist- most, 13G
das **Meisterstück, -e** masterpiece, 8R

die **Melancholie'** melancholy, 15R

die **Mensa** university cafeteria, 1D

der **Mensch, -en, -en** person, human being, 2D

Mensch! (exclamation) Brother! Wow!

menschlich like a human being, human; humane, 17R

die **Mentalität'** mentality, 15R

das **Messer, -** knife, 8R

die **Metho'de, -n** method, 11R

die **Metropo'le, -n** metropolis, 9R

der **Metzger, -** butcher, 8D

mieten to rent, 17R

der **Mieter, -** renter; tenant, 17R

das **Mikrofon', -e** microphone, 12D

die **Milch** milk, 8R

mild mild, 4R

das **Militär'konzert, -e** military concert, 11R

die **Million', -en** million, 12R

die **Minu'te, -n** minute, 6R

mit (+ dat.) with, 2D

der **Mitarbeiter, -** fellow worker, colleague, 5R

mit·bringen, brachte mit, hat mitgebracht bring along; take along, 6D

miteinander with each other, 16R

das **Mitglied, -er** member, 5R

mit·nehmen (nimmt mit), nahm mit, hat mitgenommen to take along, 7R

das **Mittagessen** noon meal, lunch, 5R

mittags at noon, 17D

die **Mitte** middle, 4R

mittelalterlich medieval, 12D

(der) **Mittwoch** Wednesday, intro.

mittwochs on Wednesdays, 10D

die **Möbel** (pl.) furniture, 17R

möchten (see **mögen**)

die **Mode** fashion, 3R

modern' modern, 4R

mögen (mag), mochte, hat gemocht to like, 4G

Ich möchte (gern) . . . (present subjunctive) I would like to . . . , 3D

Das mag sein. That may be. 18D

möglich possible, 6D

die **Möglichkeit, -en** possibility, 17R

der **Moment'** moment

im ~ at the moment, 1D

die **Monarchie', -n** monarchy, 15R

der **Monat, -e** month, 9D

(der) **Montag** Monday, intro.

montags on Mondays, 10D

monumental' monumental, 11R

das **Moped, -s** moped, 5D

der **Morgen, -** morning, 1D

Guten ~ ! Good morning! intro.

morgen tomorrow, intro.

~ früh tomorrow morning, 15G

~ nachmittag tomorrow afternoon, 4D

morgens in the morning, 17D

(das) **Moskau** Moscow, 13R

das **Motor'rad, ¨er** motorcycle, 7R

müde tired, weary, 9D

(das) **München** Munich, 9R

das **Muse'um, Museen** museum, 9R

der **Mund, ¨er** mouth, 12G

die **Musik'** music, 3R

die **Musik'wissenschaft** musicology, 6R

müssen (muß), mußte, hat gemußt must, have to, 3D

die **Mutter, ¨** mother, 2R

die **Muttersprache, -n** mother tongue, native language, 16R

die **Mütze, -n** cap, 3R

N

na (ja) well (conversational filler), 16D

nach (+ dat.) to (with cities and countries), 1D; after, 3D

~ und ~ gradually, 17R

nachdem' (sub. conj.) after, 9D

nachher' after that, later, 9D

der **Nachmittag, -e** afternoon, 11D

nachmittags in the afternoon, 17D

die **Nacht, ¨e** night, 11D

gute ~ good night, 11D

der **Nachtisch, -e** dessert, 8D

zum ~ for dessert

nachts at night, 17D

nahe (näher, am nächsten) near, 9R

der **Name, -ns, -n** name, 7D

nämlich namely, 17R

die **Nase, -n** nose, 12G

naß wet, 4R

national' national, 10R

die **Natur'** nature, 16R

natür'lich natural, 1D

der **Nazi, -s** Nazi, 12R

der **Nebel** fog, mist, 4R

neben (+ dat. or acc.) beside, next to, 6G

das **Nebenfach, ¨er** minor field of study, 6R

neblig foggy, misty, 4R

negativ' negative, 10R

nehmen (nimmt), nahm, hat genommen to take, 8D

nein no, 1D

nennen, nannte, hat genannt to name, 8R

nervös' nervous, 14D

nett nice, 2D

neu new, 3R

neulich recently, 12R

neutral' neutral, 16R

die **Neutralität'** neutrality, 16R

nicht not, 1D

~ nur . . . sondern auch not only . . . but also, 7R

~ wahr? isn't it? can't you? doesn't he? etc. (confirmation tag), 3D

nichts nothing, 3D

nie never, 1R

niedrig low, 18R

niemals never, 14R

niemand nobody, 8D

nirgends nowhere, 9R

noch still, 2R

~ immer or **immer ~** still

(intensification of **noch**), 2R

~ **einmal** once again, 4D

~ **nicht** not yet, 4D

(das) **Nordamerika** North America, 2R

der **Norden** north, 4R

nördlich northern, 9R

~ **von** to the north of

die **Nordsee** North Sea, 4D

normal' normal, 2R

normal'erweise normally, usually, 8R

der **Novem'ber** November, 1G

nur only, 2D

O

ob whether, 5R

der **Ober, -** head waiter

Herr ~! Waiter! (used to address any waiter), 8D

objektiv' objective, 16R

das **Obst** fruit, 8R

obwohl' (sub. conj.) although, 9R

oder or, 1R

offen open, 13R

öffentlich public, 10R

offiziell' official, 16R

öffnen to open, 18R

oft (öfter) often, 1R

ohne (+ acc.) without, 4D

das **Ohr, -en** ear, 12G

okay' okay, 4D

ökono'misch economic, 13R

der **Okto'ber** October, 1G

das **Öl** oil, 8R

olym'pisch Olympic, 10R

die **Oma, -s** grandma, 2R

der **Onkel, -** uncle, 2R

der **Opa, -s** grandpa, 2R

die **Opposition'** opposition, 12R

optimis'tisch optimistic, 3R

die **Oran'ge, -n** orange, 8R

ordentlich orderly, 18R

die **Ordnung, -en** order, orderliness, 18D

in ~ in order; fine, o.k.

der **Ort, -e** place; town, 7R

der **Ostblock** Eastern Block, 13R

der **Osten** east, 4R

(das) **Österreich** Austria, 4R

der **Österreicher, -** Austrian (m.), 8R

die **Österreicherin, -nen** Austrian (f.), 8R

österreichisch Austrian, 13G

östlich eastern, 9R

~ **von** to the east of, 9R

die **Ostsee** Baltic Sea, 4R

der **Ozean', -e** ocean, 17R

P

das **Paar, -e** pair; couple, 8D

ein paar a few, a couple of, 6R

packen to pack, 7R

die **Pädago'gik** pedagogy, education (as a field of study), 6R

das **Panora'ma, Panoramen** panorama, 11R

das **Papier', -e** paper, 18R

paradox' paradoxical, 13R

der **Park, -s** park, 9R

parken to park, 3D

die **Partei', -en** political party, 12R

die **Party, -s** party, 2D

der **Paß, Pässe** passport, 13R

passie'ren, ist passiert to happen, 7R

passiv' passive, 10R

der **Patient', -en, -en** patient, 15R

die **Pause, -n** pause, break, intermission, 12D

das **Pech** bad luck

~ **haben** to have bad luck, be out of luck, 11D

pendeln to commute, 5R

das **Pendeln** commuting, 5R

perfekt' perfect, 17D

persön'lich personal, 5R

pessimis'tisch pessimistic, 3R

der **Pfad, -e** path, 10D

der **Pfeffer** pepper, 8R

der **Pfennig, -e** penny (100 Pfennige = 1 Mark), 16D

die **Philosophie'** philosophy, 6R

die **Physik** physics, 6R

der **Pianist', -en, -en** pianist (m.), 15R

die **Pianis'tin, -nen** pianist (f.), 15R

das **Picknick, -s** picnic, 8R

das **Plakat', -e** poster, 12R

der **Plan, ⁼e** plan, 4D

planen to plan, 4D

der **Platz, ⁼e** space, place; seat; city square, 9R

die **Politik'** (sing.) politics; policy, 12R

der **Poli'tiker, -** politician (m.), 12R

die **Poli'tikerin, -nen** politician (f.)

die **Politik'wissenschaft** political science, 6R

poli'tisch political, 12R

die **Polizei'** (sing.) police, 9R

der **Polizist', -en, -en** policeman, 9R

die **Polizis'tin, -nen** policewoman

die **Pommes frites** (pl., pronounced *Pomm fritt*) French fries, 8D

positiv' positive, 10R

die **Post** post office; mail, 9R

die **Postkarte, -n** postcard, 6R

praktisch practical, 9R

der **Preis, -e** price, 9R

die **Primadonna, Primadonnen** prima donna, 11D

privat' private, 6D

pro per, 8R

~ **Tag** per day

das **Problem', -e** problem, 2R

der **Profes'sor, Professo'ren** professor (m.), 5R

die **Professo'rin, -nen** professor (f.), 5R

der **Profi, -s** pro(fessional), 10R

der **Programmie'rer, -** programmer (m.), 5R

die **Programmie'rerin, -nen** programmer (f.), 5R

progressiv' progressive, 16R

das **Projekt', -e** project, 16R

der **Propagan'dafilm, -e** propaganda film, 11R

das **Prozent'** percent, 16R

die **Prüfung, -en** examination, 6R

die **Psychoanaly'se** psychoanalysis, 15R

der **Psycholo'ge, -n, -n** psychologist (m.), 15R

die **Psycholo'gin, -nen** psychologist (f.)
die **Psychologie'** psychology, 6R
psycholo'gisch psychological, 18R
der **Pulli, -s** (see **Pullover**)
der **Pullo'ver, -** pullover sweater; jersey, 3R

Q

Quatsch! Rubbish! Baloney! Nonsense! 5D

R

das **Rad, ̈er** wheel; bicycle, 9R
rad·fahren (fährt Rad), fuhr Rad, ist radgefahren to bicycle, 9R
radikal' radical, 16R
rasie'ren to shave (someone), 12D
   sich ~ to shave (oneself), 12D
das **Rathaus, ̈er** city hall, 9D
rauchen to smoke, 18D
rechts to the right; on the right, 6R
der **Rechtsanwalt, ̈e** lawyer (m.), 5R
die **Rechtsanwältin, -nen** lawyer (f.), 5R
reden to speak, talk, 11D
das **Referat', -e** term paper, 6R
der **Regen** rain, 4R
regie'ren to rule, reign, 15R
die **Regie'rung, -en** the government in power (USA: the Administration), 12R
der **Regisseur', -e** (movie) director, 11D
regnen to rain, 1D
reich rich, 10D
rein pure; clean, 8R
die **Reise, -n** trip, journey, 3R
   eine ~ machen to take a trip, 7R

das **Reisebüro, -s** travel agency, 4D
reisen, ist gereist to travel, 7R
relativ' relative, 2R
die **Religion', -en** religion, 17R
renovie'ren to renovate, 17R
die **Reparation', -en** reparation, 12R
repressiv' repressive, 13R
die **Republik', -en** republic, 12R
resigniert' resigned, 13R
das **Restaurant', -s** restaurant, 8D
das **Resultat', -e** result, 10R
retten to save, 12R
der **Rhein** the Rhine River, 4R
richtig correct, right, intro.
der **Rock, ̈e** skirt, 3R
die **Rockmusik** rock music, 3R
die **Rolle, -n** role, 2R
   eine ~ spielen to play a role; be important, 4R
der **Roman , -e** novel, 11R
roman'tisch romantic, 16R
rot (röter) red, 10G
der **Rowdy, -s** rowdy, 10R
der **Rucksack, ̈e** rucksack, knapsack, 7R
ruhig quiet, peaceful, tranquil, 9R
   Das können Sie ~ machen. Feel free to do that. Go ahead and do that. 12R
der **Russe, -n, -n** Russian (m.), 13G
die **Russin, -nen** Russian (f.), 13G
russisch Russian, 13G
(das) **Rußland** Russia, 13G

S

die **Sache, -n** thing; affair, 10R
der **Saft, ̈e** juice, 8R
sagen to say; tell, 1R
   sagen Sie mal, sag mal tell me, 2D
der **Salat, -e** salad; lettuce, 8D

das **Salz** salt, 8R
(der) **Samstag** Saturday, intro.
samstags on Saturdays, 10D
der **Satelli'tenstaat, -en** satellite state, 13R
sauber clean, 18R
das **Sauerkraut** sauerkraut, 8R
die **S-Bahn** (= die **Stadtbahn**) municipal surface rail system, 9R
schade a shame, too bad, 4D
das **Schaufenster, -** store window, 9R
   einen Schaufensterbummel machen to go window shopping
der **Schauspieler, -** actor, 11D
die **Schauspielerin, -nen** actress, 11D
scheinen, schien, hat geschienen to shine; seem, 1D
schenken to give (a present), 6D
schick chic, 10D
schicken to send, 6R
das **Schiff, -e** ship, 14R
schi·laufen (läuft Schi), lief Schi, ist schigelaufen to ski, 10R
der **Schiläufer, -** skier, 10R
das **Schild, -er** sign, 15D
schlafen (schläft), schlief, hat geschlafen to sleep, 11D
   ~ gehen to go to bed, 11D
das **Schlafzimmer, -** bedroom 17R
die **Schlange, -n** snake, 12R
schlecht bad, 1D
schließen, schloß, hat geschlossen to close, 5R
schließlich finally; after all, 17D
schlimm bad, 7R
schmuggeln to smuggle, 13R
schmutzig dirty, 18R
der **Schnaps, ̈e** distilled spirits, 13R
der **Schnee** snow, 4R
schneien to snow, 4R
schnell fast, quick, 3D
der **Schnellimbiß, Schnellimbisse** stand selling hot snacks, 8R
das **Schnitzel, -** cutlet, chop, 8D

schockie'ren to shock, 11R

schon already, 4D

schön beautiful, 1D; nice, 3R

schrecklich terrible, 4R

schreiben, schrieb, hat geschrieben to write, 6R

die Schreibmaschine, -n typewriter, 14D

der Schreibtisch, -e desk, 6D

der Schreiner, - cabinet maker, 5D

der Schriftsteller, - writer (m.), 5R

die Schriftstellerin, -nen writer (f.), 5R

der Schuh, -e shoe, 3R

schuld an (+ dat.) guilty of; to blame for, 18R

die Schule, -n school, 2D

das Schulsystem, -e school system, 3R

der Schüler, - school pupil (m.), 1R

die Schülerin, -nen school pupil

schwach weak, 5R

schwarz (schwärzer) black, 10G

der Schwarzweißfilm, -e movie in black and white, 11R

die Schweiz Switzerland, 4D
in die ~ to Switzerland

der Schweizer, - Swiss (m.), 13G

die Schweizerin, -nen Swiss (f.), 13G

schweizerisch Swiss, 13G

schwer heavy; hard, difficult, 5R

die Schwester, -n sister, 2D

schwierig difficult, 5R

die Schwierigkeit, -en difficulty, 16R

das Schwimmbad, -̈er swimming pool, 10R

schwimmen, schwamm, ist geschwommen to swim, 4D

der Science-fiction-Film, -e science fiction movie, 11R

der See, -n lake, 7D

sehen (sieht), sah, hat gesehen to see, 2D

sehr very, 1D

sein (ist), war, ist gewesen to be, 1D

Was ist denn? What's wrong? What do you want? 18D

das sind those are, 2R

seit (+ dat.) since, 5D
~ Jahren (with present tense) for years

die Seite, -n side; page, 7R

der Sekretär', -e secretary (m.), 5R

die Sekretä'rin, -nen secretary (f.), 5R

selber (see selbst)

selbst by myself, yourself, himself, ourselves, etc., 5R; (intensifying particle after reflexive pronoun), 12G

selbstverständ'lich of course, 4D; obvious, 4G

selten seldom, not often, 1R

das Semes'ter, - semester, 2D

die Semes'terferien (pl.) break between university semesters, 6R

das Seminar', -e (university) seminar, 6D

der Senf mustard, 8R

der Septem'ber September, 1D

die Serviet'te, -n napkin, 8R

setzen to set (down), put, 7G
sich ~ to sit down, 12D

sich (reflexive pronoun) himself, itself, herself, themselves, yourself, yourselves (in the formal second person), 12D

sicher certain, sure, 3D

die Sicherheit, -en security; certainty, 13R

siebt- seventh, 10G

siegen to win, 10R
~ über (+ acc.) to beat, 10R

sinken, sank, ist gesunken to sink; fall; go down, 16D

sitzen, saß, hat gesessen to sit, 6R

skeptisch skeptical, 16R

so so; like this, 1R
genau ~ . . . wie just as . . . as, 13G
~ etwas something like that, 10D

sofort' immediately, right away, 6R

sogar' even, in fact, 1R

der Sohn, -̈e son, 2D

solid' respectable; solid (citizen), 11R

die Solidarität solidarity, 1R

sollen (soll), sollte, hat gesollt should, 3D

der Sommer, - summer, 4R

das Sommersemester spring term (usually May to July), 6R

sondern but rather, 7G
nicht nur . . . ~ auch not only . . . but also, 8R

(der) Sonnabend, -e Saturday, intro.

sonnabends on Saturdays, 10D

die Sonne sun, 1D

sonnig sunny, 4R

(der) Sonntag, -e Sunday, intro.

sonntags on Sundays, 10D

sonst otherwise, 11D
~ nichts nothing else, 11D
~ noch etwas? anything else? 11D

die Sorge, -n worry, care
keine ~ ! don't worry! 6R

sowieso anyway, 2D

die Sowjets' the Soviets, 13R

die Sowjet'union the Soviet Union, 13R

sozial social, societal, 2R

sozialis'tisch socialist, 13R

der Sozialis'mus socialism, 13R

die Soziologie' sociology, 6R

(das) Spanien Spain, 17D

die Spannung, -en tension; suspense, 13R

sparen to save (money), 7R

der Spaß fun, 5D
Das macht mir ~. That's fun (for me). 5D

spät late, 3D
Wie ~ ist es? What time is it? 7D

spazie'ren · gehen, ging spazieren, ist spazierengegangen to go for a walk, 5R

die Speisekarte, -n menu, 8D

der Spiegel, - mirror, 13R

das Spiel, -e game, 10R

spielen to play, 1D

der Sport sports, 10D

die **Sportart, -en** sport, type of sport, 10R

der **Sportklub, -s** sports club, 5R

der **Sportler, -** athlete, 10D

sportlich athletic, 10R

die **Sprache, -n** language, 3R

sprechen (spricht), sprach, hat gesprochen to speak, 2D

der **Staat, -en** state, 10R

die **Stabilität'** stability, 16R

die **Stadt, -̈e** city, town, 4R

der **Stadtplan, -̈e** city map, 6R

das **Stadtzentrum** center of the city, 9R

der **Star, -s** (movie, sports) star, 10R

stark (stärker) strong, 5R

die **Statis'tik, -en** statistic; statistics, 8R

statt (+ gen.) (see **anstatt**)

stehen, stand, hat gestanden to stand, 5R

Das steht dir gut. That looks good on you. 5R

steigen, stieg, ist gestiegen to climb; rise, go up, 16D

steil steep, 3D

der **Stein, -e** stone, 14R

die **Stelle, -n** job, position, 2R; passage in a book, 17R

stellen to put, place, 7D

eine Frage ~ to ask a question, 12R

stereotyp' stereotyped, 18R

die **Stimme, -n** voice, 5R

stimmen to be right (cannot have a person as subject), 2R

das stimmt that's right, 1R

stolz auf (+ acc.) proud of, 15R

stören to bother, disturb, 9R

die **Straße, -n** street, 1D

die **Straßenbahn, -en** streetcar, 7R

streng strict, 3D

der **Strumpf, -̈e** sock, stocking, 3R

das **Stück, -e** piece, 8D; play, 14D

der **Student', -en, -en** student (m.), intro.

der **Studen'tenausweis, -e** student I.D., 6R

das **Studen'tenheim, -e** student dormitory, 6D

die **Studen'tin, -nen** student (f.), intro.

studie'ren to attend a university, follow a course of study, 1R

~ an (+ dat.) to study at

das **Studio, -s** studio, 11R

das **Studium** university study, 6R

der **Stuhl, -̈e** chair, intro.

der **Stummfilm, -e** silent movie, 11R

die **Stunde, -n** hour; class hour, 3D

stundenlang for hours, 15G

subjektiv' subjective, 16R

suchen to look for, seek, 2D

der **Süden** south, 4R

südlich southern, 9R

~ von to the south of, 9R

der **Supermarkt, -̈e** supermarket, 8D

die **Suppe, -n** soup, 1D

das **Symbol', -e** symbol, 13R

symbo'lisch symbolic, 12R

sympa'thisch friendly, congenial, likeable, 7R

synchronisiert' dubbed, 11R

das **System', -e** system, 3R

die **Szene, -n** scene, 10R

T

die **Tafel, -n** blackboard, intro.

der **Tag, -e** day, 1D

Guten ~! Hello! intro.

Welchen ~ haben wir heute? What day is today? intro.

täglich daily, 9R

die **Tante, -n** aunt, 2R

tanzen to dance, 15R

die **Tasche, -n** pocket; purse, bag, 3R

die **Tasse, -n** cup, 8D

tatsäch'lich real(ly), in fact, 7D

das **Taxi, -s** taxicab, 7R

der **Tee** tea, 8R

teil·nehmen (nimmt teil), nahm teil, hat teilgenom- **men an** (+ dat.) to take part in, 10R

das **Telefon', -e** telephone, 4D

am ~ on the telephone

der **Teller, -** plate, 8R

das **Tennis** tennis, 10R

teuer expensive, 6R

das **Thea'ter, -** theater, 9R

das **Thea'terstück, -e** play, 14D

theore'tisch theoretical, 16D

tief deep, 14R

der **Tiefbau** civil engineering, 6R

der **Tisch, -e** table, intro.

die **Tochter, -̈** daughter, 2R

die **Toilet'te, -n** lavatory, 17R

tolerie'ren to tolerate, 13R

toll (slang) great, terrific, 3R

die **Toma'te, -n** tomato, 8R

die **Torte, -n** torte, tart, cake, 8D

tot dead, 11R

die **Tour, -en** tour, 9R

der **Tourist', -en, -en** tourist, 1R

die **Tradition', -en** tradition, 11R

traditionell' traditional, 2R

tragen (trägt), trug, hat getragen to carry; wear, 3R

die **Tragik** tragedy, 13R

der **Trainer, -** coach; trainer, 10R

trainie'ren to train, practice (sport), 10R

das **Training** training (sport), 10D

der **Trainingsanzug, -̈e** warm-up suit, 10D

trampen, ist getrampt (pronounced *trämpen*) to hitchhike, 7R

der **Tramper, -** (pronounced *Trämper*) hitchhiker, 7R

transportie'ren to transport, 13R

träumen to dream, 15R

treffen (trifft), traf, hat getroffen to meet, 5R

sich ~ to meet each other, 12R

treiben to carry on, practice

Sport ~ to play sports, 10D

der **Trimm-dich-Pfad, -e** physical fitness course, 10D

trinken, trank, hat getrunken
to drink, 4R

trocken dry, 4R

trotz (+ gen. or dat.) in spite of, despite, 7G

trotzdem' in spite of that, nevertheless, 8R

das T-Shirt, -s t-shirt, 3R

Tschüß! So long! (informal), 1D

tun, tat, hat getan to do, 3D

die Tür, -en door, intro.

der Türke, -n, -n Turk (m.), 17R

die Türkin, -nen Turk (f.), 17R

die Türkei' Turkey, 17R

türkisch Turkish, 17R

der Turnschuh, -e sneaker, 3R

der Typ, -en type; (slang) guy, 14D

typisch typical, 1D

U

über (+ dat. or acc.) above, over; across, 6G; about (with acc.), 2D

überall everywhere, 2R

sich etwas überle'gen reflect upon, think over, 16R

übermorgen day after tomorrow, 15G

übernach'ten to spend the night, 7R

überra'schen to surprise, 18D

überset'zen to translate, 8R

übrigens by the way, 1D

die UdSSR the USSR, 13G

die Uhr, -en clock, intro.; watch, 3R

zwölf ~ twelve o'clock, 5R

um wieviel ~ at what time

Wieviel ~ ist es? What time is it? 7G

um (+ acc.) around (the outside of), 4G; at (with times), 1D

~ . . . zu in order to, 8D

um so (see je . . . um so)

der Umstand, -̈e circumstance, 12R

um · ziehen, zog um, ist umgezogen to move (residence), 14R

unabhängig independent, 11R

unanständig indecent, 17R

unbekannt unknown, 10R

unbeliebt unpopular, 10R

und and, 1D

undemokratisch undemocratic, 13R

undeutlich unclear, 18R

der Unfall, -̈e accident, 12R

ungefährlich not dangerous, 7R

ungesund unhealthy, 10R

unglücklich unhappy, 14D

unhöflich impolite, 7R

die Uni, -s (short for Universität)

die Universität , -en university, 6R

unkultiviert uncultivated, 4R

unmenschlich inhuman, 17R

unmöglich impossible, 6D

unordentlich disorderly, messy, 18R

unpersönlich impersonal, 5R

unpraktisch impractical, 9R

unproduktiv unproductive, 13R

unruhig restless, 9R

unser, unsere our, 2D

der Unsinn nonsense, foolishness, 5D

unsympatisch unpleasant, unlikeable, 7R

unter (+ dat. or acc.) under, beneath; among, 6D

unterbre'chen (unterbricht), unterbrach, hat unterbrochen to interrupt, 12R

der Unterschied, -e difference, 18R

der Untertitel, - subtitle, 11R

unverantwortlich irresponsible, 16R

unvorsichtig not cautious, 7R

unwichtig unimportant, 8R

der Urlaub, -e vacation (from a job), 4D

die Urlaubspläne (pl.) vacation plans

das Urteil, -e judgment, 16R

die USA (pl.) the USA, 5R

usw. (= und so weiter) etc., 1D

V

der Vater, -̈ father, 2D

verant'wortlich responsible, 16R

verbrin'gen, verbrachte, hat verbracht to spend (time), 10D

verdie'nen to earn, 2R

die Verein'igten Staaten von Ame'rika the United States of America, 13G

die Vergan'genheit past, 14R

verges'sen (vergißt), vergaß, hat vergessen to forget, 7D

das Vergnü'gen pleasure, 4R

verkau'fen to sell, 5R

der Verkäu'fer, - salesperson (m.), 5R

die Verkäu'ferin, -nen salesperson (f.), 5R

der Verkehr' traffic, 5R

starker ~ heavy traffic

die Verkehrs'mittel (pl.) means of transportation, 7R

verlan'gen to demand, require; desire, 13R

sich verlet'zen to hurt oneself, get hurt, 12D

verlie'ren, verlor, hat verloren to lose, 8D

sich verlo'ben to get engaged, 14D

der/die Verlob'te, -n (adj. noun) fiancé(e), 14D

vernünf'tig reasonable, sensible, 5D

verrückt' crazy, 10R

verschie'den different, various, 11R

versteh'en, verstand, hat verstanden to understand, 11D

der Versuch', -e attempt, experiment, 12R

versu'chen to try, attempt, 11D

verwandt' mit related to, 17R

der/die **Verwand'te, -n** (adj. noun) relative, 10G

verzol'len to charge customs duty on, 13R

Haben Sie etwas zu ~ ? Do you have something to declare? 13R

der **Vetter, -n** cousin (m.), 2R

viel (mehr, am meisten) much, a lot, many, 1D

viele (adj.) many, 1R; (pronoun) many people

vielleicht' maybe, perhaps, 1D

das **Viertel, -** quarter, 7D

(ein) Viertel vor/nach a quarter to/past

das **Volk, ̈-er** people, nation, 12R

der **Volleyball** volleyball, 10D

von (+ dat.) from, 4R; of, by, 5G

vor (+ dat. or acc.) in front of, 6G

~ allem above all, 9R

im voraus' in advance, 12R

vorbei'·kommen, kam vorbei, ist vorbeigekommen to pass by; drop by, 5R

sich vor·bereiten, hat sich vorbereitet auf (+ acc.) to prepare for, 13D

vorerst for the time being, 17R

vorgestern day before yesterday, 15G

vor·haben (hat vor), hatte vor, hat vorgehabt to plan, intend (to do), 10D

vor·kommen, kam vor, ist vorgekommen (+ dat. of person) to seem to, 14R

es kommt mir vor it seems to me, 14R

die **Vorlesung, -en** university lecture, 6D

das **Vorlesungsverzeichnis, -se** university catalogue, list of lectures, 6D

vorne in the front, 12D

vorsichtig cautious, careful, 7R

vor·stellen to introduce, 15R

sich ~ to introduce oneself

sich etwas ~ to imagine something, 12G

das **Vorurteil, -e** prejudice, 16R

W

wachsen (wächst), wuchs, ist gewachsen to grow, 12R

der **Wagen, -** car, 5R

wahr true, 14D

während (+ gen.) during, 7D

die **Wahrheit, -en** truth, 16R

wahrschein'lich probable, probably, 1R

der **Wald, ̈-er** forest, 4R

die **Wand, ̈-e** (interior) wall, intro.

die **Wanderlust** wanderlust, 7R

wandern to hike, 4R

wann when (question word), 1D

die **Ware, -n** product, goods, 13R

warm (wärmer) warm, 4R

warten to wait, 4D

~ auf (+ acc.) to wait for

warum' why, 1D

was what, 1D

~ für what kind of; what a (in exclamations), 14G

waschen (wäscht), wusch, hat gewaschen to wash, 12D

das **Wasser** water, 4D

wechseln to change; exchange (money), 13R

weder . . . noch neither . . . nor, 15D

der **Weg, -e** path, way, 16R

wegen (+ gen.) because of, on account of, 7D

weg·gehen, ging weg, ist weggegangen to go away, 5D

weh (in the phrase:) **Das tut (mir) weh.** That hurts (me). 12D

weil because, 8G

der **Wein** wine, 4R

weiß white, 10G

weit far, 9D

welcher, -es, -e which (interrogative), 5G

die **Welt, -en** world, 5D

der **Weltkrieg, -e** world war, 12R

wem (dat.) (to or for) whom, 5G

wen (acc.) whom, 2D

wenig small amount, little, not much, 5D

wenige (adj.) few; (pronoun) a few, few people, 5D

wenigstens at least, 2R

wenn if; whenever, 8D

wer who (interrogative), 1D

werden (wird), wurde, ist geworden to become, 6D

~ aus to become of, 14R

das **Werk, -e** work (of art); oeuvre, 14D

der **Westen** the west, 4R

der **Western, -s** western (movie), 11D

westlich western, 9R

~ von to the west of, 9R

das **Wetter** weather, 1D

wichtig important, 8R

widerlich disgusting, 9R

wie how; like, as, 1D

~ viele how many, 3R

wieder again, 1D

wieder·sehen (sieht wieder), sah wieder, hat wiedergesehen to see again, 14R

auf Wiedersehen good-bye, intro.

wiegen, wog, hat gewogen to weigh, 10D

(das) **Wien** Vienna, 1D

wieso'? how come? how's that? what do you mean?, 2D

wild wild, 4R

der **Winter, -** winter, 4D

das **Wintersemester** fall term (usually October to February), 6R

wirklich real, 4D

die **Wirtschaft, -en** economy, 13R

die **Wirtschaftswissenschaft** economics, 6R

wissen (weiß), wußte, hat gewußt to know (a fact), 2D

die **Wissenschaft, -en** science; academic discipline, 6R

der **Witz, -e** joke, 14D

wo where, 1D

die **Woche, -n** week, 7D

das **Wochenende, -n**
weekend, 5R
am ~ on the weekend
woher' (*or* **wo . . . her**) from
where, 5D
~ **kommt es, daß . . . ?**
How is it that . . . ? 9R
wohin' (*or* **wo . . . hin**)
where to, to where, 5G
wohl probably, 13R
wohnen to live, dwell, 1R
die **Wohnung, -en** apartment, 9R
das **Wohnzimmer, -** living
room, 17R
die **Wolke, -n** cloud, 4R
wolkig cloudy, 4R
**wollen (will), wollte, hat
gewollt** to want to, 3D; to
claim, 18G
das **Wort** word, 11D (two
plural forms; **die Worte** =
words in a context, **die
Wörter** = isolated words, as
in a list)
Ich rede ein ~ **mit ihm.**
I'll have a word with him.
11D
das **Wunder, -** miracle
kein ~ no wonder, 17D
wunderbar wonderful, 15R
sich **wundern** to be surprised, 14D
wünschen to wish, 15D
sich etwas wünschen to
wish for something
die **Wurst, ̈e** sausage, 8D
Das ist mir ~ ! I don't

care at all. That's no concern of mine. 8R

X

x-mal a million times (exaggeration), 11G

Z

zahlen to pay, 12R
(Darf ich) ~ **, bitte!** May I
have the check, please? 8D
zählen to count, 12R
der **Zahn, ̈e** tooth, 12G
zeigen to show, 5R
sich ~ to appear, emerge,
13R
die **Zeit, -en** time, 6R
zu meiner ~ in my day,
7R
höchste ~ ! high time!
17D
eine Zeitlang for a while,
15R
die **Zeitung, -en** newspaper,
2D
ziehen, zog, ist gezogen to
move (to a new home), 17R
das **Ziel, -e** goal, 13R

ziemlich fairly, quite, 1R
die **Zigaret'te, -n** cigarette,
13R
das **Zimmer, -** room, 2D
der **Zimmerkamerad, -en, -en**
roommate (m.), 9R
die **Zimmerkameradin, -nen**
roommate (f.), 9R
die **Zitro'ne, -n** lemon, 8R
der **Zoll** customs, 13R
der **Zollbeamte, -n** (adj. noun)
customs officer (m.), 13R
die **Zollbeamtin, -nen** customs officer (f.), 13R
die **Zone, -n** zone, 13R
zu (+ dat.) to; too (as in *too
much*), 1D
der **Zucker** sugar, 8R
der **Zug, ̈e** train, 7D
**zu · geben (gibt zu), gab zu, hat
zugegeben** to admit to,
confess, 16R
zu · machen to close, 5R
zunächst' (adv.) first (of all),
15R
zurück' back, 1D
zusam'men together, 4D
der **Zuschauer, -** spectator,
10R
zwar . . . aber to be sure
. . . but, 17R
der **Zweck, -e** aim, purpose,
10R
der **Zweifel, -** doubt, 13R
zweimal twice, 4D
die **Zwiebel, -n** onion, 8R
zwischen (+ dat. or acc.) between, 2R

English-German Vocabulary

The following list contains only those words necessary to complete the English to German translation exercises in the text and workbook.

A

accept akzeptieren, 17D
actor der Schauspieler, -, 11D
actress die Schauspielerin, -nen, 11D
afford sich etwas leisten, 12G
afternoon der Nachmittag, -e, 11D
  this ~ heute nachmittag, 11D
  tomorrow ~ morgen nachmittag, 4D
again wieder, 1D
air die Luft, 4R
already schon, 4D
although obwohl (*sub. conj.*), 9R
anything else? sonst noch etwas?, 11D
apartment die Wohnung, -en, 9R
appeal to, please gefallen, 5D
  That appeals to me; I like that. Das gefällt mir.
appear, look aus·sehen, 5R
arrive an·kommen, 6R
article der Artikel, -, 2D
as wie, 1D
ask fragen, 1R
  ask (for), request bitten um, 6R
  ask a question eine Frage stellen, 12R
at least wenigstens, 2R
attractive, pretty hübsch, 5R
Austria (das) Österreich, 14R

B

back zurück, 1D
bad schlecht, 1D
bad luck das Pech
  have bad luck, be out of luck Pech haben, 11D
Baloney!, Nonsense! Quatsch!, 5D
begin beginnen, 6R; an·fangen, 5D
behind hinter (+ *dat. or acc.*), 6G
believe; think glauben, 7D
  believe in glauben an (+ *acc.*), 11R
beside, next to neben (+ *dat. or acc.*), 6G
better besser, 3R
big groß, 2D
black schwarz, 10G
boring langweilig, 3R
breakfast das Frühstück, -e, 8R
build bauen, 6R
but aber, 1D
but rather sondern, 7G
by . . . -ing indem (*sub. conj.*), 16D

C

car das Auto, -s, 2R; der Wagen, -, 5R
care: I don't care at all; It's no concern of mine! Das ist mir Wurst!, 8R
catalogue of university courses, list of lectures das Vorlesungsverzeichnis, -se, 6D
certain, sure sicher, 3D
change ändern, 16D
cheese der Käse, 8R
child das Kind, -er, 1D
claim wollen, 18G
class; grade (*in school*) die Klasse, -n, 1R
close schließen, 5R
coffee der Kaffee, 8D
coffee break die Kaffeepause, -n, 12D
cold kalt, 4D
come kommen, 1D
  come from, be from (*native country or city*) kommen aus, 5D
comfortable, cozy, congenial gemütlich, 15D
commute pendeln, 5R
concentrate sich konzentrieren auf (+ *acc.*), 15R
conflict der Konflikt, -e, 2R
congenial gemütlich, 15D
course der Kurs, -e, 6R
cousin (*f.*) die Kusine, -n, 2R
cousin (*m.*) der Vetter, -n, 2R
cozy gemütlich, 15D
cutlet, chop das Schnitzel, -, 8D

D

day der Tag, -e, 1D
  What day is today? Wel-

chen Tag haben wir heute?,
Intro.
every day jeden Tag, 9R
in my day zu meiner Zeit,
7R
desk der Schreibtisch, -e, 6D
detective story or film, thriller der Krimi, -s (*short for* Kriminalfilm, Kriminalroman), 11R
different anders, 3R
difficult, hard schwer, 5R; schwierig, 5R
do machen, 1D; tun, 3D
drive, go (*by vehicle*) fahren, 7R
drive away, depart
ab · fahren, 7D
drop by vorbei · kommen, 5R
during während (+ *gen.*), 7D

E

each, every (*sing.*) jeder, -es, -e, 5G
early früh, 3D
economics die Wirtschaftswissenschaft, 6R
economy die Wirtschaft, -en, 13R
emigrate aus · wandern, 13R
enough genug, 3D
entire, whole ganz, 13R
equal; same gleich, 18R
evening der Abend, -e, 7R
in the ~ am Abend, 7R
this ~, **tonight** heute abend
everyone jeder (*sing. pronoun*), 14D; (*pl.*) alle, 2D
examination, test die Prüfung, -en, 6R
excellent ausgezeichnet, 8D
excursion der Ausflug, ⁻e, 12D

F

face das Gesicht, -er, 12G
fairly, quite ziemlich, 1R
famous berühmt, 10R
fear fürchten, 3R

foot der Fuß, ⁻e, 6R
on ~ zu Fuß
forest der Wald, ⁻er, 4R
French französisch, 13D
Frenchman der Franzose, -n, -n, 13D
Frenchwoman die Französin, -nen, 13D
friend der Freund, -e, 2D
friendly freundlich, 1R
fun der Spaß, 5D
That's fun (for me). Das macht (mir) Spaß.
funny lustig, 11D

G

gentleman; Mr. der Herr, -n, -en, 1D
get up auf · stehen, 5D
get, receive bekommen, 4D
give geben, 2R
give up auf · geben, 15D
gladly, with pleasure gern, 4D
go; walk gehen, 1D
to go (by) fahren mit, 7R
What's going on? What's up? Was ist los?, 11D
go ahead and . . . , feel free to . . . ruhig (*sentence adv.*), 12R
good; well gut, 1D
pretty well, pretty good ganz gut, 1D
grade (*in school*)**; class** die Klasse, -n, 1R
grey grau, 10G

H

half halb, 10D
handsome, attractive, pretty hübsch, 5R
hard, difficult schwierig, 5R; schwer, 5R
hear hören, 3R
heavy; hard, difficult schwer, 5R
Hello! Guten Tag! Intro.
Hi! Tag! 1D
history; story die Geschichte, -n, 6R

hold; stop halten, 3D
home (*as a goal of motion*) nach Hause, 2D;
at home zu Hause, 2D
homeland, native country die Heimat, 9R
hope hoffen, 10R
house das Haus, ⁻er, 1R
housewife die Hausfrau, -en, 2R
how come? how's that? what do you mean? wieso?, 2D
how; like, as wie, 1D
How are you? Wie geht es Ihnen? or: Wie geht es dir? (*fam. form;* Wie geht's?) Intro.
human; humane menschlich, 17R
human being, person Mensch, -en, -en, 2D
hunger der Hunger, 8D
I'm getting hungry. Ich bekomme Hunger.
I'm hungry. Ich habe Hunger.
hurry up sich beeilen, 12D

I

in a hurry in Eile, 1D
idea die Idee, -n, 4D
identical, same; equal gleich, 18R
imagine sich etwas vor · stellen, 12G
immediately, right away sofort, 6R; gleich, 4D
important wichtig, 8R
in front of vor (+ *dat. or acc.*), 6G
interested, to be interested sich interessieren für, 12D
interesting interessant, 3D
Italian italienisch, 13G
Italy (das) Italien, 7R

J

jacket die Jacke, -n, 3R
journalist der Journalist, -en, -en, 5R

K

know (*a fact*) wissen, 2D;
know (*a person, place, thing*,
i.e., **to be acquainted with**)
kennen, 2D
  get to know; meet ken-
  nen·lernen, 5D

L

late spät, 3D
lay, put down legen, 6D
lecture (*at university*) die
Vorlesung, -en, 6D
leg das Bein, -e, 12D
library die Bibliothek, -en,
6R
life das Leben, -, 4R
like gern haben, 4D; mögen,
4G
  I like that. Das gefällt
  mir., 5D; Das habe ich
  gern., 4D
  I'd like to. Ich möchte
  gern., 3D
little (bit); a while ein
bißchen, 3D
live, dwell wohnen, 1R
long; for a long time lange,
6R
  how long? wie lange?
  no longer nicht mehr
look, appear aus·sehen, 5R
  it looks good on you es
  steht dir gut, 5R
  take a look at something
  sich etwas an·sehen, 12D
low niedrig, 18R
lunch, noon meal das
Mittagessen, 5R

M

main Haupt- (*prefix*), 8R
  main meal die Hauptmahlzeit, 8R
major (*academic course*) das
Hauptfach, ⁻er, 6R
make; do machen, 1D

many a; some (*pl.*) mancher,
-es, -e, 10R
marry, to get married heiraten, 14D
matter: That doesn't matter.
Das macht nichts., 3D
may dürfen, 3D
  That may be. Das mag
  sein., 18D
meal die Mahlzeit, -en, 8R
mean meinen, 2D
  What do you mean?
  wieso?, 2D
million times (*exaggeration*)
x-mal, 11G
minute die Minute, -n, 6R
modest bescheiden, 15R
moment der Moment
  at the ~ im Moment, 1D
money das Geld, 2R
more mehr, 2R
morning der Morgen, -, 1D
  Good ~! Guten Morgen!
  Intro.
  this ~ heute morgen;
  heute früh, 9D
mountain der Berg, -e, 3D
movie theater; the movies
das Kino, -s, 4D
  to the movies ins Kino
Mr. Herr, 1D
Mrs., Ms. Frau, 1D
much, a lot, many viel, 1D

N

name der Name, -ns, -n, 7D
native city die Heimatstadt,
9R
natural(ly), of course natürlich, 1D
near nahe, 9R
nervous nervös, 14D
never nie, 1R
newspaper die Zeitung, -en,
2D
next to, beside neben (+
dat. or acc.), 6G
nice nett, 2D
night die Nacht, ⁻e, 11D
  Good ~. Gute Nacht.,
  11D
  last ~; yesterday evening
  gestern abend, 15G

tonight, this evening
heute abend, 1D
Nonsense!, Baloney!
Quatsch!, 5D
normally, usually normalerweise, 8R
not nicht, 1D
  not only . . . but also nicht
  nur . . . sondern auch, 8R
  not yet noch nicht, 4D
nothing nichts, 3D
  nothing else sonst nichts,
  11D
novel der Roman, -e, 11R
  detective novel, thriller
  der Kriminalroman, -e, 11R

O

old alt, 2R
once again noch einmal, 4D
open (*verb*) auf·machen, 5D
open (*adj.*) offen, 13R
opinion die Meinung, -en,
13R
otherwise sonst, 11D
outing der Ausflug, ⁻e, 12D

P

pace of life das Lebenstempo, 15R
party die Party, -s, 2D
pass by; drop by vor-
bei·kommen, 5R
pay for bezahlen, 18D
peaceful, quiet, tranquil
ruhig, 9R
pedestrian der Fußgänger, -,
9R
  ~ mall die Fußgängerzone,
  -en, 9R
people die Leute, 2D
person, human being der
Mensch, -en, -en, 2D
pessimistic pessimistisch,
3R
plan der Plan, ⁻e, 4D
  plan, make plans planen,
  4D
  plan, intend (to do)
  vor·haben, 10D

please, appeal to gefallen, 5D
That appeals to me; I like that. Das gefällt mir.
popular beliebt, 10R
postcard die Postkarte, -n. 6R
potato die Kartoffel, -n, 8R
prepare for sich vor·bereiten auf (+ *acc.*), 13D
pretty, attractive, handsome hübsch, 5R
price der Preis, -e, 9R
problem das Problem, -e, 2R
professor der Professor, -en, 5R
public öffentlich, 10R

Q

quiet, peaceful, tranquil ruhig, 9R
quite, fairly ziemlich, 1R

R

radical radikal, 16R
railroad station der Bahnhof, ⸚e, 7R
real wirklich, 4D
receive, get bekommen, 4D
region, part of the country die Gegend, -en, 9R
renter; tenant der Mieter, -, 17R
request, ask (for) bitten um, 6R
right away gleich, 4D; sofort, 6R
roommate der Zimmerkamerad, -en, -en, 9R
Rubbish!, Baloney!, Nonsense! Quatsch!, 5D
rucksack der Rucksack, ⸚e, 7R

S

salad der Salat, -e, 8D
same, identical; equal, gleich, 18R

Saturday (der) Sonnabend, (der) Samstag, Intro.
on ~ samstags; sonnabends; am Samstag, 10D
sausage die Wurst, ⸚, 8D
say; tell sagen, 1R
seem scheinen, 1D
It seems to me . . . Es kommt mir vor . . . , 14R
semester das Semester, -, 1D
next ~ nächstes Semester, 2D
seminar (*at university*) das Seminar, -e, 6D
shame, too bad schade, 4D
shave rasieren, 12D
~ oneself sich rasieren, 12D
shine; seem scheinen, 1D
shock schockieren, 11R
siblings die Geschwister (*pl.*), 2R
sit down sich setzen, 12D
skeptical skeptisch, 16R
smoke rauchen, 18D
snow der Schnee, 4R
speak, talk reden, 11D
stand stehen, 5R
~ up auf·stehen, 5D
start an·fangen, 5D; beginnen, 6R
station (*train*) der Bahnhof, ⸚e, 7R
still noch; noch immer; immer noch, 2R
stop; hold halten, 3D
story; history die Geschichte, -en, 6R
suitcase der Koffer, -, 7D
sun die Sonne, -n, 1D
supper, evening meal das Abendessen, 8D
for supper zum Abendessen
sure, certain sicher, 3D
swim schwimmen, 4D
swimming pool das Schwimmbad, ⸚er, 10R

T

tell; say sagen, 1R
tenant; renter der Mieter, -, 17R
thank danken (+ *dat.*), 4G

thank goodness Gott sei Dank, 4G
there is, there are es gibt, 2R
think denken, 1R; glauben, 7D
think of denken an (+ *acc.*), 7D
think, be of the opinion meinen, 3R
thriller, detective story or film der Krimi, -s, 11R
time die Zeit, -en, 6R
high ~! höchste Zeit! 17D
What ~ is it? Wie spät ist es?, Wieviel Uhr ist es? 7D
today heute, Intro.
together zusammen, 4D
all ~ alle zusammen, Intro.
tomorrow morgen, Intro.
~ afternoon morgen nachmittag, 4D
~ morning morgen früh, 15G
tonight, this evening heute abend, 1D
train der Zug, ⸚e, 7D
travel reisen, 7R
trip, journey die Reise, -n, 3R
twenty zwanzig
the twenties die Zwanziger Jahre, 11D
twice zweimal, 4D

U

unfortunately leider, 3D
usually, normally normalerweise, 8R

V

voluntarily, by choice freiwillig, 13R

W

wait warten, 4D
~ for warten auf (+ *acc.*)
walk, go gehen, 1D

go for a ~ spazieren·gehen, 5R

water das Wasser, 4D

weather das Wetter, 1D

week die Woche, -n, 7D

weekend das Wochenende, -n, 5R

on the ~ am Wochenende

well; good gut, 1D

what kind of; what a . . . was für, 14G

when (*in questions*) wann, 1D

when (*ref. to time in the past*) als, 9D

when (*meaning whenever*) wenn, 8D

where to, to where wohin (*or* wo . . . hin), 5G

which (*interrogative*) welcher, -es, -e, 5D

a while ein bißchen, 3D

for a ~ eine Zeitlang, 15R

whole, entire ganz, 13R

why warum, 1D

wife die Frau, -en, 1D

winter der Winter, -, 4D

in the ~ im Winter

without ohne (+ *acc.*), 4D

woman; wife; Mrs.; Ms. die Frau, -en, 1D

work (*verb*) arbeiten, 1D

work (*noun*) die Arbeit, -en, 2R

worry, care die Sorge, -n, 6R

Don't worry! Keine Sorge!

wrong: What's wrong? Was ist los?, 11D

Y

year das Jahr, -e, 5D

yesterday gestern, 6D

~ evening, last night gestern abend, 15G

young jung, 2R

young people, youth die Jugend (*sing.*), 1R

youth hostel die Jugendherberge, -n, 7R

Index

Credits